옥담사집

옥담사집

초판 1쇄 인쇄 2009년 11월 10일
초판 1쇄 발행 2009년 11월 20일

지은이 이응희 옮긴이 이상하 해제 이종묵
펴낸이 박성모 펴낸곳 소명출판 출판등록 제13-522호
주소 서울시 서초구 서초동 1621-18 란빌딩 1층
전화 02-585-7840 팩스 02-585-7848 전자우편 somyong@korea.com

값 27,000원
ISBN 978-89-5626-426-4 04810
ISBN 978-89-5626-424-0 (세트)

전주이씨 안양군파 종사회
서울 강남구 대치동 968 안양빌딩 | 전화 02-569-1359 | 팩스 02-558-0955

玉潭私集

옥담시집 2

옥담사집

이응희 지음 | 이상하 옮김 | 이종묵 해제

소명출판

차례

옥담사집

영흥정의 집 벽에 적힌 조삼산의 시에 차운하다
永興正壁上次趙三山韻

약속을 천금으로 여김은 신릉군[1]의 기풍이니 千金然諾信陵風
도박과 탐환[2]의 풍속이 눈앞에 다 사라졌어라 縱博探丸目下空
나이가 늙어서 꽃과 대나무 속에 머물고 年老栖遲花竹裏
해는 길어 그림 같은 풍경 속에서 소일한다 日長消遣畫圖中
영고를 염려치 않으니 한가히 은거함이 당연하고 榮枯莫慮宜高枕
치란이 들리지 않으니 귀머거리라도 무방하네 理亂無聞不害聾
우리 종족 중에서 백발의 몸은 나와 그대뿐이니 宗黨白頭吾與子
한 병의 술 서로 권하며 불콰하게 취해 보세나 一樽相屬借顏紅

영흥정의 집에 그려진 잡화에 제하다. 분운(分韻)하여 나는 우 자를 얻었다
題永興正壁上雜畫得牛字

갈기와 뿔 보고 소와 말을 구별할 뿐 鬣角唯能辨馬牛
구름 사이 신령한 비늘은 보지 못했어라[3] 神鱗未得見雲頭
저 벽에 꿈틀거리는 형상을 보니 看他壁上蜿蜒狀
천하에 기이한 광경 다시 찾을 것 없구나 天下奇觀不再求

위는 용 그림을 읊은 시이다.

---

1 신릉군(信陵君) : 전국(戰國)시대 위(魏)나라의 공자(公子). 이름은 무기(無忌)이며 신릉군은 그의 봉호(封號)이다. 그는 문무(文武)를 겸하고 의기(義氣)가 있었으며 선비들을 예우하여 문객(門客)이 수천 명에 이르렀다.

2 탐환(探丸) : 무뢰배들이 복수하기 위해 관리를 죽이려고 자체적으로 만든 방책이다. 적・흑・백의 탄환을 주머니 속에 넣고 각자 하나씩 더듬어 잡은 다음, 미리 정해놓은 역할에 따라 무리(武吏)를 죽이고 문리(文吏)를 죽이고 치상(治喪)을 주관하는 일을 분담하였다. 《漢書 尹賞傳》

3 갈기와 … 못했어라 : 용은 원래 갈기와 뿔을 모두 가지고 있다. 그러나 세상에서 구름 위를 나는 용을 볼 수 없으니, 갈기가 난 것은 말이고 뿔이 난 것은 소라는 사실만 알 수 있을 뿐이라는 뜻이다.

맹호는 태어나자마자 소 잡아먹을 기상 있으니[4]	猛虎纔生氣食牛
뉘라서 가까이 다가가서 범의 머리를 만지리오	誰能狎近便料頭
왕손이 범을 그린 데 깊은 뜻 있음을 알겠노니	王孫入畫知深意
오랑캐 막는 씩씩한 위엄이 이와 같기를 바란게지	禦侮雄威類此求

위는 범 그림을 읊은 시이다.

밝은 달은 중천에 뜨고 두우[5]가 보이는데	明月中天見斗牛
새로 난 대나무에 소슬하게 바람이 불어온다	新篁蕭瑟玉風頭
신선 새는 짝을 찾아 울며 밤중에 섰지만	仙禽叫侶淸宵立
청성[6]이 만 리 밖이니 어느 곳에서 찾으리오	萬里靑城何處求

위는 달밤의 학을 읊은 시이다.

천태산에 가고자 해도 풍마우[7]의 거리이니	欲往天台風馬牛
숙원은 이루지 못하고 눈 같은 백발만 가득해라	難成宿願雪盈頭
푸른 절벽에 떨어지는 폭포 지금 이와 같으니	飛流蒼壁今如許
신선 산을 멀리서 찾을 것 없음을 비로소 알겠네	始識仙山不遠求

위는 산의 물을 읊은 시이다.

봄바람 부는 바위 아래서 소를 치며	自牧春風巖下牛

---

4 맹호는 … 있으니 : 《시자(尸子)》 〈하권(下卷)〉에 "범과 표범의 새끼는 아직 무늬가 생기기도 전에 벌써 소를 잡아먹을 기상이 있다." 하였다. 당(唐)나라 두보(杜甫)의 〈서경이자가(徐卿二子歌)〉에 "작은 아이는 다섯 살에 기상이 소를 잡아먹을 듯하다.[小兒五歲氣食牛]" 하였다.

5 두우(斗牛) : 북두성(北斗星)과 견우성(牽牛星)의 합칭이다.

6 청성(青城) : 산 이름이다. 사천성(四川省) 도강언시(都江堰市)의 서남쪽에 있는데, 산 모양이 성과 같다 하여 붙여진 이름이다. 이 산은 여덟 개의 큰 골짜기와 72개의 작은 골짜기가 있고 풍광이 빼어나서 도교(道敎)에서 '제오동천(第五洞天)'이라 칭한다. 여기서는 신선이 사는 곳을 뜻한다.

7 풍마우(風馬牛) : 매우 먼 거리로 떨어진 것을 형용한다. 춘추시대 초자(楚子)가 자기 나라로 쳐들어온 제 환공(齊桓公)에게 "임금께서는 북해(北海)에 살고 과인은 남해에 사니 바람난 소나 말[風馬牛]도 도달할 수 없는 거리입니다." 한 데서 유래하였다. 《春秋左氏傳 僖公 4年》

혹은 들판에서 혹은 시냇가에서 조노라 或眠原上或溪頭
곡식을 쌓아 두고 먹을 직위는 없으나 委諸紅粟雖無秩
수레를 힘들여 끄는 일은 구하지 않으리 力服車箱且不求
위는 들판의 소를 읊은 시이다.

일찍이 듣건대 직녀가 견우와 헤어져 曾聞織女別牽牛
해마다 칠월이면 물가에서 만난다 七月年年會水頭
유독 한스럽게도 인간세상에서 이별한 뒤 獨恨人間相別後
천애 멀리 소식 아득해 만나기 어려워라 天涯消息杳難求
위는 아내를 생각하며 읊은 시이다.

뒤틀린 늙은 줄기 소를 덮을 만큼 큰데[8] 老幹盤旋大蔽牛
가지 사이 한 쌍의 까치가 나란히 앉았구나 枝間雙鵲坐聯頭
일생을 해로하여 서로 이별함이 없으니 一生偕老無相別
봉황새와 짝 되는 것도 원치 않는다 鳳匹鸞儔不願求
위는 한 쌍의 까치를 읊은 시이다.

험준한 옛 산골짜기가 황우[9]와도 같은데 崎嶇古峽似黃牛
난초 혜초 떨기가 바위틈에서 자라고 있네 蘭蕙叢生寄石頭
영균이 구원에서 기르기를 기다릴 것 없이 不待靈均滋九畹
소인이 차고 다니는 것 여기서 찾노라[10] 騷人佩服此中求
위는 난초를 읊은 시이다.

---

8 소를 … 큰데 : 매우 굵은 나무를 뜻한다. 《장자》 〈인간세(人間世)〉에 "장석(匠石)이 제나라에 가서 신목(神木)을 보았다. 그 크기가 워낙 장대하여 수천 마리 소를 그늘로 가릴 정도이다." 하였다.

9 황우(黃牛) : 중국 장강(長江) 가운데 물살이 세기로 유명한 삼협(三峽), 즉 구당협(瞿塘峽)·무협(巫峽)·서릉협(西陵峽)을 황우삼협(黃牛三峽)이라 한다. 일설에는 서릉협, 명월협(明月峽), 황우협(黃牛峽)을 가리킨다고 한다. 물살이 매우 센 곳을 뜻한다.

10 영균(靈均)이 … 찾노라 : 영균은 전국시대 초(楚)나라 굴원(屈原)의 자이다. 원(畹)은 전답의 넓

우인 벽에 적힌 오 상사 상지의 시에 차운하다 오 상사는 진사 오상[11]이다. 두양과 동년 급제이다.

友人壁上次吳上舍尙之韻 上舍卽進士吳尙也斗揚同年也

초가집이 그 얼마나 소쇄한가　茅棟何蕭洒
그윽한 창문이 옥봉을 마주했다　幽窓對玉峯
연하의 풍경을 묵객에게 바치고　煙霞供墨客
풍월의 경치를 산에게 대접하누나　風月餉山容
굳은 절개 있는 대숲이 어여쁘고　苦節憐叢竹
차가운 소리 나는 노송이 사랑스럽다　寒聲愛古松
뽕밭 삼밭이 서로 우거져 있는데　桑麻相掩映
여기 은거하고 또 농사에 힘쓰누나　明隱又明農

아내를 귀녕(歸寧) 보내준 사위 여온에게 주다 여온은 윤진이다.

贈壻郎汝溫眷歸其妻 汝溫卽尹璡也

딸아이를 얼마나 늦게 낳았던가[12]　寢地生何晩
늙은 아비가 유달리 사랑했었네　偏憐老父情
혼례를 치른 뒤 석별할 때　持醮今惜別
눈물 머금고 언제 올지 물었지　含淚問歸寧

이 단위로 12무(畝) 또는 30무가 1원에 해당한다 한다. 《이소(離騷)》에 "내 이미 난초를 구원에 기르고, 또 혜초를 백묘에 심었노라.[余旣滋蘭之九畹兮, 又樹蕙之百畝]" 하였고, "가을 난초를 엮어서 허리춤에 차노라.[紉秋蘭以爲佩]" 하였다. 소인(騷人)은 시인과 같은 말로 여기서는 초사(楚辭)의 대가인 굴원을 가리킨다. 즉 굴원이 굳이 난초를 심고 기르지 않아도 이 산속 바위틈에 굴원이 허리춤에 차던 난초가 자라고 있다는 뜻이다.

11 오상(吳尙) : 1614~?, 본관은 보성(寶城), 자는 상지(尙之)이다. 1655년 춘당대시(春塘臺試) 병과에 급제했다. 사헌부의 장령과 헌납 등을 지냈다.

12 딸아이를 … 낳았던가 : 《시경(詩經)》 〈소아(小雅) 사간(斯干)〉에 "이에 여자 아이를 낳아 이에 땅에 눕힌다.[乃生女子 載寢之地]" 하였다.

적경은 군자로 말미암는[13] 법 積慶由君子
영특한 외손자를 안게 되었구나 孩兒抱俊英
의가[14]에는 비록 미치지 못하지만 宜家雖不逮
채봉[15]의 진실한 마음 변치 말거라 無替採葑誠

오수[16]로 부임하는 안 찰방에게 증별하다
贈別安察訪之任獒樹

금오[17]로 국사에 수고한 날 얼마였던가 金吾幾日勞王事
다시 찰방이 되어 멀리 남원으로 가누나 遠向南州更督郵
강가 누각에 눈 녹으니 매화 꽃잎이 피고 江閣雪消梅萼嫩
들판 정자에 바람 따스하니 버들가지 길어라 野亭風暖柳絲脩
나는 듯 날랜 병졸은 천 명이나 부리고 飛騰快卒調千指
잘 달리는 말을 만 마리나 보게 되리[18] 踴躍神駒閱萬頭
산골의 친구는 병석에서 신음한 지 오래니 山谷故人吟病久
때로 금옥을 가지고 한가한 시름 달래 주구려[19] 時將金玉慰閑愁

13 적경(積慶)은 군자로 말미암는 : 적경은 《주역(周易)》 〈곤괘(坤卦) 문언(文言)〉에 "적선한 집안에는 반드시 남은 경사가 있다.[積善之家 必有餘慶]" 한 데서 온 말로, 일반적으로 자손이 번창함을 뜻한다. 즉 시집이 군자의 집안이라 작자의 딸이 훌륭한 아들을 낳았다는 말이다.

14 의가(宜家) : 여인이 시집가서 그 집안을 화목하게 하는 것이다. 《시경(詩經)》 〈주남(周南) 도요(桃夭)〉에 "복사꽃이 곱고 고움이여. 그 잎이 무성하도다. 이 아가씨 시집을 감이여. 그 집안 식구를 잘 화합하게 하리로다.[桃之夭夭 其葉蓁蓁 之子于歸 宜其家人]" 한 데서 온 말이다.

15 채봉(採葑) : 부부 사이의 진실한 믿음을 뜻한다. 《시경》 〈패풍(邶風) 곡풍(谷風)〉에 "배추를 뜯고 부추를 뜯음은 그 뿌리를 먹자는 것이 아니니, 덕음이 서로 어긋나지 않으면 그대와 함께 죽어야 한다.[采葑采菲 無以下體 德音莫違 及爾同死]" 하였다. 이는 부부 사이에는 덕행(德行)이 중요한 것이지 용모가 중요한 것이 아니니, 심덕(心德)이 어긋나지 않으면 부부가 변치 않고 해로해야 한다는 뜻이다.

16 오수(獒樹) : 전라남도 남원(南原)에 있던 역참(驛站)이다.

17 금오(金吾) : 조선시대 의금부(義禁府)에 속하는 벼슬인 금오랑(金吾郞)이다.

18 나는 … 되리 : 역참(驛站)의 찰방이므로 이렇게 말한 것이다. 즉 역말을 탈 병졸을 휘하에 두고 빠른 역말을 보게 될 것이란 뜻이다.

19 금옥을 … 주구려 : 금옥은 《시경(詩經)》 〈소아(小雅) 백구(白駒)〉에 "너의 음성을 금옥처럼 아껴

눈 내린 뒤에 우연히 읊다
雪後偶吟

눈 내린 뒤 검은 구름이 사방을 에워싸니	雪後陰雲擁四方
이 늙은이 마음속이 평안하지 않아라	老夫心況不平康
자수라 주문의 사람을 멀리서 가련히 여기노니	遙憐炙手朱門客
스스로 경치 번화한 천상 사람에 비기노라[20]	自擬繁華天上郎

이거한 중에서 우연히 읊다
移寓中偶吟

쓸쓸한 사립문 적막한 물가에	寥落柴門寂寞濱
초당 깊은 곳 고요해 티끌 없어라	草堂深處靜無塵
옛 시내에 눈 녹으니 옥 울리는 듯한 물소리	氷消古磵聞環玦
앞 봉우리에 달이 뜨니 옥바퀴가 보이누나	月上前峯見玉輪
이곳의 광경이 몹시도 아름다우니	光景此間偏美好
주인의 마음 전혀 가난하지 않구나	主翁心況未全貧
봄밤이 이슥하도록 턱 괴고 잠 못 들어	支頤不寐春宵半
서글피 하늘을 보며 새 시구를 찾노라	悵望雲天覓句新

서 나를 멀리하는 마음을 두지 말라.[毋金玉爾音 而有遐心]" 한 데서 온 말로 여기서는 상대방의 시문(詩文)을 뜻한다.

20 자수(炙手)라 … 비기노라 : 눈이 내려 은세계가 펼쳐지니, 마치 자신이 천상의 사람이 된 듯 부귀한 사람이 부럽지 않다는 말이다. 자수는 가까이 가면 손이 데는 것으로 권세가 대단함을 비유하는 말인데, 여기서는 권세를 탐내느라 이런 행복을 모르는 사람들을 가리킨다. 당(唐)나라 두보의 〈여인행(麗人行)〉에 "손 델 만큼 뜨거운 권세 비길 데 없으니, 조심하여 승상의 노여움에 가까이 가지 말라.[炙手可熱勢絶倫 愼莫近前丞相嗔]" 하였다.

또 앞의 운을 사용해 읊다
又用前韻

은거할 곳을 시냇가로 옮겨 잡으니　幽棲移卜澗之濱
송백이 소슬하여 세상 티끌 아주 없다　松柏蕭疎絶世塵
대나무 침상 늘 한가해 책을 뒤적이고　竹榻常閑披簡帙
사립문 늘 닫혀 찾아오는 행차 적어라　柴門長閉少車輪
녹옥[21]을 짚고 다니니 몸 건강한 줄 알겠고　扶携綠玉知身健
솥에 황정[22]이 넉넉하니 내 가난하지 않도다　鼎剩黃精不我貧
서울에서 서신이 끊어진 지 몇 해이니　京洛數年書信斷
친구들의 얼굴은 새롭게 바뀌었겠지　故人顏面看應新

또 앞의 운을 사용해 읊다
又用前韻

나라의 위태한 난리가 끝이 없으니　邦家危亂浩無濱
변방에는 해마다 조용할 날 없어라　玉塞年年未靜塵
전란이 쉽사리 평정되길 기다려 보지만　佇見光恢猶反手
세월이 빨리 흐르는 게 도리어 걱정일세　飜愁時月若奔輪
제나라 성 오래 지키느라[23] 삼군이 늙고　齊城久守三軍老

21 녹옥(綠玉) : 대나무를 푸른 옥에 비긴 것으로 대나무 지팡이를 가리킨다. 당(唐)나라 옹도(雍陶)의 〈위처사교거(韋處士郊居)〉에 "만 줄기 찬 옥이 섰고 한 시내엔 안개가 자욱해라.[萬條寒玉一溪煙]" 하였다.

22 황정(黃精) : 약초 이름이다. 선가(仙家)에서 선약(仙藥)으로 여기는데, 흔히 은사들이 먹던 것이므로 은거의 의미를 띤다.

23 제(齊)나라 … 지키느라 : 청(淸)나라의 침공을 막는 것이다. 전국시대 때 연(燕)나라의 침공으로 즉묵의 성에서 포위되어 있던 제(齊)나라 전단(田單)이 성 안의 소 천여 마리를 모아서 용의 무늬를 그린 붉은 비단 옷을 입히고 뿔에는 예리한 칼을 묶어세우고 꼬리에 기름을 적신 갈대를 매어단 다음, 성의 수십 곳에 구멍을 뚫고 밤중에 그 구멍으로 꼬리에 불을 붙인 소를 적진으로 내모는 한편 장사 5천 명으로 하여금 소의 뒤를 따르게 하여 크게 승리를 거두었다. 《通鑑節要》

노나라 곡식이 전혀 없으니[24] 백성들은 가난하다 魯麥全無萬姓貧
그 언제나 성군이 국가의 옛 모습 회복하여 何日聖君匡舊物
백성에 끼치는 교화가 하루 아침에 새로울꼬 恩民大化一朝新

또 앞의 운을 사용해 읊다
又用前韻

전란의 화가 이어져 나라가 망할 지경이니 兵連禍結亂亡濱
우리 동토에 십년 동안 전쟁의 먼지 자욱해라 東土十年戎馬塵
장사들은 창을 잡고 변방을 지키고 壯士攥戈屯玉塞
장군은 갑옷 걸치고 수레에 앉았다 將軍披甲坐朱輪
천금을 묻지 않고 계책을 미리 정하고 千金不問謀先定
만 섬 곡식 늘 수송하니 군량이 넉넉해라 萬斛常輸餉不貧
짐작건대 하늘이 재앙 내린 것 뉘우쳐서 料得皇天能悔禍
앞으로 이 나라 운명이 새로 안정되리라 由來邦命定應新

또 앞의 운을 사용해 읊다
又用前韻

압록강 가에 주둔한 군영 이제 거두었으니 屯營已罷鴨江濱
만리 변방에 전쟁의 먼지가 일지 않누나 萬里關山不動塵
변새에 나간 장군은 막사 안에서 졸고 出塞將軍眠玉帳
출전한 무사는 수레에 편히 앉았다 安車逸士坐蒲輪
뽕과 삼 우거지니 의복이 늘 넉넉하고 桑麻掩映衣恒足
조와 벼 풍성하니 음식이 가난치 않네 黍稷盈疇食不貧

24 노(魯)나라 … 없으니 : 전란으로 농사를 제대로 짓지 못해 식량이 바닥났음을 뜻한다. 고사(故事)는 미상이다.

오계에 칭송 비석 세움을 어찌 그만두리오[25]　　獻頌浯溪烏可已
이 서생은 이제 새 세상을 보고자 하노라　　書生將欲沐淸新

난리 뒤에 우연히 읊다
亂後偶吟

서북쪽 변방의 맹호가 오래 이빨 갈더니　　西關猛虎久磨牙
근래 적서[26]에 난리가 더욱 크게 일어났지　　赤鼠中年亂更多
나라 재물 실어서 가니 만 고을 텅 비고　　秦貨輦歸空萬邑
백성들 묶여서 가니 천 집이 다 몰락했네　　燕民係累沒千家
철통같이 변방 지킬 장수 얻지 못했거니와　　安邊莫得知金鎖
구원을 요청할 언변 좋은 사신은 누군인가　　奉使誰能炙轂過
대궐에서 임금이 와신상담 복수를 꾀하니　　懸膽紫宸今有日
전쟁에서 승리를 거둘 날을 보게 되리라　　洗兵應見挽銀河

이거 중 이른 봄에 3수
移寓中早春 三首

곡구[27]로 이거한 지도 반년이 지났으니　　谷口移居經半歲

---

25 오계(浯溪)에 … 그만두리오 : 난리가 평정되었음을 뜻한다. 오계는 호남성(湖南省) 기양현(祁陽縣) 서남쪽 5리 거리에 있는 시내이다. 당(唐)나라 때 안녹산의 난리가 일어나 현종(玄宗)은 촉(蜀)으로 몽진하고 숙종(肅宗)이 즉위하였다. 숙종이 곽자의(郭子儀)와 이광필(李光弼)에게 명하여 양경(兩京)을 수복하고 현종을 환도(還都)하게 하였다. 그곳의 경치를 좋아하여 살고 있던 원결(元結)을 시켜 〈대당중흥송(大唐中興頌)〉을 짓게 하고 명필 안진경(顔眞卿)을 시켜 글씨를 쓰게 하여 오계 가 바위 벼랑에 새기게 하였다. 이 비석을 마애비(磨崖碑)라 부른다. 《古文眞寶 大唐中興頌》

26 적서(赤鼠) : 호란(胡亂)이 크게 일어난 병자년(丙子年, 1636)을 가리킨다. 병(丙)은 오행(五行)에서 화(火)에 속하고 색깔로는 적색(赤色)에 해당하며, 자(子)는 간지(干支)에서 쥐[鼠]에 해당하므로 이렇게 부른 것이다.

27 곡구(谷口) : 골짜기 어귀인데, 은자(隱者)가 사는 산골을 뜻한다. 양웅(揚雄)의 《법언(法言)》

동쪽 숲에 일찍 온 춘색을 홀연 만났구나　忽逢春色早林東
구름 깊은 골짜기엔 교룡이 비를 뿌리고　雲深洞壑蛟龍雨
눈 녹은 산과 들엔 초목이 바람에 나부낀다　雪盡山原草木風
물색이 바뀌고 시절이 가니 지사가 놀라고　物換時移驚志士
머리털 듬성하고 치아 빠지니 시인이 슬퍼하네　頭童齒落感詩翁
해마다 변방에서는 조두[28] 소리 들려오니　年年玉塞聞刁斗
어드메 도원에서 이 몸을 쉴 수 있을꼬[29]　何處桃源息此躬
노년에 아무런 일 없이 한가로이 사노니　衰年高枕百無爲
어김 없이 찾아온 봄빛 반가이 보노라　喜見春光不負時
창가의 매화 비에 젖으니 옥색 나무 환하고　得雨窓梅明玉樹
시냇가 버들 바람 맞으니 금빛 가지 하늘댄다　迎風澗柳拂金枝
바위 위에 졸졸 흐르는 샘물 빛이 움직이고　涓涓石上泉輝動
구름 사이에 환히 빛나는 달빛은 더디구나　皎皎雲間月色遲
맑은 경치 많으니 하늘이 내게 베푼 것　淸景旣多天所餉
이 그윽한 흥취를 세상사람 알게 하지 말자　莫教幽興世人知

봄 창가에 병든 몸 일으키니 바깥 구경 하고파　病起春窓動賞心
지팡이 짚고서 홀로 나가 신록 우거진 숲에 섰다　扶藜獨出倚芳林
남쪽 전원에 비가 내리니 매화가 옥빛을 머금고　南園雨浥梅含玉
서쪽 시내에 바람이 돌아오니 버들이 금빛을 흔드네　西澗風回柳拂金
이 좋은 계절에 새로운 시를 짓지 않는다면　佳節若無新句得

〈문신(問神)〉에 "곡구의 정자진(鄭子眞)은 뜻을 굽히지 않고 암석(巖石) 사이에서 밭을 갈며 살았는데 그 이름이 서울을 진동하였다." 하였다. 정자진은 서한(西漢) 말엽의 고사(高士) 정박(鄭樸)이다.

28 조두(刁斗) : 옛날 군중에서 야경을 돌 때 쓰던 바라로 낮에는 이로써 밥을 짓고 밤에는 이로써 야경(夜警)의 딱따기로 사용하였다. 여기서는 변방의 경보(警報)를 뜻한다.

29 어드메 … 있을꼬 : 도원(桃源)은 무릉도원(武陵桃源)이다. 도연명(陶淵明)의 〈도화원기(桃花源記)〉에 어부가 우연히 찾아간 무릉도원에 사는 사람들이 진(秦)나라의 학정(虐政)을 피해 산 속으로 들어왔다고 했기 때문에 이렇게 말한 것이다.

한가한 중에 어디에서 좋은 회포 찾을거나　靜中何處好懷尋
문 앞에 찾아오는 사람이 적다 말하지 말라　門前莫道車輪少
이곳 그윽한 거처가 깊지 않은 게 한스러운데　此地幽居恨不深

매화를 보고
見梅

쌓인 눈 막 녹아 따스한 기운 생기니　積雪初消暖氣生
매화가 홀연 피어 몇 가지가 환하여라　寒梅忽拆數枝明
그윽한 향기 움직여서 바람 앞에 가늘고　暗香浮動風前細
성긴 그림자 들쭉날쭉 달 아래 비꼈다[30]　疎影參差月下橫
곧은 절개는 언제나 시인의 감탄에 오르고　苦節每登騷客歎
아름다운 자태는 오래 묵객의 마음에 남누나　芳姿長留墨翁情
해마다 좋은 꽃 소식 봄에 앞서 알려　年年好信先春報
화려한 뭇 꽃들을 모두 부끄럽게 하네　愧幷千紅列衆榮

맑은 구름이 봉우리에 머물기에
晴雲駐峯

비온 뒤 맑은 구름이 푸른 봉우리에 머물러　雨後晴雲駐碧峯
아침 내내 흩어지지 않음이 공로를 자랑하는 듯　崇朝不散若誇功
무심한 저 구름도 모습과 자취가 있으니　無心彼物存形迹
회음이 가봉 청했던 것 부끄러워 말라[31]　莫愧淮陰請假封

30 그윽한 … 비꼈다 : 매화의 향기가 날이 저문 뒤에 짙게 풍기고, 가지의 들쭉날쭉 비낀 그림자가 매우 운치 있음을 표현한 것이다. 송(宋)나라 임포(林逋)의 〈산원소매(山園小梅)〉에 "성긴 그림자 비꼈고 물은 맑고 얕은데, 은은한 향기 풍겨오고 달빛은 황혼일세.[疎影橫斜水淸淺 暗香浮動月黃昏]" 하였다.

31 무심한 … 말라 : 무심한 사물인 구름도 산봉우리를 좋아해 머물고 떠나지 않으니, 제후의 자리를

관상인에게 부치다
寄觀上人

회상하건대 예전 난리 때에	憶曾亂離日
부평초처럼 절에서 우연히 만났지	萍水會禪堂
내게 자주 경거[32]를 주었건만	數被瓊琚贈
금수의 창자[33]가 아님이 부끄러웠네	慚非錦繡腸
이별한 지 지금 얼마나 되었는가	別來今幾日
멀리 떨어진 채 삼년을 보냈어라	遙隔度三霜
그대 아직 병환을 앓고 계신다니	仙況聞猶疚
약 안 써도[34] 쾌차하시리라 믿는다오	終知勿藥康

탐낸 회음이라고 해서 부끄러워할 필요가 없다는 뜻이다. 회음은 한 고조(漢高祖)의 명장인 회음후(淮陰侯) 한신(韓信)을 가리킨다. 가봉(假封)은 정식이 아닌 방법으로 제후에 봉해주는 것이다. 한신이 제(齊)나라의 왕이 되겠다고 자청했을 때 유방이 크게 노하자 장량(張良)과 진평(陳平)이 유방의 발을 밟고서 말하기를 "한(漢)이 지금 불리하니 한신이 스스로 왕이 되는 것을 어찌 막을 수 있겠습니까. 그를 왕으로 세워주어 스스로 제나라를 지키도록 하는 편이 나을 것입니다." 하였다. 유방이 깨닫고 한신을 제 나라 왕으로 봉해주었다.《史記 卷92 淮陰侯列傳》

32 경거(瓊琚) : 보배로운 구슬로, 상대방이 준 시문(詩文)을 뜻한다.《시경(詩經)》〈위풍(衛風) 목과(木瓜)〉에 "나에게 목과를 주거늘, 경거로써 갚는다.[投我以木瓜 報之以瓊琚]"한 데에서 유래한 것이다.

33 금수(錦繡)의 창자 : 당나라 이백(李白)의 〈동일우룡문송종제령문지회남근성서(冬日于龍門送從弟令問之淮南覲省序)〉에 "영문(令問)이 술 취하여 나에게 묻기를 '형은 심장과 간장(肝腸) 및 오장(五臟)이 모두 금수로 되어 있소? 그렇지 않다면 어찌하여 입을 열면 글을 이루고 붓을 휘두르면 안개가 흩어지듯 글이 쓰여지시오?' 하였다." 한 데서 온 말로 글을 잘 짓는 재주를 뜻하는 말이다.

34 약 안 써도 :《주역(周易)》〈무망괘(无妄卦)〉에 "무망의 병은 약을 쓰지 않고도 나아 기쁨이 있다.[无妄之疾 勿藥有喜]" 한 데서 온 말로 병이 절로 쾌차함을 뜻한다.

비올 때 누각에서 한가로이 읊다
雨閣閑吟

유유히 세월은 흘러가서	悠悠經歲月
좋은 계절이라 청화[35]에 가깝구나	佳節迫淸和
나무에 비 내리니 꾀꼬리 노래가 젖고	雨樹鸜歌濕
처마에 바람 부니 제비 춤이 기우뚱	風簷燕舞斜
박산향로는 가볍게 안개를 토하고	博山輕吐霧
등나무 자리는 윤택하게 물결 이는 듯	藤簟潤生波
그윽한 흥취가 도무지 끝이 없으니	幽興渾無際
산림에 산다고 탄식하질랑 말자	林居且莫嗟

반가운 비가 내릴 때 풍경
喜雨卽事

봄 내내 가물다가 혹독한 더위 펼치니	旱魃經春布虐炎
논밭에 푸른 싹들이 죄다 죽고 말았네	田間綠苗已殘殲
은실 같은 비가 산촌 감싸는 게 보이니	銀絲忽見籠山郭
강구에서 배 두드릴 조짐[36] 있어 반가워라	鼓腹康衢喜有占

35 청화(淸和) : 음력 4월의 이칭이다.

36 강구(康衢)에서 … 조짐 : 풍년의 조짐을 뜻한다. 강구는 사통팔달(四通八達)로 뚫린 큰 거리이다. 요(堯)임금이 천하는 잘 다스려지는지, 백성들은 자신을 임금으로 모시기를 원하는지 알고 싶어서 미복(微服) 차림으로 강구에 나갔더니, 노인이 〈격양가(擊壤歌)〉를 불렀다고 한다. 《列子 仲尼》

삼가 위 시에 차운하다 두영
伏次 斗榮

천지가 화롯불인 듯 더위가 혹심하니　天地烘爐酷旱炎
논밭은 갈라지고 싹은 다 죽어가는구나　田疇龜拆苗將殲
시원하게 내리는 빗줄기를 지금 보노니　霈然今見同雲下
천 이랑에 풍년이 들 조짐 이미 얻었어라　千頃穰穰已得占

삼가 위 시에 차운하다 두평
伏次 斗平

주작이 하늘을 지나[37] 더위가 혹독해　朱雀經天煽酷炎
백성들이 죄도 없이 다 죽게 생겼는데　兆民無罪若將殲
하룻밤에 용이 구름을 일으키니　龍師一夕釃雲髯
농가에서 풍년이 들 조짐을 얻었구나　轉得農家樂歲占

한 찰방 자첨이 찾아왔기에
韓察訪子瞻來訪

개는 대나무 울 아래에서 짖고　犬吠竹籬下
닭은 뽕나무 사이로 날아간다　鷄飛桑樹間
이끼 낀 헌함에서 옥설[38]을 맞이하고　苔軒迎玉雪
달팽이집만한 오두막에서 지란[39]과 함께한다　蝸室共芝蘭

37 주작(朱雀)이 하늘을 지나 : 계절이 여름임을 뜻한다. 주작은 이십팔수(二十八宿) 중에 남방에 있는 별이다.

38 옥설(玉雪) : 한자첨을 비유한 말이다. 한유(韓愈)의 〈전중소감마군묘지명(殿中少監馬君墓誌銘)〉에 "눈썹과 눈은 그림 같고 머리털은 칠흑 같으며 피부는 옥설과 같아 사랑스러웠다.[眉眼如畫 髮漆黑 肌肉玉雪可念]" 하였다.

늙은 나는 외진 산골에 살면서 老我棲窮谷
그대 낮은 관직에 머묾을 탄식하노라 嗟君滯小官
밤이 새도록 세상사 얘기하노라니 通宵談世務
밝은 달이 가을 산에 반쯤 잠겼네 明月半秋山

적성[40]으로 이임하는 과천 태수 최공 응형[41]에게 주며, 겸하여 내가 병들어 서로 만나지 못한 채 먼 이별을 하게 되었다는 뜻을 보이다 2수
贈果川太守崔公應亨移任積城兼示病不曾相奉仍作遠別之意 二首

파성에 숙도가 오는 것이 어찌 늦은고[42] 巴城叔度來何暮
가시나무에 깃들어 산[43] 지도 다섯 해나 됐어라 枳棘鸞栖五載多
매화 핀 누각[44]에 거문고 울려 마음은 자유롭고 梅閣琴鳴心不累

---

39 지란(芝蘭) : 《공자가어(孔子家語)》에 "선(善)한 사람과 함께 지내면 마치 지란(芝蘭)의 방에 들어간 것과 같아 그 향기는 못 맡더라도 오래 지나면 동화된다." 한 데서 온 말로 좋은 벗을 뜻한다. 역시 한자첨을 비유한 말이다.

40 적성(積城) : 경기도 양주(楊州)에 있던 현(縣)이다.

41 최응형(崔應亨) : 1581~?, 본관은 나주(羅州), 자는 여회(汝會)이고 서울에 살았다. 1610년 식년시(式年試)에 합격했다.

42 파성(巴城)에 … 늦은고 : 훌륭한 지방관의 부임을 뜻한다. 파성은 적성의 이칭인 듯하다. 후한(後漢) 염범(廉范)은 자가 숙도(叔度)이다. 그가 촉군 태수(蜀郡太守)가 되었을 때, 화재를 예방하려고 백성들이 밤에 작업하는 것을 못하게 하던 구제(舊制)를 고쳐서 밤에 작업을 하되 화재에 대비하여 물을 저장하도록 엄히 명하였다. 이에 백성들이 편리하게 여기면서 노래하기를 "염숙도(廉叔度)여 어찌 그리 늦게 왔던가. 화재를 우려해 밤일을 금지하지 않으니 백성들이 편안하게 일하네. 평소에 저고리가 없었더니, 지금 바지가 다섯일세.[廉叔度來何暮 不禁火民安作 平生無襦今五袴]" 하였다. 《後漢書 卷61 廉范傳》

43 가시나무에 깃들어 산 : 고을 수령을 맡아 있음을 뜻한다. 후한(後漢) 왕환(王奐)이 "탱자와 가시나무는 난새나 봉황이 깃들 곳이 아니니, 백 리쯤 되는 작은 고을이 어찌 큰 현인이 있을 고을이겠는가.[枳棘非鸞鳳所棲, 百里豈大賢之路]" 하였다. 《後漢書 卷106 仇覽傳》

44 매화 핀 누각 : 매화 핀 누각은 지방 수령의 관아를 뜻한다. 남조(南朝) 양(梁)나라 하손(何遜)이 건안왕(建安王)의 수조관(水曹官)으로 양주(楊州)에 있을 때 관청 뜰에 매화 한 그루가 있어서 매일같이 그 나무 아래서 시를 읊곤 하였다. 뒤에 낙양(洛陽)에 돌아갔다가 그 매화가 그리워서 다시 양주로 발령해주길 청하여 양주에 당도하니 매화가 한창 피었기에 매화 나무 아래서 종일토록 서성거렸다. 두보(杜甫)의 〈화배적등촉주동정송객봉조매상억견기(和裴迪登蜀州東亭送客逢早

꽃 핀 마을에는 개가 졸고 정치는 너그러우리　花村犬睡政無苛
담대는 문안 인사에 인색한 게 아니건만[45]　澹臺不是慳趨候
사마는 늘 숙환을 앓고 있음을 탄식했어라[46]　司馬常嗟抱宿痾
습지를 소제하여 와서 머물게 하려 했거늘[47]　將潔習池停皀盖
친분 오랜 동파와 홀연 이별하게 될 줄 어이 알았으랴[48]　寧知忽別舊東坡

일개 고을은 큰 재능 펼칠 곳 못 되거늘　一縣終非展驥路
무성의 금각[49]에서 몇 해나 세월 보냈던가　武城琴閣幾寒暄
삼년 동안 병들어 칩거하느라 찾아뵙지 못했는데　三年病蟄違淸眄
오년 동안 은덕을 베풀어주니 지극히 감사하구려　五載仁添感至恩
구공을 빌려 고을 더 다스리게 하고 싶어했더니[50]　欲借寇公仍舊政

梅相憶見記〉에 "동각의 관매가 시흥을 움직이니, 도리어 하손이 양주에 있을 때 같구나.[東閣官梅動詩興 還如何遜在楊州]" 하였다.

45 담대(澹臺)는 … 아니건만 : 담대는 담대멸명(澹臺滅明)이란 사람이다. 여기서는 개결(介潔)한 성품의 상대방이 자신을 자주 찾아왔음을 뜻한다. 공자(孔子)의 제자인 자유(子游)가 무성(武城)의 수령이 되었을 때 공자가 "좋은 사람을 얻었느냐."고 물으니, 자유가 "담대멸명이라는 이가 있는데 지름길로 다니지 않고 공사(公事)가 아니면 절대로 저의 집에 오지 않습니다.[有澹臺滅明者 行不由徑 非公事未嘗至於偃之室也]" 하였다. 《論語 雍也》

46 사마(司馬)는 … 탄식했어라 : 자신에게 숙환이 있음을 뜻한다. 한(漢)나라 사마상여(司馬相如)는 자가 장경(長卿)인데 소갈병(消渴病)을 앓아 벼슬을 그만두고 은퇴하여 무릉(茂陵)에 살다가 죽었다. 《史記 卷117 司馬相如列傳》

47 습지(習池)를 … 했거늘 : 윈님인 상대방을 자신의 집으로 놀러오게 하려 했다는 뜻이다. 습지(習池)는 습가지(習家池)의 준말로 습씨(習氏) 집의 연못이란 뜻이다. 진(晉)나라 죽림칠현(竹林七賢)의 한 사람인 산간(山簡)이 정남장군(征南將軍)으로 양양(襄陽)에 있을 때 경치가 좋은 습씨의 못을 고양지(高陽池)라 이름하고 날마다 그곳으로 가서 노닐며 흠뻑 취해서 돌아왔다. 당시 아동들이 노래하기를 "산공은 어디로 가는가? 고양지로 가는 게지. 해 저물녘 말에 거꾸로 실려 돌아오나니 술에 흠뻑 취해서 아무것도 모르네.[山公出何許 往至高陽池 日夕倒載歸 酩酊無所知]" 하였다. 《晉書 卷43 山簡傳》

48 친분 … 알았으랴 : 동파(東坡)는 송(宋)나라 문호인 소식(蘇軾)의 호이다. 여기서 동파는 상대방을 가리킨다. 소식이 7년 동안 황주(黃州) 수령으로 있다가 여주(汝州)로 옮겨갈 때에 고을의 명망 있는 사대부들이 도정(都亭)에서 전별연을 베풀어 주었다.

49 무성(武城)의 금각(琴閣) : 훌륭한 지방 수령이 거처하는 곳을 뜻한다. 제자인 자유(子遊)가 무성(武城)이란 고을의 읍재(邑宰)로 있으면서 현가(絃歌)로 백성을 교화하는 것을 보고 공자가 흐뭇해 하며 "닭을 잡는 데 어찌 소 잡는 칼을 쓰리오." 했다. 《論語 陽貨》

소자의 떠나는 부임 행차[51]에 도리어 놀라노라　　飜驚蘇子動新旛

노잣돈 주는 산음의 노인[52]을 본받지 못했지만　　携錢未效山陰叟

멀리 훌륭한 풍모 상상해 길이 잊지 못하리라　　遙想風流永不諼

또 장편을 읊어서 이별하는 태수에게 주다
又述長篇贈別太守

쓸쓸한 옛 고을이 산기슭에 있는데　　蕭條古縣在山麓

척박한 땅 가난한 백성에 못된 아전들　　土瘠民貧無善吏

어명 받든 관리들이 몰려와 묵어가는 곳이요　　叢臻銜命館宿處

진상하는 공물들이 이어져 수송하는 땅일세　　絡繹方獻歸輸地

요역과 명령이 번다해 견디기가 어려우니　　徭煩令劇百不堪

온 고을 백성들 원망해 근심이 그치지 않았네　　一境嗷嗷愁未息

전란을 겪은 뒤로는 백성들 더욱 피폐하여　　自經兵燹益凋瘵

여자는 과부 남자는 홀아비로 고독한 신세　　女寡男鰥煢且獨

마을마다 삭막해 밥 짓는 연기가 적고　　千村索寞少人煙

집집마다 텅텅 비어 닭과 개가 드물었지　　十室空虛鷄犬罕

우리 원님 부임한 뒤로 날마다 백성 보살펴　　我侯臨政日摩恤

때 벗기고 가려운 곳 긁어 쉬지 않고 일하니　　櫛垢爬痒無少間

고을의 폐단 다 고쳐지고 호구가 늘었으며　　瘡痍盡起戶口增

---

50 구공(寇公)을 … 싶어했더니 : 선정(善政)을 베푼 지방관을 유임시켜 줄 것을 청하는 것이다. 후한(後漢) 때 구순(寇恂)이 영천 태수(潁川太守)로 있으면서 여러 차례 도적을 평정했다. 뒤에 영천에서 다시 도적이 일어나자 천자를 따라 출정했을 때 영천의 백성들이 길을 막고 구순을 일년 동안 더 영천 태수로 유임시켜 다스리게 해달라고 청하였다. 《後漢書 卷46 寇恂列傳》

51 소자(蘇子)의 … 행차 : 오래 고을을 다스린 지방관의 이임(離任)을 뜻한다. 주 48 참조.

52 노잣돈 … 노인 : 후한(後漢) 유총(劉寵)이 세 번 벼슬을 옮겨 회계 태수(會稽太守)가 되었다. 조정에서 그를 대신으로 불러 회계를 떠날 때, 눈썹에 흰 털이 난 대여섯 늙은이가 산음현(山陰縣)의 약야산(若邪山) 골짜기에서 한가로이 나와 각각 백전(百錢) 씩의 돈을 유총에게 보내주었다. 《後漢書 卷106 劉寵列傳》

떠났던 백성들 돌아와서 들판이 개간됐어라	流逋連歸田野闢
공의 행차 가는 곳마다 비가 수레 따르고[53]	公行所至雨隨車
공의 교화 미치는 곳에 벼가 모두 풍년일세	公化所及禾盡熟
연산에서 석종유가 다시 나온단[54] 말 들었고	連山旣聞乳已復
영천의 들에서는 이제부터 뱀을 잡지 않으리[55]	永野從今蛇不捉
백리는 비록 대현이 있을 고을 아니지만[56]	百里雖非大賢路
구중궁궐의 근심을 나눔[57]에 공 스스로 힘쓰네	九重分憂公自勖
못난 나는 당시 오랜 숙질을 앓던 터라	鯫生時抱積年痾
그대의 풍모를 한번 찾아 뵐 길이 없어라	淸範無緣容一覿
전야에 칩거하며 덕화를 입고 있는데	田廬竊伏沐淸化
임기가 한 해 밖에 안 남은 게 한스럽구려	只恨瓜期年一隔
차구하여 은택을 마저 베풀게 하려 했건만[58]	方將借寇卒大惠

53 공의 … 따르고 : 선정(善政)을 베풀었음을 뜻한다. 후한(後漢) 때 백리숭(百里嵩)은 자가 경산(景山)이다. 그가 서주 자사(徐州刺史)로 있을 때 큰 가뭄이 들었는데 그가 수레를 타고 가는 곳마다 단비가 내렸다. 동해(東海)·축기(祝其)·합향(合鄕) 세 고을의 부로(父老)들이 "우리는 모두 공의 백성인데 어찌 유독 우리들 쪽으로는 오시지 않습니까?" 하자, 수레를 돌려 그 곳으로 가니 곧 비가 내렸다. 《太平御覽》 후한(後漢)의 정홍(鄭弘)과 당나라 안진경(顔眞卿)에게도 이런 유의 고사가 있다.

54 연산(連山)에서 … 나온단 : 어진 수령이 부임했음을 뜻한다. 유종원(柳宗元)의 〈연주군부유혈기(連州郡復乳穴記)〉에 나오는 고사이다. 연산(連山)은 중국 연주(連州)의 산이다. 연주 영릉현(零陵縣)에서 석종유(石鍾乳)라는 좋은 약이 생산되는데, 국가에서 그것을 공물로 받아 백성들에게 갈취하니, 석종유가 더 이상 생산되지 않고 말았다. 그 후 5년이 지나서 최민(崔敏)이 영주 자사(永州刺史)로 부임하여 선정을 베풀자 석종유가 다시 생산되었다.

55 영천(永川)의 … 않으리 : 유종원의 〈포사자설(捕蛇者說)〉에 나오는 고사이다. 영천(永川) 땅에 흑질백장(黑質白章)이란 뱀이 나는데 맹독을 지녀 이 뱀에 닿으면 초목이 죽을 정도였다. 왕명(王命)으로 그 뱀을 1년에 2마리씩 바치게 하고, 그것을 잡는 자는 세납(稅納)을 면제해 주었다. 장씨(蔣氏)는 삼대(三代)째 그 일을 하다가 할아비와 아버지가 모두 뱀에 물려 죽었고 자신도 여러 차례 죽을 뻔했으나, 가혹한 세납과 부역을 면제받을 수 있기 때문에 그 일을 버리지 못했다. 《古文眞寶 後集》

56 백리(百里)는 … 아니지만 : 작은 고을에 부임하는 것을 위로하는 말이다. 주 43 참조.

57 구중궁궐의 근심을 나눔 : 지방관으로 부임하는 것을 임금의 근심을 나누는 것으로 표현하여 분우(分憂)라 한다.

58 차구(借寇)하여 … 했건만 : 구순을 빌린다는 말로, 어진 고을 수령을 유임시켜 줄 것을 청하여 선정(善政)을 끝까지 베풀게 하려 했다는 것이다. 주 50 참조.

어찌 왕명으로 다른 고을로 옮길 줄 알았으랴 豈意王命移他邑
하동의 소자[59]가 이미 떠날 차비를 갖추었으니 河東蘇子已載轄
풍천의 백성들이 다투어 와서 모인다 灃川民庶爭來集
수레 잡고서 차마 어진 원님 못 보내어 攀轅不忍捨仁侯
노소를 막론하고 수레 아래에서 우누나 戴白垂髫車下泣
노잣돈 주는 산골노인을 본받지 못하니[60] 携錢未效山谷叟
홀로 집안에 틀어박혀 속절없이 울적할 뿐 獨掩荊門空鬱悒
그대의 훌륭한 풍모 산천에 막혔으니 風流文彩隔山川
가을 하늘에 목을 빼고 그리워해도 뵐 수 없네 引領秋天思莫及
훗날에 행여 조정에 들어가 높은 벼슬 하면 他年倘作廊廟臣
큰 은택에 다시 젖을 수 있기를 기다려 보리라 佇見隆恩霑更洽

밤비
夜雨

밤비가 숲을 울리며 지나가는데 夜雨鳴林過
창가에 앉아 있는 병든 한 늙은이 窓間一病翁
처마의 풍경 소리는 꿈속에 떨어지고 簷鈴和夢落
산의 바람소리는 공연히 시정(詩情) 부른다 山籟惹吟空
은은하게 맑은 시내소리 들리고 隱隱淸溪轉
쏴쏴 푸른 나무에 바람 부누나 颼颼綠樹風
아침에 초가집에 앉아서 보니 朝來坐茅閣
뜰의 풀 푸른 빛이 짙어졌어라 庭草碧成濃

59 하동(河東)의 소자(蘇子) : 주 48 참조.
60 노잣돈 … 못하니 : 주 52 참조.

통제사 원균[61]의 부인에 대한 만사
挽哭元統制筠夫人

묘령 때부터 규문에서 교양을 쌓아서　閨門毓德自芳齡
군자의 배필 되니 사람들이 부러워했어라　君子爲逑衆所榮
제사의 예법 잘 갖추어 효성이 일컬어졌고　禮執蘋蘩稱孝祀
정경부인 작위에 올라 높은 작명 누렸지　爵封貞敬享尊名
과부로 지낸 반평생에 비록 후사는 없지만　孀居半世雖無嗣
전성으로 봉양하는[62] 사위가 있어 기뻤어라　奉養專城喜有甥
나이 백년에 미쳐서 세상을 떠나시니　齒及百年乘化去
마침내 맹서한 대로 지아비와 함께 묻혔구나　竟同泉穴副前盟

가돈을 대신해 지은 당성 이 장로에 대한 만사 공의 장남이 공보다 먼저 죽었다.
爲家豚挽哭唐城李丈老 公長子先公死

여든이란 장수를 누렸으니　八十高年享
인의 이치[63]가 어긋나지 않구나　爲仁理不愆
청운의 벼슬길일랑 아주 잊고서　青雲忘世利
황발[64]로 자연 속에서 늙어갔어라　黃髮老林泉

---

61 원균(元均) : 1540~1597. 본관은 원주(原州). 고려 태조 때의 통합삼한공신(統合三韓功臣) 병부령 극유(克猷)의 후손이다. 조산 만호(造山萬戶)로 있을 때 변방의 오랑캐를 무찌르는 데 공을 세웠고, 1592년에 경상 우수사가 되었다. 임진왜란에 큰 공을 세워 1604년 이순신 · 권율(權慄)과 함께 선무공신(宣武功臣) 1등으로 책록되고 원릉군(原陵君)에 추봉되었다.

62 전성(專城)으로 봉양하는 : 고을 수령이 되어서 부모를 봉양하는 것을 전성지양(專城之養)이라 하여 매우 영광스러운 일로 여겼다.

63 인(仁)의 이치 : 《논어(論語)》 〈옹야(雍也)〉에 "지혜로운 사람은 즐거워하고 어진 사람은 장수한다.[知者樂 仁者壽]"고 하였으므로 이렇게 말한 것이다.

64 황발(黃髮) : 백발이 오래되면 황발이 된다고 한다. 백발보다 더 늙은 사람을 가리킨다.

이는 비록 몸이 죽었지만 鯉也身雖歿
삼은 효성이 온전하였어라[65] 參乎孝旣全
오늘 옛 세상을 훌쩍 떠나시니 今朝捐舊館
모실 자리가 다시는 있지 않으리 無復陪華筵

봄날 못가에서 읊다 2수

春日池上卽吟 二首

산속 집에서 병든 몸이 봄 구경도 더뎌 抱病山廬玩節遲
봄이 깊어서야 비로소 앞 연못에 내려왔다 春深始得下前池
시냇가 꽃은 햇살에 웃어 붉은 비단이 환하고 溪花笑日明紅錦
물가 나무는 녹음이 짙어서 푸른 휘장을 쳤구나 澗葉濃陰鬱翠帷
푸른 새는 홀연 와서 구면을 반기는 듯하고 青鳥忽來欣舊面
노란 꾀꼬리는 막 울어 시흥을 돋구어주는 듯 黃鸝初囀助新詩
풍광은 흐르는 세월 따라 가지 않으니 風光不逐流年去
용모가 예전보다 늙은 것이 한스러울 뿐 只恨顏容異昔時

늦게야 사립문 나서서 발걸음을 재촉하여 晚出柴門步履忙
도리어 시냇가 찾아 방초를 구경하노라 却尋溪上愛年芳
비단 물결 잔잔한 연못 수심은 파랗고 波含細綺池心碧
얇은 깁을 짠 듯 언덕 풀빛 푸르구나 岸織輕羅草色蒼
홀로 솔뿌리에 의지하니 정신이 상쾌하고 獨倚松根神氣爽
홀로 바위에서 조니 꿈속마저 시원해라 孤眠石榻夢魂涼
인간 세상에 즐거운 일이 얼마나 되는고 人間樂事知多少
속세 밖에 한가로이 사는 흥취가 가장 좋구나 物表閑居最興長

---

65 이(鯉)는 … 온전하였어라 : 이는 공자의 맏아들로 자는 백어(伯魚)인데 공자보다 먼저 세상을 떠났다. 삼은 증삼(曾參)인데 효자로 이름났다. 맏아들이 죽고 둘째 아들이 효성으로 모셨음을 뜻한다.

편안히 쉬며
偃息

칩거하고 있지만 은둔할 마음은 아니고　閉門不是杜門心
산 속에 살지만 은거할 뜻은 아니로다　山居亦非隱居志
삼년 동안 병이 많아 누운 채 외출 않으니　三年多病臥不出
세인들이 날 버렸지 내가 버린 게 아닐세　世人自棄非我棄
때로는 혼자서 옛사람의 책을 읽지만　有時自讀古人書
팔구할은 잊어버리고 한둘만 기억하며　遺得八九存一二
때로는 지팡이 꽂고 남새밭을 매지만　有時植杖鋤菜畦
햇살이 뜨겁게 내리 쬐면 호미질 멈춘다　畏日燒頭鋤亦止
집에 돌아와 북창 아래에서 편안히 쉬니　歸來偃息北窓下
북창의 풍색이 내 몸을 시원하게 하누나　北窓風色涼吾軀
내 몸 시원한 것으로 스스로 만족하노니　涼吾軀亦自足
이 밖에 무엇을 더 바라리오　此外何所圖

잠 깨어 일어나
睡起

낮잠을 막 깨어 보니 봄날 낮이 고요해　午夢初驚春晝靜
굽은 난간에 그윽한 생각이 하염없어라　曲欄幽思正悠悠
둥지 다투다 함께 떨어지는 참새를 보고　爭巢竝落看黃雀
새끼 지키느라 우는 비둘기 소리 들린다　護子交鳴聽紫鳩
방문에 드는 서늘한 바람이 책장을 넘기고　入戶淸風翻道帙
산을 감싸는 가랑비가 문 앞의 발을 적시네　籠山小雨濕簾鉤
노년에 시 짓는 솜씨가 몹시 못해져서　暮年詩律偏微細
봄 경치를 마음껏 거두어 읊을 수 없구나　莫得韶光盡意收

봄이 다 갔기에 느낌이 있어 조삼산에게 부치다
春盡有感寄呈趙三山

산중에 봄이 다하니 꽃이 죄 떨어지고 春盡山中花盡飛
뜰 가득한 나무에는 녹음이 막 짙어라 滿園琪樹綠初肥
하늘거리는 맑은 나무 그늘을 비록 얻었지만 淸陰縱得婆娑好
좋은 계절이 빨리 지나가는 게 몹시 슬프니 佳節偏傷倏忽歸
날마다 술 마시는 일 어이 그만둘 수 있으랴 日對芳樽烏可已
자주 시구를 짓는 일도 하지 않을 수 없어라 頻題詩句莫相違
난정[66]이 적막하니 지금 어디에 있는고 蘭亭寂寞今何在
물굽이 시냇가에 들풀만 무성하여라 曲水溪邊野草菲

외진 곳에 살며
僻居

봉황과 용 같은 산들이 푸른 병풍 두른 곳 鳳岫龍岡幻翠屛
건곤 안에 이 땅이 홀로 맑고 평안하여라 乾坤此地獨淸寧
전답 열고 집 지어 내 평생을 보내며 開田築室終吾老
화초나 가꾸면서 이 내 인생을 즐기리라 養草移花樂此生
쓸쓸한 사립문은 늘 적막하게 닫혔고 寥落柴門常闃寂
높고 낮은 돌길은 가파르건 말건 高低石路任崢嶸
경쇠를 치며[67] 강호에 산다 말하지 말라 休言擊磬棲江海

66 난정(蘭亭) : 진(晉)나라 때 명필 왕희지(王羲之)가 삼월 삼짓날 당시의 명사(名士) 41명과 놀았던 회계(會稽) 산음(山陰)의 정자이다. 당시 왕희지를 비롯한 명사들은 수계(修禊)하며 물 구비에 잔을 띄워 술을 마시는 유상곡수(流觴曲水)를 즐기고, 〈난정기(蘭亭記)〉라는 명문(名文)을 남겼다. 《古文眞寶 後集》 수계는 3월 상사일(上巳日)에 냇가에 가서 몸을 씻는 것인데, 이렇게 하면 그 해의 액운을 면한다 한다.

67 경쇠를 치며 : 세상을 잊지 못함을 뜻한다. 공자와 동시대에 은자(隱者)인 하조장인(荷篠丈人),

반곡[68]에 흐르는 시냇물이 갓끈을 씻을 만하여라[69] 盤谷流泉可濯纓

늦게 일어나서
晩起

깊은 집안 쓸쓸한데 대숲과 나무 푸르러 深院寥寥竹木靑
빈 뜰은 적적하고 푸른 이끼만 끼어 있네 空庭寂寂碧苔上
유인은 병이 많아 해가 높아서야 일어나고 幽人多病日高起
좋은 새는 봄에 교태를 부려 꽃 위에서 운다 好鳥嬌春花上鳴
홀로 외로운 거문고를 안으니 흐르는 물 맑고[70] 獨抱孤琴流水泠
때로 높은 곳 올라 휘파람 불면 떨어지는 매화 향기롭다[71] 時登淸嘯落梅馨
누가 자연 속에 사는 나의 흥취를 알 수 있으랴 誰能會此林居興
오직 산승이 있어 때로 산속의 집을 찾아오누나 唯有山僧扣石扃

즉 삼태기를 맨 노인이 있었다. 공자가 위(衛)나라에서 경쇠를 두들겼는데, 그가 삼태기를 메고 그 집을 지나며 말하기를 "마음이 천하에 있구나. 경쇠를 두들김이여!" 하고는, 조금 지나서 말하기를 "비루하구나. 너무도 단단하구나. 나를 알아주는 이가 없으면 그만 두어야 할 것이니, 물이 깊으면 옷을 벗어서 들고 건너고 물이 얕으면 옷을 걷고 건너야 하는 것이다." 하였다.《論語 憲問》"물이 깊으면 옷을 벗어서 들고 건너고, 물이 얕으면 옷을 걷고 건넌다.[深則厲 淺則揭]"는 구절은《시경》〈패풍(邶風) 포유고엽(匏有苦葉)〉에 보이는바 원래는 남녀는 예의(禮義)를 헤아려서 교제해야 함을 뜻하는데, 여기서는 시대의 상황을 잘 헤아려 처신해야 함을 뜻한다.

68 반곡(盤谷) : 골짜기 이름으로 은자가 사는 곳을 뜻하는데 여기서는 작자 자신이 사는 곳을 가리킨다. 한유(韓愈)가 태항산(太行山) 남쪽의 반곡으로 돌아가는 벗 이원(李愿)을 전별하는 뜻에서 지은 〈송이원귀반곡서(送李愿歸盤谷序)〉란 글에서 반곡이 낙토(樂土)임을 누누이 말하였다.《古文眞寶 後集》

69 갓끈을 씻을 만하여라 :《맹자(孟子)》〈이루장(離婁章)〉에 "창랑의 물이 맑거든 나의 갓끈을 씻을 것이다.[滄浪之水淸兮 可以濯我纓]" 한 데서 온 말로 속세를 떠나 은거함을 뜻한다.

70 외로운 … 맑고 : 춘추시대 백아(伯牙)가 금(琴)을 타면서 고산(高山)에 뜻을 두면 종자기(鍾子期)가 "높고 높기가 마치 태산과 같도다![峨峨兮若泰山]" 하고, 또 유수(流水)에 뜻을 두면 "넓고 넓기가 마치 강하와 같도다![洋洋兮若江河]"라고 하였다는 고사에서 유래한다.《列子 湯問》

71 휘파람 … 향기롭다 : 휘파람을 젓대 소리에 비긴 듯하다. 진(晉)나라 때 환이(桓伊)가 적(笛)을 잘 불어 〈낙매화곡(落梅花曲)〉을 지었다 한다. 이백(李白)의 〈여사낭중흠청황학루상취적(與史郎中欽聽黃鶴樓上吹笛)〉에 "황학루 위에서 옥젓대를 부니 강성 오월에 매화가 떨어지는구나.[黃鶴樓上吹玉笛 江城五月落梅花]" 하였다.

전원의 저물녘 흥취
田園晩興

지긋지긋한 난리에 여러 해 동안 숨어사노니	厭亂多年任羽藏
전원의 그윽한 흥취가 어찌 한량이 있으리오	田園幽趣若爲量
서쪽 들에 빗물 넉넉해 벼가 푸르게 자라고	西疇雨足禾生綠
남쪽 들에 바람 따스하니 보리가 한창 누렇다	南陌風暄麥正黃
말 타고 문을 나서 맘껏 눈길 돌려 구경하고	跨馬出門窮睇眄
지팡이 짚고 물가에 가서 맑은 기운 쐬노라	杖藜臨水挹淸涼
도원도 반드시 편안히 사는 곳은 아니니	桃源不必安棲地
지금 자연 속에 사는 흥취가 더욱 유장하구나[72]	此日林居興更長

새소리를 듣고
聞禽

나의 집은 외진 곳에 푸른 산이 둘러쳤으니	我屋僻居圍翠屛
그윽한 새들이 절로 모여 정겹게 울어대누나	幽禽自集和相鳴
제호[73]가 술 권하니 깊은 마음을 알겠고	提壺勸酒知深意
포곡[74]이 밭 갈라 재촉함도 정겹게 느껴진다	布穀催耕覺有情
구름 낀 산에서 우는 저 촉백[75]이 가련하고	叫罷山雲憐蜀魄

---

72 도원(桃源)도 … 유장하구나 : 도원은 무릉도원(武陵桃源)을 가리킨다. 이곳이 무릉도원보다 못하지 않다는 뜻으로 말하였다. 주 29 참조.

73 제호(提壺) : 제호로(提壺蘆)라고도 하는 새이다. 그 울음소리가 한문으로 술병을 들라는 뜻이 된다. 구양수(歐陽修)의 시 〈제조(啼鳥)〉에 "꽃 위에 홀로 제호로가 있어서, 술 사서 꽃그늘 앞에서 취하라고 권하누나.[獨有花上提壺蘆 勸我沽酒花前醉]" 하였다.

74 포곡(布穀) : 뻐꾸기의 이칭이다. 포곡은 뻐꾸기 울음을 형용한 의성어로, 풀이하면 곡식을 파종하라는 뜻이 된다.

75 촉백(蜀魄) : 촉제의 넋이란 말로 두견새의 이칭이다. 망제혼(望帝魂) 또는 불여귀(不如歸)라고도 한다. 촉나라 망제(望帝)가 재상 별령(鱉令)에게 대규모 운하 공사를 맡기고 그의 아내와 간음

햇살 비친 산골짜기에 우는 꾀꼬리 소리 듣는다　啼殘谷日聽林鸎
광음이 이목 안에서 죄다 바뀌어 가니　光陰換盡睇聆裏
속절없이 이 시옹의 머리털만 세게 하누나[76]　空使詩翁鬢髮明

한가로운 정
閑情

남들이 욕심내지 않는 이곳 나 스스로 사랑해　自愛淸區靡所爭
적갑에 은거한 뒤로 세월 빨리도 흘렀구나[77]　端居赤甲歲崢嶸
늘 소리 내며 흐르는 흰 물은 마을을 휘감고　長喧白水圍村巷
언제나 그대로인 푸른 산은 뜰에 가득하여라　有素靑山滿戶庭
아침에 일어나 애틋한 마음에 꽃을 쓸지 않고　晨起關心花未掃
밤에 시 읊느라 늦게 잠들어 달을 맞이하노라　夜吟遲睡月將迎
이러한 즈음에 새로운 시가 없어서는 안 되니　此間不可無新語
오동잎에 한가히 시 적느라 손을 쉬지 않는다　桐葉閑題手不停

장난 삼아 민 상사 자진에게 보내다. 가까운 이웃에 살면서 병환으로 여러 달 동안 서로 만나지 못했다
戲簡閔上舍子進傍隣病患累月不相通

묻노니 근간에 건강은 어떠하오　爲問近間眠食何

하였다가, 뒤에 이 때문에 왕위를 빼기고 달아나 두견새가 되었다. 이에 촉나라 사람들이 망제를 측은히 여겨 촉백 또는 망제혼이라 하였고, 그 울음소리가 불여귀거(不如歸去)라고 하는 것 같다고 하여 불여귀라고도 하였다.《太平御覽》

76 광음이 … 하누나 : 계절이 변해 가는 모습을 보고 시를 읊느라 고심하여 자신의 머리털이 다 센다는 뜻이다.

77 적갑(赤甲)에 … 흘렀구나 : 적갑은 중국 사천성(四川省)에 있는 산인데 여기서는 은거하는 곳을 뜻한다. 두보(杜甫)의 시 〈적갑(赤甲)〉에 "적갑에 터 잡아 살매 옮겨 삶이 새로운데, 무산과 초수에 봄을 두 번이나 보았어라.[卜居赤甲遷居新 兩見巫山楚水春]" 하였다.

삼춘 내내 못 만나니 이별 회포 많구려 三春不見別懷多
저마다 병고 때문에 얼굴은 못 본다 해도 各因病故顔雖阻
서신마저 끊어진 것은 어이 된 이치인가 並廢音書理則那
달 아래 시 읊는 일 이제 이을 수 있겠소 月下淸吟今可續
花村美酒豈緩賒 꽃 핀 마을에서 술 마시는 일 어이 늦추리오
앞으로 혹 날씨 맑은 날을 만나거든 由來倘得天晴日
지팡이 짚고 자건의 집을 찾아주시구려 扶杖經尋子騫家

꾀꼬리 소리를 듣고 감회가 있어
聞鶯有感

난리 겪은 뒤에 살아남은 몸 餘生喪亂後
초가집에 와서 누워 있노라 來臥草廬中
머리털은 시 읊느라 다 세었고 危鬢吟成雪
늙은 얼굴 술기운에 잠시 붉네 衰顔暫醉紅
흰 망아지라 빠른 세월에 놀라고[78] 白駒驚歲月
노란 꾀꼬리 울어 춘풍이 지나간다 黃鳥度春風
오는 봄 은택을 그 누가 막으랴 致澤誰禁得
자연 속에서 이 몸은 늙어가노라 林間老作翁

초당
草堂

만 길 봉우리 앞에 하나의 초당 萬仞峯前一草堂

78 흰 … 놀라고 : 세월이 덧없이 빨리 흐름을 비유한 것이다. 백구는 흰 망아지이다. 《장자(莊子)》 〈지북유(知北遊)〉에 "사람이 천지의 사이에 사는 것이 마치 흰 망아지가 달려 틈 사이를 지나는 것과 같다.[人生天地之間 若白駒之過郤]" 하였다.

초당 앞엔 대숲과 나무 둘러쳤어라	堂前竹木繞成行
그윽한 새들은 스스로 모여서 지저귀고	幽禽自集聲相和
산사람은 외로이 시 읊느라 흥에 겨워라	山客孤吟興欲狂
무릎 위의 금부[79]는 울음이 끊어질 듯	膝上金鳧鳴欲斷
창가의 보압[80]은 잠이 막 들었구나	窓間寶鴨睡初長
자연 속에 늘 은거하는 삶 사양하지 않으니	不辭林下恒爲隱
대궐에서 임금 보필하는 직분을 저버렸어라	辜負龍墀補袞裳

띳집
茅齋

푸른 산의 밝은 산빛을 내 사랑하여	我愛碧山山色明
몇 칸 조촐한 띳집을 짓고 사노라	茅齋一築數間精
서책이 벽에 가득해 원래 속되지 않고	圖書滿壁元非俗
송죽이 늘어섰으니 끝없이 맑아라	松竹成行不盡淸
난리 때 십년 동안 고초를 겪었는데	兵火十年嘗苦楚
자연에서 지금 사립을 닫고서 사누나	林泉卽日掩柴荊
은거할 곳으로 고요한 도원을 얻었으니[81]	幽棲已得桃源靜
무엇하러 구구하게 태평시대 물을 건가	何必區區問太平

79 금부(金鳧) : 향로를 가리킨다. 본래 진시황(秦始皇)의 묘에 부장품으로 쓴 오리 모양의 황금 향로(香爐)를 가리키는 말인데, 여기서는 향로를 오리에 비유하였다.

80 보압(寶鴨) : 향로를 가리킨다. 고대(古代)에는 오리 모양의 화로가 많았으므로 보압 또는 금압(金鴨)이라 하였다. 역시 향로를 오리에 비겼다.

81 은거할 … 얻었으니 : 도원(桃源)은 무릉도원(武陵桃源)을 가리킨다. 주 29 참조.

조삼산의 시에 차운하다
次趙三山韻

연기 잦아드는 박산향로 마주한 채	寶篳烟銷對博山
쓸쓸히 살며 종일토록 방 가운데 앉았노라	索居終日坐楹間
용순[82]을 홀로 안고서 놓을 때가 없고	龍脣獨抱無時捨
계거[83]를 늘 휘두르느라 잠시도 한가하지 않다	鷄距長揮不暫閑
옥날개[84]는 구름 뚫으며 오고 또 가고	玉翼穿雲來又去
금베틀북[85]은 비를 띤 채 던졌다 돌아온다	金梭帶雨擲飜還
삼복더위 혹독하여 뼛속을 찌는 듯하니	庚炎老酷人蒸骨
얇은 적삼을 벗고 또 머리에 관도 벗노라	旋脫羅衫又脫冠

앞 시의 운을 사용하여 삼산의 뜻을 풀이하다 2수
用前韻釋三山 二首

바다 저편에 삼산이 있단 말 일찍이 들었건만	曾聞海外有三山
신선세계가 이곳에 있는 줄을 어찌 알았으랴	豈識仙區在此間
불로초 신령한 뿌리 이슬에 젖어 두루 자라고	不死靈根和露遍

82 용순(龍脣) : 거문고 이름인데, 여기서는 거문고를 가리킨다. 후한(後漢)의 순숙(荀淑)은 자가 계화(季和)인데, 용순이란 거문고를 가지고 있다가 어느 비바람이 크게 몰아치던 날 잃어버렸다. 3년 뒤 비바람이 크게 몰아치던 날 흑룡(黑龍)이 날아서 이응(李膺)의 방에 들어왔다. 이응이 자세히 보고는 "순계화(荀季和)의 구물(舊物)이다." 하고 순숙에게 돌려주었다. 그러자 순숙이 다시는 날아가지 못하게 등에 금으로 글씨를 새겨 "유루(劉累)로써 누른다."하고 비룡(飛龍)이라 이름을 바꾸었다. 《說郛》 유루는 고대에 용을 잘 길들이는 사람이다.

83 계거(鷄距) : 붓의 이칭이다. 털이 짧은 붓이 닭의 뒤 발톱과 같다 하여 붙여진 이름이다. 백거이(白居易)의 〈계거필부(鷄距筆賦)〉에 "발 중에서 건장한 것은 닭의 발이요, 털 중에서 굳센 것은 토끼털이다." 하였다.

84 옥날개 : 흰 새를 가리킨다. 여기서는 백로인 것으로 보인다.

85 금베틀북 : 황조(黃鳥)라 불리는 꾀꼬리를 형용한 말이다. 꾀꼬리가 마치 베틀북이 움직이는 것처럼 이리저리 날아다님을 형용한 것이다.

장생하는 늙은 학은 한가히 구름에서 우누나	長生老鶴叫雲閑
진시황의 행차 이곳에 이르지는 못하였고	秦皇晏駕來無及
서자는 신선세계 찾느라 돌아갈 줄 몰랐지[86]	徐子尋眞莫肯還
천년 뒤에 그대가 신선세계 독차지하여	千載吾君專一境
몸엔 학창의 걸치고 머리엔 운관을 썼구려[87]	身披鶴氅首雲冠

바다에 금빛 자라가 푸른 산 이고 있으니	海上金鰲戴碧山
그 어느 때나 옮겨서 인간 세상에 들어올꼬[88]	何年移入別人間
보배 샘물은 절로 솟고 홍진은 못 오는데	瑤泉自湧紅塵隔
보배 나무 늘 봄이요 백일은 한가롭구나	琪樹長春白日閑
도사는 난새를 타고 구름 너머서 오고	羽客驂鸞雲外至
모군[89]은 패옥 울리며 달 속에서 돌아온다	茅君鳴珮月中還
주인은 손으로 황정경을 잡고서	主人手把黃經訣
관도 쓰지 않아 검은 머리 바람에 날리네	綠髮飀飀且不冠

---

86 진시황(秦始皇)의 … 몰랐지 : 진시황이 불로초를 찾아다녔으나 여기는 오지 못했다. 서자(徐子)는 진시황 때 방사(方士)인 서복(徐福)을 가리킨다. 서복은 일명 서불(徐市)이라고 하는데 불로초를 구하러 동남동녀(童男童女) 3천명을 데리고 바다로 가서 돌아오지 않았다 한다.《史記 卷6 秦始皇本紀》

87 몸엔 … 썼구려 : 학창의(鶴氅衣)와 운관(雲冠)은 도사(道士)의 복장이다. 상대방 삼산이 실제로 도사의 복장을 하고 있었던 것이 아니라 신선과 같이 살고 있다는 뜻에서 이렇게 말한 것이다.

88 바다에 … 들어올꼬 : 바다에 여섯 마리 큰 자라가 삼신산(三神山)을 머리로 이고 있는데, 용백(龍伯)이란 나라에 사는 거인이 낚시로 이 자라들을 한꺼번에 낚았다 하였다.《列子 湯問》이 고사를 원용하여 이백(李白)의 〈등고구이망원해(登高邱而望遠海)〉에 "여섯 마리 자라의 죽은 뼈엔 이미 서리가 내렸으니, 삼산은 흘러가서 어디에 있는고.[六鰲骨已霜 三山流安在]" 하였다. 즉 신선이 산다는 삼신산은 인간세상에서는 볼 수 없음을 표현한 것이다.

89 모군(茅君) : 도가(道家)에서 득도한 사람이다. 명(明)나라 이현(李賢)의《일통지(一統志)》〈남경(南京)〉에 "모산(茅山)은 구용현(句容縣) 동남쪽 45리 지점에 있다. 산의 형체가 '구(句)' 자와 같아 처음에는 구곡산이라고 하다가 나중에 모군이 이곳에서 도를 얻었으므로 지금의 이름으로 고쳤다. 도가의 책에서는 제팔동천(第八洞天) 제일복지(第一福地)로 여긴다. 산에는 봉우리가 셋 있는데 세 모군이 각기 한 봉우리씩 차지하였으므로 삼모봉이라 한다." 하였다.

병자년(1636)의 난리를 추술하고 이어 조삼산에게 부치다
追述丙亂因寄趙三山

예전에 나라가 큰 난리 만났을 때 회상하면　憶昔邦家蒙大亂
하나둘 생각하면 마음이 답답하고 원통해라　追思一二意煩冤
풍진이 온통 자욱하니 건곤이 갈라지고　風塵澒洞乾坤拆
용호가 서로 싸우니 일월이 어두웠지　龍虎相拏日月昏
군량이 바닥난 수양[90]에 사태가 위급하고　食盡睢陽危已急
군사가 지친 즉묵[91]에 구원할 계책 없어라　兵殘卽墨計無援
하늘이 재앙을 그쳐서 사람들이 평안히 사니　皇天悔禍人安堵
남은 이 목숨 보전하여 고향에서 살 수 있구나　共保餘生守故村

한가로운 회포
閑懷

사립문 이 초가집을 뉘라서 찾아와 주랴　柴門茅屋孰相尋
고요한 중에 한가한 회포 하염없이 일어난다　靜裏閑懷坐不任
산빛이 발에 들어오니 푸른 안개 습하고　山色入簾青靄濕
비 자욱 땅에 남으니 파란 이끼가 깊어라　雨痕留地碧苔深

---

90 군량이 바닥난 수양(睢陽) : 수양은 국가를 지키는 요새의 성이다. 안사(安史)의 난리 때 수양성이 반란군에 포위되어 성(城) 안에 양식이 고갈되자 사람들은 모두 '성을 버리고 도주하자'고 하였다. 그러나 장순(張巡)과 허원(許遠)은 "수양은 강회(江淮)의 보장(保障)이다. 만약 이 성을 버리고 떠나면 적이 반드시 승세를 타고 깊이 쳐들어올 것이니, 그렇게 되면 강회는 없게 될 것이다." 하고 끝까지 수양을 지키다 전사하였다. 《新唐書 卷192 張巡傳》

91 군사가 지친 즉묵(卽墨) : 전국시대 때 연(燕)나라 명장 악의(樂毅)의 침공으로 제(齊)나라 70여 개의 성이 함락되고 거(莒)와 즉묵 두 성만이 3년 동안 포위되어도 함락되지 않았다. 악의가 소환되고 기겁(騎劫)이란 장수가 오자 제나라 장수 전단(田單)이 성 안의 소 천여 마리를 모아서 용의 무늬를 그린 붉은 비단 옷을 입히고 뿔에는 예리한 칼을 묶어세우고 꼬리에 기름을 적신 갈대를 매어 단 다음, 성의 수십 곳에 구멍을 뚫고 밤중에 그 구멍으로 꼬리에 불을 붙인 소를 적진으로 내모는 한편 장사 5천 명으로 하여금 소의 뒤를 따르게 하여 크게 승리를 거두었다. 《通鑑節要》

〈양보음〉[92]을 읊고 나서 소나무 침상에서 자니 吟休梁甫眠松榻
천풍의 곡조[93] 마치고 대숲 가에 서 있노라 曲罷天風倚竹林
밝은 달 높이 떠서 시름에 잠 못 이루노니 明月旣高愁不寐
옥인인 지음[94]의 벗은 어느 곳에 있는고 玉人何處有知音

여름날 저녁에 풍경을 읊다
夏日夕坐卽事

뉘엿뉘엿 석양은 서산에 넘어가는데 依依殘日度西岡
여름 더위 막 걷혀 저녁 기운 서늘해라 炎暑初收起夕涼
집 주위로 매미 울음 요란히 그치지 않고 繞屋蟬錚喧不輟
지당에 가득 개구리 소리 울었다 그쳤다 滿塘蛙鼓動無常
창 앞에 떨어지는 앵두 몇 번 보았던고 窓前幾見櫻桃落
문 밖에 누른 보리 이삭을 자주 보았어라 門外頻看麥穗黃
병든 몸 해마다 계절 변화에 놀라노니 抱病年年驚節序
이 몸이 어이 늘 강건할 수 있으리오 此身安得每康強

---

92 양보음(梁甫吟) : 촉한(蜀漢)의 승상 제갈량(諸葛亮)이 출사(出仕)하기 전 남양(南陽)에서 몸소 농사를 지을 때 매일 새벽과 저녁에 무릎을 껴안은 채 길게 불렀던 노래로, 천하에 뜻을 품은 선비가 울울한 심정을 토로함을 뜻한다. 〈포슬음(抱膝吟)〉이라고도 한다.

93 천풍(天風)의 곡조 : 천풍의 곡조는 거문고 곡조를 말한다. 천풍은 해도천풍금(海濤天風琴)이란 거문고이다. 탐라국(耽羅國)에 있는 돌 위의 말라 죽은 오동나무로 거문고를 만들고 이름을 해도천풍금이라 하였으니, 그것은 백아(伯牙)의 스승인 성련(成連)이 그의 스승이 있는 봉래산(蓬萊山) 앞바다에서 백아에게 사람의 감정을 연주하는 방법을 터득하게 해 주었다는 뜻을 취한 것이다.《林下筆記》

94 지음(知音) : 음(音)을 안다는 말로, 나의 마음을 알아주는 친한 벗을 이르는 말로 쓰인다. 주 70 참조.《列子 湯問》

노쇠한 중에 아들에게 명하여 운을 부르게 해 짓다
銷中命子呼韻

솔잎 씹고 눈 먹어 스스로 양식 삼으니　餐松啖雪自爲糧
암혈의 고아한 풍모 헤아릴 수 없이 높지만　巖穴高標不可量
어찌 옥으로 꾸민 화사한 비단 자리에서　何似錦筵瑤席裏
침향 사르며 얕게 술 따르고 낮게 노래함만 하리오[95]　淺斟低唱爇沈香

아들들의 차운
諸子次韻

청낭[96]에 든 옥가루로 양식을 삼으니　靑囊瓊屑以爲糧
도를 얻어 장수 누림이 어찌 한량 있으랴　得道遐齡豈可量
표륜을 타고 삼천 밖으로 가서　飆輪擬駕三天外
달 속의 옥토끼가 찧는 약을 가져오고저[97]　要取蟾宮玉杵香

위는 두양(斗揚)이 지은 것이다.

95 어찌 … 하리오 : 눈 내리는 날의 풍류를 말한다. 송(宋)나라 한림 학사(翰林學士) 도곡(陶穀)이 일찍이 당 태위(黨太尉) 집에 있었던 기생을 얻었다. 돌아오는 길에 눈 녹인 물로 차를 끓이면서 "당 태위 집에는 이러한 풍류를 몰랐겠지?" 하였다. 기생이 "그는 거친 사람이니, 어찌 이러한 풍류가 있겠습니까. 다만 따뜻한 소금장 안에서 잔에 얕게 술을 따르어 마시고 가기(歌妓)의 나직한 노래를 들으며 양고주(羊羔酒)를 마실 줄 알 뿐입니다." 하니, 도곡이 부끄러워했다. 《綠窓新話》

96 청낭(靑囊) : 신선의 약이 든 주머니를 뜻한다. 진(晉)나라 곽박(郭璞)이 곽공(郭公)이란 이인(異人)으로부터 푸른 주머니에 든 책인 《청낭중서(靑囊中書)》 9권을 받아서 오행(五行) · 천문(天文) · 점복(占卜) 등에 통달하였다 한다. 《晉書 卷72 郭璞傳》

97 표륜(飆輪)을 … 가져오고저 : 신선이 바람을 타고 가는 것을 수레를 탄 것에 비긴 것이다. 화강남도중회모산광문남양박사(和江南道中懷茅山廣門南陽博士)에 "동부가 은사(隱士)를 부를 수 있다 말하지 말라. 표륜을 타고서 옥황상제를 만나러 갈 줄 아는 것을.[莫言洞府能招隱 會輾飆輪見玉皇]" 하였다. 아들이 부친을 위해 하늘로 날아가서 달 속에 사는 신선인 항아(姮娥)의 선약(仙藥)을 구해오고자 한다는 뜻이다.

구름 갈고 달 낚아 양식 삼을 만하니[98] 耕雲釣月可爲糧
고량진미 먹는 것 따위야 염두에나 두랴 持噡粱肥豈足量
반평생 묻혀 살아 자연에 정이 들었으니 半世林泉成晩契
날마다 뜰에 가득 향기로운 송국을 읊조린다 日哦松菊滿園香
위는 두영(斗榮)이 지은 것이다.

지초 뿌리 나무 열매 양식 삼을 만하니 芝根木實可爲糧
무엇하러 분수에 넘치는 호의호식 바라리오 飽煖何勞分外量
하는 일 없이 늙어가는 게 스스로 우스워 自笑無爲將老大
잔 기울여 향긋한 술로 입을 적신다오 却傾銀玉嗽新香
위는 두평(斗平)이 지은 것이다.

갈포로 옷 짓고 현미로 양식 삼으니 葛作衣裳糲作糧
인간세상 고락이야 생각이나 하리오 人間苦樂更何量
봄 오매 고맙게도 천공이 향응 베풀어 春來賴有天公餉
뜰의 한 그루 나무에 꽃향기 가득해라 嬴得庭前一樹香
위는 두광(斗光)이 지은 것이다.

한가한 정
閑情

전원은 이미 취미를 이루었고[99] 田園已成趣

98 구름 … 만하니 : 송(宋)나라 관사복(管師復)이 숭산(崇山)에 은거하였다. 어떤 사람이 그에게 "무슨 즐거움이 있느냐?"고 묻자 "언덕에 덮인 흰 구름은 갈아도 다함이 없고, 못에 가득한 밝은 달은 낚아도 흔적이 없네.[滿塢白雲耕不盡 一潭明月釣無痕]" 하였다. 은자의 고답적인 생활을 형용한 것이다.

99 전원은 … 이루었고 : 도연명(陶淵明)의 〈귀거래사(歸去來辭)〉에 "전원을 날마다 거닐어 취미를 이루고, 문은 비록 만들어 두었으나 늘 닫혀 있다.[園日涉以成趣 門雖設而常關]" 하였다.

촌락은 마치 가동[100]과 같아라　村落似柯東
즐거운 일은 붓을 휘두르는 것이요　樂事揮長筆
한가한 정은 거문고 어루만지는 것　閑情撫古桐
성근 대숲에서 가랑비 소리 들리고　竹疎微聽雨
늙은 소나무에서 작은 바람 소리　松老細聞風
이웃 사람 와서 함께 술 취하니　隣比來相醉
왁자지껄 말이 많아 뿔없는 양도 만드네　多言俾出羶

난리를 겪은 뒤 교외에 살며 감회가 있어
亂後郊居有感

난리통에 보낸 오십 년 세월　干戈五十載
머리털 희게 쇠어 이미 늙은이　頭白已成翁
정처 없는 이내 생애는 괴롭고　飄蕩生涯苦
피난 다니느라 친지들 못 만났네　荷擔契闊窮
임금을 도운 큰 업적도 없고　攀鱗無顯業
전쟁터에서 세운 전공도 없어라　汗馬乏奇功
만년엔 고요한 전원을 좋아하노니　晩喜田園靜
뽕과 삼이 함께 우거져 푸르구나　桑麻一翠同

가을밤에 회포를 읊다
秋夜詠懷

서늘한 밤은 절로 소슬한데　涼夜自蕭瑟
하늘은 높고 달은 중앙에 떴구나　天高月正中

---

100 가동(柯東) : 동가곡(東柯谷)을 가리키는 듯하다. 두보(杜甫)의 〈진주잡시(秦州雜詩)〉 20수 중 제12수에 "듣자하니 동가곡은 깊어서 수십 집을 감춘다지.[傳道東柯谷 深藏數十家]" 하였다.

대숲에 바람이 부니 지사가 놀라고 風篁驚志士
나뭇잎에 서리 내리니 늙은이 슬퍼라[101] 霜葉悼衰翁
경물을 보매 회포는 비록 같지만 攬物雖同抱
사람마다 그 감흥은 다른 법 興懷亦異衷
초가집에서 잠을 이루지 못해 茅齋因不寐
비스듬히 죽훈롱[102]에 기대 앉는다 斜倚竹薰籠

유거감회
幽居感懷

유관은 곧잘 몸을 그르치나니[103] 儒冠多誤身
적왕의 공로[104]를 이루지 못하였네 辜負敵王功
장사는 때로 격분하여 치를 떨지만 壯士時能激
노쇠하는 얼굴은 해마다 다르구나 衰顔歲不同
괴구는 속절없이 스스로 보배롭거니[105] 蒯緱空自寶

101 대숲에 … 슬퍼라 : 대나무는 지조를 상징하기 때문에 대나무가 바람에 흔들리는 것을 보고 지사(志士)가 놀라는 것이며, 서리 맞아 낙엽이 지는 것을 보면 인생이 무상함을 느끼기 때문에 늙은이가 슬퍼하는 것이다.

102 죽훈롱(竹薰籠) : 대나무를 엮어서 만든 죽롱(竹籠)으로, 그 안에 와기(瓦器)를 두어서 향을 피우는 도구이다.

103 유관(儒冠)은 … 그르치나니 : 유관은 유자(儒者)가 쓰는 관이다. 두보(杜甫)의 〈봉증위좌승장이십이운(奉贈韋左丞丈二十二韻)〉에 "비단 고의를 입은 자 굶어죽지 않거늘, 유관은 몸을 그르치는 경우가 많아라.[紈袴不餓死 儒冠多誤身]" 하였다. 《古文眞寶 前集》

104 적왕(敵王)의 공로 : 자기 왕이 원수로 여기는 바를 자기도 적으로 삼아 무찌르는 전공(戰功)이다. 《춘추좌씨전(春秋左氏傳)》 〈문공(文公) 4년〉에 "제후는 왕이 적개심을 품는 바를 적으로 삼아서 공을 바쳐야 한다.[諸侯敵王所愾 而獻其功]" 하였다.

105 괴구(蒯緱)는 … 보배롭거니 : 검을 차고 있어도 사용할 데가 없다는 뜻이다. 괴구는 풀을 꼬아 만든 노끈을 맨 검자루로, 여기서는 검을 뜻한다. 풍환(馮驩)은 몹시 가난했고 검 한 자루 밖에 없었는데, 그나마 풀로 만든 노끈을 맨 것이었다. 그가 자신의 재능을 알아주지 않는 데 불만을 품고 칼을 두들기면서 노래하기를 "장검이여! 돌아갈거나. 밥을 먹음에 생선이 없구나.", "장검이여! 돌아갈거나. 문을 나섬에 수레가 없구나.", "장검이여! 돌아갈거나. 편안히 지낼 집이 없구나." 하였다 한다. 《史記 卷75 孟嘗君列傳》

주리인들 어찌 서로 자랑하리오[106] 珠履豈相雄
그저 기쁜 일은 송료[107]가 익어서 但喜松醪熟
때로 벗들이 찾아와 취하는 것뿐 時將醉過逢

초가을 밤중에 읊다
新秋夜吟

베옷에다 초식을 하고 있으니 麻衣亦草食
헐뜯음도 없거니와 명예도 없구나 無毁且無譽
무릎이 들어갈[108] 삼 칸의 집이요 容膝三間屋
마음을 거둘 한 부의 서책이라 收心一部書
더위 지난 뒤 서늘한 바람 불고 涼風經暑後
장마가 온 뒤 초승달이 떴구나 新月積霖餘
이 맑은 경치 누구와 함께 볼꼬 清景人誰共
한가로운 회포를 홀로서 푸노라 閑懷獨自舒

106 주리(珠履)인들 … 자랑하리오 : 나라를 위해 아무런 하는 일이 없으니, 호화로운 생활을 하고 있더라도 자랑할 게 못 된다는 뜻이다. 초(楚)나라 춘신군(春申君)은 식객(食客)이 3천 명이고, 조(趙)나라 평원군(平原君)도 식객이 3천 명이었다. 평원군이 자기의 식객을 춘신군에게 보냈는데 식객이 호화로움을 자랑하기 위하여 대모잠(玳瑁簪)을 꽂고 칼집도 주옥(珠玉)으로 장식하였더니, 춘신군의 식객은 모두 주옥으로 신을 만들어 신었기에 매우 부끄러워했다고 한다. 《史記 卷76 平原君列傳》

107 송료(松醪) : 소나무를 재료로 담근 막걸리이다. 송(宋)나라 소식(蘇軾)의 〈중산송료부(中山松醪賦)〉에 "뽕나무 느릅나무에서 재료를 거두어 중산의 송료를 담근다.[收薄用於桑榆 製中山之松醪]" 하였다.

108 무릎이 들어갈 : 집이 좁음을 뜻한다. 도연명(陶淵明)의 〈귀거래사(歸去來辭)〉에 "남창에 기대어 오연(傲然)히 즐거워하니 무릎이나 들어갈 작은 집이 편안하기 쉬움을 알겠노라.[倚南窓以寄傲 審容膝之易安]" 하였다.

가을에 회포를 읊다
九秋詠懷

맑은 가을이라 날씨가 써늘해 高秋天氣肅
초목들이 이미 다 시들었구나 草木已歸根
들판 저편엔 누런 구름 같은 곡식 野外黃雲遍
시내에는 옥척 같은 물고기 뛴다 川中玉尺鱗
술병을 들고 높은 산 위에 오르고 携壺登絶巘
시구를 찾느라 동산에 오르노라 覓句上山園
세상에서 웃을 일 만나기 어려워 人世難逢笑
변방에는 아직도 전쟁이 안 끝났네 干戈尙塞垣

감회
感懷

건곤에 바야흐로 화살 비 내리니 乾坤方箭雨
사해는 아직 전란의 상처투성이 四海尙瘡痍
문무의 의관은 다 바뀌고[109] 文武衣冠盡
공사간에 예의는 다 이지러졌네 公私禮義虧
하동에서는 곡식을 옮기던 날[110] 河東移粟日
여염집에서는 백성을 징발하던 때 閭左發民時

---

109 문무(文武)의 … 바뀌고 : 전란을 겪어서 벼슬아치들이 많이 바뀌었음을 뜻한다. 당(唐)나라 두보(杜甫)의 〈추흥(秋興)〉 8수 중 넷째 수에 "왕후의 저택은 모두 새 주인이요, 문무의 의관은 예전과 다르구나.[王侯第宅皆新主 文武衣冠異昔時]" 하였다.

110 하동(河東)에서는 … 날 : 기근이 들어서 구황(救荒)의 곡식을 보내는 것이다. 전국시대 양혜왕(梁惠王)이 "하내(河內) 지방에 흉년이 들면 젊은이들을 하동(河東) 지방으로 옮기고, 늙은이와 아이들에게는 하동에서 곡식을 가져다가 나누어주도록 하고 있다. 그와 반대로 하동에 기근이 들면 역시 그와 같이 한다.[河內凶則移其民於河東 移其粟於河內 河東凶亦然]" 하였다.《孟子 梁惠王上》

대궐에서는 소간의 근심[111]이 깊어　宵旰楓宸裏
늘 팔채[112]의 미간을 찌푸리시리　長嚬八彩眉

가을날 골짜기에 들어가
秋日入谷

찬 서리 내려 가을빛 저물 제　霜寒秋色晚
산림을 보고픈 그윽한 흥취 일어라　幽興在山林
휘파람 불며 맑은 골짜기 굽어보고　一嘯臨晴壑
외로이 읊으며 작은 산 가에 섰노라　孤吟倚短岑
아롱진 국화는 바위 틈에서 환하고　菊斑明石縫
늙은 소나무는 시내 그늘에 누웠네　松老臥溪陰
종일토록 맑은 경치 실컷 구경하고　竟日饒清觀
집에 돌아와서 옥거문고를 뜯노라　還家弄玉琴

홀로 회포를 풀며
自舒

수레 부수고[113] 적막한 곳에 사노니　毁車濱寂寞
원숭이와 학[114]이 함께 산 지 오래일세　猿鶴久同居

---

111 소간(宵旰)의 근심 : 소간은 소의간식(宵衣旰食)의 준말로, 임금이 날이 새기 전에 일어나 옷을 입고 해가 진 뒤 늦은 시간에 저녁을 먹는다는 뜻이다. 이는 국사에 애쓰는 제왕의 근심을 뜻한다.

112 팔채(八彩) : 팔채(八采)라고도 쓴다. 요(堯)임금의 신장이 9척(尺)이고 미간에 여덟 가지 광채가 있었다는 데서 온 말로 임금의 용안을 뜻한다. 《孔叢子 居衛》

113 수레 부수고 : 은거함을 뜻한다. 후한(後漢)의 풍량(馮良)이 나이 30세에 현위(縣尉)의 보좌관이 되어 독우(督郵)를 영접하러 갔다. 도중에 미천한 일을 하는 것을 부끄럽게 생각하여 수레를 부수고 말을 죽이고 의관을 찢어버리고 도망쳐서 건위(犍爲)에 가서 두무(杜撫)에게 수학하였다. 《後漢書 卷83 周燮傳》

114 원숭이와 학 : 은자(隱者)가 사는 산속을 뜻한다. 즉 은거하던 곳을 그리워한다는 뜻이다. 남북조

촌스런 태도는 사람들 다투어 웃고 野態人爭笑
한가로운 회포는 나 홀로 푸노라 閑懷獨自舒
가을바람에 짧은 머리털 빗질하고[115] 秋風梳短髮
석양 빗길 제 남은 책을 읽는다 斜日讀殘書
고요한 중에서 무엇을 보는가 靜裏看何物
뜰 앞에 대나무 그림자 성글구나 庭前竹影疎

한가한 흥취
閑興

그윽한 집이 자연 속에 있으니 冥棲在林壑
한가한 흥취 절로 참되고 맑아라 閑興自眞淸
술은 일천 시름 대적하는 검이요 酒敵千愁劍
시는 일백 근심 공격하는 병사일세 詩攻百悶兵
양아[116]는 달빛 비친 정자에서 듣고 陽阿聞月榭
유수[117]는 바람 시원한 창 가에 크게 들린다 流水殷風櫺
학을 내기로 걸고 바둑을 두고 나니[118] 賭鶴爭碁罷
꽃이 만발한 나무가 뜰 앞에 서 있네 階花滿樹明

(南北朝) 공치규(孔稚珪)의 〈북산이문(北山移文)〉에 "혜초 장막은 비었는데 밤마다 학은 울고, 산인이 떠나자 새벽 원숭이 놀란다.[蕙帳空兮夜鶴怨 山人去兮曉猿驚]" 하였다.

115 가을바람에 … 빗질하고 : 가을바람이 불어 머리털이 쇠고 빠졌음을 뜻한다. 송(宋)나라 사술조(史述祖)의 〈제천악백발(齊天樂白髮)〉이란 사(詞)에 "가을바람이 일찍 반랑의 귀밑털에 들어가니, 이처럼 희끗희끗한 머리에 문득 놀라노라.[秋風早入潘郎鬢 斑斑遽驚如許]" 하였다.

116 양아(陽阿) : 상대방의 시를 높인 말로, 송옥(宋玉)의 〈대초왕문(對楚王問)〉이란 글에 보이는 고사를 사용하였다. 어떤 사람이 영중(郢中)에서 처음에 〈하리(下里)〉·〈파인(巴人)〉이란 노래를 부르자 그 소리를 알아듣고 화답하는 사람이 수천 명이었고 〈양아(陽阿)〉·〈해로(薤露)〉를 부르자 화답하는 사람이 수백 명으로 줄었으며, 〈양춘(陽春)〉·〈백설(白雪)〉을 부르자 화답하는 사람이 수십 명으로 줄었다. 이렇게 곡조의 수준이 높아질수록 그에 화답하는 사람이 더욱 적어졌다고 한다. 《文選》

117 유수(流水) : 춘추시대 백아(伯牙)가 연주하고 종자기(鍾子期)가 들었다는 노래로 지음(知音)의 벗 사이의 우정을 뜻한다. 주 70 참조.

시세
時勢

골짜기 시내엔 날마다 피가 흐르고　川谷日流血
산기슭에는 온통 해골이 널렸구나　山原皆髑髏
연나라 진나라 군사 자주 교전하니　燕秦兵屢合
추나라 초나라 형세 대등하기 어려워라[119]　鄒楚勢難侔
볼모를 보낸 건 백성들 위한 계책　爲質生靈計
기미를 쓴 것은 사직을 위한 모책이지[120]　羈縻社稷謀
그 어느 해나 전란이 그쳐서　何年罷征戰
변방의 군사들이 갑옷과 투구 벗을꼬　邊士脫兜鍪

느낌이 있어 읊다
感吟

찬 바람은 낡은 집에 부는데　寒風吹古屋
날마다 생각은 근심에 잠겼어라　憂思日沖沖
난리를 풀 좋은 계책이 없거늘　釋亂虧長策
위태한 나라 위해 몸 던질 이 누군고　扶危孰匪躬

---

118 학을 … 나니 : 당나라 장영(張瀛)의 시 〈거문고를 잘 뜯고 바둑을 잘 두는 산승에게 주는 노래[贈琴棋僧歌]〉라는 시에 "누가 이 사람을 국수라 칭했던가. 나부 도사가 학을 걸고 두었네.[阿誰稱是國手人 羅浮道士賭卻鶴]" 한 것을 인용한 표현이다.

119 연(燕)나라 … 어려워라 : 연나라와 진(秦)나라, 추(鄒)나라와 초(楚)나라는 전쟁이 잦았던 전국시대의 나라들이다. 추나라는 작은 나라이고, 초나라는 큰 나라이므로 그 형세가 대등하기 어려운 것이다. 여기서는 청(淸)나라가 침략하여 교전한 일을 비유하였다.

120 볼모를 … 모책이지 : 기미(羈縻)는 적국과 적당히 친선관계를 유지함으로써 외환을 막는 방책이다. 전한(前漢) 사마상여(司馬相如)의 〈난촉부로(難蜀父老)〉에 "대개 천자가 이적을 다루는 것은 그 이치가 기미의 방책을 써서 관계를 끊지 않는 것일 뿐이다.[蓋天子之牧夷狄也 其義羈縻勿絶而已]" 하였다. 청나라에 소현세자(昭顯世子) 등을 볼모로 보낸 것은 백성들을 살리기 위한 것이고, 원수인 청나라와 적당히 친선관계를 유지하는 것은 종묘사직을 지키기 위한 것이라는 뜻이다.

북채 잡고 독전(督戰)할 좋은 장수 없나니　援枹無上將
패전해 도망친 장수가 몇 사람이던가　棄甲幾元戎
주옥이 끝내 재앙을 면치 못하겠구나　珠玉終難免
서쪽 봉우리에 저녁 봉화가 붉게 타오르니[121]　西峯夕火紅

가을밤에
秋夜卽事

초목은 서리 내려 죄다 시드는데　草木霜凋盡
빈 집에 밤은 이슥히 깊어가누나　空齋夜欲闌
옥승[122]은 은하수 가에서 빛나고　玉繩明漢涘
은궐[123]은 구름 가에 드러났어라　銀闕露雲端
차가운 상념에 쑥대 우거진 집에서 졸고　寒思眠蓬閣
맑은 시름에 겨워 대나무 난간에 기댄다　清愁倚竹欄
염량 세월에 사람은 쉬이 늙어가니　炎涼人易老
흰 머리털 생겨 속절없이 탄식하노라　空歎鬢毛斑

사위 박종번 무숙이 찾아왔기에
壻郞朴宗蕃茂叔來訪

강호 저편으로 한 번 이별한 뒤　一別江湖外

---

121 주옥이 … 타오르니 : 《서경》 〈윤정(胤征)〉에 "불이 곤강을 태우면, 옥과 돌이 모두 탄다.[火炎崑岡 玉石俱焚]" 하였다. 이는 선악(善惡)을 가리지 않고 해를 당함을 뜻하는데 여기서는 호란(胡亂)으로 많은 사람들이 해를 당할 것임을 말한다.

122 옥승(玉繩) : 두보(杜甫)의 〈대운사찬공방(大雲寺贊公房)〉에 "옥승은 아스라이 끊어지고, 철봉은 삼연(森然)히 나는구나.[玉繩迴斷絶 鐵鳳森翶翔]" 하였다. 옥승(玉繩)은 별자리 이름으로 새벽이 올 무렵에 이 별이 끊어진다고 한다.

123 은궐(銀闕) : 도가(道家)에서 천상에 있다는 백옥경(白玉京)을 가리킨다. 신선 또는 천제(天帝)가 사는 곳이라 한다. 여기서는 달을 가리킨다.

아득히 멀어져 소식 접하지 못했지　音書杳不攀
백발의 몸으로 병들어 신음하는 날　白頭吟病日
청안[124]을 뜨고 돌아오는 그대 반기노라　青眼喜君還
밤이 새도록 정다운 얘기 이어지고　亹亹通宵話
긴긴 밤 내내 아쉬운 탄식이 있어라　依依永夕歡
춘당[125]이 자네를 몹시 기다리시니　椿堂歸思促
자네를 더 붙잡기가 어렵구나　留得此行難

시국을 근심하여

憂時

옥형이 아직도 바르지 못하니[126]　玉衡迨未正
병화가 얼마나 오래 끄는지　兵禍日何長
백성들은 죄다 도탄에 빠졌고　塗炭生靈盡
사졸들은 충원[127]인 양 죽어가누나　蟲猿士卒亡
급보는 대궐에 연이어 이르고　羽書連魏闕
봉화 불빛은 백사장을 비추네　烽火照沙場

124 청안(青眼) : 반가운 눈길을 뜻한다. 진(晉)나라 때 청담(淸談)으로 자고(自高)하던 완적(阮籍)이 반가운 사람을 만나면 청안(青眼)을 뜨고 예속(禮俗)을 따지는 선비를 만나면 미워하여 백안(白眼)을 떴던 데서 유래한다. 《晉書 卷49 阮籍傳》

125 춘당(椿堂) : 상대방의 부친을 높여서 부르는 말로 춘정(椿庭)과 같은 말이다. 《장자(莊子)》 〈소요유(逍遙遊)〉에 "아득한 옛날에 대춘(大椿)이란 나무가 있었는데 8천 년을 봄으로 삼고 8천 년을 가을로 삼았다." 하여 장수를 축원하는 말로 쓰이다가 전하여 상대의 부친에 대한 존칭으로 쓰였다.

126 옥형(玉衡)이 … 못하니 : 세상이 혼란함을 뜻한다. 옥형은 선기옥형(璿璣玉衡)의 약칭으로 혼천의(渾天儀)라고도 한다. 해·달·별의 천상(天象)을 그려서 천체의 운행과 위치를 관측하던 기계이다. 《서경》 〈순전(舜典)〉에 "선기와 옥형을 살펴서 칠정을 고르게 했다.[在璿璣玉衡 以齊七政]" 하였는데, 칠정은 일월(日月)과 수(水)·화(火)·금(金)·목(木)·토(土) 오성(五星)이다. 옛날에는 일월성신의 운행으로 세상의 치란(治亂)을 점쳤기 때문에 이렇게 말한 것이다.

127 충원(蟲猿) : 충사원학(蟲沙猿鶴)의 준말로 군사를 뜻한다. 갈홍(葛洪)의 《포박자(抱朴子)》에 "옛날 주(周)나라 목왕(穆王)이 남정(南征)할 때 일군(一軍)이 모두 변화하여 장수들은 원숭이 또는 학이 되고, 병졸들은 벌레 또는 모래가 되었다." 하였다.

편안히 깃들 곳을 얻지 못하여　　未得安栖地
한밤중에 홀로 상심에 잠기노라　　中宵獨自傷

겨울밤에 잠들지 못해 읊다
冬夜不寐卽事

황량한 마을 십이월이요　　荒村十二月
초가집에 밤은 삼경이어라　　茅屋夜三更
앞 시내는 얼어붙어 흰 눈빛　　凍雪前溪色
옛 골짜기엔 찬바람 소리　　寒風古壑聲
자던 새들은 놀라 잠을 깨고　　栖禽驚不定
산속의 사람도 잠을 못 이룬다　　山客夢難成
오래 앉았노라니 차 연기 잦아들어　　坐久茶烟歇
솥에는 게 눈[128] 거품이 꺼지노라　　鐺中蟹目平

〈산촌도〉에 적다
題山村圖

어느 곳 그윽한 산 속 마을을　　何處幽居地
용면[129]이 종이 위에 옮겨놓았나　　龍眠紙上飜
소나무 아래에 사립문이 있고　　柴門松樹下
대숲 아래에 초가집이 있어라　　茅屋竹林根
닭과 개 소리 유안의 집[130]이요　　鷄犬劉安宅

128 게 눈 : 차를 끓일 때 이는 거품을 형용한 것이다. 차가 처음 끓을 때의 작은 거품을 해안(蟹眼), 즉 게 눈이라 하고 점차 커진 거품을 어안(魚眼), 즉 물고기 눈이라 한다. 《茶經》

129 용면(龍眠) : 송(宋)나라 때의 유명한 화가 이공린(李公麟)의 호이다. 이공린이 벼슬을 그만두고 용면산(龍眠山)에 들어가 지내며 자호를 용면거사(龍眠居士)라 하였다. 여기서는 훌륭한 화가를 뜻한다.

오리 갈매기 노는 금수의 마을[131]일세 鳧鷖錦水村
세상 홍진이 절로 오지 못하니 紅塵自不到
여기가 별천지임을 알겠노라 知是別乾坤

병자년(1636) 난리 후에 집으로 돌아와 피난 중에 있었던 일들을 추술하여 조여벽에게 부쳐주다 40운

丙子亂後還家追述避亂中事寄贈趙汝璧 四十韻

자연 속에 가돈[132]하여 몇 해나 지났던가 嘉遯林泉歲幾周
작은 시냇가에다 초가집을 지었었지 茅齋寄在小溪頭
형문[133]에서 홀로 즐거이 사니 세상사 고요하고 衡門獨樂塵機靜
화사[134]에서 유람하니 한가한 흥취가 많아라 花社從遊逸興稠
중울[135]의 문 앞에는 잡초 속에 길을 열었고 仲蔚門前開草逕
도잠의 거리[136] 밖에는 방초 우거진 물가일세 陶潛巷外挹芳洲

---

130 닭과 … 집 : 신선이 사는 집인 듯하다는 뜻이다. 《신선전(神仙傳)》에 "회남왕(淮南王) 유안(劉安)이 임종할 때 먹고 남은 단약 그릇을 뜰에 놓아 두었다. 그러자 그 집의 닭과 개가 핥아먹고 모두 신선이 되어 하늘로 올라가, 천상에서 닭이 울고 구름 속에서 개가 짖었다." 하였다.

131 오리 … 마을 : 금수(錦水)는 당나라 시인 두보(杜甫)가 살던 성도(成都)에 있던 시내 이름이다. 두보(杜甫)의 〈수숙견흥봉정군공(水宿遣興奉呈群公)〉에 "바람이 울부짖으니 범의 울음 들리는 듯하고, 물가에 자니 오리를 짝하노라.[風號聞虎豹 水宿伴鳧鷖]" 하였다.

132 가돈(嘉遯) : 〈돈괘(遯卦)〉 〈구오(九五) 효사(爻辭)〉에 "아름다운 은둔이니, 바르므로 길하다.[嘉遯 貞吉]" 하였다. 이는 출처거취(出處去就)를 중정(中正)한 도리에 맞게 하여 은둔하는 것으로 매우 좋은 은둔이 된다.

133 형문(衡門) : 원래 나무를 가로로 걸쳐서 만든 소박한 문인데 후세에는 은사(隱士)의 집을 뜻하는 말로 쓰인다. 《시경》 〈진풍(陳風) 형문(衡門)〉에 "형문의 아래여! 편안히 살 만하도다.[衡門之下可以棲遲]" 하였다.

134 화사(花社) : 우화사(雨花社)의 준말로 절의 이칭이다. 석가(釋迦)가 설법을 하니 하늘에서 천신(天神)이 꽃비를 내렸다는 고사에서 온 말이다.

135 중울(仲蔚) : 한(漢)나라 때 사람인 장중울(張仲蔚)을 가리킨다. 그는 벼슬하지 않고 은거하였는데, 그가 거처하는 곳에 쑥대가 우거져 사람이 파묻힐 정도였다 한다. 《三輔決錄》 자신을 장중울에 비긴 것이다.

136 도잠(陶潛)의 거리 : 자신이 사는 곳을 은자가 사는 거리에 비겼다. 도잠은 진(晉)나라 도연명(陶

땅이 외져 반곡은 휘감아 돌고 굽었으며[137] 地偏盤谷繚而曲
마을이 후미져 도원은 단절되어 더욱 그윽해라[138] 村僻桃源絶更幽
높은 관직에 오르는 것은 내 뜻이 아니요 拖紫紆靑非我志
부귀영화 누리는 것도 뜬구름과 같아라 乘軺建節若雲浮
삼천 길 백발[139] 빗질해 보니 듬성해졌고 三千丈髮梳來少
일만 섬 시름[140]은 늙을수록 하염없구나 萬斛閑愁老更悠
홀로 티끌 세상에 서매 좋은 벗 없지만 獨立塵寰無好伴
속세 밖에 어진 이 있을 줄 어이 알았으랴 寧知物表有賢流
우뚝 뛰어난 재주는 장경[141]보다 낫고 奇才卓犖長卿右
펼쳐진 아름다운 문장은 자건[142]의 짝이어라 麗藻聯翩子建儔
반평생 동안 전원에서 재능을 숨긴 채 살았고 半世丘園藏羽翼

淵明)이다. 그의 〈잡시(雜詩)〉에 "사람이 사는 지역에 집을 지었건만, 수레와 말의 시끄러움 없어라. 그대에게 묻노니 어찌하여 이럴 수 있는가. 마음이 속세와 머니 지역이 절로 외지네.[結廬在人境 而無車馬喧 問君何能爾 心遠地自偏]" 한 것을 차용하였다.

137 반곡(盤曲)은 … 굽었으며 : 반곡은 골짜기 이름으로 은자가 사는 곳을 뜻하는데 여기서는 작자 자신이 사는 곳을 가리킨다. 당(唐)나라 한유(韓愈)가 태항산(太行山) 남쪽의 반곡으로 돌아가는 벗 이원(李愿)을 전별하는 뜻에서 지은 〈송이원귀반곡서(送李愿歸盤谷序)〉란 글에서 그곳의 낙토(樂土)임을 누누히 말하고 그곳의 지형을 말하면서 "휘감아 돌고 굽었으니 갔다가 돌아오는 것 같다.[繚而曲 如往而復]" 하였다. 《古文眞寶 後集》

138 도원(桃源)은 … 그윽해라 : 마을을 무릉도원(武陵桃源)에 비긴 것이다. 도원은 도연명(陶淵明)의 〈도화원기(桃花源記)〉에 어떤 어부가 시내를 따라 가다가 길을 잃고 복사꽃이 물에 떠 있는 것을 보고 물을 거슬러 올라가 무릉도원(武陵桃源)을 만났다고 한 고사에서 온 말이다. 즉 마을이 깊은 산골이라 찾아가는 길이 바깥 세상과 끊어져 더욱 고요함을 형용한 것이다.

139 삼천 길 백발 : 이백(李白)의 시 〈추포가(秋浦歌)〉에 "백발이 삼천 길이나 되니, 시름 때문에 길어진 듯하여라. 알지 못하겠네 밝은 거울 속, 어디서 가을 서리를 얻었는고.[白髮三千丈 緣愁似箇長 不知明鏡裏 何處得秋霜]" 하였다.

140 일만 섬 시름 : 인생의 많은 근심을 형용하였다. 유신(庾信)의 〈수부(愁賦)〉에 "일촌 크기 마음을 가지고, 만곡의 많은 시름을 담는다.[且將一寸心 容此萬斛愁]" 하였다.

141 장경(長卿) : 전한(前漢)의 문장가로 대표적인 부(賦)의 작자인 사마상여(司馬相如)의 자(字)이다.

142 자건(子建) : 삼국(三國) 시대 위(魏)나라 조조(曹操)의 아들 식(植)의 자이다. 그는 뛰어난 문장으로 명성이 높아, 남조(南朝) 송(宋)나라 사영운(謝靈運)이 "천하의 재주는 모두 한 섬인데 조자건(曹子建)이 혼자서 여덟 말을 가지고 내가 한 말을 가지고 천하 모든 사람들이 한 말을 나누어 가졌다." 하였다. 《釋常談 八斗之才》

바둑에만 마음을 쏟으며 즐거이 노닐었네	專心碁局樂遨游
날마다 서책을 탐독하니 마음에 속됨 없고	圖書日嗜心無俗
늘 술동이 그득하니 술을 사지 않아도 되었지	樽杓長盈酒不謀
금란[143]의 우정은 평소에 쌓아온 지 알겠거니	托契金蘭知有素
교칠[144]과 같이 서로 사귄 지 그 몇 해이런고	相從膠漆幾經秋
때로 와력을 가지고 맑은 서안(書案)을 더럽히고[145]	時將瓦礫塵淸案
매양 경거를 가지고 늙은 눈을 부비게 하였지[146]	每把瓊琚刮老眸
좋은 밤엔 다정히 누워서 보내던 그 날을 그리워하고	良夜相思同臥榻
꽃 피는 시절엔 함께 누각에 오르던 때를 생각한다오	花辰日憶共登樓
용순[147]은 반드시 은자가 잡기를 기다리고	龍脣必待幽人挈
작설차는 늘 좋은 손님과 함께 마신다	雀舌恒從美客酬
세로에 지음으로 오직 그대가 있으니	世路知音君獨在
인간세상 만남과 이별엔 근심이 없어라	人間離合庶無憂
먼지가 옥새에 이니 삼정이 어두워지고[148]	塵驚玉塞三精暗

143 금란(金蘭) : 금란지교(金蘭之交)라 하여 매우 두터운 우정을 뜻하는 말이다. 《주역(周易)》 〈계사 상(繫辭上)〉에 "두 사람이 마음을 같이하니 그 예리함이 쇠를 끊는다. 마음을 같이하는 말은 그 향기가 난초와 같다.[二人同心 其利斷金 同心之言 其臭如蘭]" 한 데서 온 말이다.

144 교칠(膠漆) : 교칠은 아교와 옻인데, 이 둘을 합하면 매우 견고하게 붙는다. 후한(後漢) 때 뇌의(雷義)와 진중(陳重)의 우정이 매우 두터우니, 당시 사람들이 말하기를 "아교(阿膠)와 옻[漆]을 섞으면 굳게 붙는다지만, 그래도 뇌의와 진중 두 사람의 우정만큼 굳지는 못하다.[膠漆自謂堅, 不如雷與陳]" 하였다.

145 때로 … 더럽히고 : 와력(瓦礫)은 깨진 기왓장과 자갈, 즉 매우 보잘것없는 물건을 뜻한다. 여기서는 자신이 지은 시(詩)를 가리킨다. 즉 자신이 상대방에게 시를 보내는 것을 겸사로 말한 것이다.

146 매양 … 하였지 : 상대방이 좋은 시를 보내주었음을 말한다. 경거(瓊琚)는 보배로운 구슬로 좋은 시문을 뜻한다. 《시경(詩經)》 〈위풍(衛風) 목과(木瓜)〉에 "나에게 목과를 주거늘 경거로써 갚는다.[投我以木瓜 報之以瓊琚]" 한 것에서 유래하였다.

147 용순(龍脣) : 거문고를 가리킨다. 주 82 참조.

148 먼지가 … 어두워지고 : 변방에서 난리가 일어났음을 뜻한다. 즉 호란(胡亂)을 가리킨다. 옥새(玉塞)는 한대(漢代)에 감숙성(甘肅省) 돈황(敦煌)에 있던 옥문관새(玉門關塞)의 약칭으로, 변방을 가리키는 말로 쓰인다. 삼정(三精)은 해, 달, 별이다. 《문선(文選)》 〈후한서광무기찬(後漢書光武紀贊)〉에 "구현에 회오리바람이 일고 삼정은 안개가 끼어 깜깜하였다.[九縣飆迴 三精霧塞]" 하였는데, 천하가 매우 혼란함을 뜻한다.

말이 금하를 건너니[149] 팔도가 짓밟히었네　馬渡金河八路蹂
달무리 진 외로운 성에는 새벽 딱따기 소리 울리고　月暈孤城晨擊柝
구름처럼 모인 용맹한 병사들 밤에도 북채 안고 잔다　雲屯猛士夜援枹
백성들 붙잡혀 가니 들판마다 곡하는 소리　燕民縶累千原哭
재물을 쓸어가느라 촌락마다 다 뒤지누나　秦貨擔歸萬落搜
학가[150]는 서쪽으로 먼 요동 변새를 순시하고　鶴駕西巡遼塞遠
용안은 삭풍이 몰아치는 북쪽을 바라보셨어라　龍顏北望朔風颼
수레와 시종(侍從) 이어져 길에는 먼지 자욱하고　車從絡繹黃塵合
피난하는 행차 어지러워 밝은 해도 시름겹다　冠蓋繽紛白日愁
조정에서는 기미의 계책[151] 쓰느라 세월만 보내고　廟算羈縻淹歲月
정벌의 계획은 고식적이라 창칼은 녹이 스누나　征謀姑息老戈矛
많은 식구 거느리고 남쪽 고을 수령 의지해　提携百口依南宰
갖은 신고 다 겪으며 바닷가에서 피난했네　備歷千辛賴海陬
객지에서 뜻밖의 상봉은 참으로 드문 일이니　逆旅相逢眞有數
진창길에서 이렇게 만나는 일 어찌 쉬우리오　泥途會面亦安偸
남은 술 식은 고깃점[152]에 나그네 회포가 같고　殘盃冷炙同羇抱
필마에 여윈 아이종 데리고 객지를 떠돌았지　匹馬羸僮共旅遊
칡이 모구에 굵으니[153] 세월이 오래 흘렀고　葛誕旄丘時已晚

149 말이 금하(金河)를 건너니 : 청(淸)나라 군사가 쳐들어왔음을 뜻한다. 금하(金河)는 내몽고(內蒙古) 지역에 있는 강으로, 현재의 이름은 대흑하(大黑河)이다. 북방 교통의 중심지였다.

150 학가(鶴駕) :《열선전(列仙傳)》〈왕자교(王子喬)〉에 "왕자교는 바로 주(周)나라 영왕(靈王)의 태자 진(晉)인데, 일찍이 흰 학을 타고 가 후씨산(緱氏山)에 머물렀다." 하였다. 이로 인해서 후대에는 왕세자의 거가(車駕)를 학가라고 부르게 되었다. 소현세자와 봉림대군이 볼모로 잡혀간 것을 이렇게 표현한 것이다.

151 기미(羈縻)의 계책 : 적국과 적당히 친선관계를 유지함으로써 외환을 막는 방책이다. 주 120 참조.

152 남은 … 고깃점 : 객지의 처량한 신세를 뜻한다. 두보(杜甫)의 시 〈증위좌승(贈韋左丞)〉에 "나귀 타고 삼십 년 동안, 장안의 봄을 나그네 신세로 살아 왔네. 아침이면 부잣집 문을 찾아가고, 저녁이면 살진 말의 뒤를 따랐어라. 남은 술과 식은 고깃점, 가는 곳마다 남몰래 몹시 서러웠네.[騎驢三十載 旅食京華春 朝扣富兒門 暮隨肥馬塵 殘盃與冷炙 到處潛悲辛]" 한 데서 온 말이다.

153 칡이 모구(旄丘)에 굵으니 : 모구는 앞은 높고 뒤는 낮은 언덕이다. 《시경》〈모구편(旄丘篇)〉에

외가 기협에 생기니[154] 한 해가 지나갔어라	瓜生夔峽歲將遒
멀리 고향을 바라보며 유린당한 강토를 슬퍼하고	遙瞻故國悲秦豳
모임을 신정에서 마치매 초나라 죄수처럼 울었지[155]	會罷新亭泣楚囚
다행히도 하늘이 내렸던 재앙을 거두시고	賴得皇天能悔禍
마침내 성상으로 하여금 이 나라 안정케 하셨네	終教睿算定神州
타향은 아무리 아름답더라도 내 땅이 아니라[156]	他鄉信美非吾土
여장을 꾸려 서로 함께 고향으로 돌아오니	行李相將返故丘
죽은 사람 산 사람 안부 물으매 슬픔은 끝없고	弔死問生哀不盡
홀아비 과부 위로하며 곡소리 그치지 않았어라	悲鰥慰寡哭無休
여염집들은 죄다 불타서 잿더미만 남았고	閭閻蕩爇餘灰燼
텅 빈 마을에는 간간이 해골만 널려 있는데	村巷空虛間髑髏
집안에 두었던 주현[157]은 어디로 갔는지 뵈지 않고	屋裏朱絃亡不見

"모구의 칡은 어쩌면 이리도 마디가 굵어졌는가. 숙이여 백이여! 어찌 이리도 오랜 시일이 걸리는가?[旄丘之葛兮 何誕之節兮 叔兮伯兮 何多日也]" 하였다. 이는 여국(黎國) 임금이 나라를 잃고 위국(衛國)에 와서 머문 지가 오래 되어도 위국에서 자기네를 원조하여 본국으로 보내주지 않음을 원망한 것이다. 여기서는 타향에서 오래 피난했음을 뜻한다.

154 외가 기협(夔峽)에 생기니 : 기협은 중국 사천성(四川省)에 있는 삼협(三峽)의 이칭이다. 당(唐)나라 시인 두보(杜甫)가 안사(安史)의 난 때 피난하여 이 지역에 살았다. 당시에 지은 해민(解悶) 12수 중 셋째 수에 "한 번 고향을 떠나 십년이 지나니 매양 가을 외를 보면 고향을 그리워한다.[一辭故國十經秋 每見秋瓜憶故丘]" 하였다. 역시 고향을 떠나 피난하고 있는 신세를 비유하였다.

155 모임을 … 울었지 : 고향을 그리워하는 것을 의미한다. 초나라 죄수[楚囚]는 본디 춘추시대 초(楚)나라 악관(樂官)인 종의(鍾儀)가 정인(鄭人)에 의해 진(晉)나라에 잡혀가서 갇혀 있을 때 진 혜공(晉惠公)이 그를 불러다가 여러 가지 일을 물어보고 그에게 거문고를 주었더니, 그는 그곳에서도 자기 고향인 초나라의 음악을 탔다는 고사에서 온 말이다. 《春秋左氏傳 成公5年》 신정(新亭)은 정자 이름이다. 진(晉)나라가 양자강 이남으로 천도(遷都)했을 때에 당시 인사들이 한가한 날이면 신정에 나와서 술을 마셨다. 주의(周顗)가 그 가운데 앉았다가 "풍경은 다르지 않으나 눈을 들어 보매 산하가 다르구나."라고 탄식하니, 모두 서로 바라보며 눈물을 흘렸다. 왕도(王導)가 낯빛을 바꾸며 말하기를 "응당 함께 왕실과 협력하여 중원을 회복해야 할 것이지, 어찌 초수처럼 마주 보며 눈물을 흘린단 말인가." 하였다. 《晉書 卷65 王導列傳》

156 타향은 … 아니라 : 중국 삼국시대 건안칠자(建安七子)의 한 사람인 왕찬(王粲)이 형주 자사(荊州刺史) 유표(劉表)의 식객으로 있을 때 성루(城樓) 위에 올라가 울울한 마음으로 고향을 생각하며 지은 〈등루부(登樓賦)〉에 "참으로 아름답지만 나의 땅이 아니니, 어찌 잠시인들 머물 수 있으리오.[雖信美而非吾土兮 曾何足以少留]" 하였다.

157 주현(朱絃) : 붉은 현(絃)으로 거문고 줄을 뜻한다. 여기서는 거문고를 가리킨다. 《예기(禮記)》

상자 속의 서책은 흩어져 수습할 수 없었네	籠中黃卷散無收
백성들은 스스로 삼생의 괴로움 탄식하고	齊民自歎三生苦
임금은 깊이 국가 재생의 계책을 도모하셨지	聖主深圖再造猷
자극에서는 한밤중에 측루를 생각하고[158]	紫極中宵思側陋
단루에서는 전석하여 방구를 물었어라[159]	丹樓前席問旁求
외로운 백성 불쌍히 여겨서 정치에 애를 쓰고	哀傷煢獨勞王政
피폐한 민생 보살피느라 내수에 힘을 다하누나	存恤瘡痍盡內修
혼란이 극도에 이르면 다스림 생각하는 때가 됐나니	亂極思治時已在
성공을 거둠이 패배로 말미암는 이치는 당연한 것	功成因敗理應優
변방에 난리가 안 일어나 조두 소리[160] 그치고	邊聲不起停刁斗
봉화 연기 일어나지 않아 군대 깃발 누웠어라	烽火無烟偃旆旍
군사들은 이 때 응당 철마[161]를 쉴 테고	壯士時當休鐵馬
장군이 투구를 벗는 것을 장차 보게 되며	將軍佇見脫兜鍪
시인들은 황하 맑음[162]을 칭송하는 시를 짓고	詞人擬作河淸頌

〈악기(樂記)〉에 "청묘의 슬은 붉은 현으로 되어 있고 소리가 느릿하여, 한 사람이 선창하면 세 사람이 화답하여 여음(餘音)이 있다.[淸廟之瑟 朱絃而疏越 壹倡而三嘆 有遺音者矣]" 하였다.

158 자극(紫極)에서는 … 생각하고 : 임금이 숨은 인재를 등용하기 위해 고심함을 뜻한다. 자극은 황제의 궁궐이다. 천제(天帝)는 자색(紫色)의 궁궐에 거처한다 하여 궁궐을 자미궁(紫微宮), 자궁(紫宮), 자달(紫闥) 등으로 표시하기 때문에 붙여진 이름이다. 측루(側陋)는 요(堯)임금이 사악(四岳)의 신하에게 인재를 구하기를 당부하면서 "이미 지위에 있는 사람도 드러내 밝히고 미천한 사람도 들어서 쓰도록 하라.[明揚側陋]" 한 데서 온 말로, 숨은 인재를 등용하는 것이다.《書經 堯典》

159 단루(丹樓)에서는 … 물었어라 : 역시 임금이 신하들에게 유능한 인재를 등용하는 문제에 대해 의논하는 것을 뜻한다. 단루는 붉은 칠을 한 누각으로 궁궐을 가리킨다. 전석(前席)은 자리를 앞당긴다는 뜻으로 임금과 신하가 의기투합함을 뜻한다. 한(漢)나라 문제(文帝)가 신하 가의(賈誼)와 얘기하다가 의기가 투합하여 자기도 모르게 자리를 앞으로 당겨 몸을 가의 가까이로 다가왔다는 고사에서 유래한다.《史記 卷84 賈生列傳》 방구(旁求)는《서경(書經)》〈태갑 상(太甲上)〉에 "두루 뛰어난 인재를 구하여 후인을 깨우쳐 인도하셨다.[旁求俊彦 啓迪後人]" 한 데서 온 말로 널리 인재를 구하는 것을 뜻한다.

160 조두(刁斗) 소리 : 변방의 경보(警報)를 뜻한다. 주 28 참조.

161 철마(鐵馬) : 철갑(鐵甲)을 입힌 전마(戰馬)이다.

162 황하 맑음 : 어진 성군(聖君)이 다스리는 태평성대를 뜻한다. 삼국시대 위(魏)나라 이강(李康)의 〈운명론(運命論)〉에 "황하가 맑아지면 성인이 나온다.[黃河淸而聖人生]"고 하였고, 그 주(註)에

은사들은 바다로 들어가는 노래[163]를 그치리 隱士休歌入海謳
태평을 즐거워하는 것이 참으로 즐거운 일 相樂太平眞所樂
함께 왕의 교화를 도울 길이 어찌 없으리오 共添王化豈無由
남은 생애 지금은 다 같이 일 없이 한가해 餘生此日同無事
나란히 물가에 앉아서 낚싯대나 드리우세 並坐苔磯引釣鉤

차운 조완. 호는 삼산이다.

次韻 趙完 三山

길가엔 푸른 솔이 우거져 그늘을 드리우고 挾巷青松蔭道周
한가함 달래는 서책만 책상에 놓여 있어라 消閑黃卷靜床頭
사립문 정갈하여 속세의 인연 드물고 柴扉蕭洒塵緣少
초가집은 그윽하여 시골 정취 많구나 茅屋幽深野趣稠
붉은 여뀌 우거진 기슭 가랑비 속에 낚시 드리우고 細雨垂竿紅蓼岸
흰 마름꽃 핀 물가에 저물녘 바람 불 제 젓대를 분다 晩風橫篴白蘋洲
한 마리 소로 농사짓는 언덕에서 방공은 늙고[164] 一犂壟上龐公老
백 가지 화초 우거진 정원에서 사마는 한가로워라[165] 百卉園中司馬幽
적막한 연하 속에 은거해 서로 만나기 어렵고 寥落烟霞成契闊
아득한 천지에서 속세에 부침하는 일 떠났어라 蒼茫天地謝沈浮

"황하는 천 년 만에 한 번 맑아지는데, 황하가 맑아지면 성인이 그때에 나온다.[黃河千年一淸 淸則聖人生於時也]" 하였다.

163 바다로 들어가는 노래 : 바다에 신선이 사는 삼신산(三神山)이 있다는 전설이 있기 때문에 옛날에 세상을 피하여 은둔하는 사람들이 신선을 찾아 바다로 갔던 것이다. 즉 세상을 피하여 은둔하러 가면서 부르는 노래이다.

164 한 … 늙고 : 방공(龐公)은 후한(後漢) 말엽 양양(襄陽)의 고사(高士)인 방덕공(龐德公)을 가리킨다. 그는 아내와 함께 농사를 지으며 서로 손님을 대하듯 공경하였다. 벼슬길에 나오라는 형주 자사(荆州刺史) 유표(劉表)의 청을 거절하고 훗날 처자식을 거느린 채 녹문산(鹿門山)에 들어가 약초를 캐며 세상에 나오지 않고 일생을 마쳤다. 《小學 善行》

165 백 … 한가로워라 : 사마(司馬)는 송(宋)나라 사마광(司馬光)을 가리킨다. 그는 자신이 사는 집을 독락원(獨樂園)이라 하고 화초를 가꾸면서 유유자적하게 살았다. 《古文眞寶 後集 獨樂園記》

젊어서부터 술과 바둑 즐기며 세상 명리 멀리했고	少從碁酒名場遠
늙어서는 낚시 땔나무나 하며 한가로운 흥취 유유하네	老作漁樵逸興悠
정갈한 거처는 무엇보다 속세의 속박 없는 게 좋고	淨界最憐無世累
한가로이 살매 도리어 시벗을 만남이 반가워라	端居還喜得詩流
안영처럼 오래 공경함[166]을 나는 늘 흠모하노니	晏嬰久敬吾常慕
관중의 마음 통하는 벗[167]에 그대 비길 만하도다	管仲神交子可儔
산 속 집에서 바람과 안개 속에 농담을 주고받았으며	山館風烟開謔浪
들판 정자에서 꽃과 버들 속에 한가로이 맘껏 노닐었네	野亭花柳任優游
서로 운자(韻字)를 부르며 시를 자주 썼나니	相呼玉韻詩頻寫
함께 금귀[168]를 잡고 술을 몇 번이나 마셨던고	共把金龜酒幾謀
백년 평생 세월은 임하에 저물고	百載光陰林下晚
우리 두 늙은이 머리털 거울 속에 세었어라	兩翁蓬鬢鏡中秋
산골 늙은이는 북쪽으로 바라보며 고개 돌리고	山翁北望應回首
물가 늙은이는 남쪽을 보며 눈길만 보낼 테지	潭老南瞻謾騁眸
늙고 병든 몸 늘 침석에 엎드려 있으니	衰病纏身常伏枕
이별의 회포에 몇 번이나 누각에 기댔던고	別離傷抱幾憑樓
짚신에 죽장 차림으로 찾아가지는 않으나	芒鞋竹杖休尋訪
술병 놓고 지은 글 품평하며 술잔 주고받는다	樽酒論文間作酬

166 안영(晏嬰)처럼 오래 공경함 : 벗과 오래 사귀면 친압(親狎)하기 쉬운데 늘 공경하는 자세를 잃지 않는다는 뜻이다. 안영은 춘추시대 때 영공(靈公), 장공(莊公), 경공(景公)을 차례로 섬긴 제(齊)나라의 명상(名相)으로 자는 평중(平仲)이다. 공자(孔子)가 말하기를 "안평중은 남과 사귀기를 잘하도다. 오래되어도 공경하는구나.[子曰 晏平仲 善與人交 久而敬之]" 하였다. 《論語 公冶長》

167 관중(管仲)의 … 벗 : 춘추시대 제(齊)나라 관중(管仲)과 포숙(鮑叔)이 어려서부터 서로 친구 사이였다. 포숙은 관중의 어짊을 잘 알아주었지만, 관중은 워낙 빈곤(貧困)하여 포숙을 항상 속이곤 했다. 그러나 포숙은 끝까지 관중을 믿어주어, 뒤에 관중이 "나를 낳아준 분은 부모요, 나를 알아준 이는 포숙아이다." 하였다. 여기서 관포지교(管鮑之交)란 고사가 생겼다. 《列子 九命》 즉 옥담을 포숙과 같은 좋은 벗이라 말한 것이다.

168 금귀(金龜) : 벼슬아치가 차는 거북 모양으로 된 인장이다. 당(唐)나라 하지장(賀知章)이 이백(李白)을 만나 서로 뜻이 맞으니 금귀를 잡혀서 술을 마셨다 한다. 이백이 고인이 된 벗 하지장을 생각하며 지은 시 〈대주억하감(對酒憶賀監)〉에 "금귀로 술을 바꾸어 먹던 곳에서, 벗을 생각하며 눈물로 수건을 적시네.[金龜換酒處 却憶淚沾巾]" 하였다.

한 번 조정에서 계책을 잘못 세운 뒤로는　一自廟堂謬算策
구중궁궐 임금께서 국사에 근심 많았네　九重宵旰軫虞憂
전란의 먼지 천지 가득한데 금고 소리 울리고　塵昏宇宙金鼙動
불길 훑는 산하를 적군의 철마가 짓밟고 갔지　火獵山河鐵馬蹂
그 누가 조생이 형수 건너던 노[169] 두드릴꼬　誰擊祖生荊水楫
전장(田將)은 적성의 북채를 아직 잡지 않았네[170]　未援田將狄城枹
곳곳마다 백성들은 마구 살육을 당하고　人民處處紛誅戮
집집마다 재물을 죄다 수탈해 갔으니　玉帛家家恣括搜
사해가 혼란해 임금은 시름이 가득하고　四海奔波顏慽慽
벼슬아치들은 허겁지겁 피난을 갔어라　千官顚倒鬢颼颼
닭이 울어도 용루의 침소에 문안하지 않으니[171]　鷄鳴休問龍樓寢
변방에는 응당 학가[172]의 시름을 보태리　燕塞應添鶴駕愁
노신들은 흐르는 눈물 주체할 수 있으랴　晉老可堪垂涕淚
군사들은 더 이상 창칼을 쓰지 않는구나　魏師無復試戈矛
군신들이 멀리 음산 저편에 가 있으니　君臣地隔陰山外
소식이 하늘 저편 외진 한해 쪽에 있어라[173]　消息天分瀚海陬
임금이 욕을 당하면 신하는 죽어야 하는 의리 알거니　主辱固知臣死義

---

169 조생(祖生)이 … 노[楫] : 적을 소탕하리라는 결심을 뜻한다. 조생은 동진(東晉)의 조적(祖逖)을 가리킨다. 조적이 예주 태수(豫州太守)로 있으면서 석륵(石勒)의 난을 평정하기 위하여 양자강을 건너다가 노를 치면서 맹세하기를 "조적이 중원을 평정하지 못하고 다시 강을 건널 때는 이 강에 몸을 던지리라." 하였다. 그리하여 마침내 양자강 이남의 지역을 확보하였다. 《晉書 卷62 祖逖傳》

170 전장(田將)은 … 않았네 : 잃은 강토를 회복할 장수가 없음을 뜻한다. 전장은 전씨(田氏) 장수, 즉 진(秦)나라 말엽 적성령(狄城令)으로 있던 전담(田儋)을 가리킨다. 그는 전국시대 제(齊)나라의 종실(宗室)로 진나라가 혼란할 때 적성령으로 있다가 다시 제나라를 세웠다. 《史記 卷94 田儋列傳》

171 닭이 … 않으니 : 용루(龍樓)는 한(漢)나라 때 태자가 거처하던 궁(宮)의 문 이름이다. 난리 중이라 경황이 없어 문안을 하지 않는 것이다.

172 학가(鶴駕) : 왕세자(王世子)의 행차를 가리키는 말이다. 주 150 참조.

173 군신들이 … 있어라 : 한해(瀚海)는 사막(沙漠), 또는 북해(北海)를 이르는 말로 북방을 가리킨다. 음산(陰山)은 흉노족의 땅에 있던 산으로, 사철 눈과 얼음으로 덮여 있다 한다. 현재 내몽고(內蒙古)의 자치구(自治區) 남쪽으로부터 동북쪽으로 내흥안령(內興安嶺)까지 뻗어 있는 음산산맥(陰山山脈)이다. 소현세자(昭顯世子)와 신하들이 볼모로 청나라에 끌려간 것을 가리킨다.

국가가 수치를 당했거늘 도리어 내 살 길을 도모하리오　國羞還苟我生偸
타향이라 새해를 맞는 감회가 곱절로 더하고　他鄉倍感逢新歲
나그네 길에 예전 노닐던 곳 만나면 몹시 놀란다　逆旅偏驚値舊遊
덧없이 떠도는 신세 강호에 오래 머무노니　身世飄零湖外滯
세월은 빨리 흘러 나그네 곁을 지나가누나　年光倏忽客邊遒
백성들 도탄에 빠지니 간장은 끊어질 듯하고　生靈塗炭腸堪斷
국사에 대해 말이 없으니 혀는 감옥에 갇힌 듯　國事無言舌似囚
회포는 그야말로 향수에 젖은 것과 같은데　懷抱正同思故土
객지생활 다행히 함께 당주[174]에 있었어라　橐囊幸共賴唐州
꿈속에서 아스라이 멀리 선영을 찾아가　迢迢客夢尋先壟
시름에 잠긴 나그네 혼 옛 동산 맴돌았네　黯黯羇魂繞某丘
옛 집터에 돌아오매 슬픔을 견디지 못해　迹返故墟悲不耐
황량한 주춧돌 보며 눈물만 줄줄 흘렸지　眼隨荒砌淚無休
동쪽 이웃집 버려진 우물엔 이끼만 자욱하고　東隣癈井封苔蘚
북쪽 거리엔 시체가 가득 해골만 널려 있어라　北巷塡屍亂髑髏
벽에 남은 책들을 잿더미 속에서 거두고　壁上餘書灰裏拾
풀 속에 뒹구는 깨진 기왓장을 빗속에 주워모은다　草間壞瓦雨中收
종묘사직 회복하도록 신명이 도와주시니　重恢宗社神明佑
이 나라 새로 일으킨 건 성상의 계책일세　再造寰區聖主猷
종들은 흩어지고 없으니 반가이 모일 수 있으랴　僮僕散亡焉得歎
자손들을 보전했으니 더 이상 무엇을 바라랴　子孫全保復何求
산 사람 위문하고 죽은 사람 조문하매 성은이 넉넉하고　問生弔死燕恩浹
과부 보살피고 홀아비 돌보아 훌륭한 정치 폈어라　恤寡哀鰥漢政修
유해가 된 군사 측은히 여겨 보상금을 넉넉히 주고　師惻遺骸酬帛歛
전쟁 겪은 땅 불쌍히 여겨 조세 많이 감면해 주었지　地矜經戰免租優

174 당주(唐州) : 진주(晉州)의 이칭이다.

훗날 우리 동국이 장차 소생할 것이니　他年東國將蘇息
지금 관서 지방에 군사 깃발이 거두어졌네　今日西關卷旆斿
수자리 서는 군졸들은 창칼 갈무리한 채 구름을 갈고[175]　戍卒耕雲藏劍戟
건장한 남아들은 투구 벗고서 한가로이 휴식하리라　健兒休養解兜鍪
강산은 아득한데 변방에는 경보를 알려오는 사람 없고　江山漠漠邊無使
들판의 보리는 푸릇푸릇 거리에는 아이들 동요 소리　野麥青青巷有謳
나라 걱정에 이내 작은 충정이 속절없이 격할 뿐　憂國寸誠空自激
적을 무찌를 삼략[176]을 얻을 길이 실로 없구나　殲戎三略實無由
강호에 사는 이 늙은이 끝내 어디에 쓰리오　江湖老叟終何用
세상 밖에서 남은 생애 낚시질로 보내리라　物外餘生寄釣鉤

차운 오상. 계유년(1633, 29세) 진사시에 두양과 동방 급제하였다.
次韻 吳尙 癸酉進士斗揚同榜

안연의 표주박[177] 한 즐거움에 도가 이미 넉넉해　一樂顏瓢道旣周
세간은 명리 따위에는 고개 돌리지 않으시네　世間名利不回頭
초가집 처마에 해는 긴데 금서[178]가 고요하고　茅簷日永琴書靜
집 앞 거리엔 사람 드물고 초목만 우거졌어라　門巷人稀草木稠
마음은 청풍에다 제월[179]과 같이 맑고　心似清風兼霽月

175 구름을 갈고 : 송(宋)나라 관사복(管師復)이 숭산(崇山)에 은거하였다. 어떤 사람이 그에게 "무슨 즐거움이 있느냐?"고 묻자 "언덕에 덮인 흰 구름은 갈아도 다함이 없고 못에 가득한 밝은 달은 낚아도 흔적이 없네.[滿塢白雲耕不盡, 一潭明月釣無痕]" 한 데서 유래한 말이다. 원래는 은자(隱者)의 고답적인 생활을 형용한 것인데, 여기서는 변방에 전투가 없어 군사들이 한가로이 농사나 짓고 있음을 형용하였다.

176 삼략(三略) : 황석공(黃石公)이 지었다는 고대의 병서(兵書)이다.

177 안연(顔淵)의 표주박 : 안빈낙도(安貧樂道)의 삶을 뜻한다. 공자(孔子)가 이르기를 "어질도다, 안회여. 한 소쿠리의 밥과 한 표주박의 물[一簞食 一瓢飮]로 누추한 시골에서 지내자면 남들은 그 곤궁한 근심을 감당치 못하거늘, 안회는 도를 즐기는 마음을 바꾸지 않으니, 어질도다, 안회여." 한 데서 온 말이다.《論語 雍也》 여기서는 옥담(玉潭)의 삶을 형용하였다.

178 금서(琴書) : 거문고와 책으로 옛날 선비의 필수품을 뜻한다.

정신은 용포와 인주[180]에 한가로이 노니네　　神遊龍圃與麟洲
산수에 평소부터 살아온 터라 그 속에서 늙어가나니　　溪山有素身將老
물고기와 새에 기심을 잊으매[181] 흥취 더욱 그윽하여라　　魚鳥忘機興轉幽
구름 가에 옥을 심으매[182] 아침 해가 저물고　　種玉雲邊朝日晚
숲 속에서 차 달이니 저녁 연기 피어오른다　　煮茶林下夕烟浮
자취를 감추려니 매양 세상이 좁은 게 한스럽고　　藏蹤每恨塵寰窄
옛날을 생각하며 속절없이 성인의 길이 멂을 슬퍼한다　　思古空悲聖路悠
젊은 날 뛰어난 재주로 좋은 정치 이루길 기약했는데　　少日才華期致澤
만년에는 시 읊고 술 마시며 풍류나 즐기시네　　暮年詩酒屬風流
반계에서 어찌 주왕이 사냥 나오길 바라리오[183]　　磻溪詎望周王獵

---

179 청풍에다 제월(霽月) : 성어(成語)로 광풍제월(光風霽月)이라 하여 비가 온 뒤의 맑은 바람이 불고 달이 뜬 깨끗한 풍광을 뜻한다. 송(宋)나라 황정견(黃庭堅)이 주돈이(周敦頤)의 맑은 인품을 형용한 데서 온 말이다.

180 용포(龍圃)와 인주(麟洲) : 모두 전설에 나오는 신선이 사는 곳이다. 용포는 환룡포(豢龍圃)의 준말로 《습유기(拾遺記)》에 나오는 지명인데 하늘에서 향기로운 이슬이 내려 못을 이룬 것이라 한다. 인주는 봉린주(鳳麟洲)의 준말로 《해내십주기(海內十洲記)》에 나오는 지명인데 서해(西海)에 있다고 한다.

181 물고기와 … 잊으매 : 자연 속에서 무심히 살아가는 모습을 형용하였다. 기심(機心)은 이해득실을 따지는 교사(巧詐)한 마음이다. 옛날에 어떤 사람이 날마다 바닷가에 나가 갈매기와 놀았는데 갈매기들이 그를 의심하지 않고 함께 놀았다. 하루는 그의 아버지가 그에게 갈매기 한 마리를 잡아 오라고 하여 바닷가에 나갔더니 갈매기가 그에게 오지 않았다. 그에게 기심(機心)이 생겼기 때문에 갈매기가 멀리한 것이다.《列子 黃帝》 소식(蘇軾)의 시 〈강교(江郊)〉에 "낚시만 생각하고 고기는 잊고서, 이 낚싯대와 줄만 즐기노라. 한가로이 유유자적하며 사물의 변화를 완상한다.[意釣忘魚 樂此竿線 優哉悠哉 玩物之變]" 하였다.

182 옥을 심으매 : 한(漢)나라 때의 효자인 양백옹(楊伯雍)은 낙양(洛陽) 사람으로 무종산(無終山), 즉 옥전(玉田)에 살면서 3년 동안 목마른 행인들에게 물을 길어다 마시게 해 주었다. 어느 날 어떤 사람이 돌 한 되를 주면서 땅에 심게 하였다. 몇 년 뒤에 서씨(徐氏) 집에 딸이 있어서 옹백이 장가들고자 하였는데, 그 집에서 백옥 한 쌍을 폐백으로 바치라고 하였다. 이에 옹백이 돌을 심었던 밭에 가서 다섯 쌍의 백옥 구슬을 캐서 바치니 서공이 딸을 주었다. 그로부터 몇 년 뒤에 구름 속에서 용이 내려와 이들 부부를 맞이해 하늘로 올라갔으므로 그 후손들이 밭 가운데 비석을 세워 그 일을 기록하였다《搜神記》

183 반계(磻溪)에서 … 바라리오 : 반계는 강태공(姜太公)이 낚시질하던 곳이다. 주왕(周王)은 주(周)나라 문왕(文王)을 가리킨다. 강태공이 위수(渭水) 가의 반계에서 낚시질하다가 사냥을 나온 문왕을 만나 사부(師傅)로 추대되었다. 여기서는 옥담을 강태공에 비겼다. 임금의 지우(知遇)를 입어 세상에 뜻을 펴지 못했음을 비유한 것이다.

율리에서는 진사의 짝이 되기에 충분하여라[184]	栗里堪爲晉士儔
마치 공자 문하에서 가르침을 받는 것처럼 공부하니	如在孔門承訓誨
곧 문학이 상유[185]를 능가하는 것을 보게 되리라	卽看文學邁商游
뛰어난 문학의 재능 집안 대대로 이었으며	升堂翰墨傳家美
술상을 차려 놓고서 손님들을 불러들이네	斗酒盃盤見客謀
한 쌍의 나막신으로 매양 눈 덮인 남악 지나가고	雙屐每穿南嶽雪
하나의 낚싯대 때로 가을 옥담에 던지누나	一竿時擲玉潭秋
일곱 개 보배 구슬[186]에는 상서로운 구름이 따르고	七枚寶璧隨祥雲
한 쌍의 금빛 연꽃[187]은 사람들 눈 부비고 본다	雙朶金蓮拭衆眸
대숲에다 집을 지었는데 색동옷 나란하고[188]	家作竹林聯彩服
하늘을 도는 북두성이 동쪽 누각에 모였어라[189]	天回北斗聚東樓
조숙한 덕이 천성에서 나온 것임을 내 아노니	吾知夙德由天性
신명이 고문을 돌보아 복록으로 보답하리라	神眷高門以福酬
무릎을 안고서 속절없이 제갈량처럼 노래하고[190]	抱膝空勞諸葛嘯
시국에 상심하여 늘 범중엄처럼 몹시 근심하네[191]	傷時恒切仲淹憂

184 율리(栗里)에서는 … 충분하여라 : 율리는 유명한 은사인 진나라 도연명이 살던 고향 마을 이름이다. 즉 옥담이 고향에 은거하여 한가로이 살아가는 모습을 진나라 은사 도연명에 비유한 것이다.

185 상유(商游) : 공자의 제자로 문학에 뛰어났던 자하(子夏)와 자유(子游)의 병칭이다. 자하의 이름이 상(商)이다. 공자가 제자들의 특장을 말하면서 "문학에는 자유와 자하이다." 하였다. 《論語 先進》

186 일곱 … 구슬 : 일곱 아들을 비유하였다.

187 한 … 연꽃 : 두 딸을 비유하였다.

188 색동옷 나란하고 : 아들들이 부모를 잘 봉양함을 뜻한다. 춘추시대 초(楚)나라에 노래자(老萊子)라는 은사(隱士)가 있었는데, 어버이를 모시는 효성이 지극하여 나이 일흔에 색동옷을 입고 재롱을 피워 어버이를 즐겁게 해드렸다고 한 데서 온 말이다. 《小學 稽古》

189 하늘을 … 모였어라 : 별이 모인다는 것은 덕망과 재주를 갖춘 선비들의 모임을 뜻한다. 진식(陳寔)이 두 아들인 원방(元方)·계방(季方)과 손자 장문(長文)을 데리고 순숙(荀淑)의 집에 가자 하늘에 덕성(德星)이 모이는 상서(祥瑞)가 나타났는데, 태사(太史)가 이것을 보고 "하늘에 덕성(德星)이 모였으니 500리 안에 현인(賢人)들이 회합했을 것입니다." 하였다. 《後漢書 卷62 荀淑列傳》 여기서는 옥담의 일곱 아들을 가리키는 듯하다.

190 무릎을 … 노래하고 : 큰 뜻을 펴지 못하는 선비가 울울한 심정을 품고 있음을 뜻한다. 주 92 참조.

191 시국에 … 근심하네 : 북송(北宋)의 명재상 범중엄(范仲淹)의 〈악양루기(岳陽樓記)〉에 "묘당(廟

병자년 난리 때의 고난을 돌이켜 생각해 보면　追思丙子艱虞事
금구[192]가 오랑캐에게 짓밟힌 사실 어이 차마 말하랴　忍說金甌羯狗蹂
한 모퉁이 외로운 성[193]이 적의 공격 받을 제　一隅孤城方受箭
오경에도 차가운 성가퀴에는 북소리 그치지 않았지　五更寒堞不停枹
곰과 범 같은 장졸들 부르짖는 소리에 산이 찢어질 듯　熊咆虎吼山將裂
멧돼지 고래처럼 돌격해 오니 바다도 시름에 여윌 듯　豖突鯨奔海亦瘦
밝던 해도 빛을 잃어 하늘은 흐릿한데　白日無光天漠漠
슬픈 바람 피비린내 풍겨오고 비는 부슬부슬　悲風吹血雨颼颼
산천은 죄다 병사 주둔하는 곳이 되어 버리니　林泉盡入屯兵地
원숭이와 학은 속절없이 임금 연모하는 정 많아라　猿鶴空多戀主愁
한 달 동안이나 피난하며 쇄미한 신세[194] 슬퍼하니　跋涉三旬悲瑣尾
전란의 먼지 자욱한 천 리에 창칼이 뒤덮었어라　烟塵千里蔽干矛
고향은 아득히 멀어 산은 첩첩 천 겹인데　鄕關杳杳山千疊
외로운 섬 망망한 바다 한 귀퉁이에 있었네　孤島茫茫海一陬
그곳에서 일백 식구 무사한 게 참으로 다행　百口無殤眞所幸
호공이 가졌던 비결[195]을 홀로 훔칠 수 있었던 게지　壺公有訣獨能偸
고향 두곡은 잡초만 무성해 황폐해졌으니　蓬深杜谷成塵迹

堂)에 높이 있을 때는 백성을 근심하고 강호에 멀리 있을 때는 임금을 근심하니, 이는 나아가도 근심하고 물러나도 근심하는 것이다. 그렇다면 어느 때 즐거운가. 반드시 천하가 근심하기보다 먼저 근심하고 천하가 즐거워한 뒤에 즐거워할 것이다." 한 데서 온 말이다.《古文眞寶 後集 岳陽樓記》

192 금구(金甌) : 금으로 만든 사발로 흠이 없고 견고하다 하여 강토(疆土)에 비유된다. 양무제(梁武帝)가 일찍 일어나 무덕각(武德閣)에 이르러 혼자 말로 "나의 국토는 금구와 같아 하나의 상처도 흠도 없다." 하였다는 데서 유래하였다.《南史 卷62 朱异傳》

193 한 … 성(城): 인조(仁祖)가 농성하다가 청(淸)나라에 항복한 남한산성(南漢山城)을 가리킨다.

194 쇄미(瑣眉)한 신세 : 전란으로 유리(遊離)하는 신세를 뜻한다.《시경(詩經)》〈패풍(邶風) 모구(旄丘)〉에 "자잘하고 자잘한 이 유리하는 사람이로다.[瑣兮尾兮 遊離之子]" 한 데서 온 말이다.

195 호공(壺公)이 가졌던 비결 : 후한(後漢) 때 호공(壺公)이라는 선인(仙人)이 시장에서 매일 약을 팔다가 석양이 되면 점포 머리[肆頭]에 달아놓은 병 속으로 뛰어들어가곤 하였다. 그것을 본 비장방(費長房)이 한번은 그를 따라 병 속으로 들어가 보니, 하나의 별천지(別天地)가 있더라는 고사에서 온 말이다.《後漢書 卷72下 費長房列傳》 여기서는 옥담이 두곡이란 곳에서 은거한 것을 비유하였다.

학이 요양에 돌아오매 옛일에 감회가 일어라[196]	鶴返遼陽感舊遊
하늘의 뜻 은연중 사람의 일에 호응하고	天意暗隨人事應
순박한 풍속은 날로 세월 따라 사라져 가네	淳風日逐歲華遒
진나라 관문에서 그 누가 닭 울음 흉내를 낼까[197]	秦關孰效鷄鳴術
연옥[198]에는 한나라 사람들이 많이 갇혔어라	燕獄猶多漢節囚
꿈속에서도 슬픔이 일어 세도를 보노니	夢裏興哀看世道
도성에 계신 임금님 소식 알 수 없어라	日邊消息阻皇州
천추에 이어온 예악 문물 어디로 사라졌나	千秋禮樂歸何地
당대의 영걸들 중년 나이에 땅 속에 묻혔네	一代勳英半世丘
남쪽은 두렵고 북쪽은 걱정돼 갈 곳이 없나니	畏南憂北無處適
군사 검점하고 군량 실어나르는 일 언제나 그칠꼬	點軍輸粟幾時休
오직 변방의 노인[199]처럼 그저 운명에 맡기고	唯從塞老安時命

196 학이 … 일어라 : 옥담이 피난갔다가 고향에 돌아왔음을 뜻한다. 요양(遼陽)은 요동(遼東)이다. 한(漢)나라 때 요동에 정령위(丁令威)라는 사람이 살았는데 영허산(靈虛山)에 가서 도술을 배운 뒤에 학(鶴)으로 변신하여 요동에 돌아와 성문(城門)의 화표주(華表柱)에 앉아 있었다. 이윽고 어떤 소년이 활로 자기를 쏘려고 하자, 학이 높이 날아올라 말하기를 "두루미로 변한 정령위가 집 떠난 지 천 년 만에 돌아왔네. 성곽은 예전 그대로인데 사람은 그렇지가 않구나. 어이하여 신선이 되는 법 배우지 않아서 죽어 묻힌 무덤이 여기저기 쌓였는고." 하고 한탄하면서 하늘 높이 사라졌다고 한다.《搜神後記》

197 진(秦)나라 … 낼까 : 포로로 잡혀간 소현세자(昭顯世子) 등을 구출할 사람이 없음을 탄식한 것이다. 전국시대 제(齊)나라 맹상군(孟嘗君)이 진(秦)나라에 억류되었다가 속임수를 써서 도망쳐 함곡관(函谷關)에 당도했다. 그러나 함곡관은 닭이 울기 전에는 관문(關門)을 열어주지 않게 되어 있었다. 한편 맹상군이 도망쳤다는 사실을 알아차린 진나라 소왕(昭王)은 사람을 시켜서 급히 맹상군을 쫓게 하였다. 닭이 울 시간은 멀었고 추격대는 바짝 뒤쫓아 오고 있는 터라, 상황이 몹시 다급하였다. 이 때 맹상군의 일행 중에서 흉내를 잘 내는 사람이 닭 울음소리를 내자 인근의 닭들이 일제히 울어 댐으로써, 마침내 관문을 열어 주어 그곳을 무사히 빠져나갈 수 있었다.《史記 卷75 孟嘗君列傳》

198 연옥(燕獄) : 조선의 충신들이 청(淸)나라 감옥에 많이 갇혔음을 뜻한다. 남송(南宋) 때 충신 문천상(文天祥)이 원(元)나라가 침입해 오자 가산(家産)을 털어 군사를 일으켜 근왕(勤王)하여 신국공(信國公)에 봉해졌고, 그 후 원(元) 나라 장군 장홍범(張弘範)에게 패하여 3년 동안 연옥(燕獄)에 수감되었으나 끝내 굴복하지 않고 죽음을 당하였다.《宋史 卷418 文天祥列傳》

199 변방의 노인 : 새옹지마(塞翁之馬)라는 고사를 인용하였다.《회남자(淮南子)》〈인간훈(人間訓)〉에 "변방에 사는 노인의 말이 도망쳐서 오랑캐 땅으로 들어가자 사람들이 모두 위로하였는데, 그 노인은 태연하게 '이것이 도리어 복이 될지 어떻게 알겠는가.' 하였다. 몇 달 뒤에 그 말이 오랑

다시금 장공이 해골을 베고 누운 것 배우노라[200]	更學莊翁枕髑髏
천 섬의 한가한 시름을 잔의 술로 씻을 수 있고	千斛閑愁盃可滌
만 숲의 경치는 붓으로 거두어들일 수 있어라	萬林雲物筆能收
도사와 함께 도 닦는 비결을 얘기하고 싶을 뿐	思携羽客談眞籙
금문[201]에서 큰 문장을 지어 올리길 원치 않는다	不願金門獻壯猷
다행히도 내가 공의 마을 근처에 와 사는 터라	幸我卜居仁里近
의기투합하는 사귐을 일찍이 이정[202]에서 찾았지	神交早向鯉庭求
아양곡[203] 속에서 마음을 서로 허여했고	峩洋曲裏心相許
난옥[204]이 모인 속에서 학문이 이미 닦였어라	蘭玉叢中學已修
일산 기울이매[205] 매양 친밀한 정에 기쁘고	傾蓋每欣情意密

캐의 준마 여러 마리를 데리고 돌아오자 사람들이 모두 축하하였는데, 노인은 '이것이 화가 될는지 누가 알겠는가.' 하였다. 그의 아들이 말 타기를 좋아하여 그 말들을 타다가 다리가 부러지니, 사람들이 와서 위로하였다. 그러자 노인은 '이것이 복이 될지 누가 알겠는가.' 하였다. 1년 뒤에 오랑캐들이 대거 침입하자 장정들이 모두 나가 싸워 변방 근처에 사는 사람들 가운데 열에 아홉은 죽었다. 그런데 그의 아들만은 다리가 부러졌기 때문에 전쟁에 나가지 않아 부자가 모두 온전하게 살 수 있었다." 하였다.

200 장공(莊公)이 … 배우노라 : 무상한 인생에 집착하지 않음을 뜻한다. 장공은 장자(莊子)를 가리킨다. 장자가 초(楚)나라로 가다가 해골을 만나서 말채찍으로 그 해골을 때리면서 묻기를 "자네는 삶을 탐하다가 도리를 잃어서 이렇게 되었는가, 아니면 나라를 망친 일 때문에 처형을 당하여 이렇게 되었는가, 아니면 나쁜 일을 하여 부모와 처자를 욕되게 한 것을 부끄럽게 여겨서 이렇게 되었는가?" 하고, 그 해골을 베고 누워 잤다. 밤중에 해골이 장자의 꿈에 나타나서 말하기를 "자네의 말은 변사(辯士)와 같네. 그러나 자네가 말한 여러 가지는 살아 있는 사람의 허물일 뿐이요, 나처럼 죽은 사람은 그런 걱정이 없다네." 했다고 한다. 《莊子 至樂》

201 금문(金門) : 한(漢)나라 미앙궁(未央宮)의 대문인 금마문(金馬門)이다. 국가의 조칙(詔勅)을 작성하는 문학의 선비들이 이 문으로 출입하였다.

202 이정(鯉庭) : 자식이 가정에서 아버지에게 가르침을 받는 곳을 뜻한다. 공자(孔子)의 아들 이(鯉)가 뜰에서 공자 앞을 빠른 걸음으로 지나다가 공자로부터 시례에 대하여 배웠느냐는 말을 듣고 그에 대한 가르침을 받은 일에서 유래한다. 《論語 季氏》 여기서는 이 시의 작자 오상(吳尙)이 옥담의 아들과 벗이기 때문에 옥담의 가정을 이렇게 표현한 듯하다.

203 아양곡(峨洋曲) : 벗끼리 마음이 통하는 지음(知音)을 뜻한다. 주 70 참조.

204 난옥(蘭玉) : 지란(芝蘭)과 옥수(玉樹)의 준말로, 남의 자제를 지칭하는 말이다. 진(晉)나라 때 큰 문벌을 이루었던 사안(謝安)이 자질(子姪)들에게 "어찌하여 사람들은 자기 자제가 출중하기를 바라는가?" 하고 묻자, 조카 사현(謝玄)이 "비유하자면 마치 지란(芝蘭)과 옥수(玉樹)가 자기 집 뜰에 자라기를 바라는 것과 같습니다." 한 데서 유래하였다. 《世說新語 言語》

침상 아래 절하고[206] 넉넉한 예우를 받았었지　　拜床仍荷禮容優
종횡하는 문장은 창칼을 가득 벌여놓은 듯　　縱橫筆陣森戈戟
문단에 우뚝하여 깃발을 높이 세웠으니　　崱崒詞壇建旆斿
만 마리 말이 발굽 모으매 마구(馬具)가 삼엄하고　　萬馬攢蹄嚴韁靮
일천 군인 무기 잡으니 갑주(甲胄)가 정연하여라　　千軍執銳整兜鍪
훗날 악부에서 새 시편들 고를 때　　他年樂府調新律
응당 〈이소〉와 함께 초나라 노래에 들리라[207]　　應共離騷入楚謳
주신 시편에 답하지 못해 도리어 부끄러운데　　辱贈未酬還自愧
새로 지은 시편을 보고 싶은들 무슨 수로 보리오　　新篇欲覩更何由
남쪽 교외 달 밝은 밤에 자주 머리를 들고　　南郊月夜頻擡首
창 밖에 성근 발을 드리우지 않고 달빛을 본다오[208]　　窓外疎簾不下鉤

이 진사가 찾아와서 준 시에 차운하다 10수 ○이 진사의 이름은 종룡[209]이다.
次李進士來訪贈韻 十首 李進士名從龍

고산 곡조 연주하고 나니 지음이 드물어[210]　　高山彈罷知音寡

---

205 일산(日傘) 기울이매 : 길을 가다가 서로 만나 수레의 휘장을 기울이고 그 아래에서 이야기를 나눈다는 말로, 잠깐 동안 이야기해 보고서도 마음이 통함을 뜻한다. 《공자가어(孔子家語)》〈치사(致思)〉에 "공자가 담(郯)에 가다가 길에서 정본(程本)을 만나고는 경개(傾蓋)하고 종일토록 이야기하며 몹시 친밀해졌다." 한 데서 온 말이다.

206 침상 아래 절하고 : 존경하는 어른을 배알함을 뜻한다. 후한(後漢) 때 제갈량(諸葛亮)이 방덕공(龐德公)을 찾아가면 반드시 방덕공이 앉은 침상 아래서 공경히 절하였고, 방덕공은 제지하지 않고 태연히 절을 받았다는 고사에서 생긴 말이다. 《資治通鑑》

207 악부(樂府)에서 … 들리라 : 악부는 한(漢)나라 때 음악을 관장하던 관청으로 민간의 노래를 채집하기도 하였다. 〈이소(離騷)〉는 전국시대 초(楚)나라의 대시인 굴원(屈原)이 불렀다는 노래이다. 즉 옥담의 시를 이소에 비겨 칭찬한 것이다.

208 주신 … 본다오 : 옥담이 보내준 시편에 대해 화답하는 시편을 아직 보내지 못하다가 이제 시편을 보내지만 답하는 시편을 볼 길이 없으니, 멀리서 달빛을 보며 옥담을 그리워한다는 뜻이다.

209 이종룡(李從龍) : 1585~?, 자는 몽택(夢澤)이고 본관은 전주(全州)로 서울에 살았다. 1612년(광해군4) 식년시(式年試)에 합격했다.

210 고산(高山) … 드물어 : 시를 읊어도 화답할 벗이 없음을 뜻한다. 주 70 참조.

홀로 서재에 들어앉아 그대를 꿈꾸었지　獨下書帷夢我君
어느 저녁 사립문에 그대 발길 이르니　一夕衡門冠蓋到
속진을 벗어난 빙옥 같은 풍모 보았어라　正看氷玉出塵紛

찾아뵙고 인사 드린 지 얼마 안 되어　高屛執贄曾無日
아직도 이군을 가까이서 모시지 못했는데[211]　未得同乘御李君
오늘은 옥설 같은 분을 모실 수 있으니　擁篲今辰迎玉雪
한번 담소를 나누매 온갖 번뇌가 사라진다오　一開談說釋煩紛

몸에는 질병이 들고 우환까지 겹쳐서　纏身疾病兼憂患
목을 늘이고 봐도 높은 산 너머 그대 뵈지 않았네　引領雲山未見君
이제 난봉 같은 모습 보니 정녕 꿈은 아니겠지　卽對鸞鳳非夢想
다시 경옥[212] 같은 시를 받으매 색채도 찬란하여라　更蒙瓊玉色繽紛

예순에도 이름 없이[213] 초가에서 시 읊는데　六十無聞吟白屋
누추한 내 집에 찾아와 준 그대 감사하오　席門來扣感吾君
신교[214]는 한 길이라 고금에 다르지 않거늘　神交一道無今古
먼저 이렇듯 예모를 갖출 필요가 있으리오　何必先容禮貌紛

---

211 이군(李君)을 … 못했는데 : 존경하는 사람을 가까이 모심을 뜻한다. 이군은 후한(後漢)의 이응(李膺)을 가리킨다. 그는 성품이 고고하여 교제하는 사람이 없고 오직 순숙(荀淑)과 진식(陳寔)을 스승과 벗으로 삼았다. 순숙의 아들 순상(荀爽)이 어느 날 이응을 찾아뵙고 이응을 위해 수레를 몰았다. 그리고 돌아와서 기뻐하며 말하기를 "오늘에서야 비로소 이군을 모실 수 있었다." 하였다. 《後漢書 卷67 黨錮列傳 李膺》 여기서는 이 진사를 만난 것을 높여서 말하였다.

212 경옥(瓊玉) : 경거(瓊琚)와 같은 말로 상대방의 시문을 뜻한다. 《시경(詩經)》 〈위풍(衛風) 목과(木瓜)〉에 "나에게 목과를 주거늘 경거로써 갚는다.[投我以木瓜 報之以瓊琚]" 한 데서 유래하였다.

213 예순에도 이름 없이 : 공자(孔子)가 "후생이 두려워할 만하니, 앞으로 오는 이들이 어찌 지금의 나만 못하다고 장담할 수 있으리오. 그러나 마흔 살이나 쉰 살이 되어도 세상에 이름이 알려지지 않으면 그러한 사람은 또한 족히 두려워할 것이 없다.[後生可畏 焉知來者之不如今也 四十五十而無聞焉 斯亦不足畏也已]" 하였다. 《論語 子罕》

214 신교(神交) : 신교는 정신으로 사귀어 뜻이 서로 투합하는 것이다.

손님이 문을 두드리며 나를 불러내더니 有客扣門呼我出
빙옥처럼 맑은 풍모의 바로 그대였구려 清氷粹玉見吾君
이끼 낀 마루에 문득 진번의 걸상[215] 내리고 苔軒忽下陳蕃榻
진종일 마음이 통하여 얘기를 나누었어라 日久神交說更紛

안개와 눈 먹으며 산골에 은거하지만 餐霞啗雪臥松石
조정의 큰 재목으로 누가 그대만 하리요 廊廟之資孰似君
그대는 부디 담장 넘는 일[216] 본받지 마오 憑君莫學踰垣事
사도 당시에는 분란을 풀 수 있었다오[217] 賜也當年亦解紛

채신의 근심[218] 중하여 늘 집안에 틀어박혔더니 採薪憂重長龜縮
방문해 주신 정 보답하기 어려워 몹시 부끄럽구려 辱枉難酬甚愧君
홀로 첨두를 불러서 이내 뜻을 펼치게 하니[219] 獨喚尖頭陳鄙臆
시편 가득한 말들이 그저 분분할 뿐일세 滿篇辭說但紜紛

215 진번(陳蕃)의 걸상 : 손님을 융숭히 대접함을 뜻한다. 진번은 동한(東漢) 때 사람이다. 그가 남창태수(南昌太守)로 있을 때 특별히 걸상 하나를 걸어 두었다가 당시의 은사(隱士)인 서치(徐穉)가 오면 이것을 내려서 앉게 함으로써 우대하였다고 한다. 《後漢書 卷53 徐穉列傳》

216 담장 넘는 일 : 벼슬을 사양함을 뜻한다. 맹자가 "옛적에 신하가 되지 않았으면 군주를 만나보지 않았다. 단간목은 담장을 넘어 피하였고, 설류는 문을 닫고 받아들이지 않았다.[古者 不爲臣 不見 段干木踰垣而辟之 泄柳閉門而不內]" 한 데서 온 말이다. 《孟子 滕文公下》

217 사(賜)도 … 있었다오 : 사는 자공(子貢)의 이름이다. 《사기(史記)》 卷126 〈골계열전(滑稽列傳)〉에 "얘기하는 말이 은연중에 맞으면 분란을 풀 수 있다.[談言微中 亦可以解紛]" 하였다. 공자(孔子)가 "사는 천명을 감수하지 않고 돈벌이를 크게 했는데, 억측을 하면 자주 들어맞기도 하였다.[賜不受命 而貨殖焉 億則屢中]"라 하였다. 그 주(註)에 "사는 불행히도 말을 하면 들어맞는 때가 있었으니, 이것이 바로 사로 하여금 말을 많이 하게 만든 이유이다.[賜不幸言而中 是使賜多言也]"라는 공자의 말이 인용되어 있다. 《서산독서기(西山讀書記)》 卷29에 위의 전고들을 인용하여 "자공은 교묘한 언변을 갖추어서 어지럽고 맺힌 것을 풀고 환난을 구제할 수 있었다.[至於子貢 加之以巧辯 解紛結救患難而已]" 하였다.

218 채신(采薪)의 근심 : 병이 들어 땔나무를 하지 못한다는 뜻으로, 남에게 자신의 질병을 겸사로 말하는 것이다. 《孟子 公孫丑下》

219 홀로 … 하니 : 첨두(尖頭)는 첨두노(尖頭奴)의 준말로 붓의 이칭이다. 붓을 하인에 비긴 것이다. 즉 붓을 들어서 이 시를 짓는 것을 비유하였다.

소나무 울타리 초가집은 그대가 나와 같고 松籬草屋君同我
거친 음식에 삼베옷은 내가 그대와 같아라 糲食麻衣我似君
만약 이 봄바람에 내 묵은 병이 낫는다면 若得春風蘇舊恙
함께 분분히 흩날리는 배꽃을 구경하리라 共看梨雪白紛紛

내 집은 산이 휘감고 시냇물 구비 도는 곳 我屋山廻溪百轉
이렇게 멀리 그대가 찾아올 줄 생각지 못했다오 窮尋遠訪不料君
이제부터 눈에 가득 보이리 서로 자주 만나서 從今滿眼頻相佩
달밤에 술 취해 꽃 앞에 춤추는 분분한 그림자 醉舞花前月影紛

우명[220] 거리라 거처가 서로 매우 가깝건만 地隔牛鳴居密邇
그저 높은 명성 흠모할 뿐 만나지 못했네 但欽山斗未逢君
송당에서 한 번 만나 마음을 터놓은 뒤로 松堂一造披心後
분분한 눈비도 아랑곳 않고 서로 만났지 不憚相隨雨雪紛

원운 이종룡
元韻 李從龍

오랫동안 명성 우러르고 만나지 못했으니 久仰聲華不相見
자제분 만나매 흡사 그대를 만난 듯했다오 玉郎逢處怳逢君
오늘 여기에 와서 문장을 토론하노라니 來尋此日論文地
가슴 속이 후련해 속세의 근심 없어진다오 胸次軒然絶世紛

---

220 우명(牛鳴) : 큰 소 한 마리의 울음이 미치는 거리로 일우후지(一牛喉地) 또는 일우명지(一牛鳴地)라 하며, 대략 5리쯤의 거리를 뜻한다.

이 진사가 찾아온 데 답례로 주다 2수
謝贈李進士來訪 二首

말발굽 소리 귀에 울리고[221] 삽살개 짖더니만　馬蹄隱耳山尨吠
홀연 반가운 손님이 석문에 이르렀어라　忽見佳客到石門
혹 소릉이 백곡을 찾은[222] 게 아닐까 했더니　莫是少陵尋柏谷
유자가 진헌에 들른[223] 것인 줄 알겠구나　還知孺子過陳軒
좌중을 격동하는 고상한 얘기는 옥가루가 날리는 듯[224]　高談激坐飛瓊屑
사람을 놀라게 하는 빼어난 시구는 골짜기에 쏟아지는 물살[225]　秀句驚人倒峽源
돌아보건대 이 몸 뛰어난 점 무엇이 있으랴　環顧此身何所有
부질없이 그대 먼 길을 걸어오시게 했구려　謾勞車馬涉川原

동가[226]의 좋은 손님이 찾아와 대문을 두드리기에　東柯美客扣門呼

---

221 말발굽 … 울리고 : 당(唐)나라 시인 이하(李賀)가 당시의 명사였던 한유(韓愈)와 황보식(皇甫湜)이 자기 집을 방문해 준 데 사례로 읊은 〈고헌과(高軒過)〉에 "말발굽 귀에 울리는 소리 요란하더니, 문에 들어와 말에서 내리매 드높은 기상 무지개 같아라.[馬蹄隱耳聲隆隆 入門下馬氣如虹]" 하였다. 《古文眞寶 前集》

222 소릉(少陵)이 백곡(柏谷)을 찾은 : 소릉은 당(唐)나라 두보(杜甫)를 가리킨다. 두보가 장안(長安)의 남쪽 두릉(杜陵)의 구택(舊宅)에 살면서 소릉야로(少陵野老)라 자호(自號)했던 데서 온 말이다. 백곡(柏谷)은 백씨(柏氏)가 사는 골짜기란 뜻이다. 두보가 백씨(柏氏) 학사(學士)의 집에 찾아가서 지은 〈제백학사모옥(題柏學士茅屋)〉이란 시가 있다.

223 유자(孺子)가 진헌(陳軒)에 들른 : 유자는 후한(後漢)의 은사(隱士)인 서치(徐穉)의 자이고, 진헌은 진번(陳蕃)의 집이다. 주 215 참조.

224 옥가루가 날리는 듯 : 고상한 담론을 나눌 때 아름다운 말이 마치 옥의 가루가 부서져 흩어지는 것처럼 나온다는 뜻이다. 송(宋)나라 구양철(歐陽澈)의 〈현도사중이시시교인화운부지(顯道辭中以詩示教因和韻復之)〉란 시에 "옥가루 부서지듯한 말에 듣는 사람 놀라고, 양춘곡(陽春曲)에 화답하는 좌중 사람들의 노래[談霏玉屑驚人聽 歌和陽春滿座謠]"라 한 데서 온 말이다.

225 골짜기에 쏟아지는 물살 : 거침없는 문장을 비유한 것이다. 송(宋)나라 구양철(歐陽澈)의 〈세필화수인계운이증지(世弼和酬因繼韻以贈之)〉에 "가슴 속 기염은 하늘의 별에 닿고, 붓 아래 문장은 골짜기에 쏟아져 흐는 물이어라[胸中氣焰摩星斗 筆下詞源倒峽流]" 하였다.

226 동가(桐柯) : 찾아온 손님인 진사(進士) 이종룡(李從龍)이 사는 마을이다. 동가는 중국 진주(秦州) 동남쪽 50리 지점에 있다는 골짜기 이름인데, 두보(杜甫)가 "동가는 좋은 골짜기[東柯好崖谷]"라 하고 "약초를 캐며 노년을 보내고 싶다.[採藥吾將老]"고 읊은 시가 있다. 이 마을이 두보의 이

허겁지겁 나가 반겨 맞으며 예의를 다하였지 顚倒相迎禮意孚
높은 산처럼 우러르며[227] 명성을 평소에 알았는데 仰止高山知有素
누추한 거리 찾아주실 줄 생각지도 못했다오 先尋陋巷不曾圖
처음 만나 수인사 나누매 모두 청안[228]이요 新交說罷俱青眼
만년의 친교 얘기하노라니 둘 다 백발일세 晩契論成兩白鬚
아양곡[229] 연주가 오늘부터 시작하였으니 得奏峩洋今日始
원컨대 금석처럼 굳은 우정[230] 길이 변치 않기를 願將金石永無渝

계미년(1643) 겨울밤에 두광을 시켜 운자를 부르게 하고 여러 가지 일을 읊다 11수

癸未冬夜使斗光呼韻雜詠 十一首

얼음과 눈 숲에 가득하고 북풍은 부는데 凍雪盈林振北風
대나무 사립 닫은 채 밤은 깊어가누나 竹門深閉夜將中
쏟아지는 잠과 시상이 서로 싸우니 睡魔吟思來相鬩
등잔 앞에 병든 한 늙은이 시름에 잠긴다 愁殺燈前一病翁

네다섯 채 집 있는 쓸쓸한 산골 마을 寥落山村四五家
밤 깊을 제 눈보라가 산허리에 몰아친다 夜闌風雪擁山阿
흰 눈썹 묵객이 창 아래에서 시 읊는데 厖眉墨客吟窓下
돈이 없으니 좋은 술을 어디에서 살거나 美酒無錢何處賖

시에서 이름을 따온 듯하다. 《杜少陵詩集 卷7 秦州雜詩》

227 높은 산처럼 우러르며 : 《시경(詩經)》 〈소아(小雅) 거할(車舝)〉에 "높은 산처럼 우러르고 큰 길처럼 따라간다.[高山仰之 景行行止]"라는 구절에서 온 말로, 큰 덕행(德行)을 흠모함을 뜻한다.

228 청안(青眼) : 반가운 눈길을 뜻한다. 주 124 참조.

229 아양곡(峨洋曲) : 벗끼리 마음이 통하는 지음(知音)을 뜻한다. 주 70 참조.

230 금석처럼 굳은 우정 : 당(唐)나라 맹교(孟郊)의 〈심교(審交)〉에 "오로지 금석처럼 굳은 사귐이라야 현달함을 논할 수 있으리.[唯當今石交 可以賢達論]" 하였다.

아홉 구비 계산은 봉성[231]과 멀리 떨어졌는데	九曲溪山隔鳳城
작은 초가집 속에서 매형[232]을 벗하노라	數椽茅楝伴梅兄
때때로 술에 취해 술동이 앞에서 자노니	時來枕麯樽前臥
좋은 말 타고 좋은 옷 입는 호강은 원치 않는다	不願乘肥且衣輕
밤 깊을 제 달빛 아래 들려오는 다듬이 소리	夜久寒聲月下砧
나무 그늘 속 초가집이 더욱 그윽하게 보여라	樹中茅屋轉幽深
병풍 앞에서 무릎 안고 〈양보음〉을 읊노라니[233]	屛間抱膝吟梁甫
만 섬의 시름 귀밑에 들어와 백발이 늘었네	萬斛閑愁鬢上侵
바람은 빈 숲에 가득하고 눈은 뜰에 가득한데	風滿空林雪滿庭
산중에 작은 술잔 구태여 가득 채울 것 없어라	山盃小酌不須盈
한가로이 지낸 지 십년에 참된 흥취가 많으니	端居十載多眞興
무능하고 나태해 뜻 못 이루었다 말하지 마오	莫道疎慵志未成
차가운 별들은 흩어져 푸른 하늘 가득한데	寒星錯落滿靑空
묵객은 시를 읊느라 하염없는 생각에 잠긴다	墨客沈吟意不窮
직설[234]로 자처했건만 나는 이미 늙었으니	稷契許身吾老矣
그저 나라 걱정해 풍년이 들기를 기원할 뿐	但能憂國願年豐
금문에서 오리걸음을 배우는[235] 데 뜻이 없어	金門無意學趨鳧

231 봉성(鳳城) : 도성에 대한 미칭(美稱)이다. 원래 장안(長安)을 가리키는 말이었으나 후일에는 일반적으로 도성을 가리키는 말로 쓰인다.

232 매형(梅兄) : 매화의 아칭(雅稱)으로, 송(宋)나라 황정견(黃庭堅)의 〈수선화(水仙花)〉에 "향기 머금은 흰 꽃잎 성을 기울일 듯하니, 산반은 아우요 매화는 형이로세.[含香體素欲傾城 山礬是弟梅是兄]" 하였다. 《古文眞寶 前集》

233 무릎 … 읊노라니 : 큰 뜻을 펴지 못하는 선비가 울울한 심정을 품고 있음을 뜻한다. 주 92 참조.

234 직설(稷契) : 순(舜)임금 때 후직(后稷)으로서 농업을 담당한 직(稷)과 사도(司徒)의 직책을 관장한 설(契)을 가리킨다. 어진 신하의 대명사로 쓰인다.

외로운 밤 소나무 침상에 늙은이 누웠노라　獨夜松床臥老夫
만뢰는 악기처럼 온갖 소리로 들려오니　萬籟刁刁聞玉管
맑은 음향 그 어디에 봉이 새끼를 거느리는가[236]　淸商何處鳳將雛

세모라 시골 마을에 눈서리가 많이 내려　歲暮荒村饒雪霜
한가로이 장작불 피우고 따뜻한 방에 누웠노라　閑燒榾柮煖松床
산골 늙은이 밤에 앉아서 무슨 일을 하는고　山翁夜坐營何事
낮을 이어 외로운 등잔불 아래 그물을 꿰매누나　結網孤燈繼日光

뽕나무 활로 쑥대 화살 사방에 쏘는[237] 건 원치 않고　不願桑蓬射四方
고대광실에서 고운 여인네에 취하는 것도 싫어라　亦嫌華屋醉紅粧
아침엔 졸고 밤에 앉아서 시 읊느라 고심하노니　朝眠夜坐吟詩苦
이내 마음이 늘 세상 상식과 달라 스스로 웃노라　自笑心情每反常

옥충[238]도 꺼져 밤은 춥고도 적적한데　玉蟲挑盡寒更寂
은갑[239]은 연주 그치고 눈보라 소리 울린다　銀甲彈停雪籟鳴

---

235 금문(金門)에서 오리걸음을 배우는 : 대궐에 가서 벼슬함을 뜻한다. 금문은 한나라 미앙궁(未央宮)의 대문인 금마문(金馬門)이다. 오리걸음이란 신하가 임금 앞에 몸을 굽히고 조심히 걸어 나가는 것을 형용한 말이다.

236 봉이 새끼를 거느리는가 : 밤중에 들려오는 맑은 음향을 봉황새의 울음에 비긴 것이다. 한편 봉이 새끼를 데리고 있다는 것은 훌륭한 아버지와 아들이 함께 있음을 뜻한다. 송(宋)나라 유영(劉迎)의 〈반산초은도(盤山招隱圖)〉에 "손주들이 무릎 앞에서 장난치니 마치 봉이 새끼를 데리고 있는 듯[諸孫戲膝前 翩然鳳將雛]" 하였다.

237 뽕나무 … 쏘는 : 남아로서 천하에 큰 일을 함을 뜻한다. 고대에 사내 아이가 태어나면 뽕나무로 만든 활[桑弧]에 쑥대로 만든 화살[蓬矢]을 메워서 천지 사방에 쏨으로써 장차 천하에 원대한 일을 할 것임을 기대하였다 한다. 《禮記 內則》

238 옥충(玉蟲) : 등잔불을 가리킨 것으로, 한유(韓愈)의 시 〈영등화(詠燈花)〉에 "황색의 중간엔 금속을 늘어놓은 듯, 비녀 머리엔 옥충을 장식한 듯하네.[黃裏排金粟 釵頭綴玉蟲]"라고 한 데서 온 말이다.

239 은갑(銀甲) : 손톱을 형용한 말이다. 두보(杜甫)의 〈배정광문유하장군산림(陪鄭廣文遊何將軍山林)〉에 "은갑으로는 아쟁을 연주하고, 금어로는 술과 바꾸어 온다.[銀甲彈箏用 金魚換酒來]"라고 하였다.

어떻게 하면 좋은 벗과 이 밤을 같이 보내며 安得可人同臥榻
함께 맑은 풍경 노래하고 한가한 정을 읊을거나 共吟淸景綴閑情

만학은 소리 없이 고요하고 눈 내린 밤은 긴데 萬壑無聲雪夜長
한가로이 작설차 달여서 마른 창자를 적시노라 閑烹雀舌潤枯腸
아이들이 귀반곡[240]이란 글을 외울 줄 아니 兒童解誦歸盤谷
서안을 두드려 장단 맞추며 흥이 마구 이누나 擊節書床興欲狂

겨울밤 새벽녘에 읊다
冬夜曉吟

추운 밤 닭 울고 새벽 동이 터오건만 寒鷄叫罷曙光騰
방 안에 산골 늙은이 게을러 일어나질 않는다 屋底山翁倦未興
멀리서 생각노니 대궐에서 출근하는 신하들은 遙想鳴珂朝玉闕
오경에 서리와 눈발이 옷에 가득 묻었겠지 五更霜雪滿衣稜

겨울날 저녁에 읊다
冬日暮吟

눈발이 흩날려서 작은 마을을 덮으니 凍雪繽紛冪小村
대숲에 깃든 새들이 시끄럽게 울어댄다 竹林栖鳥亂相喧
산골 늙은이 방문을 닫고 오궤[241]에 기대 있노라니 山翁閉閤憑烏几
저물녘 성남에서 분주히 가던 시절 문득 생각난다 忽憶城南暮夜奔

---

240 귀반곡(歸盤谷) : 당(唐)나라 한유(韓愈)의 〈송이원귀반곡서(送李愿歸盤谷序)〉를 가리킨다. 주 68 참조.

241 오궤(烏几) : 검은 염소 가죽으로 장식한 궤안(几案)으로, 앉을 때 기대는 물건이다.

함경 도사로 부임하는 심인시 술지에게 증별하다
贈別咸鏡都事沈姻侍述之

아득히 먼 함경도는 큰 번진(藩鎭)이라	狄矣咸關鎖鑰雄
고을의 도사로 어진 그대를 선발했어라	貳居棠伯簡賢公
위엄과 사랑 병용하는 데 그대가 보좌로 제격	嚴和竝用君宜佐
상벌을 분명히 내림은 자네도 그렇게 해야지	黜陟惟明子所同
순시하다 국경에 이르면 용맹한 군대를 볼 테고	巡到塞垣觀虎隊
안찰하러 고을에 가서는 백성들 풍속을 보겠지	按臨州縣覿民風
업무를 보는 여가에 한가로운 유람 많으리니	籌謀暇日多閑勝
때로 술자리에서 기생을 불러 놀기도 하리라	時拈名花席上紅

모재팔경
茅齋八景

아침 해가 솟을 때 산봉우리에 걸린 새 모양의 붉은 구름	朝峯赤鳥
바람에 흔들리는 비단과 같은 꽃봉오리	風前繡蕚
맑은 시내에 서 있는 옥같이 흰 새의 날개	淸溪玉翼
모든 산에 비단처럼 물든 단풍	千林錦葉
저녁 산등성이 위에 떠오르는 차가운 달	暮嶠寒蟾
비가 온 뒤에 더 짙푸른 소나무	雨後蒼髯
푸른 버들 속을 누비며 나는 노란 꾀꼬리	翠柳金梭
나무들마다 돋아나는 옥빛의 꽃	萬樹瓊葩

옥담팔경
玉潭八景

바람결에 찰랑이는 푸른 물결	含風鴨綠
연잎 위에 떨어지는 빗방울	靑錢小點
용문의 고목나무	龍門老幹
바위 가의 푸른 소나무	巖邊晩翠
햇살을 받으며 노는 노란 오리	弄日鵝黃
자줏빛 비단 같은 해당화의 짙은 향기	紫綿濃香
해곡[242]의 새 순이 돋은 대나무숲	嶰谷新叢
햇살에 먼저 붉게 물드는 물가 언덕	岸上先紅

한거팔경
閑居八景

이난[243]이 만난 좋은 자리	二難旣得
술동이 속의 좋은 술	樽中綠蟻
안주로 오른 월척의 물고기	川肴玉尺
꽃 앞의 금곡	花前錦曲
사미[244]가 다 갖추어짐	四美不孤

---

242 해곡(嶰谷) : 옛날 황제(黃帝)가 악관(樂官) 영륜(伶倫)을 시켜 성률(聲律)을 제정하게 하니, 영륜이 곤륜산(昆侖山) 북쪽 해계(嶰谿)의 골짜기에서 좋은 대나무를 취하여 성률을 제정했다.《呂氏春秋 仲夏紀 古樂》 여기서는 옥담이 살던 곳에 해곡이란 지명을 붙였던 듯하다.

243 이난(二難) : 당(唐)나라 왕발(王勃)이 지은 〈등왕각서(滕王閣序)〉에서 온 말로, 어진 주인과 좋은 손님, 즉 현주(賢主) · 가빈(嘉賓)을 가리킨다.

244 사미(四美) : 남조(南朝) 사영운(謝靈運)의 〈의위태자업중집시서(擬魏太子鄴中集詩序)〉에 "천하에 좋은 날[良辰], 아름다운 경치[美景], 기쁜 마음[賞心], 즐거운 일[樂事] 이 네 가지가 모두 갖춰지기는 어렵다."라고 하였으며, 왕발(王勃)의 〈등왕각서(滕王閣序)〉에 "'네 가지 아름다움[四美]'이 갖춰졌다."라고 한 말이 보인다.

무릎 위의 금부[245] 膝上金鳧
푸른 실 같은 들나물 野蔌青絲
달빛 아래 아름다운 시문(詩文) 月下瓊辭

춘일팔흥
春日八興

껍질이 알록달록한 죽순 篁孫抱籜
붉은 빛을 머금은 저녁 이슬 紅含夕露
집 뒤에서의 논밭갈이 催耕屋後
꽃 핀 마을에서 옷 잡혀 술 마시기 花村衣典
주먹 모양으로 돋은 고사리 蕨兒成拳
푸른 들판에 낀 아침 안개 綠帶朝烟
숲 가에서 비 부르는 비둘기[246] 喚雨林邊
갈고리 모양으로 뜬 초승달 月港鉤懸

하일팔흥
夏日八興

주명[247]으로 계절이 바뀜 朱明換節
흰 눈처럼 누에고치를 켬 繰成白雪

---

245 금부(金鳧) : 금으로 주조한 오리이다. 진시황(秦始皇)의 묘에 부장품(副葬品)으로 쓴 황금으로 만든 오리 모양의 향로(香爐)이다. 주 79 참조.

246 비 부르는 비둘기 : 반구(斑鳩)라는 비둘기가 있는데, 이 새가 울면 비가 온다 하여 비를 부르는 비둘기란 뜻에서 환우구(喚雨鳩)라 한다.

247 주명(朱明) : 여름철을 말한다. 오색(五色)에 붉은빛[朱]은 여름의 빛이라고 한다. 《예기(禮記)》 〈월령(月令)〉에 "입하일(立夏日)에 남교(南郊)에서 여름 기운을 맞이하며 〈주명가(朱明歌)〉를 불렀다." 하였다.

맑은 물결에 몸을 씻음 淸漣濯潔
술병을 기울여 맑은 술을 마심 壺傾玉露
적제가 수레를 돌림[248] 赤帝回轅
누른 구름 같은 보리를 거둠 割取黃雲
푸른 장막 아래서 서늘한 바람을 쐼 翠幄迎涼
사발에 가득 시원한 음료를 마심 椀溢瓊漿

추일팔흥

秋日八興

술병에 가득한 맑은 술 壺中露淑
숲 속 시내에서 비단을 씻음 溪林濯錦
고운 쌀밥을 지음 長腰美炊
동이에 가득한 맑은 술 盈樽玉液
속세를 벗어난 듯한 맑은 서리 象外霜淸
주렁주렁 달린 동산의 과일 園果垂鈴
신선한 축항어[249] 縮項新鮮
한 섬 가득한 금전[250] 滿斛金錢

248 적제(赤帝)가 수레를 돌림 : 적제는 천제(天帝)의 하나로 염제(炎帝) 또는 화제(火帝)라고도 하는데, 남방·여름·불을 담당하는 신(神)이다. 적제가 수레를 돌렸다는 것은 여름이 물러갔다는 것을 뜻한다.

249 축항어(縮項魚) : 살지고 맛좋은 물고기 이름이다. 사두축경편(槎頭縮頸鯿), 또는 축경편(縮頸鯿)이라고도 한다. 등이 활처럼 휘고 청색을 띠고 있으며 회맛이 특히 좋다고 하는데, 당(唐)나라 시인 맹호연(孟浩然)의 〈현담작(峴潭作)〉과 두보(杜甫)의 〈해민(解悶)〉에 소개되면서 유명해졌다.

250 금전(金錢) : 여기서는 금전화(金錢花)라는 꽃을 가리키는 듯하다.

동일팔흥
冬日八興

삼양[251]의 절기가 가까움 三陽節近
창가에서 바둑 두기 窓間手談
향기를 머금은 준치[252] 含香蹲鴟
사발에 막걸리 따라 마시기 瓦甌斟白
환하게 밝은 육출화[253] 六出花明
등잔 아래서 설경(舌耕)[254] 燈下舌耕
안개를 뿜는 반룡[255] 噴霧盤龍
붉은 빛으로 이글거리는 지로[256] 地爐燒紅

---

251 삼양(三陽) : 양효(陽爻)가 셋인 《주역(周易)》의 〈태괘(泰卦)〉를 가리킨다. 동짓달인 11월부터 양효가 아래에서 하나 생겨 올라와서 정월(正月)에 이르게 되면 양효가 셋이 된다. 곧 새해 정월을 뜻한다.

252 준치(蹲鴟) : 토란의 별명으로, 그 모양이 마치 올빼미가 웅크리고 앉은 것 같다 하여 붙여진 이름이다. 《史記 卷129 貨殖列傳》

253 육출화(六出花) : 눈의 별칭이다. 다른 초목(草木)은 대부분 다섯 개의 꽃잎을 가지고 있는 반면에, 설화(雪花)만은 육각(六角)으로 되어 있다고 해서 붙여진 이름이다. 육출공(六出公)이라고도 한다.

254 설경(舌耕) : 혀로 밭을 간다는 말로 책을 읽는 것, 또는 학생을 가르쳐서 생계(生計)를 도모하는 것을 뜻한다.

255 반룡(盤龍) : 용처럼 구불구불 이어진 산줄기를 가리킨다.

256 지로(地爐) : 봉당(封堂)을 파서 만든 화로이다.

처 종손녀 남편인 정국상이 흥덕에 살면서 집 한 칸을 짓고 백운당이란 편액을 걸고 시 두 수를 지었기에 그 시에 차운하고 또 한 수를 부연하여 부치다
妻孫從女夫鄭國相居在興德構一堂揭號白雲有詩二首因次其韻又衍一首以寄

지은 집 얼마나 운치가 맑은가	卜築何蕭爽
집 앞에는 대나무와 매화 심었어라	堂前竹與梅
흰 구름은 같이 고요히 떠 있고	白雲同靜散
밝은 달은 함께 배회하는구나	明月共徘徊
정절이 가신 지 천년 뒤에	靖節千年後
드높은 풍모 백대 뒤에 돌아왔네[257]	高風百代廻
부끄러워라 축지법을 할 수 없어	慚無縮地術
가서 자네와 맘껏 술 마실 수 없음이	難與醉深盃

또 한 수 읊다
又

덩그런 집 새로 지으매 한가한 거처 즐거워	華堂新闢樂幽居
눈에 가득한 풍광은 말로 다 표현할 수 없어라	滿目風光說不餘
무슨 일로 유독 '운(雲)' 자를 편액에 걸었는가	何事獨將雲揭額
한가한 그림자가 서재에 떨어짐을 사랑해서겠지	定憐閑影落琴書
일찍이 듣건대 반악이 한거를 노래하며[258]	曾聞潘岳賦閑居

257 정절(靖節)이…돌아왔네 : 정절(靖節)은 도잠(陶潛)의 사시(私諡)이다. 도잠(陶潛)의 시 〈화곽주부(和郭主簿)〉에 "머얼리 흰 구름을 바라본다.[遙遙望白雲]"라는 구절이 있는데, 이를 흔히 〈백운편(白雲篇)〉이라 하여 후세에 은사(隱士)의 시(詩)로 일컬었다. 정상국이 집에 '백운당(白雲堂)'이란 편액을 걸었기에 이를 인용한 것이다.

258 반악(潘岳)이 … 노래하며 : 진(晉)나라 반악(潘岳)이 《예기(禮記)》의 편명인 〈중니한거(仲尼閑

유유히 사는 맑은 흥취 날로 넉넉하였다지만　清興悠然日有餘
백운당 주인이 시인묵객을 맞아들여서　何似主人迎墨客
다투어 좋은 시를 남겨 벽에 써 둔 것만 하랴　競留佳作壁間書

담배를 읊다
詠烟茶

신령한 뿌리를 해산에서 옮겨왔나니　靈根移得海山間
이슬 젖은 잎새는 봉황의 아롱진 꼬리인 듯　露葉依俙鳳尾斑
가위로 자르니 가는 금실처럼 떨어지고　剪落交刀金縷細
곰방대에 눌러 담으니 자줏빛 구름 덩어리　盛來重合紫雲團
바람 서늘한 창가에서 밤에 피우니 별빛이 반짝이고　風窓夕吸明星動
비 오는 마루에서 아침에 내뿜으니 초록 안개 서리네　雨檻朝噴綠霧盤
병을 치료하고 수명 늘이는 게 이 담배에 있으리니　擊疾延年應在此
인삼 복령으로 늙음을 멈추게 할 필요가 있으랴　蔘苓何必駐衰顏

김길보의 〈청풍군 한벽루에 올라〉란 작품에 차운하다
次金吉甫登淸風郡寒碧樓韻

누대에는 일월이 머무는데　樓臺淹日月
나그네는 봄바람을 만났어라　羈旅得春風
시냇가 버들은 푸른 빛 물들겠고　澗柳將舒綠
강가의 매화는 붉은 꽃망울 터뜨릴 듯　江梅欲放紅
좋은 손님은 마음이 옥과 같고[259]　佳賓心似玉

居)〉의 뜻을 취하여 한가한 삶을 노래하여 한거부(閑居賦)를 지었다. 그 주제는 대체로 세상일을 전혀 아랑곳하지 않고 조용히 지내는 것이다.《晉書 卷55 潘岳傳》

259 마음이 옥과 같고 : 어진 손님을 형용한 것이다.《시경(詩經)》〈소아(小雅) 백구(白駒)〉에 "희고

어진 주인은 기운이 무지개 같구나[260] 賢主氣如虹
취한 뒤에 시를 읊을 때에는 醉後詩壇上
그 누가 가장 으뜸이 될까 何人第一功

또 근체시에 차운하다
又次近體

누차 여윈 말 채찍질해 먼 길 나서 屢策羸驂作遠遊
저물녘 한벽루에 올라 경관을 조망한다 晩登寒碧騁雙眸
물결 거슬러 오르는 외로운 돛단배 어선을 보고 孤帆逆浪看漁艇
바람 따라 나는 만 점의 옥 같은 백구가 보인다 萬玉隨風見水鷗
십리 고운 백사장에는 낙조가 환하고 十里瓊沙明落照
천 겹 푸른 산봉우리는 맑고 그윽하여라 千重翠岫挹淸幽
막걸리 열 잔 마셔도 좀처럼 취하지 않으니 黃流十酌難成醉
바로 어진 주인이 손님 대접하는 때 만났구나 正値賢東禮客秋

또 십운에 차운하다
又次十韻

나그네로 맑은 지경에 노닐다 客子遊淸境

깨끗한 망아지가 우리 마당의 풀을 먹는다 하여, 발을 묶고 고삐를 매어 오늘 아침 내내 있게 하여, 이른바 그분이 여기에서 소요하게 하리라. … 희고 깨끗한 망아지가 저 빈 골짜기에 있다. 싱싱한 풀 한 다발을 주노니 그 사람은 옥처럼 맑도다.[皎皎白駒 食我場苗 縶之維之 以永今朝 所謂伊人於焉逍遙 … 皎皎白駒 在彼空谷 生芻一束 其人如玉]" 하였다.

260 기운이 무지개 같구나 : 기상이 매우 드높음을 형용한 것이다. 당(唐)나라 시인 이하(李賀)가 당시의 명사였던 한유(韓愈)와 황보식(皇甫湜)이 자기 집을 방문해 준 데 사례로 읊은 〈고헌과(高軒過)〉에 "말발굽 귀에 울리는 소리 요란하더니 문에 들어와 말에게 내리매 드높은 기상 무지개 같아라.[馬蹄隱耳聲隆隆 入門下馬氣如虹]" 하였다. 《古文眞寶 前集》 소식(蘇軾)의 〈화도의고(和陶擬古)〉에 "평소에 기운이 무지개 같으니 의당 북망산에 묻히지는 않으리.[平生氣如虹 宜不葬北邙]" 하였다.

때로 강가의 누각에 오르니　　時登江上樓
천고의 한을 능히 녹여 없애고　　能消千古恨
백년의 시름을 씻을 수 있구나　　可滌百年愁
빼어난 경치를 만나 기쁜 날이요　　勝景欣逢日
맑고 사랑스런 풍경 감상하는 때일세　　清愛光賞秋
붉은 벼랑은 물결 위에 우뚝 섰고　　丹崖波上矗
푸른 안개는 시야 저편에 떠 있네　　青靄望中浮
목동의 피리 소리는 골짜기에 들리고　　牧笛聞秦峽
어부의 뱃노래는 배에서 들려오누나　　漁歌滿蜀舟
잔 가득 술을 부어 거푸 마시며　　深盃酬更酌
좋은 노래를 쉬지 않고 부른다　　佳曲唱無休
무릎을 맞댄 채 준걸들 나란히 앉았고　　促膝聯豪俊
가슴을 열고서 명사들이 서로 만났어라　　開襟接勝流
나그네 신세 의탁할 데 있음이 기쁘고　　羈蹤欣有托
여행길에 뜻하지 않게 한가히 여기 머문다　　征旆忽閑投
어찌 생각했으랴 맑은 경치 구경이　　豈意因清觀
마침내 두 눈을 시원히 틔울 줄을　　終能括陋眸
훗날 이내 몸 머물러 쉬는 것을　　他年栖息事
굳이 백구에게 맹서할 것 있으랴[261]　　何必指盟鷗

261 훗날 … 있으랴 : 백구를 가리켜 맹서한다는 것은 자연에 은거하겠다는 결심을 뜻하는 말로, 송(宋)나라 육유(陸游)의 〈숙흥(夙興)〉에 "학의 원망은 누구를 의지해 풀리나. 갈매기와의 맹서 이미 식었을까 염려되네.[鶴怨憑誰解 鷗盟恐已寒]" 한 데서 온 말이다. 즉 백구와 맹서할 것 없이 이 경치 좋은 곳에 와서 만년을 보내면 되겠다는 뜻으로 말한 것이다.

변화시켜서 위 시에 차운하다
變次右韻

나귀 타고 절경에 찾아와서	騎驢登絶境
이 봄날 강가 누각에 오른다	春日上江樓
삼생에 걸친 한을 씻을 만하고	可滌三生恨
만 섬은 많은 시름을 다 녹이누나	能消萬斛愁
사미[262]를 만나 기쁜 날이요	欣逢四美日
게다가 이난[263]까지 만난 때일세	贏得二難秋
푸른 벼랑은 동남쪽이 우뚝하고	翠壁東南障
푸른 안개는 밤낮으로 떠 있어라	青霞日夜浮
나무꾼 노래는 옛 골짜기에서 들리고	樵歌聞古峽
어부 노랫소리는 외로운 배에 가득해라	漁唱滿孤舟
잘 익은 술을 주고받으며 마시고	綠醑酬還酌
양춘[264] 노랫소리를 쉬지 않고 부른다	陽春唱不休
자리에 모인 이들은 모두 명사요	當筵皆勝士
무릎 맞댄 이들은 모두 현인들일세	促膝盡賢流
이 즐거운 일 함께하는 게 기쁘니	樂事欣同攝
한가한 이 몸도 여기 참석하였어라	閑蹤得所投
잘 알겠어라 이 모임으로 인해	剩知因此會
두 눈길 후련하게 조망할 수 있음을	能副豁雙眸
드넓은 봄 물결을 떠다니는 뜻은	浩蕩春波志
우뚝한 기상으로 나는 백구를 가리키노라[265]	昂昂指白鷗

262 사미(四美) : 주 244 참조.

263 이난(二難) : 주 243 참조.

264 양춘(陽春) : 매우 뛰어난 시를 뜻한다. 주 116 참조.

265 드넓은 … 가리키노라 : 두보(杜甫)의 〈봉증위좌승장이십이운(奉贈韋左丞丈二十二韻)〉에서 얽

두영이 읊은 〈담배〉 시에 차운하다
次斗榮詠烟茶韻

신령한 뿌리 바다 건너온 지 얼마나 되었는고 靈根幾日踰滄海
우리 동방 사람 장수하게 해 끊임없이 심누나 壽我東民種不休
옥상자의 신선 단약은 먹을 수 없지만 玉櫃仙丹非所噉
푸른 주머니에 든 비법[266]도 찾을 것 없어라 青囊秘法不須求
정충[267]이 제거되니 근심이 아주 끊어지고 情蟲旣去憂端絶
해마[268]를 몰아내니 물욕의 병이 나았어라 害馬能驅慾患瘳
속세에 어떤 사람들은 좋다 나쁘다 말하며 塵世或人評善惡
담뱃대를 물리고 좋은 음식을 드시라 하네 鵝頭退却進芳羞

원운
元韻

기이한 품종 누가 천리 밖에서 가져왔나 異種誰傳千里外
그 동안 삼십여 년을 쉬지 않고 피웠어라 由來三紀服無休
동남들이 진시황의 요구에 부응하지 못했지만[269] 童男未副秦皇索

매이지 않고 호연(浩然)히 떠나는 것을 비유하여 “백구가 드넓은 물결 위에 있으니, 만 리에 거침없이 나는 것을 뉘라서 길들이랴.[白鷗波浩蕩 萬里誰能馴]” 하였다.

266 푸른 … 비법 : 진(晉)나라 곽박(郭璞)이 곽공(郭公)이란 이인(異人)으로부터 푸른 주머니에 든 책인《청낭중서(青囊中書)》9권을 받아서 오행(五行)·천문(天文)·점복(占卜) 등에 통달하였다 한다.《晉書 卷72 郭璞傳》

267 정충(情蟲) : 번민과 희로애락의 감정을 뜻한다.

268 해마(害馬) : 말을 해치는 짐승 따위를 이르는데, 후대에는 사람의 본성을 해롭게 하는 물욕을 가리키게 되었다.《장자(莊子)》〈서무귀(徐无鬼)〉에 “천하를 다스리는 자는 또한 어찌 말을 기르는 것과 다르겠는가. 말을 기르는 자는 말을 해치는 것[害馬]을 제거할 뿐이다.[夫爲天下者 亦奚以異乎牧馬者哉 亦去其害馬者而已矣]” 하였다.

269 동남(童男)들이 … 못했지만 : 진(秦)나라 때 방사(方士) 서복(徐福)이 진시황에게 글을 올려 삼신산(三神山)에 신선이 살고 있다고 하고, 불로초를 구해 오겠다며 동남동녀(童男童女) 3000명을 거

방사들이 어찌 한무제의 요구를 어길 수 있으랴[270] 方士胡違漢帝求
도인술과 같은 신기한 공효에 깊은 병이 낫고 導氣神功沈疾愈
영통의 기이한 효험에 묵은 병이 낫는다 通靈奇效舊痾瘳
오랜 세월 늘 담뱃대 잡는 게 이 때문이니 長年久執知由此
백초를 맛보았던 신농씨도 부끄러워하겠지[271] 嘗百神農亦可羞

봄날 앞 연못에 내려가서
春日下前池

오늘 지팡이 짚고 어디로 갈거나 此日遊笻何處鳴
작은 연못 풍광이 내 발길 붙잡누나 小塘風物駐吾行
시내에 가득한 수양버들은 봄빛을 자랑하고 滿溪垂柳誇春色
물 저편의 성근 소나무는 빗소리 보내온다 隔水疎松送雨聲
휘파람 불며 돌아가길 잊은 채 좋은 경치 찾고 嘯傲忘歸探好景
줄곧 읊조리며 한가한 정을 시로 쓰노라 沈吟不輟寫閑情
서쪽 산에 해가 지는 것을 시름하지 말라 莫愁西嶺金盆下
동쪽 하늘에 떠오르는 밝은 달 보게 되리니 要見天東月上明

느리고 바다로 들어가 돌아오지 않았던 일을 가리킨다. 《史記 卷6 秦始皇本紀》

270 방사(方士)들이 … 있으랴 : 한무제(漢武帝)가 신선을 좋아하여 방사인 제(齊) 지방 사람인 이소군(李少君)과 소옹(少翁) 등의 황당무계한 말을 믿고 장생불사(長生不死)를 기도했다. 그러나 끝내 소원을 이루지 못하고 말았다. 《史記 卷12 孝武本紀》

271 백초(百草)를 … 부끄러워하겠지 : 신농씨(神農氏)는 중국의 옛 제왕으로서 쟁기를 만들어 사람들에게 처음으로 농사를 가르치고, 백초(百草)를 맛보아 의약을 개발하였다. 신농씨가 온갖 풀을 맛보아 약성(藥性)을 찾아서 《본초강목(本草綱目)》을 지었다고 하는데 《본초강목》에 담배가 들어있지 않으므로 이렇게 말한 것이다. 당시 사람들은 담배를 좋은 약으로 알았다.

봄날 회포를 적다
春日書懷

서당에서 늦게 일어나 보니 봄빛이 무르녹아 晩起書堂春色闌
각양각색 펼쳐진 맑은 경치를 기쁘게 보노라 喜看淸景各殊顔
햇살 따스하니 복사꽃에는 노란 벌들이 윙윙대고 桃花日暖黃蜂鬧
바람 따스하니 방초에는 흰 나비들이 기뻐한다 芳草風暄粉蝶歡
술동이 열고 잔 씻어서 호박빛 술을 마시고 洗酌開樽呑琥珀
종이 찾고 붓 휘둘러서 낭간[272]을 쓰노라 揮毫覓紙寫琅玕
일년이라 좋은 절후를 사람들이 다 가지건만 一年佳節人皆有
참으로 기쁘게 즐길 줄 아는 이는 드물어라 鮮得歡悰樂事團

늦봄에 회포를 읊다
暮春吟懷

척박한 밭 초가집으로 생애를 보내노니 石田茅屋度生涯
부들자리 소나무 침상이 내 분수에 제격일세 蒲薦松床分所宜
늙어가매 꽃 지는 것 보면 몹시 놀라고 老去偏驚花落節
시 읊다 보면 달 밝은 때가 늘 기뻐라 吟邊長喜月明時
소일할 제 즐거운 일은 거문고 삼첩[273]이요 銷中樂事琴三疊
고요한 중에 고상한 운치는 술 열 잔일세 靜裏高情酒十巵

---

272 낭간(琅玕) : 옥(玉)과 비슷한 일종의 아름다운 돌인데, 훌륭한 문사(文詞)를 뜻한다. 한유(韓愈)의 〈착착(齪齪)〉에 "구름을 헤치고 천문에 호소하여, 뱃속을 열어서 낭간을 바치련다.[排雲叫閶闔 披腹呈琅玕]" 한 데서 온 말이다.

273 거문고 삼첩(三疊) : 옛 이별곡(離別曲)인 〈양관삼첩(陽關三疊)〉에 "위성의 아침 비가 가벼운 먼지를 적시니, 객사는 푸르고 푸르러 버들빛이 새롭구나. 한 잔 술 더 기울이라 그대에게 권하노니, 서쪽으로 양관 나가면 친구가 없다오.[渭城朝雨浥輕塵 客舍靑靑柳色新 勸君更進一杯酒 西出陽關無故人]" 하였는데, 삼첩은 제일구(第一句)만 재창(再唱)을 하지 않고 나머지 삼구(三句)는 모두 재창하는 것을 이른다.

어느 곳이나 주문은 손을 데게 할 수 있으니[274] 何處朱門能炙手
세상 영리를 시골 사람들에게 알게 말아라 莫敎榮利野人知

삼가 차운하다 두흥
伏次 斗興

봄이 저물어갈 제 산모퉁이와 물가에 春晩山隅與水涯
구경하는 마음 좋은 경치가 서로 맞아라 賞心佳景兩相宜
고운 풀 찾아가서는 깔개 삼아서 앉고 行尋細草仍成藉
앉아서 나는 꽃 세며 세월 아까워하노라 坐點飛花爲惜時
가는 해는 머리 위에서 멈추지를 않으니 白日不留頭上影
시름겨운데 손에 쥔 술잔을 어찌 사양하랴 淸愁何讓手中巵
근래에 시낭[275]이 넉넉하심을 자못 알겠노니 近來頗覺詩囊富
시 읊으시는 회포를 좁은 소견에도 알겠다오 多少吟懷寸管知

삼가 차운하다 두성
伏次 斗成

초가집 허름한 사립문이 물가에 있으니 草屋荊扉傍水涯
원림에 그윽한 경치가 모두 구경할 만하여라 園林幽賞渾堪宜
지는 꽃잎이 땅에 떨어지니 봄이 감을 보겠고 殘紅撲地看春盡

274 주문(朱門)은 … 있으니 : 주문은 붉은 칠을 한 문으로 권귀(權貴)나 부호(富豪)의 집을 가리킨다. 손을 데게 한다는 것은 가까이 가면 손이 데는 것으로 권세가 대단함을 비유한 것이다. 당(唐)나라 두보(杜甫)의 〈여인행(麗人行)〉에 "손이 델 만큼 뜨거운 권세 비길 데 없으니, 조심하여 승상의 노여움에 가까이 가지 말라.[炙手可熱勢絶倫 愼莫近前丞相嗔]" 하였다.

275 시낭(詩囊) : 당(唐)나라 시인 이하(李賀)가 매일 아침 동료들과 함께 나가 노닐 적에, 종에게 다 해진 비단 주머니를 등에 메고 따라오게 하면서 시상이 떠오르는 대로 써서 그 주머니 속에 넣었다는 고사에서 온 말이다. 이 고사는 당나라 이상은(李商隱)이 지은 《이하소전(李賀小傳)》에 나온다.

연녹색이 가지에 엉기니 여름이 온 줄 알겠네	軟綠凝枝識夏時
풍광을 거두어 시에 담느라 늘 붓을 쥐고	收拾風光長把筆
계절 변화에 따라 즐기며 늘 술잔을 잡으시네	隨歡節序每操巵
탈속한 분의 맑은 흥취를 그 누가 짝하리오	至人淸興誰能偶
시끄러운 속세의 일 나그네에게 알게 하지 마오	莫使塵喧客子知

삼가 차운하다 두양
伏次 斗揚

산 앞 그윽한 물가에다 집을 지으시고	結宇山前雲水涯
영리에 마음 없이 철 따라 즐겁게 사시네	無心榮利樂隨宜
시 지을 소재로는 봄비에 꽃이 핀 저녁이 있고	詩料春雨花明夕
운치 있는 일로는 가을바람에 낙엽이 지는 때라	幽事秋風葉落時
대숲 저편 맑은 창은 흰 달을 맞이하고	竹外晴窓迎素月
매화 곁 높은 걸상에서 큰 술잔 기울이네	梅邊高榻倒深巵
늘 안한하사 틀림없이 교송[276]의 장수 누리리니	安閑定享喬松壽
맑은 아취를 어찌 속된 선비에 알게 하리오	淸趣寧敎俗士知

삼가 차운하다 두영
伏次 斗榮

푸른 시냇가에 초가집 한 채 한적한데	茅齋閑靜碧溪涯
곳곳마다 좋은 풍광을 보는 게 즐거워라	喜見風光處處宜
방초와 낙화는 철 따라 보이고	芳草落花隨節序
꾀꼬리 제비는 제 때를 만났구나	晚鶯新燕得天時

276 교송(喬松) : 고대의 신선인 왕자교(王子喬)와 적송자(赤松子)의 병칭으로 장수하는 신선을 뜻한다.

호로병 속 참 즐거움은 천사를 능가하고[277]	壺中眞樂輕千駟
솥 속의 영단은 백 잔의 술과 맞먹으리[278]	鼎裏靈丹當百巵
흡사 무릉도원에서 세월을 보내는 것 같아	恰似桃源淹日月
세상의 명리 따위는 조금도 알지 못하시네	世間名利不曾知

삼가 차운하다 두평
伏次 斗平

소나무 울타리 초가집이 시냇가에 있는데	松籬草屋住溪涯
사람들은 가난하다 비웃지만 주인은 유유자적	人笑飢寒我自宜
낙엽 지고 꽃 피니 세월이 가는 줄 알고	葉落花開能記歲
산나물 변변찮은 음식도 때를 거르기 일쑤	山茹水食且經時
몸이 한가로워 매양 〈양춘곡〉에 화답하고	身閑每和陽春曲
술 좋아해 늘 금굴치[279] 술잔을 머금는다	好飲長銜金屈巵
세상의 위태한 일들은 이로부터 멀어지니	世上危機從此遠
이 속의 참 즐거움을 그 뉘라서 알리오	這間眞樂有誰知

277 호로병 … 능가하고 : 호로병 속이란 한 구역 경치가 좋은 곳을 형용한 말로 호중천지(壺中天地)의 고사에서 온 말이다. 주 195 참조. 천사(千駟)는 천사만종(千駟萬鍾)의 줄임말로 4천 마리 말과 1만 종의 녹이란 뜻인데, 부귀함을 비유한 말이다. 즉 이 구절은 부귀영화를 잊은 채 경치 좋은 시골에서 유유자적 살아가는 모습을 형용한 것이다.

278 솥 … 맞먹으리 : 솥 속의 영단(靈丹)이란 신선이 고아서 만든 불로장생의 단약을 가리킨다. 여기서는 옥담이 신선과 같이 유유자적한 삶을 살고 있음을 비유한 것이다.

279 금굴치(金屈巵) : 좋은 술잔을 뜻하는 말이다. 당(唐)나라 맹교(孟郊)의 시 〈권주(勸酒)〉에 "그대에게 금굴치를 권하노니, 취한 얼굴 불콰하다 사양 말라.[勸君金屈巵 勿謂朱顏酡]" 하였다.

춘흥
春興

고운 햇살이 산촌에 환히 비치고	麗日明山郭
온화한 바람이 꽃들에 불어대누나	和風煽衆芳
실버들 가지는 연녹색으로 하늘대고	柳絲輕擺綠
눈처럼 흰 배꽃은 향기를 불어온다	梨雪暖吹香
즐거운 일은 봄을 만나서 좋고	樂事當春好
기쁜 마음은 늙어서도 늘 있어라	歡心到老長
생애가 본래 속되지 않으니	生涯元不俗
시와 술 즐기며 유유자적 살아가네	詩酒作淸狂

홀로 술 마시며
獨酌

한가로이 산 지 어언 몇 해던고	端居今幾歲
심은 수목들이 벌써 숲을 이루었네	樹木已成林
병든 뒤론 시가 좀처럼 안 지어지고	病後詩難就
봄 온 뒤로는 졸음 참기 어려워라	春來睡不禁
내 마음을 아는 것은 삼척의 검이요	知心三尺劍
평소에 벗하느니 한 벌의 거문고일세	有素一張琴
돌길에 아무도 찾아오는 이 없어	石逕無相訪
송료[280]를 홀로 따라 마시네	松醪獨自斟

280 송료(松醪) : 솔잎이나 솔뿌리를 넣고 빚은 탁주를 가리킨다. 소식(蘇軾)의 〈중산송료부(中山松醪賦)〉에 "뽕나무 느릅나무에서 재료를 거두어, 중산의 송료를 담근다.[收薄用於桑楡 製中山之松醪]" 하였다.

이 진사 종룡[281]씨가 과천 태수에 준 시에 차운하다 태수는 바로 박공 태원으로 무인이다.

次李進士從龍甫贈果川太守韻 太守卽朴公泰元武人也

공무의 여가에 일 없이 한가해 公餘無一事
덩그런 당에서 거문고를 울리누나[282] 琴響滿高堂
붉은 단풍잎은 서리 맞아서 곱고 赤葉經霜艶
노란 국화꽃은 이슬에 젖어 향기롭다 黃花浥露香
술동이 열어 은일(隱逸)의 선비 맞이하고 開樽迎逸士
걸상을 내려[283] 탈속한 선비 예우한다 下榻禮淸狂
그 얼마나 시 지을 여가 얻으셨나 幾得惇詩暇
주옥 같은 시편이 금낭[284]에 가득하여라 瓊章溢錦囊

고 부정 인시에 대한 만사

挽哭高副正姻侍

약관의 나이로 무과에 올라 弱冠登虎榜
검을 잡고서 중국에 사신 갔어라 提劍早朝天
수령으로 세 고을을 맡아 다스렸고 字牧三知縣
장수로 한 번 국경을 지켰었지 干城一守邊
큰 난리 겪고도 몸을 보전하였는데 全身經大亂

281 이종룡(李從龍) : 1585~?, 자는 몽택(夢澤). 본관은 전주(全州)로 서울에 살았다. 1612년(광해군4) 식년시(式年試)에 합격했다.

282 덩그런 … 울리누나 : 선정(善政)을 베풀었음을 뜻한다. 공자(孔子)의 제자인 복자천(宓子賤)은 성품이 매우 인애(仁愛)하여 단보(單父)라는 고을을 다스릴 때 항상 거문고만 타고 당(堂) 아래를 내려가지 않았으나 단보가 잘 다스려졌다는 데서 온 말이다. 《說苑 政理》

283 걸상을 내려 : 손님을 특별히 예우함을 뜻한다. 주 215 참조.

284 금낭(錦囊) : 주 275 참조.

고희의 나이에 세상을 떠나셨네 捐館到稀年
자녀들이 가업을 잘 이어가니 子女承家業
인생이 이만하면 충분한 게지 人生止此焉

영흥정의 산당에 제하다
題永興正山堂

사는 동네 깊고 또 고요한데 洞天深更寂
띠집은 절로 조촐한 모습일세 茅棟自蕭然
골짜기 흐르는 물은 패옥 울리는 듯 谷水鳴環玦
바위 가 소나무는 관현악 연주하는 듯 巖松作管絃
뜰 가운데 옥거울인 양 연못을 파고 庭心開玉鏡
섬돌에는 동전 같은 이끼가 끼었어라 階面受苔錢
시인 묵객들이 서로 찾아와서 墨客來相過
한가로운 회포를 한 편 시로 쓰누나 閑懷寫一篇

삼가 차운하다 두홍
伏次 斗興

지폐[285]가 연하에 감추어져 있으니 地肺烟霞秘
한가한 집에 경치 절로 아름다워라 堂閑景自然
맑은 연못은 거울을 펼쳐 놓은 듯 池清鏡出匣
떨어지는 물소리는 거문고 연주하는 듯 泉落瑟慳絃
소나무는 일산인 양 햇살을 가려주고 翳日松爲蓋
국화는 동전 모양 바람에 흩날린다 當風菊散錢

285 지폐(地肺) : 중국 종남산(終南山)의 이칭이다. 진산(秦山), 귤산(橘山), 남산(南山), 주남산(周南山)이라고도 한다. 여기서는 남산을 가리키는 듯하다.

주인이 나와 함께 살고자 하신다면	主人如我共
〈초은〉[286]이란 시편을 응당 지으시겠지	招隱有詩篇

삼가 차운하다
伏次

바위 가에 한적한 초가집이	巖畔茅齋靜
산을 등지고 시내를 굽어보고 서 있어라	臨深負截然
바위에 판 연못은 옥 같은 물 머금었고	石池含玉溜
섬돌 가 대나무는 옥거문고 연주하는 듯	砌竹奏瑤絃
삼경[287]을 그 누가 차지하려 다투랴	三逕誰爭所
쌍청[288]은 돈이 들지 않는 법이지	雙淸不用錢
주인은 마음이 유유자적하시니	主人閑意適
시인묵객이 어찌 시를 짓지 않으랴	騷客豈慳篇

286 초은(招隱) : 한(漢)나라 때 회남왕(淮南王) 유안(劉安)이 문사들을 모아 사부(辭賦)를 짓게 하고는 이들을 대산(大山)과 소산(小山) 두 부류로 나누었다. 이 중 소산에 속하는 문사가 〈초은사(招隱士)〉, 즉 은자를 부른다는 뜻의 작품을 지었다.

287 삼경(三逕) : 은자(隱者)가 사는 집을 말한다. 한(漢)나라 장후(蔣詡)는 자가 원경(元卿)으로 왕망(王莽)이 집권하자 벼슬에서 물러나 향리인 두릉(杜陵)에 은거하였다. 그 뒤로 집의 대발 아래에 세 개의 오솔길[三逕]을 내고 벗 구중(求仲)과 양중(羊仲) 두 사람하고만 교유하였다. 《蒙求 蔣詡三逕》 이 고사를 바탕으로 진(晉)나라 도연명(陶淵明)의 〈귀거래사(歸去來辭)〉에 "세 오솔길은 묵어 가는데, 솔 국화는 그대로 있네.[三逕就荒 松菊猶存]" 하였다. 여기서는 옥담의 집을 가리킨다.

288 쌍청(雙淸) : 마음과 행적 둘 다 깨끗함을 말한다. 두보(杜甫)의 시 〈병적(屛迹)〉에 "백발로 명아주 지팡이를 끌으니, 맘과 자취 둘 다 깨끗함이 기쁘구나.[杖藜從白首 心迹喜雙淸]" 하였다.

가을이 다 가기에 감회가 일어 읊다
秋盡感吟

산창 아래에서 잠 깨어 보니　　睡起山窓下
깊은 산골에 낙엽이 다 졌구나　　深村葉盡時
하늘이 맑으니 구름 그림자 엷고　　天晴雲影薄
서리가 무거우니 해가 더디 가누나　　霜重日華遲
늦도록 푸른 건 소나무의 빛이요[289]　　晩翠寒松色
외로이 향기로운 건 국화의 자태일세　　孤芳老菊姿
시인은 계절의 변화에 놀라고　　騷人驚節序
흰 머리털이 늘어남을 거듭 깨닫는다　　重覺鬢添絲

가을이 저물기에 감회가 일어
秋晩感懷

맑은 서리가 산골짝에 흩날리니　　淸霜飄萬壑
초목들이 벌써 다 시들어가누나　　草木已凋零
대나무는 남쪽 동산에서 푸른 빛 띠고　　翠篠南園色
소나무는 북쪽 마을에서 찬 바람 소리　　寒松北郭聲
지당의 연꽃은 시름겹게 잎이 지고　　池荷愁敗葉
섬돌 가 국화는 차갑게 꽃잎이 진다　　階菊冷殘英
띠집 처마 아래서 궤안에 기댄 건　　憑几茅簷下
한 해가 저물 제 산옹의 마음일세　　山翁歲晏情

---

289 늦도록 … 빛이요 : 북송(北宋) 초기의 명재상인 노국공(魯國公) 범질(范質)을 가리킨다. 범질은 조카 범고(范杲)가 자신을 천거해주기를 바라자, 경계하는 시(詩)를 지어 "곱고 고운 동산 가운데의 꽃은 일찍 피었다가 다시 먼저 시들고, 더디고 더딘 시냇가의 소나무는 늦도록 푸른 빛을 머금고 있다.[灼灼園中花 早發還先萎 遲遲澗畔松 鬱鬱含晩翠]" 하였다. 《小學 嘉言》

갑신년(1644) 선달 눈 내리는 밤에 감회가 일어
甲申臘月雪夜有感

한 해가 저물 제 시름겨운 구름이 모이니	歲云暮矣愁雲積
초가집이 몹시 추워 잠을 이루지 못하겠네	白屋寒多夢不成
선달 눈이 석 자나 내렸단 말 듣자마자	臘雪纔傳三尺厚
음산한 바람 소리가 문득 오경에 들리누나	陰風忽作五更聲
술잔 기울여도 시국 근심을 물리치지는 못하고	傾觴未却憂時恨
검 어루만지며 나라 지킬 충성만 속절없이 깊네	撫劍空深衛國誠
듣건대 요동에서 학가가 돌아오셨다[290] 하니	聞道遼陽旋鶴駕
세상이 이제부터 태평해지겠구나	乾坤自此入淸寧

이른 봄에 큰눈이 내리다
早春大雪

봄 구름이 다시 얼어붙어	春陰還作凍
눈송이가 펑펑 흩날린다	六出下崩騰
들판 돌아보니 은빛 바다요	眄隰銀成海
산을 바라보니 옥이 층층일세	瞻山玉出層
소나무 위의 학은 둥지를 잃었고	失巢松上鶴
암자 앞의 중은 길을 잃었어라	迷道庵前僧
누가 원안처럼 문을 닫고서	孰閉袁安屋
차가운 방에 누워 일어나지 않는가[291]	寒床臥不興

290 요동(遼東)에서 학가(鶴駕)가 돌아오셨다 : 학가는 왕세자(王世子)를 가리키는 말이다. 주 150 참조. 청(淸)나라에 볼모로 잡혀간 소현세자(昭顯世子)가 돌아왔음을 뜻한다.

291 원안(袁安)처럼 … 않는가 : 원안은 후한(後漢) 화제(和帝) 때의 충신이다. 원안이 벼슬하기 전에 일찍이 낙양(洛陽)에 살았는데, 마침 큰 눈이 내려서 한 자 가량이나 쌓였다. 낙양 영(洛陽令)이 직접 나가 시찰하면서 살펴보니, 다른 사람들의 집에서는 모두 눈을 쓸고 나와서 먹을 것을 구하러

이른 봄
早春

동군[292]이 새로 수레를 몰고 나오니	東君新整轡
봄빛이 산천에 이르렀구나	春色到林丘
언덕의 눈은 아직도 얼어붙었는데	岸雪仍含凍
모래톱의 시내는 흐르려 하는구나	沙泉欲放流
옥처럼 매화 꽃망울 터지려 하고	瓊敷梅萼嫩
금빛 실인 양 버들가지는 길어라	金細柳絲脩
납미에 개미 같은 거품이 떴으니[293]	臘味餘浮蟻
상 앞에서 술 거를 필요 없어라	床頭不用篘

북청으로 부임하는 심 통판 인시에게 증별하다 2수 ○공부원외로서 외직에 나간 것이다.
贈別沈通判姻侍之任北青 二首 以工部員外出補

나라의 보배로서 참으로 호련[294]이라	國寶眞瑚璉

돌아다니는데, 원안이 사는 집의 문 앞에 이르니 사람이 다니는 길이 없었다. 이에 원안이 이미 죽은 것이라 여기고 사람들을 시켜서 눈을 치우고 안으로 들어가 보니, 원안이 죽은 듯이 누워 있었다. 낙양 영이 원안에게 어째서 나와서 먹을 것을 구하지 않느냐고 묻자, 원안이 "큰 눈이 와서 사람들이 모두 굶주리고 있으니 다른 사람에게 먹을 것을 구하는 것은 착하지 않은 것이다." 하였다. 그러자 낙양 영이 원안을 어진 사람이라고 여겨 효렴(孝廉)으로 선발하여 벼슬길에 나가게 하였다.《後漢書 卷45 袁安列傳》

292 동군(東君) : 봄을 맡은 신(神)으로, 청제(青帝)라고도 한다.

293 납미(臘味)에 … 떴으니 : 납미는 섣달에 담근 술이다. 두보(杜甫)의 〈정월삼일귀계상유작간원내제공(正月三日歸溪上有作簡院內諸公)〉에 "개미 같은 거품이 곧 섣달의 맛이라.[蟻浮仍臘味]" 하였다.

294 호련(瑚璉) : 뛰어난 인재를 비유하는 말로 쓰인다. 호(瑚)와 연(璉)은 모두 종묘(宗廟)에서 서직(黍稷)을 담는 그릇으로 옥(玉)으로 장식하였으니, 그릇 중에 귀중하고도 화려한 것이다. 자공(子貢)이 공자에게 "저는 어떻습니까?" 하고 묻자, 공자는 "너는 그릇이다." 하였다. 그러자 자공이 "어떤 그릇입니까?" 하고 다시 묻자 "호련이다." 하였다.《論語 公冶長》

큰 번진(藩鎭)에 관직으로 부임하게 됐네 官參節鎭雄
원문[295]에서는 다 같이 검을 빗겨 들고 轅門同倚劍
옥장[296]에서는 병사들에게 활 나눠 주겠지 玉帳左分弓
본받지 말라 두 공부가 勿效杜工部
늘 엄정공을 업신여겼던 것[297]을 常輕嚴鄭公
전별의 술자리에서 누가 경계의 말 하는가 樽前誰勸戒
머리털이 하얗게 센 인척인 나일세 頭白是姻翁
옥부절은 푸른 바다에 이르고 玉節臨青海
높은 성은 북쪽 변방에 가까우리 高城控北雄
명공이 이제 반자[298]가 되었으니 明公爲半刺
무슨 계책으로 대장군을 돕겠소 何策佐元戎
지친 군졸 어깨도 쉬게 해야 하고 倦卒肩宜息
피곤한 백성들 교화도 잘 해야 하리 疲氓化可隆
술잔 앞에서 이별을 아쉬워 마오 當盃休惜別
서신을 전할 남쪽으로 가는 기러기 있다오[299] 傳信有南鴻

295 원문(轅門) : 수레의 끌채를 마주 세워 문의 모양을 만든 것으로, 병영(兵營)의 문이다.

296 옥장(玉帳) : 옥장은 군대에서 원수(元帥)가 거처하는 막사로, 옥처럼 견고하다는 뜻에서 붙여진 이름이다. 두보(杜甫)의 〈봉화엄정공군성조추(奉和嚴鄭公軍城早秋)〉에 "가을바람 산들산들 불어 높은 깃발 펄럭이는데, 옥장에서 활을 나누어 오랑캐 군영을 쏜다.[秋風嫋嫋動高旌 玉帳分弓射虜營]" 하였다.

297 두 공부(杜工部)가 … 것 : 두 공부는 당(唐)나라 때 시인 두보(杜甫)를 가리킨다. 그가 공부원외랑(工部員外郞)을 역임했기 때문에 이렇게 부른다. 엄정공은 당나라 때 사람인 엄무(嚴武)를 가리킨다. 그는 자가 계응(季鷹)이며 숙종(肅宗) 때 검남절도사(劍南節度使)로서 토번(吐蕃)을 격파한 공을 세워 예부 상서(禮部尙書)에 승진되고 정국공(鄭國公)에 봉해졌다. 엄무가 안사(安史)의 난리 때 검남절도사로 있으면서 피난 온 두보를 잘 보살펴 주었으나, 두보는 늘 무관 출신인 엄무에게 오만하게 굴었다 한다.

298 반자(半刺) : 주군(州郡) 장관(長官)의 속관(屬官)으로, 장사(長史), 별가(別駕), 통판(通判) 등의 관직을 일컫는 말이다.

299 서신을 … 있다오 : 한(漢)나라 소무(蘇武)가 흉노(匈奴)에 사신으로 갔는데 흉노가 소무를 구금하여 돌려보내지 않았다. 그래서 한나라 조정에서는 소무가 흉노족에 잡혀 죽은 줄 알았다. 그런데 하루는 천자가 상림원(上林苑)에서 활을 쏘아 흰 기러기를 잡으니, 기러기의 다리에 '소무가 어느 못가에 있다.'고 적혀 있었다 한다. 그리하여 소무는 19년 만에 본국으로 귀환하였다. 《漢書 卷54

한가한 중에 회포를 적다
靜中書懷

무능한 몸이라 끝내 쓸모없으니	樗櫟終無用
가난한 이내 삶을 당연히 여긴다	窮廬素我貧
단표[300]로 반평생을 살아왔고	簞瓢經半世
꽃과 대나무 속에 삼춘을 보내노라	花竹度三春
고요한 속에 서책을 정돈하고	靜裏齊書帙
한가한 중에 벼루 먼지를 닦는다	閑中刷硯塵
사립문이 깊고도 적막하니	柴門深更寂
참새가 날마다 뜰에 와서 노누나[301]	庭雀日來馴

봄날 회포를 적다
春日書懷

전란통에 나는 늙었구나	干戈吾老矣
거울 속에 흰 머리털 돋았어라	霜鬢鏡中新
잣나무 심어 놓고 노쇠한 나를 탄식하고[302]	種栢嗟衰晩

蘇建傳 蘇武》이 고사로 인해 기러기가 서신을 전하는 역할을 한다고 한 것이다.

300 단표(簞瓢) : 밥을 담는 대그릇과 물을 뜨는 표주박으로 빈한한 살림을 뜻한다. 공자(孔子)가 "어질도다, 안회여. 한 도시락 밥과 한 표주박 물로 누추한 시골 구석에서 살자면 다른 사람은 그 걱정을 견디지 못하건만, 안회는 도를 즐기는 마음을 변치 않으니, 어질도다, 안회여![賢哉回也 一簞食 一瓢飮 人不堪其憂 回也不改其樂 賢哉回也]" 한 데서 온 말이다.《論語 雍也》

301 참새가 … 노누나 : 찾아오는 사람이 없어 적막함을 비유한 것이다. 한(漢)나라 때 적공(翟公)이 처음 정위(廷尉)가 되었을 때는 빈객(賓客)들이 문을 메웠는데, 그가 파면되자 문 밖에 새그물을 칠 정도로 사람들의 발길이 끊겼다. 그러다 뒤에 다시 정위에 임명되자 빈객들이 예전처럼 앞다투어 찾아왔다고 한다.《史記 卷120 汲鄭列傳》

302 잣나무 … 탄식하고 : 잣나무는 한 해가 저물어도 잎이 시들지 않는데 자신은 이미 노쇠했다는 뜻이다. 공자(孔子)가 "날씨가 추워진 뒤에야 송백이 시들지 않음을 알 수 있다.[歲寒然後 知松柏之後凋也]" 하였기 때문에 이렇게 말한 것이다.《論語 子罕》

꽃을 보면서 가는 봄을 안타까워하노라　看花爲惜春
맑은 놀이 응당 촛불을 잡을지니[303]　淸遊當秉燭
좋은 계절은 덧없이 빨리 가는 것을　佳節若奔輪
동가에서 온 손님께 이르노니　寄語東柯客
만안[304]으로 술을 자주 사올 테요　酒沽滿眼頻

초가집의 봄경치
茅齋春景

시인의 집에 봄도 반이 무르익으니　詩家春半老
물색이 점점 더 고와지는구나　物色轉生嬌
버들가지는 바람을 받아 하늘대고　弱柳含風線
대숲에 댓가지는 이슬에 젖었어라　叢篁滴露梢
제비는 와서 옛 둥지를 찾고　燕來尋舊壘
꾀꼬리는 지저귀며 새둥지 지킨다　鸎囀護新巢
시인묵객 아무도 찾아오는 이 없어　墨客無相過
한가로이 혼자서 바둑돌을 놓노라　閑碁獨自敲

303 맑은 … 잡을지니 : 좋은 계절에 밤 늦도록 노는 것을 말한다. 이백(李白)의 〈춘야연도리원서(春夜宴桃李園序)〉에 "대저 천지는 만물의 여관 같은 것이요, 세월은 백대의 과객 같은 것일세. 덧없는 인생은 한바탕 꿈과 같거니, 즐긴다 해도 그것이 얼마나 되겠는가. 옛사람들이 촛불 잡고 밤에도 놀았던 것이 참으로 까닭이 있었도다.[夫天地者 萬物之逆旅 光陰者 百代之過客 而浮生若夢 爲歡幾何 古人秉燭夜遊 良有以也]" 하였다.

304 만안(滿眼) : 당(唐)나라 두보(杜甫)의 〈입주행증서산검찰사두시랑(入奏行贈西山檢察使竇侍郞)〉에 "그대를 위해 술을 사되 만안으로 사고 종에게는 흰 밥을 주고 말에게는 푸른 꼴을 주리라.[爲君酤酒滿眼酤 與奴白飯馬靑芻]" 하였다. 만안(滿眼)의 안(眼)은 술을 담아오는 죽통(竹筒) 위 쪽에 끈을 꿰는 구멍이다. 즉 그 구멍까지 차도록 술을 가득 통에 담아오는 것이다.

봄날 초가집에서
春日茅齋卽事

이 골짜기 본래 맑고 그윽해　洞壑自淸泂
초가집에는 속진이라곤 없어라　茅齋無俗塵
발을 걷는 건 좋은 경치 때문이고　開簾因好景
걸상 옮기는 건 반가운 손님 위해서지[305]　移榻爲佳賓
약한 대나무는 담장 너머에서 하늘대고　弱竹過墻嫩
산뜻한 버들은 문을 마주해 아름다워라　新楊對戶颦
할 일을 잊은 채 늘 시만 읊으니　長吟忘所幹
아내의 잔소리만 많이 듣는다　多被細君嗔

봄날 장난 삼아 적다
春日戲題

담장 가 꽃은 고운 해보다 밝고　墻花明麗日
시냇가 버들은 맑은 햇살 희롱한다　溪柳弄晴輝
나비는 서로 이어서 날아오고　蝶使來相望
왕벌은 모였다가 또 돌아가누나　蜂王會且歸
숲속의 황금빛 꾀꼬리는 재잘대고　林鸎金百囀
시내의 옥 같은 백로는 쌍으로 난다　川鷺玉雙飛
진종일 강남 갔다 온 제비를 보며　盡日看新燕
처마 앞에서 춤추는 모습 마주하노라　簷前對舞衣

305 걸상 … 위해서지 : 손님을 특별히 예우함을 뜻한다. 주 215 참조.

심 영공에 대한 만사 공은 휘가 보이고 내 아내의 재종숙이다. 서울 둔촌에 살았는데 우리 집안과는 통가의 교분이 있다. 연만하다는 이유로 승질하였고 아들 경귀가 음관에 보임되어 세 고을 수령을 역임했다.

挽哭沈令公 公諱溥荆妻再從叔居于廣陵遁村有通家厚分以年滿陞秩子景龜補蔭官作宰三邑

인척의 의리를 맺은 지 얼마나 되었던고 義結姻親今幾日
공의 집에 출입하며 마음이 경도된 지 오래 公門出入久傾情
사가의 난옥[306]은 모두 문아한 선비들이요 謝家蘭玉皆文雅
곽씨의 자손[307]은 모두 뛰어난 영걸일세 郭氏兒孫盡俊英
높은 작질은 이미 당대에 영화로웠고 隆秩旣云榮一代
고령의 연세에 전성의 봉양[308] 많이 받았지 崇齡多賴養專城
사람은 천지처럼 영원히 장수할 수는 없으니 人生不得齊天地
세상을 버리고 이제 하늘나라로 가셨구려 厭世今朝卽帝京

겨울밤에

冬夜卽事

눈 그림자 창에 비쳐 희고 雪影當窓白
찬 바람은 뜰에 가득 불어오누나 寒風滿一庭
홀로 싸늘한 오궤[309]에 기댔노라니 獨憑烏几冷

306 사가(謝家)의 난옥(蘭玉) : 남의 자제를 칭찬하는 말이다. 주 204 참조.

307 곽씨(郭氏)의 자손 : 곽씨는 당(唐)나라 때 명장인 분양왕(汾陽王) 곽자의(郭子儀)를 가리키는데 여기서는 고인을 비유하였다. 곽자의는 부귀영화를 누리고 장수하였으며, 자손이 많아 자손들이 인사를 올리면 누구인지 일일이 알지 못하고 그저 턱을 끄덕거렸다고 한다. 《舊唐書 卷120 郭子儀列傳》

308 전성(專城)의 봉양 : 자식이 고을 수령이 되어서 부모를 봉양하는 것으로 매우 영광스러운 일로 여겼다.

309 오궤(烏几) : 검은 염소 가죽으로 장식한 궤안(几案)으로, 앉을 때 기대는 물건이다.

한가로이 타는 옥충[310]이 밝아라　閑爇玉蟲明
멀리 솔바람 소리에 귀 기울이고　側耳松聲逈
맑은 대나무 소리에 마음 쏠려라　傾心竹韻淸
사립문은 그윽하고도 적적하며　柴門深更寂
마을 거리에는 인적이 끊어졌네　村巷斷人行

눈 내리는 저녁
雪夕

서쪽 산봉우리에 해가 잠기니　西峯銜日軸
어둑한 땅거미가 들판을 덮는다　暝色度平蕪
눈은 바야흐로 호탕하게 내리고　雪意方浩蕩
바람은 노한 듯 울부짖는구나　風聲自怒呼
산옹은 나무 등걸로 군불 지피고　山翁燒榾柮
묵객은 훈훈한 화로를 마주한다　墨客對薰爐
그 어드메 소금 아래에서　何處銷金下
술꾼들 모여서 노래 부를까[311]　淸歌會酒徒

---

310 옥충(玉蟲) : 등잔불의 이칭이다. 주 238 참조.

311 소금(銷金) … 부를까 : 눈 내리는 날의 정취를 상상한 표현이다. 소금은 소금장(銷金帳)으로 금색 실을 넣어서 짠 정교한 휘장이다. 송(宋)나라 황도풍월주인(皇都風月主人)의 《녹창신화(綠窓新話)》에 다음과 같은 이야기가 실려 있다. 도곡(陶穀)이란 학사(學士)가 당 태위(黨太尉) 집에 있었던 기생을 얻어 돌아오는 길에 눈 녹인 물로 차를 끓이면서 "당 태위 집에서는 이러한 풍류를 몰랐겠지?" 하였다. 그 기생이 "그는 거친 사람이니, 어찌 이러한 풍류가 있겠습니까. 다만 따뜻한 소금장 안에서 가기(歌妓)의 노래를 들으며 양고주를 마실 줄 알 뿐입니다." 하니, 도곡이 부끄러워했다고 한다.

기린현으로 부임하는 이 찰방에게 증별하다 바로 이종룡 씨이다.
贈別李察訪之任麒麟 卽李從龍甫

곡구에서 밭갈이한[312] 지 몇 해이던고 谷口躬耕能幾歲
황하가 맑은[313] 지금에야 갓을 터는구나[314] 河淸今日始彈冠
공구[315]라 벼슬이 낮다고 탄식하지 마오 攻駒莫歎官無顯
위리[316]도 성인께서 맡으셨단 말 들었거늘 委吏曾聞聖所安
역참 관사에 눈 갰을 때 시흥이 넉넉하고 郵閣雪晴詩興足
역참 누각에 봄 고요할 제 취해 혼곤히 자리 驛樓春靜醉眠闌
이 전별의 자리 후로 만나기 쉽지 않으리니 樽前此別知應闊
금옥 같은 소식[317]을 자주 이곳에 부쳐주구려 金玉頻將寄石壇

심성징의 《면천치민사기》의 권 뒤에 적다 병서
題沈聖徵沔川治民私記卷後 幷序

공의 재주와 지혜 참으로 양리이니 惟公才智眞良吏
소 잡는 칼로 누차 닭 잡는[318] 게 애석할 뿐 惜把牛刀屢割鷄

---

312 곡구(谷口)에서 밭갈이한 : 벼슬하지 않고 은사(隱士)로 살았음을 뜻한다. 주 27 참조.

313 황하가 맑은 : 세상이 태평함을 뜻한다. 주 162 참조.

314 갓을 터는구나 : 갓의 먼지를 터는 것으로, 장차 벼슬길에 나아갈 준비를 하는 것이다. 왕양(王陽)은 한나라 왕길(王吉)을 가리킨다. 그의 자가 자양(子陽)이므로 이렇게 부른 것이다. 왕길이 익주자사(益州刺史)가 되자 친구인 공우(貢禹)가 갓을 털었는데, 그 후 왕길의 추천을 받아 과연 대부가 되었다 한다. 그래서 당시 세상에서 "왕양이 지위에 있으면 공우가 갓의 먼지를 턴다." 하였다. 《前漢書 卷72 王吉傳》

315 공구(攻駒) : 말을 길들이는 일로 역참의 찰방을 가리킨다.

316 위리(委吏) : 위리는 곡식 창고의 출납을 맡은 관리이다. 공자(孔子)가 가난해서 젊을 때 이런 천한 벼슬을 맡아 한 적이 있다고 한다. 《孟子 萬章下》

317 금옥 같은 소식 : 상대방의 서신이나 시문(詩文)을 뜻한다. 주 19 참조.

318 소 … 잡는 : 국가를 경륜할 큰 재능으로 작은 고을을 맡아서 다스림을 뜻한다. 공자(孔子)의 제자 자유(子游)가 무성(武城)의 수령이 되어 예악(禮樂)으로 고을을 다스리는 것을 보고 공자가 "닭을

성상께서 이미 뛰어난 실적 많이 들어셨으니　　聖主旣多聞異績
훗날 이천석으로 높은 직질에 오를 수 있으리[319]　　他年崇秩二千齊

심공이 고을을 맡아서 백성에게 은혜로운 정사를 베푼 기록을 내가 보니, 구중궁궐에 소장(疏狀)을 올려 백성들의 고통을 환히 전달하고 상사(上司)에 공문을 올려 고을의 고충을 해결하였다. 뿐만 아니라 고을의 사나운 호족(豪族)들을 두려워하지 않고 오래된 송사(訟事)를 지체 없이 처결하였으며, 문란한 풍속을 바로잡아 온갖 폐단이 다 고쳐졌다. 비록 옛날의 양리(良吏)일지라도 이보다 훌륭할 수는 없을 것이다. 이에 시를 짓는다.

산새를 읊다 18수 ○병술년(1646) 늦봄에 와병하던 중 산중에서 새들이 저마다 다른 소리로 끊임없이 우는 것을 듣고 감회가 일어서 적다.

詠山鳥 十八首 丙戌暮春病中聞山中群鳥各異其鳴有百般聲連絡不止感懷仍題

황조 黃鳥 꾀꼬리 黃鸎

푸른 머리털 노란 옷의 새여　　綠鬢黃衣鳥
전생에는 교방의 기생이었나 봐　　前身入敎坊
여전히 가곡을 저리도 잘 불러　　猶能傳歌曲
입 열면 생황 소리를 내는구나　　開口作笙簧

잡는 데 어찌 소 잡는 칼을 쓰리오.[割鷄焉用牛刀]" 하였다. 《論語 陽貨》

319 훗날 … 있으리 : 지방관으로서 뛰어난 실적을 올려 높은 직질(職秩)에 오를 것임을 말하였다. 이천석(二千石)은 한(漢)나라 때 관리가 받는 높은 녹봉(祿俸)이다. 한나라 때 이천석 녹봉을 받는 지방관이 선정(善政)을 베풀어 치적(治積)을 세우면 옥새가 찍힌 조서(詔書)를 내려서 포장(褒奬)하고 작질(爵秩)을 높이며 금(金)을 하사하였다. 그 대표적인 예가 황패(黃霸)이다. 《漢書 卷89 循吏傳序》

소쩍새 鼎小 두견새 杜鵑

정목[320]이 도중에 죽어서　旌目途中死
정혼이 변화해 새가 됐어라　精魂化作禽
풍년 기원하며 솥 적다 외치며　祈豐呼鼎小
밤마다 애절한 소리로 우는구나　夜夜激哀音

숙도 熟刀 속명은 숙도조이다. 俗名熟刀鳥

효자가 좋은 음식 장만하여　孝子供甘旨
부모를 지성으로 봉양하였지　爺孃奉至誠
그 넋이 변화해 새가 되었으니　餘魂應化鳥
늘 도마에 칼질 하는 소리 내는구나　長作扣刀聲

구욕 嘔浴 속명은 구욕조이다. 俗名嘔浴鳥

오릉은 거위의 고기를 토하여[321]　於陵吐鶃鶃
천추에 높은 명성을 떨쳤어라　千載播高名
산새가 그 의리를 사모하여　山禽慕其義
역시 토하는 소리를 내는구나　亦作嘔吐聲

---

320 정목(旌目) : 흉년에 굶어죽은 사람의 이름이다. 《열자(列子)》〈열부(說符)〉에 "동방에 사람이 있으니, 이름이 원정목(爰旌目)이다. 장차 어디로 가는 길에 도로에서 굶어죽었다." 하였다. 굶어죽은 사람의 혼이 변하여 소쩍새가 되었다는 전설 때문에 이렇게 표현한 것으로 보인다.

321 오릉(於陵)은 … 토하여 : 오릉은 오릉중자(於陵仲子)로 전국시대 제(齊)나라에서 대대로 벼슬을 한 가문 출신이다. 그의 형은 식읍(食邑)인 합(蓋) 지방에서 만종(萬鍾)의 녹봉을 받고 있었는데, 오릉중자는 형의 녹봉을 의롭지 못하다고 여겨 한 집에서 살지 않고 오릉(於陵)에 은둔하였다. 훗날 집에 돌아와 형에게 뇌물로 거위를 바치는 자를 보고 "이 꽥꽥거리는 것은 무엇에 쓰자는 거요? [惡用是鶃鶃者爲哉.]"라고 하며 얼굴을 찌푸렸다. 뒤에 어머니가 요리한 거위 고기를 먹고 있을 때 형이 보고는 "이것이 꽥꽥거리던 고기다.[是鶃鶃之肉也]"라고 하자, 밖으로 뛰쳐나가 먹은 것을 토해 버렸다고 한다. 《孟子 滕文公下》

호로 呼蘆 새소리가 '호로피죽'[322]이라 외치는 듯하다. 鳥聲呼蘆稷粥

가난해 시아버지 봉양할 곡식 없어 養舅貧無粟
소반에는 멀건 죽과 미음뿐이었지 盤中粥與饘
그 당시 효부의 한 맺힌 마음을 當年孝婦恨
천년 뒤 새가 잘도 전하는구나 千載鳥能傳

부득[323] 不得 새소리가 '부득부득'이라 외치는 듯하다. 鳥聲不得不得

옛날에 굴평[324]이란 사람 있었는데 昔有屈平者
생전에 임금에게 미움을 받았지 生前不得君
네 소리 부득이라 들리는 듯하니 爾聲聞不得
아마도 굴평의 넋인가 보다 應是屈平魂

훈훈 爋爋 새소리가 '훈훈'이라 하는 듯하다. 鳥聲爋爋

상제가 따뜻한 덕을 베풀어 上帝布陽德
산중의 새를 사신으로 보냈네 山中鳥使歸
훈훈이라 우는 소리 그치지 않으니 爋爋聲不輟
봄의 만물이 저마다 생기를 띠누나 春物各生輝

---

322 호로피죽[呼蘆稷粥] : 직박구리이다. 옛 문헌에 제호로(提葫蘆) · 제호(提壺) · 직죽(稷粥) · 호로록(葫蘆祿) 등으로 전하고, 또《어우집(於于集) 후집(後集)》〈조어십삼편(鳥語十三篇)〉에는 '호로로피죽조[胡盧盧稷粥鳥]'라고도 하였는데,《물보(物譜)》에는 이 제호로(提壺蘆)에 대해 '후루룩피듁'이라고 하였다.

323 부득(不得) : 여기서는 임금에게 사랑을 받지 못한다는 뜻이다.

324 굴평(屈平) : 굴평은 전국시대 초(楚)나라의 충신 굴원(屈原)이다. 평(平)은 그의 자이므로 이렇게 부른 것이다. 그의 호는 영균(靈均)이다. 그가 일찍이 소인들의 참소를 입고 회왕(懷王)의 미움을 받아 조정에서 쫓겨나 멱라수(汨羅水)에 투신 자결하였다.

소기섭[325] **疎棄攝** 새소리가 '소기섭'이라 하는 듯하다. 이에 대해 세상에 전하는 얘기가 있다. 새로 온 작은마누라가 큰마누라와 디딜방아를 찧고 있다가 작은마누라가 큰마누라의 어린 아기를 방아 절구 속에 던져 넣고 도망갔다. 큰마누라가 방앗공이를 떨어지지 않도록 밟고 있다가 기력이 다하여 도와달라고 급히 소리치다가 죽어서 이 새가 되었다고 한다. 鳥聲疎棄攝世傳人家新妻與舊妻同杵新妻將舊妻嬰兒投之臼中而走舊妻擧砧力盡氣竭呼急而死化爲此鳥云爾

힘이 다해 방앗공이가 떨어지려 하니　力盡砧將落
어린 아기 목숨은 틀림없이 죽게 되리　嬰兒命必亡
놀란 넋이 변하여 새가 되었으니　驚魂飜作鳥
어찌 늘 황망하지 않을 수 있으랴　安得不遑忙

또 한 수 읊다 又

숲 속에서 소기섭이　林間疎棄攝
봄이 오니 날마다 우누나　春至日來鳴
제 마음은 알지 못하겠고　未解心中事
다급히 호소하는 소리만 들을 뿐　唯聞急難聲

포곡[326] 布穀

포곡이 씨앗을 뿌리라 재촉하니　布穀催春種
농가에 바야흐로 봄이 한창일세　田家春正濃
사람이면서 저 새만도 못하여　人而不如鳥
손을 놀리며 농사에 게으르다니　遊手惰明農

325 소기섭(疎棄攝) : '버리고 갔으니 보살펴 달라.'는 뜻이 된다.
326 포곡(布穀) : 뻐꾹새이다. 뜻을 풀이하면 곡식을 뿌리라는 뜻이 된다.

또 한 수 읊다 又

신농씨가 세상을 떠난 뒤로는 神農旣已歿
천고에 농사일을 밝힌 이 없었지 千載無明農
산새가 곡식 파종할 줄을 아니 山禽知布穀
도리어 신농씨 뒤를 잇는구나 却是追神農

원사[327] 願死 새소리가 원사라 하는 듯하다. 鳥聲願死

다른 새들은 모두 살려고 하거늘 百鳥皆求生
너는 어이하여 늘 죽고 싶어하는가 爾何長願死
멀리 이별했던 소군의 넋[328]이 昭君遠別魂
네게 깃들어 천추에 우는가 보다 托爾啼千祀

산비둘기 山鳩

왕사에 몸 바쳐 수고했다는 건 鞠躬勞王事
일찍이 제갈량에 대해 들었어라[329] 曾聞諸葛公

---

327 원사(願死) : 죽고 싶다는 뜻이 된다.

328 소군(昭君)의 넋 : 소군(昭君)은 한 원제(漢元帝)의 후궁인·왕소군(王昭君)을 가리킨다. 원제는 후궁이 매우 많았던 관계로 화공(畫工)을 시켜 궁인(宮人)의 초상을 그리게 하여 그림을 보고 마음에 든 궁인을 골라서 자곤 하였다. 이 때문에 많은 궁인들이 모두 화공에게 뇌물을 바쳐 자기 초상을 잘 그려주도록 하였으나, 왕소군은 뇌물을 바치지 않아 화공 모연수(毛延壽)가 그의 초상을 밉게 그림으로써 끝내 원제의 사랑을 받아보지 못했다. 그러다가 흉노(匈奴)의 선우(單于)가 입조(入朝)하여 미인(美人)을 요구하자, 원제의 명에 의하여 흉노의 선우에게로 보내지게 되었다. 흉노에서 오랑캐 추장의 아내로 살다 죽은 뒤에 그곳에 장사(葬事) 지냈는데, 그의 무덤만 유독 항상 푸르러서 청총(靑冢)이라 일컬었다고 한다. 《漢書 卷94 凶奴傳》

329 왕사(王事)에 … 들었어라 : 촉(蜀)나라 승상 제갈량(諸葛亮)이 지은 〈후출사표(後出師表)〉에 "몸을 굽히고 수고로움을 다하여[鞠躬盡瘁] 죽은 뒤에야 그만둘 것입니다." 하는 구절이 있다. 비둘기가 '구구'하고 울기 때문에 이 구절을 인용해 표현한 것이다.

비둘기 울음이 지금 비슷하니 鳩鳴今近似
국오궁[330] 새에게 재배하노라 再拜鞫吾躬

호도 胡逃[331] 새소리가 '호도'라 하는 듯하다. 鳥聲胡逃

호도하고 우는 새가 있으니 有鳥鳴胡逃
오랑캐 도망가면 참으로 좋지 胡逃眞可樂
올해 만약 오랑캐가 도망간다면 今年若胡逃
우리 국가 회복될 수 있을 터인데 家國當恢復

딱따구리 啄木

딱따구리가 빈 나무에 매달려 啄木攀空樹
늘 벌레를 쪼아 먹고 사누나 長年啄蠹蟲
너의 예리한 부리를 가져다가 要將汝利觜
우리 임금 좀먹는 벌레 쪼았으면 還啄蠹君蟲

또 한 수 읊다 又

머리 붉은 새가 도리를 알아서 絳幘頗知道
반드시 낮은 데로부터 높이 오르네[332] 昇高必自卑
가지에 매달려 늘 벌레를 쪼아 먹으니 攀枝長啄蠹

---

330 국오궁(鞫吾躬) : 비둘기의 울음 소리를 형용한 것이다. 내 몸을 다 바친다는 뜻이 된다.

331 호도(胡逃) : 오랑캐가 도망간다는 뜻이 된다.

332 낮은 … 오르네 : 은(殷)나라 이윤(伊尹)이 "높은 곳에 오를 때는 반드시 아래로부터 시작함과 같으며, 먼 곳에 오름은 반드시 가까운 곳에서부터 시작함과 같다.[若升高 必自下 若陟遐 必自邇]" 한 것을 차용하였다. 《書經 太甲下》 즉 딱따구리가 나무에 오를 때 낮은 곳에서부터 위로 올라가는 것을 보고 도리를 안다고 한 것이다.

해로운 것을 제거할 줄도 잘 아는구나 除害亦能知

종달새 從達 속명은 금종달이인데 울음에 '돌아가고 싶다'는 소리가 있는 듯하다. 俗號金從達鳥鳴有欲歸之聲

푸른 깃에다 황금빛 부리 碧羽黃金觜
돌아가고 싶단 말 절로 분명하여라 思歸語自明
사람들은 전하길 버림받은 아낙의 넋이 人傳棄婦魄
새에 의탁해 심정을 말하는 것이라 하네 憑鳥說心情

무조 武鳥 새소리가 흡사 화살을 쏘는 소리와 같다. 鳥聲似發矢聲

방몽은 활쏘기를 잘 배웠으니[333] 逄蒙善學射
오묘한 재주를 사람들이 다 알았지 妙技人知名
그가 죽어서 숲 속의 새가 되어서 死作林中鳥
늘 화살 쏘는 소리를 내는구나 長爲發矢聲

새들을 읊다 21수 ○산새를 읊고는 이어 다른 새들도 읊어서 뜻을 넓혀 보고자 생각했다.

詠群鳥 二十一首 旣詠山鳥因思群鳥以廣之.

봉황 鳳凰

새가 있어 높은 뫼에서 우니[334] 有鳥鳴高岡

333 방몽(逄蒙)은 … 배웠으니 : 방몽은 활쏘기의 명수이다. 예(羿)는 하(夏)나라 때 유궁국(有窮國)의 군주로 활을 잘 쏘았다. 방몽은 하나라 사람으로 예에게 활 쏘는 법을 배웠는데, 천하에 자기보다 나은 자는 오직 예밖에 없다 생각하고 스승인 예를 쏘아 죽였다. 《孟子 離婁下》

그 소리가 마치 생황이 울리는 듯[335]	其聲若笙簧
문왕이 지금은 이미 세상을 떠났으니	文王今已歿
조양에서 우는 소리 다시는 듣지 못하네[336]	不復聽朝陽

난조 鸞鳥

거울에 비친 제 그림자 보고 울고[337]	對鏡啼孤影
시냇물에 비친 고운 모습 애석해 하네	臨川惜麗容
미인은 원래 박명한 경우가 많은 법	紅顏多薄命
아 너의 신세가 그와 같구나	嗟爾卽相同

공작 孔雀

다른 새는 모두 성씨가 없건만	百鳥皆無姓
오직 너만은 제 성씨를 가졌구나	惟君得姓全
대성인의 후예인 줄 알겠으니	知爲大聖後
어찌 두려워 공경하지 않으리오	安得不瞿然

---

334 새가 … 우니 : 《시경(詩經)》〈대아(大雅) 권아(卷阿)〉에 "봉황새가 우니, 저 높은 뫼에서 울도다. 오동나무가 자라니, 저 아침 해가 뜨는 동산에서 자라도다.[鳳凰鳴矣 于彼高岡 梧桐生矣 于彼朝陽]" 하였다.

335 그 … 듯 : 봉황의 울음소리가 생황과 비슷했다고 한다. 주 영왕(周靈王)의 태자(太子) 진(晉)이 일찍이 생황[笙]을 잘 불어 봉황(鳳凰)의 울음 소리를 내면서 이락(伊洛)의 사이에 노닐다가, 신선 부구공(浮丘公)을 따라 숭고산(崇高山)에 올라가서 30여 년 동안 선술을 닦고 뒤에 구지산(緱氏山)에서 학을 타고 승천했다는 전설이 있다.《類說》

336 문왕(文王)이 … 못하네 : 성군(聖君)인 주(周) 나라 문왕(文王) 때 봉황이 기산(岐山) 아래에 날아와 울었다 한다.《國語 周語上》

337 거울에 … 울고 : 난조(鸞鳥)는 봉황새의 일종이다. 옛날 계빈국왕(罽賓國王)이 난조 한 마리를 얻고는 매우 사랑하였으나 3년 동안이나 울지 않았다. 어느 날 그에게 거울을 보여 주자 제 형체를 보고는 매우 슬피 울다가 끝내 죽고 말았다.《太平御覽》 그래서 거울을 난경(鸞鏡)이라고도 한다.

또 한 수 읊다 又

푸른 깃에 황금빛 꼬리이니 碧羽黃金尾
기이한 자태 새들 중 으뜸일세 奇姿第一品
샘물 속엔 들이받는 소가 있으니 泉中有牴牛
차가운 샘에 가서 물 마시지 말라 莫向寒泉飮

앵무 鸚鵡

다른 새들은 모두 하늘을 날거늘 百鳥從天放
너는 홀로 조롱 속에 갇혀 있구나 惟君獨閉籠
말 잘하는 게 재앙을 불렀으니 能言階禍難
어디에 가서 네 마음을 호소할꼬 何處訴心衷

비취 翡翠

옛날에 마음 곧은 남녀가 있어 昔有貞男女
마음도 같고 뜻도 서로 같았지 心同意亦同
이들이 마침내 금빛 비취새 되어 終爲金翡翠
암컷 수컷 마주해 친밀하구나 相對昵雌雄

백학 白鶴

백학은 천년토록 오래 사니 白鶴千年老
불로장수하는 신선임을 알겠네 應知不死仙
혹 적송자[338]가 아니라면 倘非赤松子
틀림없이 안기생[339]이리라 定是安期仙

파랑새 靑鳥

일찍이 왕모의 사자가 되어 曾爲王母使
건원 연간에 서신을 전했었지[340] 傳信建元秋
당시 대궐에서 연회 마친 뒤에 宴罷金宮後
속진 세상에 무슨 일로 머물렀나 塵寰底事留

매 蒼鷹

사나운 매가 날개를 퍼득이니 鷙鳥翻霜翮
그 위세에 모든 새들 벌벌 떤다 威稜振百禽
비록 난봉과 같은 덕은 없지만 雖無鸞鳳德
용맹한 기상 사람들이 흠모하누나 搏擊世人欽

너새 鴇鳥

한 떼의 너새가 날개를 퍼덕이며 肅肅一群鴇
펄펄 날아서 논밭을 넘어오누나 翩翩過田里

---

338 적송자(赤松子) : 고대 전설상의 선인(仙人)이다. 장량(張良)이 유방(劉邦)을 도와 한(漢)나라를 세운 뒤에 권세에 미련을 두지 않고 적송자와 노닐기 위해 신선술을 닦았다는 고사가 전한다.《史記 卷55 留侯世家》

339 안기생(安期生) : 진(秦)나라 때 사람으로, 하상장인(河上丈人)에게 신선술을 배워 장수하였는데 사람들이 그를 천세옹(千歲翁)이라 불렀다. 진시황이 금벽(金璧)을 내렸으나 받지 않고 봉래산(蓬萊山)으로 떠나갔고, 하상장인을 따라 황제(黃帝)와 노자(老子)의 설을 배우고 동해 가에서 약을 팔았다고 한다. 한(漢)나라 때 어떤 사람이 바닷가에서 노닐다가 안기생을 만났는데, 크기가 참외만한 큰 대추를 먹고 있었다고 한다.《史記 卷28 封禪書》

340 일찍이 … 전했었지 : 건원(建元)은 한(漢)나라 무제(武帝)의 연호이다. 왕모(王母)는 선녀(仙女)인 서왕모(西王母)를 가리킨다.《한무고사(漢武故事)》에 다음과 같은 이야기가 있다. 7월 7일에 갑자기 파랑새가 서방(西方)에서 날아와 승화전(承華殿) 앞에 내려앉으므로, 무제(武帝)가 그 연유를 동방삭(東方朔)에게 물었다. 이에 동방삭이 "서왕모가 오려는 것입니다." 하였다. 한참 뒤에 과연 서왕모가 오자, 파랑새 두 마리가 서왕모의 양쪽에 시립(侍立)했다고 한다.

말도 못하고 또한 말도 없으니　不語亦無言
응당 국무자 보고 조심하는 것이리[341]　應徵國武子

들꿩 野翟

들꿩이 화답하듯 서로 우니　野翟鳴相鷹
그 무늬 오색빛이 선명하구나　文章五色鮮
숲속에는 새 그물도 많건만　中林多網罟
곧바로 치닫고 빙빙 돌지 않는다　衝突莫翩嬛

자고 鷓鴣

녹색 의상도 담담한 빛깔　綠兮衣裳淡
새로 화장한 모습 한가해라　新粧粉黛閑
도회 빈 터를 늘 떠나지 않으니　都墟長不去
아마도 전생에 궁녀였던가 보지　應是舊宮鬟

창경[342] 鶬鶊

들새가 무수히 날더니　野鳥飛無數
온화한 바람이 초목에 분다　和風扇百荄
창경이 절후를 알고서　鶬鶊知氣節
저 하늘 높이 날아 오르네　飛上入天街

---

341 말도 … 것이리 : 춘추시대 제(齊)나라 대부(大夫) 국무자(國武子)가 어지러운 나라에서 남의 허물을 들추어내기 좋아하다가 끝내 제나라에서 죽음을 당했기 때문에 이렇게 말한 것이다. 《春秋左氏傳 成公 17年》

342 창경(鶬鶊) : 꾀꼬리의 일종이다.

메추라기 田鶉

새 중에도 몸집이 매우 작아 爲禽體甚微
도마와 솥에 오르기엔 부족하지만 不足登鼎俎
육질이 매우 맛있고 기름져서 惟其肉味膏
온 세상 사람들이 너를 잡으려 하네 擧世爭圖汝

뱁새 鷦鷯

등림[343]의 나무를 원치 않거니 不願鄧林樹
어찌 태창[344]의 곡식을 탐내리오 寧求太倉粟
한 가지 빌려 둥지를 틀었으니[345] 安巢借一枝
곡식 몇 톨로 주린 배 채울 만해라 數粒充飢腹

올빼미 鴟鳶

올빼미가 썩은 쥐 움켜쥐고서[346] 鴟鳶拳腐鼠
마른 버드나무에 올라가 있는데 上坐枯楊枝

---

343 등림(鄧林) : 전설에 나오는 숲이다. 《산해경(山海經)》 〈해외북경(海外北經)〉에, 과보(夸父)가 해를 따라 달리다가 목이 말라 죽었는데 그때 버린 지팡이가 숲을 이뤄 등림이 되었다고 한다. 좋은 나무가 울창한 숲을 뜻하는 말로도 쓰인다.

344 태창(太倉) : 옛날 수도에 있는 관곡(官穀)을 보관하는 큰 창고이다.

345 한 … 틀었으니 : 《장자(莊子)》 〈소요유(逍遙遊)〉에 "뱁새가 깊은 숲에 보금자리를 만드는 데는 나뭇가지 하나에 지나지 않는다.[鷦鷯巢於深林 不過一枝]" 하였다.

346 올빼미가 … 움켜쥐고서 : 혜자(惠子)가 양(梁)나라 재상으로 있을 때 장자(莊子)가 찾아가자 자기 자리를 뺏으려는 것인가 의심하였다. 이에 장자가 말하기를 "남방에 봉(鳳)의 일종인 원추(鵷鶵)란 새가 있는데 이 새는 오동나무가 아니면 앉지 않고 대나무 열매가 아니면 먹지 않고 예천(醴泉)이 아니면 마시지 않는다. 그런데 늙은 올빼미란 놈이 썩은 쥐를 얻었다가 원추가 지나가자 그 썩은 쥐를 뺏으려는 줄 알고 화를 내며 소리를 질렀다. 자네는 지금 내가 자네의 양나라를 탐내는 줄 알고 나에게 화를 내는가?" 하였다. 《莊子 秋水》

독수리가 그 위를 선회하니 鷲鳥盤其上
뺏기지 않으려 황급히 날개로 덮는다 蒼黃覆翼之

까마귀 孝鳥

옛사람이 이르기를 이 새는 古人云此鳥
새 중에서 증삼[347]에 비긴다 했지 鳥中比曾參
증삼에는 비록 못 미치더라도 曾參縱未及
어버이 잊는 자식 부끄럽게 할 만하네 可愧忘親子

까치 喜鵲

네 몸은 늘 사람을 가까이하고 爾身常近人
사람들도 너를 함부로 안 대하니 人亦不相暴
쌓아온 은정이 본래 깊었기에 恩情本來深
반가운 소식 있으면 먼저 알리누나 有喜能先報

제비 燕燕

옛날에 이르기를 이 새는 古語云玆鳥
오의공자[348]의 무리라 하는데 烏衣公子儔

---

347 새 중에서 증삼(曾參) : 당(唐)나라 백거이(白居易)의 시 〈자오야제(慈烏夜啼)〉에 어미 잃은 까마귀의 효성을 노래하여 "까마귀가 그 어미 잃고, 까악까악 구슬피 우누나. 밤낮으로 날아가지 않고, 해가 지나도록 옛 숲을 지키네. 밤이면 밤마다 한밤중에 우니, 듣는 이 눈물로 옷깃을 적시네. … 까마귀여 까마귀여, 새 가운데 증삼이로다.[慈烏失其母 啞啞吐哀音 晝夜不飛去 經年守故林 夜夜夜半啼 聞者爲沾襟 … 慈烏復慈烏 鳥中之曾參]" 하였다. 《古文眞寶 前集》

348 오의공자(烏衣公子) : 진(晉)나라 때 왕씨(王氏)와 사씨(謝氏) 귀족들이 살던 오의항(烏衣巷)이란 거리가 있었다. 유우석(劉禹錫)의 시 〈오의항(烏衣巷)〉에 "옛날에 왕씨 사씨 집 앞 살던 제비가, 날아와서 심상한 백성 집에 들어가네.[舊時王謝堂前燕 飛入尋常百姓家]" 하였다. 사씨 집안은 진

지금 말 잘하는 게 이와 같으니 能言今若是
축타[349]의 무리인가 의심한다 還訝祝鮀流

참새 黃雀

꽃가지에서야 울어서 더 좋지만 花枝啼更好
논밭의 곡식을 다 쪼아서 먹는다 田粟喙能殘
네 족류가 도리어 번성하여서 族類還繁盛
사랑과 미움 받으며 살아가누나 其生好惡間

굴뚝새 黔禽

울타리 사이로 드나들고 出入藩籬間
뜰 안을 몰래 다니누나 潛行庭戶裏
하늘이 이 새를 내려보내 皇天降此禽
인간사를 몰래 감찰하게 했구나 暗察人間事

(晉)나라 때 태부(太傅)를 지낸 사안(謝安)의 집안을 말하는데, 이 집안에는 자질이 우수한 자제들이 많았다고 한다. 또 다음과 같은 전설이 있다. 당(唐)나라 금릉(金陵) 사람 왕사(王謝)가 풍랑을 만나 한 섬에 표류하였는데 섬 사람들이 모두 검은 옷을 입고 있었다. 그 나라를 오의국(烏衣國)이라 하였는데, 왕이 자기의 딸과 혼인을 시켰다. 왕사가 고향을 그리워하자 왕이 구름을 태워 보냈는데, 집에 돌아와서야 그곳이 제비 나라였다는 것을 알았다.《記纂淵海》

349 축타(祝鮀) : 《논어(論語)》 〈옹야(雍也)〉에 공자(孔子)가 "축관(祝官)인 타(鮀)의 말재주와 송나라의 조(朝)와 같은 미모를 갖고 있지 않으면, 지금 세상에서 환난을 면하기 어렵다.[子曰 不有祝鮀之佞 而有宋朝之美 難乎免於今之世矣]"라고 하였다.

물새를 읊다 13수 ○새들을 읊고는 이어 물새를 읊어서 뜻을 넓혀 보고자 생각했다.
詠水鳥 十三首 旣詠群鳥又思水鳥廣之

대붕 大鵬

날개를 쳐서 회오리바람 타니	擧翮搏扶搖
기나긴 여정이 구만리나 멀구나[350]	脩程九萬里
어찌 다르리오 대성인께서	何殊大聖人
덕행이 천지에 가득 찬 것과	德行彌天地

큰기러기 鴻雁

남쪽으로 갔다가 북쪽을 가는 게	南征復北去
추위 더위 계절에 따라 일정하구나	一爲均寒暑
조정의 대신들이게 이르노니	寄語巖廊臣
세상 다스림에 차서를 잃지 말길	調元莫失序

황새 老鸛

모습은 백학과 닮았거늘	形容似白鶴
무슨 일로 현포[351]를 떠나왔느냐	底事離玄圃
선동이 말 안 듣는다 고자질하여	仙童奏不馴
인간세상에 귀양 내려왔구나	謫下無央土

---

350 날개를 … 멀구나 : 《장자(莊子)》 〈소요유(逍遙遊)〉에 "붕새가 남쪽 바다로 옮겨갈 때에는 물결을 치는 것이 삼천리요, 회오리바람을 타고 구만 리나 올라가 6개월을 가서야 쉰다.[鵬之徙於南冥也 水擊三千里 搏扶搖而上者九萬里 去以六月息者也]" 하였다.

351 현포(玄圃) : 곤륜산(崑崙山) 정상에 있다는 신선이 사는 곳으로, 다섯 금대(金臺)와 열두 옥루(玉樓), 그리고 기이한 꽃과 바위가 많다고 한다. 여기서는 백학을 선계(仙界)에 사는 새로 보고 이렇게 말한 것이다.

흰갈매기 白鷗

푸른 바다에 떼 지어 나니	群飛滄海上
구슬픈 울음소리 달빛 아래 들려라	哀響月中聞
만고에 배 타고 다니던 이들	萬古乘船子
풍랑에 익사한 넋이 네가 되었구나	風濤溺死魂

푸른갈매기 靑鷗

무슨 일로 성곽에 노닐어	底事遊城郭
속진에 흰 옷을 물들였느냐	緇塵染素衣
평생에 남은 한이 너무 많아서	生平遺恨極
한밤중에 길게 울며 날아가누나	中夜厲聲飛

백로 白鷺

촉옥[352]이 쌍쌍이 날아 내리니	屬玉雙飛下
시내에 흰 눈송이가 떨어진 듯	溪中雪片明
산림에는 참된 은자가 드무니	山林眞隱少
함께 한가로이 은거할 사람 없어라	無與作閑盟

또 한 수 읊다 又

눈처럼 하얀 깃털을 가지고서	白羽白如雪

352 촉옥(屬玉) : 백로의 이칭이다. 《사기(史記)》 〈사마상여전(司馬相如傳)〉의 주(註)에 "촉옥은 오리 비슷하면서도 크고 긴 목에 붉은 눈을 하고 자감색(紫紺色)이다." 하였다. 《사문유취 후집(事文類聚 後集)》 46권에서는 "'백로(白鷺)'를 일명 '촉옥'이라 한다." 하였다.

바람을 타고서 산마루 넘어온다	乘風過山頂
응당 알겠어라 한 쌍의 옥이	應知玉一雙
다리도 없이 이 곳에 왔다는 것을[353]	此地來無脛

오리 鳧鴨

평소 성품이 자맥질을 좋아하여	素性喜浮沈
노니는 곳이 강 구비에 있어라	游居在江曲
세상 먼지가 오색 털을 물들일 터이니	烟塵染綵毛
조정에 가는 신발[354]이 되지 말아라	莫作朝天舃

노자 鸕鷀

푸른 물결 위에서 머리 쳐들고	矯首滄波上
붉은 여뀌 물가에서 생애 보낸다	生涯紅蓼汀
사람도 호탕한 그 삶을 좋아해	斯人憐浩蕩
형상 본떠서 술잔 만들었어라[355]	盃爵取其形

---

353 한 … 것을 : 한(漢)나라 공융(孔融)의 〈논성효장서(論盛孝章書)〉에 "구슬이 다리가 없이도 스스로 오는 것은 사람들이 좋아하기 때문이다.[珠無脛而自至者 以人好之也]" 한 것을 인용하여, 백로를 옥에 비유하였다.

354 조정에 가는 신발 : 부석(鳧舃)은 오리로 변화한 신을 말한다. 후한 명제(後漢明帝) 때 선인(仙人) 왕교(王喬)가 신술(神術)이 있었다. 그가 일찍이 섭현령(葉縣令)으로 있으면서 매월 삭망(朔望) 때마다 수레도 타지 않고 머나먼 길을 와서 조정의 조회에 참석하였다. 임금이 그것을 괴이하게 여겨 그 내막을 알아보게 하니, 그가 올 때마다 오리 두 마리가 동남쪽에서 날아왔다. 이에 그물을 쳐서 그 오리를 잡아놓고 보니 바로 왕교의 신이더라는 고사에서 온 말이다.《後漢書 方術列傳 王喬傳》

355 형상 … 만들었어라 : 노자(鸕鷀)라고 하는 물새 모양을 본뜬 좋은 술잔이 있었다. 이백(李白)의 〈양양가(襄陽歌)〉에 "앵무배 노자표로 백년이라 삼만 육천 일, 하루에 삼백 잔을 비워야 하리.[鸚鵡杯 鸕鷀杓 百年三萬六千日 一日須傾三百杯]" 하였다.

다곽 多藿

네 성품이 본래 광간하거니　　爾性本狂簡
네 소리도 또한 광직하여라　　其聲亦狂直
사람이 도리어 이 새만도 못해　　斯人反不如
한결같이 둘러대고 바르지 않네　　一是多回曲

원앙 鴛鴦

양귀비가 마외에서 죽은[356] 뒤로　　楊妣死馬嵬
명황[357] 곁을 떠난 지 몇 해이던가　　幾歲離明皇
지하에서 두 사람이 상봉한 날　　相逢泉下日
변하여 한 쌍의 원앙이 되었다지　　化作雙鴛鴦

따오기 飛鶖

푸른 물결 위를 출몰하면서　　出沒滄波上
물고기 입에 무는 날이 많아라　　銜魚日更多
네 생애가 참으로 호탕하니　　生涯眞浩蕩
뉘라서 주살을 쏠 수 있으랴　　誰得弋言加

---

356 양귀비(楊貴妃)가 마외(馬嵬)에서 죽은 : 당(唐)나라 현종(玄宗)이 안녹산(安祿山)의 난리로 몽진하다가 마외역(馬嵬驛)에 이르렀을 때 호위하던 육군(六軍)이 나아가지 않고 나라를 망친 장본인들을 처결할 것을 주장하니, 현종이 할 수 없이 양귀비와 그 오라비 양국충(楊國忠)을 죽였다. 《新唐書 卷6 肅宗皇帝本紀》

357 명황(明皇) : 당(唐)나라 현종의 시호가 지도대성대명효황제(至道大聖大明孝皇帝)이므로 후세에 그를 명황이라 불렀다.

정위[358] 精衛

돌을 물어다 바다를 메우니 銜石塡滄海
그 정성이 또한 애달프구나 其誠亦可哀
어느 때나 깊은 바다 다 메워 何年平大壑
물 속에 빠진 네 아비 건질꼬 拯父水中骸

조여벽의 시에 차운하다 2수
次趙汝璧韻 二首

한가히 살다 보니 나태한 습성 들어 端居成懶習
말을 타고 문 밖을 나서는 게 드물다 跨馬出門稀
버들가지 이어서 채마밭에 울을 치고 綴柳樊長圃
섶가지 엮어서 물가에 사립 만들었네 編柴緝水扉
시 읊는 중에 백발이 된 것 탄식하고 吟中嗟鶴髮
가난이 오래라 누더기옷 익숙해졌어라 貧久慣鶉衣
이 중에서 기심(機心)을 잊는 곳은 這裏忘機處
이따금 물가에서 낚시질할 때 時時坐釣磯
삼동 내내 병을 앓아온 터라 抱病三冬久
마음을 풀 즐거운 일 드물구나 銷中樂事稀
먼 동이 터와도 침석에 누웠다가 天明猶臥榻
해가 솟아야 비로소 사립을 연다 日出始開扉
유시[359]에서는 은자를 찾기 어려우니 柳市難尋隱

358 정위(精衛) : 고대 신화에 나오는 물새로, 염제씨(炎帝氏)의 작은 딸인 여와(女娃)가 동해에서 놀다가 빠져 죽은 화신이라 한다. 이 시에 보면 바다를 메워 죽은 자기 아버지 시체를 건지려 한다는 또 다른 전설이 있었던 듯하다.

359 유시(柳市) : 유시는 버들이 우거진 거리를 뜻하는 말로도 쓰이고, 한(漢)나라 때 수도인 장안(長安)의 구시(九市) 중 하나이기도 하다. 당(唐)나라 왕유(王維)가 은일(隱逸)의 선비를 찾아갔다가

화촌에서 아직 옷을 잡히지 못하였어라[360] 花村未典衣
앞 시내에 비바람이 사나우니 前溪風雨惡
낚시터에 앉을 마음이 나지 않네 無意點苔磯

조삼산이 차운한 풍아시에 차운하다 2수
酬趙三山次風雅韻 二首

삼산의 한 초가집에 고상하게 은거하니 高臥三山一草庵
멀리 도사[361]의 뒤를 따라도 손색이 없어라 遠追陶謝亦無慚
붓에 서린 좋은 기운은 문장에서 보고 筆中佳氣看文藻
자리 위의 봄바람[362]은 담소에서 보겠네 座上春風見笑談
출세했냐 못했냐로 득실을 논한 적 있으랴 用舍何曾論得失
영화와 고생 가지고 달다 쓰다 말하지 않네 榮枯莫肯議辛甘
자연 속에 물색은 온통 한가한 경치이니 林泉物色渾閑勝

만나지 못하고 지은 〈춘일여배적과신창장방여일인불우(春日與裴迪過新昌丈訪呂逸人不遇)〉에 "도원은 줄곧 풍진세상과 단절되었기에, 유시 남쪽으로 은자를 찾아간다.[桃源一向絶風塵 柳市南頭訪隱淪]" 한 것을 차용하였다.

360 화촌(花村)에서 … 못하였어라 : 화촌은 꽃이 핀 마을을 뜻하는 말로도 쓰이고, 행화촌(杏花村)의 준말로 술집이 있는 마을을 뜻하는 말로도 쓰인다. 두목(杜牧)의 시 〈청명(淸明)〉에 "묻노니 술집이 그 어드메 있느뇨, 목동이 멀리 살구꽃 핀 마을을 가리키네.[借問酒家何處在 牧童遙指杏花村]" 하였다. 옷을 잡힌다는 것은 곧 술을 마시기 위해서 옷을 전당잡힌다는 뜻으로, 두보(杜甫)의 시 〈곡강(曲江)〉에 "퇴근하면 날마다 봄옷을 전당잡혀, 날마다 강가에서 실컷 취해 돌아오네.[朝回日日典春衣 每日江頭盡醉歸]" 한 데서 온 말이다.

361 도사(陶謝) : 도연명(陶淵明)과 사안(謝安)의 병칭이다. 도연명은 팽택현령(彭澤縣令)을 하다가 〈귀거래사(歸去來辭)〉를 읊고 고향인 시상현(柴桑縣)에 돌아와 은거하며 평생을 보냈다. 《晉書 卷94 陶潛傳》 사안(謝安)은 진(晉)나라 때의 명재상인데 출사(出仕)하기 전에 오랫동안 회계(會稽)의 동산(東山)이란 곳에 은거하였다. 사안이 경륜과 지략이 뛰어나 명망이 높았는데 회계의 동산에 은거하자, 당시 사람들은 "안석이 세상에 나오지 않으니, 창생들을 어찌하려는가." 하였다. 《晉書 卷79 謝安列傳》

362 자리 위의 봄바람 : 북송(北宋)의 학자 주광정(朱光庭)이 여(汝) 지방에서 명도(明道) 정호(程顥)를 뵙고 돌아와 사람들에게 말하기를 "광정이 한 달 동안 봄바람 속에 앉아 있었다.[光庭在春風中坐了一箇月]" 하였다. 《近思錄》

틀림없이 큰 잔 들고 날마다 술 마시겠지　　定把深盃日日銜

일흔 나이에도 이름 없는 몸으로 초가에 누웠으니[363]　　七十無聞臥草庵
임금을 요순으로 못 만들어[364] 얼굴이 부끄러워라　　致君堯舜面多慚
등나무 침상 대자리가 참으로 내 분수에 맞으니　　藤床竹簟眞吾分
고관대작 높은 수레는 말하고 싶지 않아라　　駟馬高車不願談
무릉도원처럼 그윽한 산골에서 편안히 사니　　境邃桃源安土俗
땅이 외진 반곡[365]이라 샘물이 달아서 좋네　　地偏盤谷喜泉甘
마음 풀고 흥 달래는 덴 시 읊는 것뿐이라　　銷中遣興唯吟賞
계거[366]를 자주 입에 가져가 무누나　　鷄距頻將口裏銜

원운 조완
元韻 趙完

쓸쓸한 산 아래 몇 간의 작은 집　　蕭條山下數間庵
성대에 빈한하여도 부끄럽지 않아라　　聖代飢寒亦不慚
막는 이 없는 임천에서 노년 보낼 만하니　　無禁林泉身可老
다툼 있는 명리 따위 입에 올리랴　　有爭名利口何談
방공[367]이 쟁기 잡은 일 그 누가 사모하랴만　　龐公把耜人誰慕

363 일흔 … 누웠으니 : 공자(孔子)가 "후생이 두려워할 만하니, 앞으로 오는 이들이 어찌 지금의 나만 못하다고 장담할 수 있으리오. 그러나 마흔 살이나 쉰 살이 되어도 세상에 이름이 알려지지 않으면 그러한 사람은 또한 족히 두려워할 것이 없다.[後生可畏 焉知來者之不如今也 四十五十而無聞焉 斯亦不足畏也已]" 하였기 때문에 이렇게 말한 것이다. 《論語 子罕》

364 임금을 … 만들어 : 조정에 나가 임금을 보필하는 큰 일을 함을 뜻한다. 두보(杜甫)의 〈증위좌승(贈韋左丞)〉에 "임금을 요순같이 만들고 재차 풍속을 순박하게 하리.[致君堯舜上 再使風俗淳]" 하였고, 한유(韓愈)의 〈쟁신론(爭臣論)〉에 "우리 임금을 요순과 같이 만들어 무궁한 후세에 큰 이름 빛낸다.[致吾君於堯舜 熙鴻號於無窮也]" 하였다.

365 반곡(盤谷) : 살기 좋은 산골을 뜻한다. 주 68 참조.

366 계거(鷄距) : 붓의 이칭이다. 주 83 참조.

367 방공(龐公) : 방공은 후한(後漢) 말엽 양양(襄陽)의 고사(高士)인 방덕공을 가리킨다. 주 164 참조.

안씨의 안빈[368]을 나는 스스로 달게 받아들인다　顏氏安貧我自甘
시냇가에 사는 벗이 멀리서 와 바둑을 두노라니　溪友遠來相對局
처마 앞 낙조에 땅거미가 뜰을 반이나 덮었구나　簷前落日半庭銜

신춘 정해년(1647, 68세)에 지었다.
新春 丁亥歲

지난 해 섣달 추위가 이미 가고　前歲窮陰去已遒
홀연 봄빛이 수림에 찾아온 게 보이네　忽看春色到林丘
눈 다 녹은 남쪽 산기슭엔 꿩 우는 소리　南原雪盡聞鳴翟
구름 갠 북쪽 언덕엔 새끼 부르는 비둘기　北岸雲晴喚乳鳩
골짜기에 햇살 막 따스하여 작은 창문을 열고　峽日初暄開小戶
동풍이 훈훈하게 부니 두터운 겨울옷 벗는다　條風將暖餘重裘
호로병 속 경물[369]이 모두 산뜻하고 좋거니와　壺中景物皆新好
무엇보다 시야에 가득한 아지랑이가 좋아라　最愛遊絲滿眼浮

병든 뒤 봄날 앞 연못에 내려가서
病後春日下前池

병든 뒤에 좋은 계절 만나　病後逢佳節
천천히 걸어 정자로 내려간다　徐行下石亭
시냇가 모래톱은 늘 흰 빛이고　溪邊沙舊白
연못가 버들은 새로 푸른 빛일세　池上柳新青
작은 물결은 물고기가 불어 움직이고　細浪魚吹動

368 안씨(顏氏)의 안빈(安貧) : 안씨는 공자의 제자인 안회(顏回)를 가리킨다. 안회는 안빈낙도(安貧樂道)의 삶을 산 전형적인 인물로 꼽힌다. 주 300 참조.
369 호로병 속 경물 : 호로병처럼 호젓한 한 구역 경치가 좋은 곳을 뜻한다. 주 277 참조.

시든 꽃은 새가 지나가며 떨어뜨렸네 殘花鳥過零
여장을 짚고서 홀로 서 있노라니 扶藜仍獨立
석양이 앞 들판에서 기우누나 斜日度前坰

병든 뒤 꾀꼬리와 제비 소리를 듣고 느낌이 있어
病後聞鸎燕有感

병든 몸이라 경치 구경 엄두를 못 내었는데 養病難圖看物色
문득 새소리 듣고서 봄의 정취를 느끼노라 忽憑禽鳥見春情
들보에서 지저귀는 제비는 둥지 찾는 소리요 樑間語燕尋巢響
나뭇잎 속에서 우는 꾀꼬리는 지난 날 소리일세 葉裏啼鸎舊日聲
경치야 어찌 세월 따라 변한 적이 있으리오 光景豈曾隨歲變
용모가 세월 따라 바뀌는 건 스스로 알겠어라 容華自識逐年更
수의[370]가 찾아오기로 약속한 날이 가까우니 繡衣來訪佳期在
난새 꼬리로 자주 북쪽 정자를 소제한다[371] 鸞尾頻將掃北亭

손주 아이들이 홍도 · 벽도 · 삼색도를 꺾어서 나에게 바치기에
兒孫手折紅桃碧桃三色桃進我

아이들이 꽃구경 갔다가 가득 꺾어 돌아오니 童子耽花滿折歸
붉은 꽃 푸른 꽃이 햇살에 어리어 환하여라 紅葩碧萼映新輝

370 수의(繡衣) : 옛날 지방에 파견하는 어사들에게 수놓은 옷을 입혔던 데서, 전하여 어사를 가리킨다. 한 무제(漢武帝) 때에 처음으로 조정에서 각 지방 정사(政事)의 순시(巡視) · 처리(處理)를 전관(專管)할 관원을 두어 그를 직지사자(直指使者), 또는 직지수의사자(直指繡衣使者)라고도 칭했다. 존귀한 관원을 뜻하는 말로도 쓰인다. 여기서는 옥담과 잘 아는 지인을 가리키는 듯하다.

371 난새 … 소제한다 : 당(唐)나라 이하(李賀)의 〈선인(仙人)〉이란 시에 "손으로 흰 난새 꼬리를 잡고, 밤중에 남산의 구름을 쓴다.[手持白鸞眉 夜掃南山雲]" 하였고, 왕기(王琦)의 《회해(滙解)》에 "난새 꼬리로 빗자루를 만들기 때문에 구름을 쓸 수 있는 것이다." 하였다.

그 중에 담홍색 옥[372]을 함께 병에 꽂아두니 箇中緗玉同甁揷
서자와 소군이 숙비를 대한 듯하여라[373] 西子昭君對淑妃

풍죽행[374]
風竹行

맑은 바람이 남쪽에서 불어와 淸風自南來
대숲을 지나며 쏴쏴 소리 내누나 過竹鳴颼颼
쏴쏴 우는 소리 그치지 않으니 颼颼鳴不已
종일토록 맑은 음향이 좋아라 竟日淸聲休
바람이 없으면 대나무 울지 못하고 無風竹不鳴
대나무 없으면 바람도 울지 못하지 無竹風不鳴
이 둘은 본래 감정이 없는데 兩物本無情
우연히 서로 만나서 우는구나 偶然相値鳴
만약 대나무가 맑지 않다면 若使竹不淸
바람소리도 맑지 않으리니 風聲應不淸
만약 바람이 맑지 않다면 若使風不淸
대나무 소리 어찌 맑을 수 있으랴 竹聲安得淸
두 아름다움이 서로 합쳤으니 兩美必相合
그 소리 어찌 맑지 않을쏘냐 其聲寧不淸

372 담홍색 옥 : 상도(緗桃) 또는 상핵도(緗核桃)라는 복숭아가 있는데 그 꽃과 열매가 담홍색이라 한다. 제목에 보이는 삼색도(三色桃)가 이것을 가리킨 듯하다.

373 서자(西子)와…듯하여라 : 서자는 춘추시대 월나라의 미인 서시(西施)이고, 소군(昭君)은 한 원제(漢元帝)의 후궁인 왕소군(王昭君)이고, 숙비(淑妃)는 당 고종(唐高宗)의 총애를 받았던 소숙비(蕭淑妃)이다. 모두 아름다운 용모로 이름난 여인들이다.

374 풍죽행(風竹行) : 바람에 불리는 대나무를 읊은 것이다. 행(行)은 시체(詩體)의 일종이다.

두성 등이 영흥정의 〈진사산당〉 시에 차운하다
次斗成等題永興進賜山堂韻

백발이 된 왕손이 고향에 돌아와서	白首王孫返故山
꽃 심고 대나무 심어 한가한 삶 즐기네	栽花種竹樂淸閑
바위에 기대 삼 간의 집을 지으니	依巖架得三間屋
화려한 궁궐 생활은 한바탕 지난 꿈일세	朱箔靑樓一夢間

소쩍새 노래
鼎小鳥行

어떤 새가 봄산에서 우는데	有鳥鳴春山
그 울음이 보통 새들과 다르네	其鳴異凡鳥
어찌 들으면 솥 크다는 것 같고	或聞如鼎大
어찌 들으면 솥 작다는 것 같아라	或聞如鼎小
사람들은 말하길 솥 크다 작다에서	人言鼎大小
그 해 농사의 풍년 흉년을 아니	年穀知豐歉
솥이 크다고 하면 흉년이 오고	鼎大作凶歉
솥이 작다고 하면 풍년이 온다지	鼎小爲豐稔
새가 풍년 흉년 오게 함이 아니라	非禽使豐歉
이 새의 성품이 조짐을 아는 게지	物性知其漸
어떻게 조짐을 알 수 있는 건가	胡能識其漸
기운의 흐름을 미리 아는 것이지	一氣先吾得
비와 바람 순조로워 장차 풍년이 든다면	若使風調雨順歲將登
솥이 크다고 시끄럽게 울 필요가 있겠는가	鼎大何勞鳴礫礫

능 상인이 오죽장을 보내 주기에
能上人遺烏竹杖

승려 한 분이 저물녘에 산을 내려와서	孤僧日夕下雲岡
아홉 마디 푸른 용 같은 지팡이를 주시네	遺我蒼龍九節長
시냇가에서 늙은이 걸음 편안할 뿐 아니라	不啻溪邊安老步
일흔 살에 향리에서 지팡이 짚기에 제격일세[375]	端宜七十杖於鄕

꾀꼬리
黃鸝

백설[376]이 초여름에 날아오니	百舌來初夏
그 교태가 뭇 새들 중 으뜸일세	嬌姿衆鳥尤
잽싸게 날아다녀 눈에 잘 안 띄고	數遷看未慣
자주자주 지저귀는 소리 그치지 않네	頻囀聽無休
품격은 비단옷 입은 귀인이요	品格金緋貴
함께 나는 건 옥날개[377]의 무리일세	兼飛玉翼流
음성과 용모가 이처럼 좋으나	音容如此好
잡기가 또한 어렵구나	彈手亦難謀

375 일흔 … 제격일세 : 《예기(禮記)》 〈왕제(王制)〉에 "예순에는 향리에서 지팡이를 짚고, 일흔에는 나라 안에서 지팡이를 짚는다.[六十杖於鄕 七十杖於國]" 하였다. 여기서는 일흔의 나이라 당연히 고을에서 지팡이를 짚어야 하는데 마침 오죽장을 보내주었다는 뜻으로 말하였다.

376 백설(百舌) : 꾀꼬리를 가리킨다. 꾀꼬리는 잘 울고 또한 울음소리에 변화가 많아서 이렇게 일컫는다.

377 옥날개[玉翼] : 깃이 흰 새를 말하는데, 여기서는 초여름에 날아오는 백로를 가리키는 듯하다.

우레 소리를 듣고
聞雷霆

음양이 서로 전투를 벌이니	陰陽相鬪戰
우레 소리가 무단히 일어난다	雷響振無端
우르릉 쿵쾅 하늘을 뒤집고	轟輵掀穹昊
세차게 치달려 우주를 흔드네	奔騰動宇寰
여우와 이리는 골짜기에서 놀라고	狐狸驚絶澗
두억시니 도깨비는 산에서 도망친다	魍魎走窮山
세상의 삿된 짓 하는 무리들은	多少行邪輩
이 소리 듣고 간담이 서늘하겠지	聞來膽欲寒

한가한 회포
閑懷

자유롭게 내 성품대로 사노니	疎放安吾性
사람 만남에 시비 따지기 싫어라	逢人厭是非
눈썹 위에 이르는 반죽 지팡이	過眉斑竹枝
무릎을 가리는 흰 삼베옷	掩脛白麻衣
비를 맞으며 꽃길을 거닐고	帶雨行花逕
구름을 헤치며 낚시터로 가노라	披雲造釣磯
천석 속을 한가로이 거니니	逍遙泉石裏
기수에서 목욕한 일[378] 어찌 부러우랴	何羨浴淸沂

378 기수(沂水)에서 목욕한 일 : 공자(孔子)의 제자 증점(曾點)이 공자의 물음에 대하여 자기 뜻을 말하기를 "늦은 봄에 봄옷이 다 이뤄지거든 관자(冠者) 5, 6인, 동자(童子) 6, 7인과 함께 기수에서 목욕하고 무우에서 바람을 쐬고 읊조리면서 돌아오겠습니다.[浴乎沂 風乎舞雩 詠而歸]" 한 것을 가리킨다. 《論語 先進》 세상에 아무런 욕심이 없이 자연 속에서 유유자적하는 기상을 뜻한다.

정해년(1647) 6월에 감회가 있어
丁亥六月有感

산골에 지루한 장마가 개니 山郭長霖歇
마을 가에 더운 기운이 많아라 村邊暑氣饒
제비 새끼는 이제 둥지를 내려오고 燕雛將下壘
꾀꼬리 새끼는 막 둥지 떠난다 鸎子始離巢
경물이 바뀌매 광음이 지나가고 物換光陰謝
나이가 늙으니 지기가 시드누나 年衰志氣凋
장성해 행하려던 뜻[379] 이제 그만이니 壯行今已矣
그윽한 흥취를 맑은 노래에 담아 읊노라 幽興屬淸謠

차운 조완
次韻 趙完

늙어가매 시정은 게을러지고 垂老詩情懶
가을을 만나니 야흥만 넉넉해라 逢秋野興饒
산이 깊으니 고라니와 벗하고 山深麋與友
숲이 고요해 새와 함께 깃든다 林靜鳥同巢
세월은 한가한 중에 빨리 가 歲月閑中疾
흰 머리털이 거울 속에 시드네 霜毛鏡裏凋
외로운 이 회포 더욱 서글퍼져 孤懷增感愴
술을 한껏 마시고 슬픈 노래 부른다 強醉唱悲謠

379 장성해 행하려던 뜻 : 학문을 하여 세상에 포부를 펴려던 뜻이다. 《맹자(孟子)》 〈양혜왕 하(梁惠王下)〉에 "사람이 어려서 배우는 것은 장성하여 행하고자 해서이다.[夫人幼而學之 壯而欲行之]" 하였다.

조삼산이 준 시에 차운하다
次趙三山贈韻

세상에 자취 감추는 건 고금에 다 같나니	藏蹤晦迹古今同
자연 속에 은거한 이로 우리 공이 있어라	隱約林泉有我公
긴 발[380]을 붉은 여뀌 밭에서 잡고	長足引來紅蓼畔
작은 물고기를 푸른 물굽이에서 낚는다	纖鱗牽出綠灣中
봉황사가 지어지니 문장이 이름 떨치고	鳳凰詞作瓊葩振
앵무배로 술 마시니 죽엽이 높아라[381]	鸚鵡盃銜竹葉崇
보배를 품고도 스스로 팔려 하지 않으니[382]	懷寶不曾求自衒
뱃속에 풍월이 가득한 노성한 분[383]이로세	滿腔風月老成翁

원운
元韻

시는 뛰어나고 집은 낡은 건 노동과 같으며[384]	詞雄屋破等盧同

---

380 긴 발[長足] : 거미를 말하는데, 여기서는 메뚜기나 여치 등의 풀벌레까지 아울러 말하는 듯하다. 《삼국지연의》에 "긴 발을 꼬물거리면서 실을 뱉어 비단을 만들고, 그물을 쳐서 먹이를 잡아 저녁을 도와 이로움을 취하는 놈, 이것이 거미이다." 하였다.

381 앵무배로 … 높아라 : 앵무배(鸚鵡盃)는 앵무새 부리의 모양처럼 생긴 조개껍질로 만든 술잔이다. 주 356 참조.

382 보배를 … 않으니 : 훌륭한 재능을 가지고서 벼슬하려 하지 않음을 뜻한다. 양화(陽貨)가 공자(孔子)에게 벼슬할 것을 권하면서 "보배를 품고서 나라를 어지럽게 두는 것을 어질다 할 수 있겠는가?[懷其寶而迷其邦 可謂仁乎]" 하였다.

383 뱃속에 … 분 : 풍월을 읊는 시정(詩情)이 몸 안에 가득한 사람이란 뜻이다. 즉 노성한 시인이라는 뜻이다.

384 시는 … 같으며 : 노동(盧同)은 당(唐)나라 제원(濟源) 사람으로 소실산(少室山)에 은거하여 옥천자(玉川子)라고 자호(自號)하였다. 박학하고 시에 뛰어났으며, 조정에서 간의(諫議)로 불렀으나 나가지 않았다. 차 마시기를 좋아하여 차에 관한 좋은 시가 많다. 한유(韓愈)의 시 〈기노동(寄盧同)〉에 "옥천 선생은 낙양성 안에 사는데, 가진 거라곤 낡은 집 두어 칸뿐이라네. 하나인 남자 종은 긴 수염에 머리도 못 싸매고, 하나인 여자 종은 맨다리에 늙어서 이도 없네.[玉川先生洛陽裏 破屋

홀로 즐김은 도리어 사마공을 따르신다[385] 獨樂還追司馬公
붓 밖에 풍월일랑 시구 속에 거두고 筆外風烟收句裏
산 속의 세월은 한가한 중에 보내시네 山間歲月送閑中
금서에 취미가 있어 그윽한 회포 풀고 琴書有趣幽懷暢
명리에 마음이 없어 지조가 드높아라 名利無心志操崇
백발의 생애 동안 한 번만 세상에 나왔으니 白首生涯唯一來
세상 사람들 그 누가 녹문옹[386]을 알리오 世人誰識鹿門翁

조삼산의 시에 차운하다 2수
次趙三山韻 二首

물 북쪽 고상한 분이 물가에 은거하는데 水北高人臥水涯
집안이 찢어지게 가난해 늘 배가 고파라 家懸淸磬腹長飢
사는 곳에 단혈[387]이 없어 금단(金丹)을 이루기 어렵고 居無丹穴金難做
집이 남전과 멀어서 옥으로 밥 짓지 못하네[388] 住隔藍田玉未炊

數間而已矣 一奴長鬚不裹頭 一婢赤脚老無齒]"라고 하였다.

385 홀로 … 따르신다 : 사마공(司馬公)은 북송(北宋)의 명재상인 사마광(司馬光)을 가리킨다. 그는 벼슬에 나가지 않고 살던 집의 정원을 독락원(獨樂園)이라 부르고 유유자적하였다.《古文眞寶 後集 獨樂園記》

386 녹문옹(鹿門翁) : 녹문산(鹿門山)에 은거한 후한(後漢)의 은사(隱士) 방덕공(龐德公)을 가리킨다. 여기서는 옥담 이응희를 녹문산에 은거한 방덕공에 비긴 것이다. 주 164 참조.

387 단혈(丹穴) : 단사(丹砂)가 나는 단산(丹山)의 굴이다. 단사를 고아서 선약(仙藥)인 금단(金丹)을 만든다고 한다.

388 집이…못하네 : 남전(藍田)은 좋은 옥의 대표적 생산지이고, 쌀을 옥립(玉粒)이라 하므로, 둘을 합쳐서 이렇게 표현한 것이다. 전국 시대에 소진(蘇秦)이 초(楚)나라에 간 지 3일 만에야 위왕(威王)을 만나보고는 바로 떠나려 하자, 위왕이 왜 급히 떠나려 하느냐고 물으니, 소진이 대답하기를 "초나라에는 밥이 옥(玉)보다 귀하고, 땔나무는 계수나무[桂]보다 귀하며, 알자(謁者) 만나기는 귀신 만나기만큼 어렵고, 임금 만나기는 천제(天帝) 만나기만큼 어려운데, 지금 신(臣)에게 계수나무로 옥밥을 지어 먹으면서 귀신을 통하여 천제를 만나도록 하시렵니까?"라고 한 데서 온 말이다.《戰國策 楚威王》이를 변용하여 두보의 시 〈행관장망보도휴수귀(行官張望補稻畦水歸)〉에 "옥같은 쌀은 아침밥을 하기에 족하네.[玉粒足晨炊]" 하였다.

골짜기 어귀에서 거위 얻으려 붓을 휘두르고[389] 谷口輸鵝揮老管
소나무 아래서 학을 걸고서 바둑을 두시네[390] 松間賭鶴對幽碁
평생에 확고한 지조 누가 빼앗을 수 있으랴 生平確守誰能拔
백발로 농사 지으며 원망하고 한탄 않으시네 白首躬耕不怨咨

삼산 아래에 있는 몇 간의 집 三山之下數間堂
문과 창호 허름한데 바위 위에 누웠어라 蓬戶荊門臥石床
백발에 황관[391]을 쓰고서 은일의 삶 즐기며 白首黃冠甘逸樂
벼슬아치들 황망히 사는 것을 비웃으시네 金章玉佩笑遑忙
달빛 아래 늘 시 읊으매 온전한 경치 없고[392] 長吟月下無全景
꽃 아래서 언제나 취할 때면 술잔을 다 비우신다 每醉花前必盡觴
구차하지 않고 세상사에 무심한 채 늙어가시니 不苟不營成老大
흰 머리털이 가득하여도 무슨 상관이 있으랴 滿巓華髮亦何傷

원운
元韻

논밭 몇 이랑에다 생애를 맡기고서 西疇數頃寄生涯
백발로 농사지으니 굶주릴 걱정 없어라 白首勤農不怕飢

---

389 골짜기 … 휘두르고 : 진(晉)나라 때의 명필(名筆) 왕희지(王羲之)를 가리킨다. 왕희지는 본래 거위를 매우 좋아했는데, 산음현(山陰縣)의 한 도사(道士)가 거위를 많이 기르고 있었다. 왕희지가 한 번 가서 구경을 하고는 매우 좋아하여 거위를 사려고 하자, 도사가 말하기를 "《도덕경(道德經)》을 써주면 거위를 많이 주겠다." 하니, 왕희지가 흔연히 써주고 그 거위를 가지고 왔다고 한다. 이백(李白)이 명필 하지장(賀知章)을 보내며 쓴 〈송하빈객귀월(送賀賓客歸越)〉 시에 왕희지의 고사를 인용하여 "산음의 도사를 만일 만난다면, 응당 황정경을 써주고 흰 거위와 바꾸겠지.[山陰道士如相見 應寫黃庭換白鵝]"라고 하였다.

390 학을 … 두시네 : 주 118 참조.

391 황관(黃冠) : 누른색의 관이다. 옛날에는 흔히 야인(野人)들이 썼으나 후세에는 도사(道士)들이 썼으므로, 전하여 도사를 일컫기도 한다. 여기서는 은자(隱者)의 복장을 뜻한다.

392 달빛 … 없고 : 경치를 시로 읊으므로 온전히 남은 경치가 없다고 한 것이다.

게가 살졌으니 반찬거리로 좋고	紫蟹已肥宜入饌
좁쌀이 막 익었으니 밥 짓기 제격일세	黃粱初熟正當炊
백년 평생 삼간 집에서 노년을 보내고	百年送老三間屋
반평생 소일거리는 한 판의 바둑이라	半世消閑一局碁
서검을 이루지 못함[393]은 운명인 줄 아노니	書劍未成知有命
이 몸이 빈천한 것을 감히 탄식하리오	此身貧賤敢嗟咨

적막한 가을밤 초가집 안에 누웠노라니	寥寥秋夜掩茅堂
쓸쓸히 우는 벌레 소리 침상 가에서 들린다	咽咽寒螿繞臥床
전답이 황폐해지니 굶주림이 핍박하고	田畝就荒飢餓逼
세월이 늙음을 재촉하니 사생이 바쁘구나	星霜催老死生忙
게을러서 시구를 짓지 않은 지 오래이고	幽慵久廢題詩句
집이 가난하여서 술잔도 잡지 않는다	貧窶仍休索酒觴
병들어 노쇠한 몸 여생이 얼마 안 남았으니	病裏殘骸餘歲少
참으로 슬픈 이내 심정을 견딜 수 있으랴	可堪孤抱正悲傷

가을밤에 귀뚜라미 소리를 듣고
秋夜聞蟋蟀

벽오동에 가을 기운 산골 뜰에 가득하니	碧梧秋氣滿山庭
귀뚜라미가 계절을 알아 밤마다 우는구나	蟋蟀知時夜夜鳴
달 아래 높은 소리는 풀 속에서 차갑고	月下高聲依草冷
바람 앞에 가는 음향 숲 저편에서 맑아라	風前細響隔林淸
시인은 가는 세월 한탄하는 마음 일으키고	騷人惹起傷時恨

393 서검(書劍)을 이루지 못함 : 과거에 급제해 벼슬하지 못했음을 뜻한다. 서검은 글과 검으로 문무(文武)를 뜻한다. 맹호연(孟浩然)의 〈자락지월(自洛之越)〉에 "허둥지둥 삼십 년 세월 동안 글과 검 모두 못 이뤘네.[遑遑三十年 書劍兩無成]" 하였다.

정부[394]는 멀리 있는 남편 생각이 몹시 많으리 征婦偏多憶遠情
만약 네 울음이 길이 그치지 않는다면 若使爾吟長不輟
한 사람도 마음이 평안하지 않으리라 襟懷莫得一人平

정해년(1647) 8월 11일에 큰비가 내리기에
丁亥八月十一日有大雨

지난 해 오늘은 가을 기운 쌀쌀하더니 去歲今辰秋已肅
올해 오늘은 빗줄기가 세차게 뿌리누나 今年此日雨飛颺
가벼운 백구는 점점이 앞 시내에 오고 輕鷗片片來前澗
노니는 제비는 쌍쌍이 작은 집에 날아든다 遊燕雙雙入小堂
오궤에 홀로 기댄 채 계절 변화에 놀라고 烏几獨憑驚節序
황관을 때로 벗어서 서늘한 바람을 쐬노라 黃冠時脫受風涼
오동나무 병든 잎이 먼저 시들어 떨어지니 梧桐病葉先凋落
거기에 새로 지은 시를 쓰느라 경황이 없어라 却把新詩寫不遑

《두율》[395]의 〈최씨동산초당〉[396] 요체[397]를 본떠서 지으며 늙고 병든 회포를 쓰다
效次杜律崔氏東山草堂拗體仍書老病之懷

늙은 이 몸 나이가 예순아홉이니 老我行年六十九
희끗희끗한 수염과 머리털이 신선해라[398] 蕭蕭鬢髮相鮮新

394 정부(征婦) : 군역(軍役)으로 남편을 변방에 보낸 아내이다.
395 《두율(杜律)》 : 당(唐)나라 시인 두보(杜甫)의 율시(律詩)를 모은 책이다. 원(元)나라 우집(虞集)이 주석을 붙인 《두율우주(杜律虞註)》를 가리킨다.
396 최씨동산초당(崔氏東山草堂) : 《두율》에 실려 있는 시이다.
397 요체(拗體) : 한시의 한 가지 변체(變體)로서, 근체시(近體詩)의 평측(平仄) 상격(常格)에 맞추지 않은 절구(絶句)나 율시(律詩)이다.

칼집 속의 청평검은 속절없이 홀로 울고[399] 寶匣青萍空自吼
거문고의 유수곡은 아무도 아는 이 없어라[400] 玉琴流水知無人
어버이 봉양에 다시는 귤을 품지 못하고[401] 供親不復任懷橘
임금을 연모해 한갓 미나리 바칠 생각[402]만 하네 戀主徒能思獻芹
가난하여 진수성찬을 장만하지 못하고 貧窶珍羞未辦得
주린 배 채우라고 송기와 죽순만 나눠준다 充飢但自頒松筠

국화가 늦어서 중양절에도 꽃을 보지 못하기에
菊晚重陽日不得見花

여름 내내 국화를 길러서 養菊經三夏
가지가 무성하게 자랐어라 枝條茂更長
단지 가을 기후가 어긋나서 只緣愆節序
중양에도 필 생각조차 않누나 無意拆重陽

398 희끗희끗한 … 신선해라 : 두보(杜甫)의 〈최씨동산초당(崔氏東山草堂)〉에서는 "너의 옥산초당 고요함을 좋아하노니, 가을 서늘한 기운이 신선하여라.[愛汝玉山草堂靜 高秋爽氣相鮮新]" 하였다.

399 칼집 … 울고 : 청평검(青萍劍)은 고대의 명검(名劍)이다. 뛰어난 재능을 가지고서 세상에 나가 뜻을 펴지 못함을 뜻한다.

400 거문고의 … 없어라 : 세상에 지음(知音)의 벗이 없음을 뜻한다. 주 70 참조.

401 어버이 … 못하고 : 봉양할 어버이가 안 계심을 뜻한다. 삼국(三國) 시대 오(吳)나라 육적(陸績)이 여섯 살 때에 원술(袁術)을 만났다. 원술이 귤을 내오자 세 개를 품속에 간직하고 있다가 하직하려고 절할 때에 귤이 땅에 떨어졌다. 이를 본 원술이 말하기를 "육랑(陸郎)은 손님이 되어 귤을 품에 넣었는가?" 하였다. 육적이 무릎을 꿇고 대답하기를 "돌아가서 어머니께 드리려고 했습니다." 하니, 원술이 크게 기특하게 여겼다고 한다.《三國志 卷57 吳書 陸績傳》

402 미나리 바칠 생각 : 옛날 송(宋)나라의 한 농부가 항상 누더기만을 입고 겨울을 났다. 따사로운 봄날을 당하여 따뜻한 햇볕을 쬐면서, 천하에 너른 집, 따스운 방과 솜옷이나 여우 갖옷이 있는 줄은 모르고 자기 아내에게 말하기를 "이 등 쬐는 따뜻함[負背之暄]을 아무도 알 사람이 없으리니, 이것을 우리 임금님께 바치면 큰 상을 받게 될 것이다."라고 하였다. 그 마을의 부자가 이 말을 듣고 그에게 "미나리[芹]를 아주 좋아한 옛사람이 있어 그 마을의 부자에게 미나리가 맛이 좋다고 말했다. 그러나 그 부자가 미나리를 먹어보니 맛이 독하고 배가 아팠다더라." 했다고 한다. 전하여 미나리를 바치고 싶다는 것은 곧 미력이나마 임금을 위하고자 하는 충성을 의미한다.《列子 楊朱》 임금을 위하는 신하의 충성을 겸사로 말한 것이다.

푸른 꽃잎은 딸 만하지 못하고[403]　青蘂難堪摘
금빛 꽃술은 몹시도 피지 않네　金毦苦不芳
백의 입은 누가 술을 보내 올거나[404]　白衣誰送酒
술잔에 띄울 아무것도 없어라　無物可添觴

가을 농가의 풍미
秋日田家風味

절서가 중양절을 지난 뒤　節過重陽後
농가에는 모든 것이 여물었네　田家百物成
붉은 옥인 양 감이 달려 있고　火璾懸赤樹
황금빛 벼는 들판에 가득해라　金粟滿枝黃
축항[405]이라 생선국은 맛이 좋고　縮項鮮羹美
장요[406]라 흰 쌀밥은 향긋하구나　長腰雪飯香
밥상에는 무슨 음식이 좋은가　盤中何膳勝
우율[407]이 가장 맛이 좋구나　芋栗味深長

---

403 푸른 … 못하고 : 음력 9월 9일인 중양절에 국화 꽃잎을 술에 띄워서 마시는 풍속이 있기 때문에 이렇게 말한 것이다.

404 백의(白衣) … 올거나 : 백의 입은 사람은 술을 가져오는 사람을 뜻한다. 백의는 옛날 중국에서 종이 입었던 복색으로, 심부름꾼을 뜻한다. 진(晉)나라 도잠(陶潛)이 9월 9일 명절에 술이 없어 울타리 밖 국화밭에 나가 서글픈 심정으로 한동안 멀리 바라보고 있는데, 이때 강주 태수(江州太守) 왕홍(王弘)이 보낸 백의사자(白衣使者)가 술병을 들고 찾아왔다는 데서 인용한 것이다. 《續晉陽秋》

405 축항(縮項) : 맛좋은 물고기를 가리킨다. 주 249 참조.

406 장요(長腰) : 장요미(長腰米)의 준말로, 쌀의 별칭이다.

407 우율(芋栗) : 토란과 밤이다. 두보(杜甫)의 〈남린(南隣)〉에 "오각건을 쓴 금리선생이여, 밭에서 토란과 밤을 수확하니 아주 가난하지만은 않구나.[錦里先生烏角巾 園收芋栗未全貧]" 하였다. 원문의 우(芋)는 일설에는 도토리라고도 한다. 빈한한 집안의 음식을 뜻한다.

가을날 병중에 감회가 있어
秋日病中有感

맑은 가을 외진 마을에 이슬이 서리가 되니	秋晴窮巷露成霜
나뭇잎은 막 떨어지고 국화꽃이 피누나	木葉初凋菊有芳
좋은 절후가 절로 시절을 따라서 찾아오는데	佳節自隨時月至
와병 중이매 그저 노년 생활에 방해될 뿐일세	沈痾秪是老年妨
은빛 낚시를 다시는 앞 시내에 던지지 않고	銀鉤不復投前澗
신발을 신고서 다시 뒷산에 오르기 어려워라	荒屩難重陟後岡
이제부터는 좋은 흥취를 즐길 길 없으니	從此末由甄好興
오직 시구나 지어 고적한 마음을 달랠 뿐	唯能覓句緩愁腸

가을도 저물기에 주위의 경치를 읊어서 삼산께 올리다
秋晚詠四景奉呈三山

골짜기 어귀에 서리 바람이 작은 마을 휩쌀 제	谷口霜風擁小村
산옹은 무릎을 껴안은 채 산촌 마루에 앉았노라	山翁抱膝坐山軒
울타리 가 늙은 국화는 금전 같은 꽃잎 싸늘하고	籬邊老菊金錢冷
지붕 곁에 외로운 솔은 푸른 일산이 펄럭이는 듯	屋畔孤松翠蓋飜
머리 들어 서쪽 바위 보니 단풍이 비단처럼 붉고	矯首西巖明紫錦
사방 들판을 둘러보니 오곡이 누른 구름 펼친 듯	窮瞻四野布黃雲
호로병 속[408] 아름다운 경치 지금이 가장 좋으니	壺中美景今辰最
좋은 벗들과 마주 앉아 술잔 기울이기 제격일세	合對良朋瀉玉樽

408 호로병 속 : 한 구역 경치가 좋은 곳을 뜻한다. 주 195 참조.

담적으로 이진탕을 복용하다 이진탕은 반하 · 진피 · 감초 · 복령 네 가지 약재를 달여 만든다.

以痰積服二陳湯 二陳湯半夏陳皮甘草茯苓四種

이 약의 이치를 찬찬히 살펴보니	細窮玆藥理
약재가 저마다 성질이 다르구나	材品各殊情
반하는 쌓인 담적을 제거하고	夏礫凝痰盡
진피는 막힌 기운을 소통하네	陳行滯氣淸
속을 편안케 하는 건 감초의 성질	和中甘素性
진액을 생기게 함은 복령의 효능	生液茯通靈
네 재료는 비록 제각각 약재이나	四物雖單劑
치료하는 공효는 참으로 가볍지 않아라	治功定不輕

밤을 줍다

拾栗

맑은 서리에 가을 과일 익으니	霜淸秋果熟
동산에 밤송이가 벌어졌어라	園栗拆寒房
나무에서 밤이 우수수 떨어져	落樹紛珠彈
숲을 뒤지며 붉은 밤알 줍는다	披林拾紫瓊
삶으면 늙은이 간식으로 좋고	烹融宜老食
구우면 주린 창자 달랠 수 있네	煨熟可飢腸
예로부터 산속 생활의 흥취로	自昔山居興
밤 맛보다 더 좋은 게 없어라	無踰此味長

우연히 보니 뜰 앞의 푸른 대, 푸른 솔, 노란 국화가 스스로 세 벗이 되었기에
偶見庭前綠竹蒼松金菊自作三友

대는 솔의 높은 절개 사랑하고　竹愛松高節
솔은 대의 순수한 성품을 아끼네　松憐竹守眞
가을 들어서 한 벗이 늘어났으니　秋來添一益
노란 국화가 좋은 이웃이 되었구나　金菊作芳隣

늦가을 육언
暮秋 六言

일만 골짜기에 맑은 서리가 내리니　萬壑淸霜已落
일천 숲에 단풍잎이 막 흩날리누나　千林錦葉初飛
울타리 가에는 노란 국화가 피고　籬邊黃菊自拆
저녁 하늘에 외로운 기러기 돌아간다　天際孤鴻暮歸

밤중에 앉아서
夜坐

가물가물 외로운 등잔 싸늘한 빛　耿耿孤燈一穗寒
홀로 오궤에 기대니 밤이 이슥해라　獨憑烏几夜將闌
시 읊느라 잠 못 이루고 벗할 이 없어　沈吟不寐無相伴
그저 용천검[409]만 벽에 기대어 있을 뿐　只有龍泉倚壁間

409 용천검(龍泉劍) : 춘추시대(春秋時代)의 간장(干將), 막야(莫邪) 부부가 제작했다는 전설상의 보검 중 하나이다. 여기서는 검을 뜻한다.

집 앞의 네 벗
堂前四友

고아한 벗들이 내 집을 둘렀으니	高標環我屋
그 맑은 아취 온통 끝이 없어라	淸趣渾無涯
옥이 부딪치는 소리는 바람 앞의 대나무	軋玉風前竹
옥을 머금은 것은 달빛 아래 매화일세	含瑛月下梅
노란 국화꽃 서리 내린 뒤에 피고	菊黃霜後嫩
푸른 소나무는 눈 속에서 아름다워라	松翠雪中佳
봄의 복사꽃 오얏꽃에게 이르노니	寄語春桃李
따스한 햇살 덕에 피는 것 자랑 말라	休誇倚日開

삼가 차운하다 두흥
伏次 斗興

누가 식물을 인색하다 했는가	誰云植物嗇
나를 따라 평생 동안 벗하는 것을	從我伴生涯
옥처럼 선 것은 현인인 대나무	玉立賢人竹
얼음처럼 맑은 것은 처사인 매화	氷淸處士梅
청빈한 풍모는 서리 맞은 국화	疎寒霜菊瀿
기절이 우뚝한 것 눈 속의 소나무	氣節雪松佳
날마다 한가한 멋 이들과 함께	日日同閑趣
거문고 타고 술을 마시시리라	琴彈酒且開

삼가 차운하다 두성
伏次 斗成

빈한한 삶 고맙게도 벗이 있어 貧居賴有友
내 생애 괴롭지만은 않으시구려 不苦吾生涯
곧은 절개 외로운 대나무 좋아하고 直節憐孤竹
맑은 풍모 홀로 선 매화 사랑하시네 貞標愛獨梅
국화 마음은 서리가 내릴 때 올곧고 菊心霜重烈
소나무 빛은 날씨가 추울 때 좋아라 松色歲寒佳
취향이 같은 이들과 어울려서 物我相同趣
날마다 흉금을 열고 즐기시네 襟期日日開

삼가 차운하다 두양
伏次 斗揚

자연 속에 아담한 집을 지으니 林泉成小築
구름 낀 물가에 있는 거리일세 門巷水雲涯
바람에 부딪치는 옥은 가을 대나무[410] 風玉敲秋竹
차가운 꽃망울 터뜨리는 건 섣달 매화 氷英綻臘梅
겹겹이 노란 국화꽃 섬돌 따라 피었고 疊黃依砌嫩
푸른 소나무 빛은 발 가까이 좋아라 疎翠近簾佳
그윽한 벗과 서로 만나서 기쁘니 幽契欣相托
밤낮으로 흉금을 열고 즐기시리라 襟懷日夕開

410 바람에 … 대나무 : 대나무를 짙은 녹색 또는 청백색을 띤 낭간(琅玕)이란 옥에 비기므로 이렇게 말한 것이다.

삼가 차운하다 두영
伏次 斗榮

적막한 물가에서 한가하게 사시니	端居濱寂寞
누구와 더불어 생애를 보내시는고	誰與度生涯
도를 체득한 건 중심이 빈 대나무	體道心空竹
절개 곧은 건 옥처럼 청수한 매화	堅貞玉瘦梅
날씨가 추우매 솔이 홀로 푸르고	歲寒松獨秀
서리 내려야 국화 비로소 피누나	霜重菊方佳
이들과 격의 없는 교분을 맺고서	托契無相間
날마다 흉금을 열고 즐기시누나	襟懷日且開

삼가 차운하다 두환
伏次 斗煥

만년에 경치 좋은 곳에 집을 지으니	晩築仙區勝
산기슭 남쪽 물 북쪽 동네로세	山南水北涯
운치 있는 건 가을 뒤 대나무	韻疎秋後竹
향기 은은한 건 섣달의 매화	香細臘前梅
자줏빛 꽃떨기 서리 맞아 피고	紫朶經霜艶
푸른 수염 솔은 눈 속에 푸르도다	蒼髥傲雪佳
이 네 벗과 함께 어울려서	携持吾四友
날마다 취한 얼굴 즐거워하시네	日與醉顔開

삼가 차운하다 두평
伏次 斗平

멀리서 온 벗은 비록 못 보지만[411]	遠來雖未見
네 벗만으로도 생애가 넉넉하여라	四友足生涯
난간 가까이엔 바람에 울리는 대	檻近寒聲竹
창 앞에는 옥빛으로 핀 매화	窓臨玉瀠梅
서리 맑으니 국화 향기가 짙고	霜淸嗅菊烈
한 해가 저물 제 솔빛이 좋구나	歲晩覺松佳
이들과 마음으로 사귀어 벗이 되어	物我心相契
흉금을 이들에 의지해서 여시누나	襟懷賴此開

삼가 차운하다 심선
敬次 沈譔

몸에 병이 많아지신 뒤로부터	自從多病後
벗을 사귀는 범위가 넓어지셨네	交道渙無涯
덕은 외롭지 않아[412] 솔과 국화 있고	德不孤松菊
이웃으로는 지금 대와 매화 있어라	隣今有竹梅
누가 세 가지 유익한 벗[413] 말하는가	誰論三益美

411 멀리서 … 보지만 : 공자(孔子)가 "벗이 먼 곳에서 오면 또한 기쁘지 않은가.[有朋自遠方來 不亦樂乎]" 하였다. 여기서는 멀리서 찾아오는 벗이 없다는 뜻으로 말하였다. 뒷구절을 말하기 위한 전제로 말한 것이다.

412 덕은 외롭지 않아 : 《논어(論語)》 〈이인(里仁)〉에 "덕이 있는 사람은 외롭지 않다. 반드시 이웃이 있다.[德不孤 必有隣]" 하였다. 여기서는 옥담이 뜰에 소나무, 국화, 대나무, 매화를 기르고 있기 때문에 이웃이 있다고 한 것이다.

413 세 가지 유익한 벗 : 공자(孔子)가 이르기를 "유익한 벗이 세 가지가 있고, 해로운 벗이 세 가지가 있으니, 벗이 정직하고 신실하고 문견이 많으면 유익하다.[益者三友 損者三友 友直 友諒 友多聞 益矣]"라고 한 데서 온 말이다. 《論語 季氏》

네 가지 벗이 좋음을 다시금 알겠네	更覺四爲佳
천지에 염량의 기후가 바뀔 제	天地炎涼變
너희를 보며 흉금을 여시누나[414]	襟懷向爾開

발을 읊다 이십운 ○첩자를 사용하지 않았다.

詠簾 二十韻 不用疊字

용종[415]을 그 누가 베어 왔느뇨	龍鍾誰剡得
엮어서 발을 만들어 걸어 뒀구나	編結掛簾頭
비를 막느라 자주 드리워 두고	障雨頻垂地
산을 볼 때는 매양 걷어 올리지	瞻山每上鉤
바람이 싸늘해도 한기 못 들어오고	風凄寒莫徹
산기운 다가올 땐 습기를 막는다	嵐近潤無投
말아 올리면 둥지 찾는 제비를 맞고	捲可賓巢燕
걷어 올리면 저물녘 백구를 보기 좋다	褰宜矚晩鷗
나비가 지나가면 흰 눈송이 같고	蝶過看雪片
꾀꼬리 날아갈 땐 금빛이 흐르는 듯	鸎度見金流
아침 해 뜨면 붉은 햇살 비쳐들고	旭日朝含晣
저녁 해 질 때는 낙조가 붉게 앉네	殘暉夕帶留
밤중에는 아스라이 은하수가 보이고	宵臨銀漢迥
저녁에는 하늘에 촘촘히 빛나는 별들	昏繞玉繩稠
대나무 푸른빛이 늘 어지러이 비쳐들고	竹色侵常亂

414 천지에 … 여시누나 : 염량세태(炎涼世態)에 비유하여 말한 것이다. 즉 기후가 바뀜에 따라 다른 초목들은 시드는데 소나무, 대나무는 늘 푸르고 매화, 국화는 꽃을 피우는 것을 군자의 모습에 비유하였다.

415 용종(龍鍾) : 대나무 이름이라 하는데 일반적으로 대나무를 뜻하는 말로 쓰인다. 북주(北周) 유신(庾信)의 〈공죽장부(邛竹杖賦)〉에 "풍상을 겪어 고색을 띠고 이슬에 젖어 얼룩무늬가 깊으니, 매양 용종의 족속과 더불어 자취를 감춘다.[霜風色古 露染斑深 每與龍鍾之族 幽翳沈沈]" 하였다.

솔바람 소리는 유장하게 들려오누나 松聲透更悠
붉은 꽃잎 바람에 불려와서 부딪히고 輕紅吹點綴
버들솜은 부딪혔다 다시금 하늘거린다 飄絮撲還游
난초에 어린 안개 피어올랐다 스러지고 蘭霧燻相泄
차 달이는 연기 흩어졌다 이어진다 茶烟散且囚
구름이 휘감으니 맑은 밤이 고요하고 雲縈晴夜靜
안개 마주하니 저녁 빛이 길게 뻗었네 霞對暮光脩
뜰의 아지랑이는 봄에 엷게 감돌고 庭靄春圍薄
숲의 부슬비는 새벽에 두루 적신다 林霏曉濕周
이슬 망울은 맺혔다가 떨어지려 하고 露華凝欲滴
서리 기운은 들어오다 다시 머무네 霜氣逼旋遛
촛불은 타면서도 평온한 모습이고 蠟燭燒能穩
등잔은 꺼지지 않고 밝구나 香燈爇不休
가벼운 음기가 필연을 감싸고 微陰籠筆硯
성근 그림자가 공후[416]를 덮는다 疎影冪箜篌
곁을 돌아보며 어진 짝을 생각하고 撫偶思賢侶
명분을 따르고 구차한 욕심 그치네 因名止苟求
학을 걸고 내기한[417] 벗을 초대하고 憑邀賭鶴友
옷 잡혀 술 마실[418] 벗이 오길 기대한다 倚待典衣儔
맑은 휘파람은 울려도 멀리 가기 어렵고 淸嘯登難越
높은 노래 불러도 울려 퍼지지 못한다 高歌發未浮
시에 의지해서 세상 근심을 잊고 依吟忘世慮
잠을 벗하여 속진의 시름을 씻누나 伴睡滌塵愁

416 공후(箜篌) : 현악(絃樂)의 일종으로서 백제금(百濟琴)이라고도 한다. 여기서는 거문고와 같은 현악기를 뜻한다.

417 학을 걸고 내기한 : 주 118 참조.

418 옷 … 마실 : 술집에 옷을 잡혀 놓고 술을 마시는 것이다. 주 360 참조.

가장 사랑스러운 건 동쪽 봉우리 달이 最愛東岑月
밝은 빛을 비추며 절로 그윽한 모습 揚輝射自幽

두양의 시에 차운하다 정해년(1647) 겨울
次斗揚韻 丁亥冬

병든 사람 잠 없어 날 밝도록 앉았노니 病客無眠坐到明
저녁이 오자 산촌 집 뜰에 눈보라가 친다 晩來風雪繞山庭
누가 한 병의 황류주[419]를 가지고 와서 誰將一榼黃流酒
상여의 갈증 느끼는 폐[420]를 씻어줄거나 能使相如渴肺淸

원운
元韻

아침 해 막 떠올라 흰 눈을 환히 비추니 旭日初昇映雪明
따스한 햇볕 따라 닭과 개가 뜰에 가득해라 就暄鷄犬滿階庭
짧아진 머리털 천 올을 백 번이나 빗질하고 短髮千莖梳百遍
옷을 걸치고 조용히 앉으니 정신이 맑아라 披衣穩坐覺神淸

419 황류주(黃流酒) : 노란빛의 울창주(鬱鬯酒)인데, 좋은 술을 뜻한다. 《시경(詩經)》 〈대아(大雅) 한록(旱麓)〉에 "아름다운 저 옥찬에 황류가 담겨 있도다.[瑟彼玉瓚 黃流在中]" 하였다. 옥찬은 손잡이가 옥으로 된 술을 뜨는 국자이다.

420 상여(相如)의 … 폐 : 폐에 갈증을 느낀다는 것은 오늘날 당뇨병과 같은 소갈증(消渴症)을 앓아 늘 갈증을 느끼고 있음을 뜻한다. 상여는 전한(前漢) 때 문장가인 사마상여(司馬相如)를 가리킨다. 사마상여가 만년에 소갈증을 앓았다 한다.

정해년(1647) 섣달 그믐
丁亥除夜

몸에 심한 병 걸려 기운이 허약하니　身嬰劇疾抱虛羸
백발 장수는 평소에 기대도 안 하였지　白首長年素未期
손 꼽아 보니 내일이면 일흔 살이니　屈指明朝當七十
인생에 수명이란 참으로 알기 어려워라　人生壽夭固難知

서울로 돌아가는 손자를 보내며 무자년(1648) 봄, 두환의 아들 동금이 서울로 돌아갔다.
送孫兒還京 戊子春斗煥子同金還京

손자를 열하나 두었는데　吾孫十有一
너에게 유독 사랑을 쏟았지　於汝最加憐
재주와 지식은 상대가 없고　才識無倫敵
총명도 비길 사람 드물어라　聰明少比肩
나이 겨우 열두 살에　年齡纔二六
글자는 이미 삼천 자를 알았네　文字解三千
이제 서울로 돌아간 뒤로도　此日還京後
공부한 것 익히길 게을리 말라　毋怠習所傳

삼현의 안생 집 벽에 유 강동의 시가 있다는 말을 듣고 그 시에 차운하다 안생은 거문고를 잘 연주한다.
聞三峴安生壁上有柳江東詩仍次其韻 安生善彈琴

어진 충신 후대에 가문을 잘 이어서　忠賢隔世有傳家
만년에 새로 집 짓고 온갖 화초 심었네　晚築新莊種百花

몇 이랑 한가한 정원은 한적한 시골에 있고	數畝閑園濱寂寞
한 구역 반듯한 집은 번잡한 속세 떠났어라	一區方宅謝塵譁
바람이 옥기둥에 이니 그윽한 가슴 시원하고	風生玉柱幽懷暢
달이 금술잔에 비치니 상쾌한 흥이 더 이네	月照金樽爽興加
병이 많은 마경[421]은 늘 누운 채 칩거하느라	多病馬卿長臥縶
아묵[422]을 가지고 벽에다 쓰지 못하는구나	未將鴉墨壁間斜

새벽에 일어나
曉起

산창 아래 새벽에 일어나서	曉起山窓下
등잔불 밝히고 홀로 읊조린다	懸燈獨自吟
길게 탄식함은 나라 걱정이요	長吁憂國恨
크게 한숨 쉼은 임금 연모일세	太息戀君心
대숲에 바람 소리 옥비파 울리고	竹籟鳴瑤瑟
송뢰 소리는 옥거문고 타는 듯	松濤軋玉琴
문 열고 보니 하늘은 밝아오는데	開門天欲曙
춘설이 뜰 저편 숲에 가득하여라	春雪滿庭林

외진 곳의 삶
僻處

외진 곳에 삶이 은거 위함 아니니	僻處非爲隱

421 병이 많은 마경(馬卿) : 마경은 전한(前漢) 때 문장가인 사마상여(司馬相如)를 가리킨다. 그의 자가 장경(長卿)이므로 이렇게 부른 것이다.

422 아묵(鴉墨) : 당(唐)나라 노동(盧同)의 〈시첨정(示添丁)〉이란 시에 "홀연 책상 위에서 먹물을 가져다가, 마치 늙은 까마귀 모양 시서를 쓴다.[忽來案上翻墨汁 塗抹詩書如老鴉]" 한 데서 온 말로, 자신의 시문(詩文) 또는 글씨가 서툴다는 뜻의 겸사로 쓴다.

한가로운 삶이 어찌 세상 피해서랴	端居豈避時
임금을 바로잡을 좋은 방도 없고	格君無善術
국가 경영에 앞을 보는 예지 없다네	經國少前知
〈장양부〉를 아직 바치지 못했으니[423]	未獻長楊賦
속절없이 양보시[424]를 읊을 수밖에	空吟梁甫詩
올해도 봄이 벌써 지나갔으니	今年春已過
머리털에는 흰 올만 더 늘었구나	雙鬢轉添絲

이른 봄에 읊어서 삼산주인께 바치다
早春吟呈三山主人

양지바른 비탈에 눈이 다 녹고	雪盡陽坡日
맑은 물 서쪽에 봄이 돌아왔어라	春廻白水西
풀 위에서는 아지랑이를 보겠고	草頭看野馬
숲 가에서는 꿩 울음 들리누나	林畔聽山鷄
목동은 남쪽 길에서 노래하고	牧豎歌南陌
초동은 북쪽 골짜기에서 노래한다	樵童唱北磎
초가집에 바람이 따스해져 가니	茅齋風欲暖
거문고 서책 가까이할 만하여라	琴書可相携

---

423 장양부(長楊賦)를 … 못했으니 : 임금에게 충간을 올림을 뜻한다. 한 성제(漢成帝)가 중국에 금수(禽獸)가 매우 많음을 자랑하기 위하여 백성들을 징발하여 온갖 짐승들을 잡아다가 장양궁(長楊宮)에 넣어놓았다. 그리고는 호인(胡人)을 시켜 맨손으로 그것을 때려 잡게 하고 구경하였는데, 양웅(揚雄)이 〈장양부(長楊賦)〉를 지어 올려 겉으로는 황제를 한껏 칭찬하면서 그 속에 풍간(諷諫)을 담았다. 《漢書 卷87 下 揚雄傳》

424 양보시(梁甫詩) : 큰 뜻을 펴지 못하는 선비의 울울한 심정을 상징한다. 주 92 참조.

봄이 옴을 보고 회포를 쓰다
見春書懷

임금을 요순처럼 만들려던[425]	致君堯舜道
그 뜻 이미 이루기 어려워라	心計已難輸
독선[426]해서 마침내 무슨 이익 있으랴	獨善終何益
한가로이 살며 스스로 즐거워할 뿐	端居秪自娛
광음은 시절을 따라 바뀌고	光陰隨節換
용모는 세월 따라 늙어가누나	顏貌逐年癯
고맙게도 배중물[427]이 있어서	賴有盃中物
시름이 오매 힘 안 들이고 없애누나	愁來掃不劬

시와 술 두 군에게 주다
贈詩酒兩君

주옥 같은 시편은 한묵에서 생기고	瓊葩生翰罍
옥액 같은 술은 병에 가득하여라	玉液滿樽罍
근심 달래주는 공로 갚기 어렵고	排憫功難報
마음 풀어주는 공덕 가볍지 않구나	寬心德不輕
황하 거꾸로 드리움은 이백을 뒤쫓고[428]	河懸追李白

---

425 임금을 요순(堯舜)처럼 만들려던 : 조정에 나가 임금을 보필하는 큰 일을 함을 뜻한다. 주 364 참조.

426 독선(獨善) : 독선기신(獨善其身)의 준말로 세상에 나가 뜻을 펴지 못하고 자기 일신을 선하게 하는 것이다. 《맹자(孟子)》 〈진심 상(盡心上)〉에 "곤궁해지면 자기의 몸 하나만이라도 선하게 하고, 뜻을 펴게 되면 온 천하 사람들과 그 선을 함께 나눈다.[窮則獨善其身 達則兼善天下]" 한 데서 온 말이다.

427 배중물(盃中物) : 잔 속의 물건이란 말로 술을 뜻한다. 이백(李白)의 〈대주억하감(對酒憶賀監)〉에 "옛날에는 배중물을 좋아하더니, 지금은 소나무 아래 진토 되었어라.[昔好盃中物 今爲松下塵]" 하였다.

428 황하(黃河) … 뒤쫓고 : 당(唐)나라 대시인 이백(李白)처럼 시를 잘 지음을 뜻한다. 황하를 거꾸로

시내 들이켜는 건 유령을 배웠어라[429] 川吸學劉伶
그대들처럼 좋은 벗이 없으면 蔑有公曹勝
이내 생애 어떻게 보낼 수 있을꼬 何能度此生

그윽한 회포 육언
幽懷 六言

늙은 머리털 천 올은 백설이요 危鬢千莖白雪
마음 달래는 한 곡조는 현금[430]일세 寬心一曲玄琴
즐거운 일은 꽃 앞에서 홀로 술 마시는 것 樂事花前獨酌
그윽한 회포는 달빛 아래 홀로 시 읊는 것 幽懷月下孤吟

한거 육언
閑居 六言

나무 늙어 전원은 아취가 있고 樹老田園成趣
이끼 깊어 돌길은 다니는 이 없다 苔深石逕無媒
지붕 위 푸른 산은 울창하게 높고 屋上青山鬱崔
문 앞의 맑은 물은 구비져 도누나 門前白水縈廻

드리운다는 것은 구변 또는 시문이 거침없음을 뜻한다. 진(晉)나라 왕연(王衍)이 곽상(郭象)의 구변(口辯)에 대해 "황하 물을 거꾸로 쏟으매 물이 쏟아져서 마르지 않는다.[懸河瀉水 注而不竭]"고 형용한 고사가 전한다.《世說新語 賞譽》

429 시내 … 배웠어라 : 시내를 들이켠다는 것은 술을 매우 잘 마셨음을 뜻한다. 두보(杜甫)의 〈음중팔선가(飮中八仙歌)〉에 "좌상은 날마다 주흥으로 만전을 허비하여, 술 마시기를 큰 고래가 백천을 들이마시듯 하네.[左相日興費萬錢 飮如長鯨吸百川]" 한 데서 온 말이다. 유령(劉伶)은 진(晉)나라 때 죽림칠현(竹林七賢)의 한 사람으로 술을 매우 좋아하여 술을 칭송하는 〈주덕송(酒德頌)〉이란 글을 지었다.

430 현금(玄琴) : 진(晉)나라 은사(隱士) 도연명(陶淵明)이 타지 않고 벽에 걸어두었다는, 줄이 없는 거문고인 소금(素琴)의 이칭이다.

봄밤에 술 마시며 육언
春夜飮 六言

양춘백설[431] 노래가 끝나자	陽春白雪罷歌
유수고산[432] 곡조가 움직이도다	流水高山動曲
달빛 아래 산옹은 취해서 졸고	月下山翁醉眠
꽃 앞에 야로는 자리를 다투누나[433]	花前野老爭席

사시사 육언
四時詞 六言

비 온 뒤에 붉은 복사꽃 환히 피었고	雨後緗桃灼灼
안개 속에 가는 실버들 하늘거리누나	烟中細柳絲絲
눈에 가득한 푸른 봄빛은 적적하고	滿眼青春寂寂
하늘에 뜬 흰 해는 느릿느릿 가네	中天白日遲遲

위는 봄을 읊은 것이다.

들보 사이 새끼 제비는 지저귈 줄 알고	樑間燕雛解語
나뭇가지에 어미 꾀꼬리는 교태로운 소리	樹梢鸎母嬌音
당상의 얼음 쟁반에는 옥이 놓였고[434]	堂上氷盤錯玉

431 양춘백설(陽春白雪) : 수준이 높은 노래를 뜻하는 말로 주로 상대의 시를 가리킨다. 주 116 참조.

432 유수고산(流水高山) : 춘추시대 백아(伯牙)가 연주하고 종자기(鍾子期)가 들었다는 노래로, 지음(知音)의 벗끼리 부른 노래 또는 우정을 뜻한다. 주 70 참조.

433 자리를 다투누나 : 춘추시대 양자거(陽子居)란 사람이 여관(旅館)에 묵었는데 처음에는 그가 예모(禮貌)를 엄격히 차린 까닭에 다른 사람들이 모두 두려워하여 매우 조심스럽게 대접했다. 그 후에 그가 노자(老子)의 가르침을 받고 나서 소탈한 태도를 보인 이후로는 모두들 그와 더불어 좋은 좌석을 서로 다투며 허물없이 대했다. 《莊子 寓言》 여기서는 격의없는 술자리를 뜻한다.

434 당상(堂上)의 … 놓였고 : 당상관(堂上官)에게는 임금이 여름에 얼음을 나누어 주었기 때문에 이렇게 말한 것이다. 얼음 쟁반[氷盤]은 얼음을 깔아놓은 쟁반으로, 신선한 연뿌리·마름·외·과일

하늘의 불타는 해는 쇠를 녹인다[435] 天衢火日流金

위는 여름을 읊은 것이다.

비탈에 가득한 국화는 이슬에 젖었고 一塢金錢露浥
숲마다 붉은 단풍은 서리 맞아 흩날린다 千林赤葉霜飛
백주는 상 위에 이미 익어 있고 白酒床頭已熟
노란 닭은 집 앞에서 막 살졌어라 黃鷄舍下初肥

위는 가을을 읊은 것이다.

매서운 찬바람은 노하여 울부짖고 觸硧陰風怒號
허공 가득 백설이 분분히 많아라 漫空白雪紛多
앞산도 뒷산도 백옥 산이 되었고 前山後山玉岳
천 나무 만 나무 백옥 꽃이 피었구나 千樹萬樹瓊葩

위는 겨울을 읊은 것이다.

병중에 감회가 일어 읊다

病中感吟

깊은 병이 오래도록 낫지 않아 沈痾久不愈
한 해가 다 가도록 병석에 누웠다 終歲臥房床
약을 써봐도 아무 효험이 없고 藥物無全效
의원도 치료할 방도 찾지 못하네 醫治少善方
죽을 날 가까우니 스스로 가련해 自憐濱死日

따위를 놓을 때 사용한다. 얼음 조각을 옥에 비유했다. 당(唐)나라의 시인 한악(韓偓)의 시 〈우후월중옥당한좌(雨後月中玉堂閑坐)〉에 "녹향이 풍기는 얼음 쟁반 과일에 치아가 시리고, 수전의 바람에 서늘한 기운은 살갗을 스치네.[綠香熨齒氷盤果 淸冷侵肌水殿風]" 하였다.

435 쇠를 녹인다 : 날씨가 매우 더움을 뜻한다. 《초사(楚辭)》 〈초혼(招魂)〉에 "열 개의 해가 번갈아 나와서 쇠를 녹이고 돌을 녹인다.[十日代出 流金鑠石些]" 하였다.

지는 석양을 다시 돌리기 어렵구나　　難計倒殘陽
내 마음에 크게 위안이 되는 건　　大慰吾心事
자손이 내 곁에 가득 있는 것일세　　兒孫滿側傍

봄날 감회가 일어 읊다
春日感吟

골짜기 어귀에 봄이 저무니　　谷口青春暮
산꽃이 가지에 가득 만개했네　　山花拆滿枝
향긋한 바람 문을 감싸 따스하고　　香風圍戶暖
밝은 해는 하늘을 느릿이 지나간다　　白日度天遲
들보 사이 제비는 잘도 지저귀고　　燕語樑間滑
지붕 위에 비둘기는 기쁘게 우누나　　鳩鳴屋上僖
봄빛을 미처 다 못 보았는데　　年光看未足
모르는 결에 늙음이 따라왔어라　　不覺老相隨

감회가 일어 병증에 대해 읊다
感吟病症

노년에 깊은 병이 날로 더해 가니　　衰年沈病日添增
백천 가지 약 처방도 효험이 없어라　　百藥千方未驗徵
속 쓰려 줄곧 토하니 창자가 찢어질 듯　　酸吐不休腸激裂
가래가 때로 차오르니 기운이 답답하네　　痰涎時塞氣燻烝
가슴 속에 적체한 건 돌처럼 단단하고　　胸中積聚堅如石
늑골 아래 덩어리 진 건 얼음처럼 차갑다　　脇下成塊冷似氷
조석으로 먹는 거라곤 미음과 죽뿐이니　　朝夕所需饘與粥
이 봄 들어서 더 여위어 뼈만 앙상하여라　　春來瘦骨轉稜稜

병중에 아이들이 과거에 급제하지 못한 것을 탄식하다
病中歎兒曹未得科第

나는 일곱 아들을 두었으니	我有七男子
자식이 참 많다고 할 만하네	可云蕃且㲋
총명이 특출한 것도 아니요	聰明非特達
무력이 남다른 이도 드무네	武力少兼人
연방[436]에는 세 번 급제하였지만	縱有蓮三折
계방[437]에는 한 번도 오르지 못하네	其無桂一新
그 언제나 좋은 운수를 만나서	何當逢泰運
가문에 경사가 날마다 찾아올꼬	門慶日來臻

백비탕
百沸湯

새벽에 석간수 물을 길어다가	曉汲石間水
아침 내내 끓이기를 그치지 않네	崇朝烹不已
옛사람은 백 번 끓인다고 하지만	古人云百沸
나는 천 번이나 끓일 수 있으니	我則能千沸
남이 백 번을 해서 잘하면	何殊人百能
나는 천 번 하는 것[438]과 어찌 다르랴	己則當千之
그 공효 유탕(乳湯)과 같건만	其功與乳同
이 이치를 아는 사람이 없어라	此理無人知

436 연방(蓮榜) : 생원시(生員試)나 진사시(進士試)를 말한다.

437 계방(桂榜) : 대과(大科)를 말한다.

438 남이 … 것 : 《중용장구(中庸章句)》 제20장에서 군자의 학문하는 자세를 두고 "남이 한 번에 능하거든 나는 백 번을 하며, 남이 열 번에 능하거든 나는 천 번을 한다.[人一能之 己百之 人十能之 己千之]"라고 한 것을 가리킨다.

두시 〈삼운삼편〉에 차운하고 이어 시사에 감회가 일다
次杜詩三韻三篇因感時事

숲이 무성하니 새들이 모이고 林茂集衆鳥
물이 깊으니 물고기 많이 노닌다 水深多游鱗
어진 이 맞이할 정성이 없다면 賓賢苟無誠
누가 중지(衆智)를 모을 수 있으리오 孰肯能會神
예로부터 암혈에 사는 선비들은 從來巖穴士
죽을 때까지 자신을 숨기는 법 到死藏其身

치세 이루려 임금은 힘을 쏟을 때 圖治厲精日
해를 관통하는 흰 무지개가 많았어라[439] 貫日多白虹
조정에는 좋은 계책이 드물고 巖廊少長算
곤외[440]에는 뛰어난 공로가 없네 閫外無奇功
아아 우리 어린 백성들 吁嗟我赤子
도탄에 허덕인 지 오래 久在塗炭中

외로운 성에 전투가 그친 뒤 孤城戰旣罷
십년 동안 군사를 징집하지 않았네 十載兵不調
금은 비단을 죄다 오랑캐에 보내고 歸輸盡金帛
사신 가는 이들 높은 벼슬아치 많으니 奉使多貴要
동토의 백성들은 쉴 날이 드물어 東民少息肩
이맛살 찌푸리다 쓴웃음을 짓누나 蹙額翻喜笑

---

439 해를 … 많았어라 : 나라에 재앙이 많았음을 뜻한다. 성어(成語)로 백홍관일(白虹貫日)이라 하여 흰 무지개가 해를 뚫고 지나간다는 일종의 기상 현상인데, 재앙을 암시하는 것이라 한다.

440 곤외(閫外) : 곤(閫)은 도성의 문이다. 옛날에 출정하는 장수를 전송할 때 임금이 무릎을 꿇고 수레바퀴를 손수 밀면서 말하기를 "곤내(閫內)는 과인이 다스릴 테니 곤외(閫外)는 장군이 알아서 하라."고 말하였다. 《史記 卷102 張釋之馮唐列傳》 도성 문 밖 즉, 전장(戰場)을 뜻한다.

송 척시가 오리를 보내 준 데 사례하다 송 척시는 주부 송률로 금천에 산다.
謝宋戚侍遺鴨子 宋主簿嵂居衿川

인생 일흔 살이 된 뒤론 人生七十後
고기 아니면 밥 먹지 못하거늘 非肉不能餐
꿩과 토끼는 아무래도 잡기 어렵고 雉兔終難網
닭과 돼지는 죄다 관가에 들어가지 鷄豚盡入官
시냇가 늙은이 이내 마음 알아서 溪翁知此意
기르던 오리를 아낌없이 보내왔네 池鴨送無慳
옥처럼 고운 알을 봄에 낳으면 玉殼春生卵
반찬거리로 좋은 줄 잘 알겠어라 應知助膳盤

인시 심 통판이 방문해 준 데 사례하다
謝姻侍沈通判來訪

마경[441]이 병을 앓은 지 오래에 馬卿多病久
안부를 묻는 이 그 누구였던가 音問孰能存
골짜기 어귀엔 찾아오는 이 없고 谷口無輪鞅
숲 가에는 석문이 늘 닫혔었지 林邊杜石門
어이 알리오 방초 길을 걸어서 寧知芳草路
꽃 지는 이 마을을 찾아주실 줄 勤訪落花村
우리 집 가난하다 걱정 마시라 莫怕吾貧窶
송료[442]가 항아리에 가득하다오 松醪滿一樽

441 마경(馬卿) : 전한(前漢)의 사마상여(司馬相如)를 가리킨다. 주 421 참조. 여기서는 옥담 자신을 가리킨다.

442 송료(松醪) : 소나무를 재료로 담근 막걸리이다. 주 107 참조.

차운 심선
次韻 沈譔

본래 산거는 경치가 좋아　自是山居別
전원에 도기가 서리었어라　樊園道氣存
밭은 옥을 심은 이랑[443]인 듯하고　田疑種玉畝
부엌은 고요해 연단하는 곳인 듯　廚靜鍊丹門
봄의 흥취를 찾고자 하여　欲問春中興
속세 밖 이 마을을 찾아왔다오　來尋物外村
숲에는 꽃이 온통 피었고　林花開已遍
송료는 또 항아리에 가득해라　松酒又盈樽

무자년(1648) 윤 3월 초당에서
戊子閏三月草堂卽事

윤삼월 봄이 온 뒤로부터는　月閏三春後
봄빛이 걷잡을 수 없이 가누나　韶光拾轉難
그윽한 꽃은 비단을 빤 듯 붉고　幽花紅濯錦
펼쳐진 방초는 푸른 깁인 듯해라　芳草綠成紈
햇살 따스하니 꾀꼬리 지저귀고　日暖鸎歌滑
바람 가벼우니 나비가 춤춘다　風輕蝶舞盤
시를 읊노라니 화답할 이 없어　沈吟人不見
속절없이 자고반[444]만 사르노라　空爇鷓鴣斑

---

443 옥을 심은 이랑 : 주 182 참조.

444 자고반(鷓鴣斑) : 자고새의 가슴처럼 흰 반점이 박혀 있는 흑갈색의 향 이름이다. 향을 뜻하는 말로 쓰인다.

반가운 비 정해년(1647)에는 큰 가뭄이 들었고, 무자년 봄에 비가 왔다.
喜雨 丁亥大旱戊子春有雨

삼월이라 도화우[445]가 三月桃花雨
밤을 새고 새벽까지 내린다 終宵達曙來
부슬부슬 가는 비 초목에 내리고 廉纖滋衆粜
촉촉한 물기가 해묵은 싹을 적신다 霡霂潤陳荄
반가운 물줄기 논밭에 흐르니 膏澤流千頃
감로 같은 물이 들판에 그득해라 甘津遍九畡
하늘이 작년 가뭄을 뉘우쳤으니 皇天悔去歲
올해 풍년이 들 조짐 이미 점쳤네 豐占已成胎

윤 3월에 봄을 보내며
閏三月送春

동군이 구십 일에 삼십 일 더했으니[446] 東君九十加三十
덕택이 응당 지난 해 봄보단 많고 말고 德澤應多去歲春
나도 한 달을 더 풍월을 읊었으니 我亦吟風增一月
봄을 보내며 눈물로 옷깃을 적시노라 臨分涕泗滿衣巾

조여벽이 준 시에 차운하다
次趙汝璧贈韻

그대가 밤중에 금은의 기운 아는[447] 줄 아노니 知君中夜識金銀

---

445 도화우(桃花雨) : 복사꽃이 필 무렵에 내리는 봄비를 말한다.

446 동군(東君)이 … 더했으니 : 동군은 봄을 맡은 신(神)으로 봄을 뜻한다. 윤3월이 들었으므로 평년에 비해 봄이 한 달 더 길기 때문에 이렇게 표현한 것이다.

생애가 늙고 더욱 가난함을 문득 깨닫겠네　斗覺生涯老更貧
흥을 달램에는 오직 자주 술을 마실 뿐　遣興唯能開酒數
기심(機心)을 잊으니 그저 바둑이나 자주 둔다　忘機只事對碁頻
집안은 네 벽뿐인데[448] 문전에 손님은 많고　家徒四壁門多客
책상에는 시가 천 편인데 구절마다 뛰어나다　案溢千篇句有神
듣자니 성상께서 숨은 인재를 발탁하신다니　聞道聖君揚側陋
임금을 요순처럼 만들[449] 날이 어찌 없으리오　致君堯舜豈無辰

또 차운하여 '가난하여 양식이 부족하다'는 뜻에 화답하다

又次和食貧意

어느 곳 부자가 수많은 금은을 가졌는가　何處能藏萬鎰銀
곤궁한 여염엔 봄양식이 떨어져 괴로워라　窮閻正苦食春貧
아침엔 미음 저녁엔 죽 살 길이 끊어지니　朝饘夕粥生資絶
남자 여자 서로 울며 굶어죽는 이 잇따른다　女哭男啼死從頻
어명을 사칭해 창고를 연 사람은 이미 죽었으니[450]　矯制發倉人旣朽
진휼할 곡식 옮기느라 성상이 고심하시네　賑饑移粟聖勞神
강구에서 배 두드릴[451] 날이 머지않음을 알겠노라　康衢扣腹知無日
상서로운 비와 바람이 지금 이렇게 넉넉하니　瑞雨祥風足此辰

---

447 밤중에 … 아는 : 탐욕이 없음을 뜻한다. 두보(杜甫)의 시 〈제장씨은거(題張氏隱居)〉에 "탐욕을 가지지 않으니 밤엔 금은의 기운을 알아보고, 환해(患害)를 멀리해 은거하니 아침엔 미록의 노닒을 본다.[不貪夜識金銀氣 遠害朝看麋鹿遊]" 하였다.

448 집안은 … 뿐인데 : 네 벽만 서 있을 뿐 텅텅 비어 세간살이나 비축된 곡식이 없다는 의미이다.

449 임금을 요순처럼 만들 : 조정에 나가 임금을 보필하는 큰 일을 함을 뜻한다. 주 364 참조.

450 어명을 … 죽었으니 : 전한(前漢) 무제(武帝) 때에 하내(河內)의 민가 천여 호가 불에 타는 큰 화재가 발생하자 급암(汲黯)을 사자로 파견하여 진상을 조사하게 했다. 급암이 하내의 상황을 보니, 백성들이 가뭄과 홍수로 만여 호가 굶주리고 있었으므로 임의로 황제의 어명을 사칭하고 창고를 열어 백성들을 구제하였다. 뒤에 무제에게 이를 보고하자 무제가 훌륭히 여겨 용서해 주었다고 한다. 《漢書 卷50 張馮汲鄭傳》 후한(後漢) 때 한소(韓韶)는 영장(嬴長)으로 있을 때, 임의로 창고를 열어 유민(流民)들을 구제했다. 《後漢書 卷62 韓韶列傳》

삼춘에는 와병하느라 집 곁의 동지에도 가보지 못하다가 초여름에 비로소 갔다가 날이 저물어서야 돌아왔다
三春臥病未見東池孟夏始往日夕還歸

삼춘 내내 병석에 누웠다가 病臥三春後
견여 타고 시냇가 정자로 내려갔다 肩輿下澗亭
나무 그늘은 바위 감싼 채 고요하고 樹陰籠石靜
산 그림자는 못에 비쳐들어 밝아라 山影入池明
새들은 숲 속에서 재잘거리고 鳥碎林中語
꾀꼬리는 나뭇잎 아래서 우누나 鸎嬌葉底聲
시를 읊조리며 한참을 앉았으니 沈吟仍坐久
정신을 허비하는 일 모두 잊었어라 忘却費神精

심 판서 액(詻)의 중뢰연[452]에서 읊은 제공들의 시에 차운하다 공은 두 아들을 두었다.
次沈判書詻重牢宴諸公韻 公有兩子

한평생 해로하는 사람은 실로 있지만 偕老一生人固有
중뢰연을 열었다는 말은 처음 들었노라 重牢此設始聞之
거북 나이 학의 머리털[453]로 오늘 밤 함께하니 龜齡鶴髮同今夕

---

451 강구(康衢)에서 배 두드릴 : 강구는 사통오달(四通五達)의 큰길을 말한다. 요(堯)임금이 천하를 다스린 지 50년이 되었을 때, 천하가 잘 다스려지는지와 백성들이 자기를 우러러 받들기를 원하는지를 알 수가 없어, 친히 미복 차림으로 강구에 나가서 살펴보았다. 한 노인(老人)이 배불리 먹고 배를 두드리며 이른바 〈격양가(擊壤歌)〉를 부르기를 "해가 뜨면 나가서 일하고 해가 지면 들어가서 쉬도다. 우물 파서 물을 마시고 밭 갈아서 밥을 먹거니, 임금의 힘이 나에게 무슨 상관이 있으랴.[日出而作 日入而息 鑿井而飮 耕田而食 帝力何有於我哉]" 했다. 일반적으로 태평성대를 뜻한다.

452 중뢰연(重牢宴) : 오늘날 회혼례(回婚禮)와 같다. 예식 때 신랑과 신부가 교배(交拜)하는 예를 마치고 나서 술잔을 나누는 것을 동뢰(同牢)라 하며, 결혼 잔치를 동뢰연(同牢宴)이라 한다. 결혼한 지 60년이 되면 거듭 동뢰연을 베풀기 때문에 중뢰연이라 한 것이다.

봉의 모습 난새의 형상[454]은 완연히 옛날 같네 鳳表鸞像宛舊時
대청에서는 한 쌍의 지란이 색동옷 입고 춤추며 堂上雙蘭呈綵舞
잔치 자리에선 늘어선 옥수가 옥술잔을 올린다[455] 筵中列玉獻瓊巵
가문의 즐거운 일이 온통 이와 같으니 門楣樂事渾如此
큰 경사가 이제부터 나날이 따라오리라 大慶從來日日隨

비물체로 산중의 경치들을 읊다 20운
用比物體詠山中雜景 二十韻

호로병 속[456]에 눈길 두루 놀리니 壺中遊我目
만물들 제각각 형상이 다르구나 群物各殊形
산 위의 달은 멀리서 은갈고리 같고 山月銀鉤迥
숲의 바람은 옥비파 맑게 타는 듯 林風玉瑟淸
실비는 가볍게 끊어졌다 이어지고 雨絲輕斷續
솜구름은 하늘 위로 이리저리 다니네 雲絮冪縱橫
비단 같은 은하수는 희게 하늘 가로지르고 河練經天白
구슬 같은 별은 밝은 빛으로 방문에 비춘다 星珠照戶明
바위가 휘감으니 푸른 병풍 모인 듯 巖回靑幛合
안개 다가오니 푸른 휘장 일렁이는 듯 嵐近翠帷輕
시냇물 소리는 옥팔찌 울리는 듯 泉響搖環玦
깊은 물웅덩이 빛은 수정이 움직이는 듯 淵光動水晶
대나무는 아주 굳센 절개요 竹君多勁節

453 거북 … 머리털 : 거북과 학은 장수하는 동물이다. 장수하여 백발이므로 이렇게 말하였다.

454 봉의 … 형상 : 남편을 봉에 비기고 아내를 봉의 일종인 난새에 비긴 것이다. 옛날 결혼식 때의 모습을 비유한 것이다.

455 대청에서는 … 올린다 : 지란(芝蘭)과 옥수(玉樹)는 남의 자제(子弟)를 칭찬해서 하는 말이다. 색동옷 입고 춤춘다는 것은 아들들이 효성을 다함을 뜻한다.

456 호로병 속 : 한 구역 경치가 좋은 곳을 뜻한다. 주 195 참조.

소나무는 늦게 시드는[457] 마음	松友後凋情
보드라운 잎 동각[458]이 좋고	嫩葉憐桐角
뻗은 줄기 갈영[459]이 사랑스럽다	飛莖愛葛纓
산이 붉으니 지는 석양 머금었고	山紅含落照
시내가 푸르니 갠 하늘 비쳤어라	澗碧耀新晴
띠 같은 버들가지는 안개 속에 푸르고	柳帶烟中綠
동전 같은 연잎은 수면에서 파랗구나	荷錢水面靑
옥 같은 꽃잎은 석각에서 환하고	瓊葩明石閣
수놓은 듯 꽃망울 이끼 낀 뜰 둘렀다	繡蕚繞苔庭
햇살이 따스하니 여왕벌이 조회하고	日暖蜂王會
바람이 가벼우니 나비가 날아다니네	風輕蝶使行
꾀꼬리 노래는 빗속의 나무에서 들리고	鸎歌聞雨樹
제비의 춤은 바람 부는 창에서 보여라	燕舞見風櫺
포곡[460] 소리는 봄을 재촉하는 뜻이요	布穀催春意
제호[461] 소리는 술 권하는 정성일세	提壺勸酒誠
아쟁 같은 매미 소리는 저물녘에 들리고	蟬箏聞日夕
북 같은 개구리 소리 깊은 밤에 울려퍼져라	蛙鼓動深更
촉백[462]은 돌아가고파 하는 한이요	蜀魄思歸恨

457 늦게 시드는 : 소나무가 겨울에도 푸른 것을 변치 않는 지조에 비긴 것이다. 주 302 참조.

458 동각(桐角) : 오동각(梧桐角)의 준말. 오동나무 잎을 말아서 뿔 모양으로 만든 것인데, 뿔피리처럼 불면 소리가 난다고 한다. 원(元)나라 왕정(王禎)의 《농서(農書)》 13권에 "오동각은 제동(淛東) 지방 농가의 아이들이 봄에 오동나무 잎을 말아서 뿔처럼 만들어 부는 것으로 그 소리가 들판에 두루 울려 퍼진다. 예전 사람의 시에 '마을 남쪽 마을 북쪽엔 오동각 소리요, 산 앞 산 뒤에는 백채화가 피었네.[村南村北梧桐角 山前山後白菜花]'란 구절이 있으니, 이러한 광경을 묘사한 것이다." 하였다.

459 갈영(葛纓) : 미상. 칡덩쿨로 만든 갓끈인 듯하다.

460 포곡(布穀) : 뻐꾸기의 이칭이다. 주 74 참조.

461 제호(提壺) : 제호로(提壺蘆)라고도 하는 새이다. 주 73 참조.

462 촉백(蜀魄) : 두견새의 이칭이다. 주 75 참조.

고금[463]은 짝을 부르는 소리일세 皐禽叫侶聲
금빛 비늘 물고기는 푸른 물에서 노닐고 金鱗游綠沼
옥빛 깃털 새는 내 낀 물가에 내려앉는다 玉羽下烟汀
수학[464]은 외로운 소나무에 우뚝 섰고 水鶴孤松立
산계[465]는 유달리 큰 소리로 우는구나 山鷄特地鳴
기러기 행렬은 천 점으로 늘어섰고 雁行千點列
오리 신발[466]은 한 쌍이 날아간다 鳧舃一雙征
일만 경치 아름답게 펼쳐져 있으니 萬景森羅美
어찌 눈길 돌려 다 볼 수 있으리오 何能盡睇聆

비 온 뒤 서재에서
雨後書齋卽事

비 온 뒤 맑은 구름이 옥봉우리 자욱하니 雨後晴雲鎖玉峯
천 그루 시냇가 나무 짙푸른 물이 떨어질 듯 千章澗木碧成濃
거문고 서책에 습기 차고 옷깃 수건 축축해 琴書潤極衣巾濕
일어나 발을 걷고서 대숲에 부는 바람 쐬노라 自起開簾引竹風

463 고금(皐禽) : 학의 별칭이다. 《시경》 〈소아(小雅) 학명(鶴鳴)〉에 "학이 구고의 늪에서 우니, 그 소리가 하늘에 들린다.[鶴鳴于九皐 聲聞于天]" 한 데서 온 말이다.

464 수학(水鶴) : 학의 별칭이다. 학은 물에서 먹이를 찾으므로 이렇게 부르는 것이다. 당(唐)나라 두보(杜甫)의 〈영회고적(詠懷古跡)〉 5수 중 넷째 수에 "옛 사당 소나무에 수학이 둥지를 틀었다.[古廟杉松巢水鶴]" 하였다.

465 산계(山鷄) : 꿩의 별칭이다.

466 오리 신발 : 주 354 참조. 여기서는 단순히 오리를 말한다.

산장
山莊

사립문은 푸른 시냇가에 서 있고　荊門臨碧澗
초가집은 푸른 산을 마주하였어라　茅屋對青山
성곽을 등지고 벼논이 넉넉하고　負郭禾田足
바위 가에 약초밭이 널찍하다　依巖藥圃寬
소와 양은 논과 밭 두둑에 있고　牛羊阡陌上
물고기와 새는 물과 구름 속에 있네　魚鳥水雲間
이 낙토에서 편안히 살아가거니　樂土安眠食
어찌 벼슬자리에 마음을 두리오　何心覓做官

가을이 저물어
秋晚

옥로[467]가 깊은 골짜기에 내리니　玉露凋深壑
농가에 가을이라 8월이 왔구나　田家八月秋
뽕나무 느릅나무 담장을 둘렀고　桑榆環堵索
도토리와 밤은 동산에 가득하다　芧栗滿園收
해 질 무렵 소와 양은 산을 내려오고　日暮牛羊括
날씨가 차니 두루미 황새는 시름하누나　天寒鸛鶴愁
산옹은 계절의 변화에 깜짝 놀라　山翁驚節序
시름에 잠겨 머리를 긁적이노라[468]　憂思入搔頭

---

467 옥로(玉露) : 가을에 내리는 이슬을 말한다. 당(唐)나라 두보(杜甫)의 〈추흥(秋興)〉 8수 중 첫째 수에 "옥로가 내려 단풍숲에 잎이 시드니, 무산과 무협에 기후가 쌀쌀하여라.[玉露凋傷楓樹林 巫山巫峽氣蕭森]" 하였다.

468 머리를 긁적이노라 : 그리움이나 근심으로 괴로운 모습을 형용하는 말이다. 《시경》 〈패풍(邶風) 정녀(靜女)〉에 "사랑하되 만나지 못하여 머리 긁으며 머뭇거리도다.[愛而不見 搔首踟躕]" 하였다.

가을밤 병석에 누워 꿈속에 골짜기 안을 유람하다가 위 연구(聯句)만 읊고 시 전체의 뜻을 이루지 못했다. 꿈에서 깨어 나머지 연구를 지어 시 한 수를 완성하였다

病中秋夜夢遊峽中吟得第上聯意未就覺後補成首尾

골짜기 안에 가을이 이미 저무니	峽中秋已晚
어둑한 골짜기에 방초가 시들었네	陰壑老芳菲
물이 빠지니 물고기들이 고요하고	水落魚龍靜
숲이 텅 비니 짐승들이 드물어라	林空鳥獸稀
시냇가를 갈 제 금책[469]을 흔들고	溪行金策振
바위에 앉아서 옥병풍[470]에 기댄다	巖坐玉屛依
오르내리며 눈길 닿는 대로 구경하니	陟降睇聆盡
돌아올 때에는 석양빛이 물들었구나	歸來帶夕暉

병중에 지어서 이 첨지에 바쳐 화답을 청하다

病中奉呈李僉知求和

근년 들어 병이 오래 낫지를 않으니	年來一疾久彌留
찾아가 뵙지 못한 지도 벌써 십년일세	跡阻高屛已十秋
땅은 우명[471]의 거리지만 서글피 바라볼 뿐	地隔牛鳴空悵望
마을은 개 짖는 소리 들려도[472] 만나지 못하네	村連狗吠絶同遊
지은 글 토론하며 언제나 반가운 눈길로 만나며	論文幾日凝青眼

469 금책(金策) : 승려들이 짚고 다니는 석장(錫杖)의 이칭이다. 손작(孫綽)의 〈유천태산부(遊天台山賦)〉에 "철렁철렁 울리며 금책을 떨친다.[振金策之鈴鈴]" 하였다.

470 옥병풍 : 바위로 된 벼랑, 또는 산봉우리를 병풍에 비긴 것이다.

471 우명(牛鳴) : 큰 소 한 마리의 울음이 미치는 거리로 가깝다는 의미이다. 주 220 참조.

472 마을은 … 들려도 : 두 마을의 거리가 가까워 개 짖는 소리가 들릴 정도라는 뜻이다.

술잔을 마주하고 어느 날 백발로 함께 얘기할꼬	對酒何辰共白頭
서신을 자주 부치는 건 그나마 할 수 있기에	數寄音便天尙許
거친 시구를 보내어 화답해 주시길 청하오	聊將荒句冀相酬

병중에 눈이 내리기에 감회가 일어 읊다
病中遇雪感吟

표표히 흰 눈이 어둑한 공중에 날리니	飄飄白雪暗飛空
흡사 버들꽃이 저물녘 바람에 떨어지는 듯	恰似楊花落晩風
하늘이 병든 나를 불쌍히 여겨서	莫是天工憐我病
짐짓 밝은 경치로 답답한 가슴 씻어주는 게 아닐까	故將明景滌煩胸

눈이 내린 뒤 밤에 읊다
雪後夜吟

옥이 쌓이고 은이 모여 모든 골짜기 평평해지니	玉積銀凝萬壑平
얼어붙은 시내 몇 번이나 길고 짧게 울었던가	氷泉幽咽短長聲
한가로이 초죽[473]을 지피고 산골[474]에 음식 삶으니	閑燒楚竹烹山骨
추운 밤이 이슥해진 줄도 모르겠어라	不覺寒宵到二更

473 초죽(楚竹) : 초죽은 중국 초(楚) 땅에서 나는 대나무이다. 당(唐)나라 유종원(柳宗元)의 시 〈어옹(漁翁)〉에 "어옹이 밤에 서암 곁에 묵더니, 새벽에 맑은 상수를 긷고 초죽으로 불을 때누나.[漁翁夜傍西巖宿 曉汲淸湘燃楚竹]" 하였다.

474 산골(山骨) : 산골은 산의 뼈라는 말로 바위의 이칭인데 여기서는 그 바위를 깎아 만든 돌솥을 가리킨다. 당(唐)나라 헌종(憲宗) 연간에 형산(衡山)의 도사(道士) 헌원미명(軒轅彌明), 진사(進士) 유사복(劉師服), 교서랑(校書郞) 후희(侯喜) 3인이 유사복의 집에 모여서 화로에 놓여 있는 차를 달이는 돌솥을 두고 시구를 주고받은 〈석정연구(石鼎聯句)〉에 "솜씨 좋은 장인이 산골을 캐내어, 가운데를 파서 달이고 삶는 솥을 만들었네.[工匠斲山骨 刳中事煎烹]" 하였다.

병든 몸으로 겨울밤 감회가 일어 읊다
病中冬夜感吟

깜빡깜빡 외로운 등잔은 가물거리는데	耿耿孤燈滅復明
추운 밤 이슥하도록 신음하며 잠 못 든다	呻吟不寐到寒更
어느 때나 우레같이 코 골며 편안히 잠들어	何年奠枕如雷睡
산창에 햇빛이 부시도록 늦잠 자다 일어날거나	晩起山窓日色晶

겨울밤이 길어
冬夜長

긴긴 밤 몸을 뒤척이며 잠 못 이루는데	輾轉長宵睡不成
처마에 닭 울음소리 반가이 들려오누나	喜聞簷角玉鷄聲
아이 불러 향긋한 술 가져와 따라 마시니	呼童酌彼香醪喫
문득 마른 목구멍이 촉촉하고 시원하여라	斗覺乾喉潤更清

무자년(1648) 6월 큰 병을 앓은 뒤 못 일어나고 오래 병석에서 누워 있다가 겨울밤에 감회가 일어 읊다
戊子六月大病後久不能起冬夜感吟

오래 병석에 누웠노라니 벌써 한 해가 가	久臥塵床歲已窮
온갖 처방을 다해 봐도 별 효과 못 보았네	千方莫得見奇功
피부는 마르고 뼈만 앙상해 생기라곤 없어 뵈고	皮枯骨立無生道
치아 빠지고 머리털은 듬성해 예전 모습 없어라	齒落頭童換舊容
밤새도록 잠을 못 이루어 마음 절로 답답하고	徹夜難眠心自鬱
한 해 내내 밥을 못 먹어 배는 늘 텅 비었다	終年却粒腹長空
그 언제나 기력이 다소나마 건강해져서	何當氣力稍康勝
흐릿한 시야 걷히듯이 이 병이 나을거나	愈此沈痾似發蒙

병을 조섭하며
養病

무하라 참된 지경[475]이 그윽해 無何眞境邃
마을 거리는 절로 한적하여라 村巷自淸寧
병 조섭하느라 문은 늘 닫혔고 養病門長閉
시 짓느라 손은 쉬지 않는다 題詩手不停
옷 두드리는 소리 바람 속에 들리고 擣衣風裏響
다듬이 방망이 소리 달빛 아래 들려라 砧杵月下聲
밤이 이슥하여 인적은 끊어졌고 夜久人蹤斷
머리맡에는 약탕기 물 끓는 소리 床頭藥鼎鳴

추운 밤에 읊어보다
寒宵漫詠

세월은 빨리도 흘러 한 해가 벌써 가니 急景凋光歲已征
시골에도 동짓달이 와 경물이 바뀌었다 荒村子月換睇聆
높은 산엔 눈 쌓여 은병풍을 펼친 듯 層巒雪積銀屛截
골짜기엔 바람이 몰아쳐 철마가 달리는 듯 洞壑風喧鐵馬驚
방안에 누운 사람은 천고의 한을 품었고 人臥壁間千古恨
지붕에서 우는 닭은 오경이라 우누나 鷄鳴屋角五更聲
아이 불러 이웃집에 가 불씨를 빌려다가 呼童乞取隣家火
향긋한 막걸리 데워 몇 잔을 들이켜노라 燒得香醪引數觥

475 무하(無何)라 참된 지경 : 《장자(莊子)》〈소요유(逍遙遊)〉에 나오는 무하유지향(無何有之鄕)을 말한 것이다. 이는 상대적인 세계인 현실의 제약을 벗어난 무위자연(無爲自然)의 세계인데, 여기서는 옥담이 살고 있는 마을이 속세를 벗어나 한적한 곳이므로 이 말을 쓴 것이다.

병석에서 감회가 일어 읊고 한가로운 흥을 적다
病中感吟引題閑興

겨울도 이제 반이나 지났으니　玄冬今旣半
세월 속에 한가한 사람 늙어간다　時月老閑人
눈 덮은 산을 뒤져서 약초를 캐고　採藥披山雪
잡초 우거진 시냇가에서 고미(菰米) 찾아 삶는다　炊菰拾澗榛
아침 창가에서 흰 머리털을 빗질하고　昕窓梳鶴髮
저녁 침상에서 용순[476]을 어루만지노라　夕榻撫龍脣
가난과 병 따위에 얽매여　且莫牽貧病
참된 흥취를 잊지는 말자　能忘一興眞

무자년 11월 16일 밤, 등잔불 앞에서
戊子十一月十六夜燈前卽事

푸른 산 아래에 조그만 집　斗屋蒼山下
푸른 시냇가에 사립문 있어라　衡門碧澗潯
눈 쌓인 밤에 외로운 등잔　孤燈殘雪夜
노년의 마음은 삼척의 검일세　尺劍暮年心
좋은 시구는 읊어 마치지 못하고　美句吟難卒
향긋한 술을 많이 마시지 못하네　芳醪酌未深
적막한 이곳 찾아주는 이 없고　無人問寂寞
차가운 달만 동쪽 숲에서 떠오른다　寒月出東林

476 용순(龍脣) : 거문고의 이칭이다. 거문고[琴]의 소리가 나오는 구멍 부분에 용을 아로새겼기 때문에 이렇게 부른다. 주 82 참조.

김 상공 류[477]의 장례 소식을 듣고 18운
聞金相公瑬永窆 十八韻

흑저라 국가가 회복되던 날[478] 黑猪重恢日
공은 오직 큰 충절을 다하였지 惟公盡大忠
금구가 끝내 이지러지지 않았고[479] 金甌終罔缺
옥촉은 그야말로 환히 타올랐어라[480] 玉燭正煇烘
어수의 만남은 지극히 즐거웠고[481] 魚水相歡極
풍운의 제회[482]로 함께 모였었네 風雲際會同
단서에는 위대한 공렬 환하였고 丹書明偉烈
철첩에는 탁월한 공로 드러났지[483] 鐵牒顯奇功

477 김 상공(金相公) 류(瑬) : 김류(金瑬)의 본관은 순천(順川), 자는 관옥(冠玉), 호는 북저(北渚)이다. 1623년 거의대장(擧義大將)에 추대되어 이귀(李貴), 신경진(申景禛), 이괄(李适) 등과 인조반정을 주도하였다. 반정의 공로로 병조 참판에 제수되고 곧 병조 판서로 승진되어 대제학을 겸하는 동시에 승평부원군(昇平府院君)에 봉해졌다. 1644년 심기원(沈器遠)의 모역을 신속하게 평정한 공으로 영의정이 되어 영국 공신(寧國功臣) 1등에 녹훈되고 순천부원군(順天府院君)에 책봉되었다.

478 흑저(黑猪)라 … 날 : 흑저는 계해(癸亥)를 가리킨다. 계(癸)는 방위로는 북쪽이고 색깔로는 흑색이며, 해(亥)는 돼지를 뜻하므로 이렇게 말한 것이다. 인조반정(仁祖反正)이 일어난 해가 천계(天啓) 계해년(1623년)이니, 바로 인조반정을 가리킨다.

479 금구(金甌)가 … 않았고 : 인조반정으로 광해군의 폭정을 극복하고 국가를 보존했다는 뜻이다. 주 192 참조.

480 옥촉(玉燭)은 … 타올랐어라 : 태평성대를 뜻한다. 옥촉은 사시(四時)의 기운이 화창한 것으로, 《이아(爾雅)》 〈석천(釋天)〉에 "사시의 기운이 화창한 것을 일러 옥촉이라 한다." 하였다.

481 어수(魚水)의 … 즐거웠고 : 임금과 신하의 좋은 만남을 뜻한다. 어수(魚水)는 물과 물고기이다. 촉한(蜀漢)의 선주(先主)가 제갈량(諸葛亮)과 정의가 날로 친밀해져 갈 적에 관우(關羽)와 장비(張飛)가 이를 못마땅하게 여겼다. 이에 선주가 관우와 장비에게 이르기를 "나에게 공명이 있는 것은 마치 물고기에게 물이 있는 것과 같으니, 제군은 다시 말하지 말기를 바란다."고 한 데서 온 말이다. 《三國志 卷5 蜀書 諸葛亮傳》

482 풍운(風雲)의 제회(際會) : 《주역》 〈건괘(乾卦) 구오(九五) 문언(文言)〉에 "구름은 용을 따르고 바람은 범을 따른다.[雲從龍 風從虎]" 한 데서 온 말로, 훌륭한 군주와 신하의 만남을 뜻한다.

483 단서(丹書)에는 … 드러났지 : 공신으로 책봉된 것을 가리킨다. 철첩(鐵牒)은 철권(鐵券)과 같은 말이다. 즉 단서와 철첩은 공신녹권(功臣錄券)인 단서철권(丹書鐵券)이다. 한 고조(漢高祖)가 공신들의 공훈을 적은 단서철권을 금궤에 담아서 석실(石室)에 보관했다. 단서철권은 공신(功臣)에게 반사(頒賜)하여 대대로 집안에 전하여 죄를 사면받게 할 수 있는 것이다.

남다른 총애로 높은 직질을 받았고 寵渥殊凡秩
높은 반열이라 상공의 자리에 올랐지 崇班列上公
변방에서 모진 풍진이 일어나자 風塵驚紫塞
임금 행차가 금용에 들어갔어라[484] 車駕入金墉
평성 안에서 임금을 모셨고[485] 奉日平城裏
검각 안에서 임금을 호종했네[486] 拚龍劍閣中
청나라 사람들이 바다를 건너 올 제 淸人飛渡海
강도(江都)에서 적의 흉맹한 공격 받았지 江闕受凶鋒
방어를 못한 것은 그 누구의 책임인가 失守誰當責
그 벌을 세자가 받았어라[487] 邦刑胤子蒙
그 죄를 달게 받아들여서 甘心緣厥罪
황공하여 몸둘 바를 몰랐었지 惶懼跡難容
백세 뒤엔 너그러이 용서받아 百世當寬宥
큰 공로는 폐기되지 않으리라 元功不癈封
황비는 예전 관작에 말미암은 것 黃扉因舊爵
적석을 신고 다시 등용되었어라[488] 赤舃復登庸

484 변방에서 … 들어갔어라 : 병자호란이 일어나 인조(仁祖)가 남한산성에 들어가 피난한 일을 가리킨다. 금용(金墉)은 원래 중국 하남성(河南省) 낙양현(洛陽縣)의 옛 낙양성(洛陽城) 서북 모퉁이에 있는 성(城) 이름이다.

485 평성(平城) … 모셨고 : 남한산성에서 인조(仁祖)를 모신 것을 가리킨다. 한 고조(漢高祖) 유방(劉邦)이 평성의 백등산(白登山)에서 묵특 선우(冒頓單于)에게 7일간 포위되었던 일이 있기 때문에 비유한 것이다.《史記 卷56 陳丞相世家》

486 검각(劍閣) … 호종했네 : 검각은 사천성(四川省) 검각현(劍閣縣)에 있는 관문 이름이다. 이 관문은 장안(長安)에서 촉(蜀)으로 들어가는 길목에 있는데, 특히 검각현 북쪽의 험준한 대검(大劍)과 소검(小劍) 두 산 사이는 잔교(棧橋)가 있는 요해처(要害處)로 유명하다. 당(唐)나라 현종(玄宗)이 안녹산(安祿山)의 난을 당하여 검각(劍閣)을 넘어서 촉(蜀) 땅으로 피한 고사가 있기 때문에 이렇게 인용한 것이다.

487 그 … 받았어라 : 소현세자(昭顯世子)가 청나라에 볼모로 잡혀간 일을 가리킨다.

488 황비(黃扉)는 … 등용되었어라 : 재상으로 등용된 것을 말한다. 황비(黃扉)는 재상의 관사 문을 황색으로 칠했던 데서 온 말로 재상의 관사를 가리키며, 적석(赤舃)은 고대에 천자나 제후 또는 높은 벼슬아치가 신던 붉은 가죽신이다.

백발로 융숭한 성은을 받았으니	白首銜恩眷
단심은 더욱 나라 위해 몸 바쳤지	丹心益匪躬
임금 보필하느라 늘 깊이 근심했고	深憂恒補闕
임금을 돕는 데 진심이 있었어라	眞性在彌縫
어느 새 높은 나이가 되어	倏忽脩齡度
문득 이 세상을 마치셨구나	遽然大命終
옥어[489]라 영광스런 부의를 하사했고	玉魚榮葬賜
현모[490]라 임금의 충심에 감동했어라	玄牡感宸衷
장지는 우강[491]이라 길지이고	窆地牛岡吉
봉분은 마렵[492] 모양으로 높아라	墳塋馬鬣穹
어진 사람은 훌륭한 후손 두는 법	仁人知有後
공을 모시는 제사가 무궁하리라	香火薦無窮

489 옥어(玉魚) : 옥을 다듬어 만든 물고기 모양의 노리개로 좋은 부장품(副葬品)을 뜻한다. 전설에 오초(吳楚)의 칠국(七國)이 반란했을 때 초왕(楚王) 무(戊)의 태자가 장안에서 죽었는데 천자가 옥어 한 쌍으로 염(殮)을 했다고 한다. 당(唐)나라 두보(杜甫)의 〈제장 5수(諸將五首)〉에 "어제는 장지에 옥어가 묻히더니, 이른 때에 금완이 인간 세상에 나왔네.[昨日玉魚蒙葬地 早時金椀出人間]" 하였다.

490 현모(玄牡) : 천자(天子)가 제후(諸侯)나 대신(大臣)에게 하사하는 아홉 가지 기물(器物)인 구석(九錫) 중 하나로 최고의 예우(禮遇)를 뜻한다. 거마(車馬) · 의복(衣服) · 악칙(樂則) · 주호(朱戶) · 납폐(納陛) · 호분(虎賁) · 궁시(弓矢) · 부월(鈇鉞) · 거창(秬鬯)인데 현모는 거마에 속하는 검은색 말이다.

491 우강(牛岡) : 우면지(牛眠地)와 같은 말로 명당을 뜻한다. 진(晉)나라 때 도간(陶侃)이 언덕 위에 소가 누워 자는 곳을 골라 집안의 묘를 쓴 후에 크게 입신출세한 고사에서 유래한다.

492 마렵(馬鬣) : 《예기(禮記)》 〈단궁 상(檀弓上)〉에 나오는 말로 봉분을 뜻한다. 원래 고대에 봉분의 모양이 아래는 넓고 위가 좁은 장방형으로 말의 갈기와 비슷하였기 때문에 마렵봉(馬鬣封)이라 불렀다.

시국에 감회가 있어
感時

전쟁이 벌어진 삼십 년 동안	干戈三十載
누가 위태한 나라 부지했던고	孰肯任扶危
나라는 근근이 꾸려 나가는 게 많고	國事多牽補
변방에 물자는 밑 빠진 독에 물 붓기	邊需入漏巵
백성들은 고통에 빠져 있고	齊民凋瘵日
사람들은 굶주림에 시달리네	百口阻飢時
자연 속에서 병석에 누워서도	臥病林泉下
외려 칠실의 근심[493]은 품었다	猶含漆室憂

병을 앓은 뒤로 머리털이 다 빠졌기에
病後頭髮盡落

이제 막 큰 병 앓고 난 뒤	纔經大病日
흰 머리털이 죄다 빠졌어라	白髮盡飄零
어지러이 흩어져 의복에 붙고	亂散糝衣服
분분히 날아 음식에 들어간다	紛飛入飯羹
수건에 달라붙어 가늘게 모이고	蟠巾凝細細
모자를 뚫고 하얗게 삐어져 나오네	穿帽出星星
치아 듬성하고 머리털 빠진 뒤	齒豁頭童後
어찌 오래 살 수가 있으리오	寧能久此生

493 칠실(漆室)의 근심 : 춘추시대 노(魯)나라의 칠실이란 읍(邑)에 과년한 처녀가 자신이 시집가지 못하는 것은 걱정하지 않고, 임금은 늙고 태자가 어린 것을 걱정하여 기둥에 기대어 울었다. 그러자 이웃집 부인이 비웃으며 "이는 노나라 대부가 할 근심이니 그대가 무슨 상관인가?" 하였다. 《列女傳 卷3 漆室女》 이는 분수에 지나친 근심을 뜻하는 말인데, 일반적으로 국사를 걱정하는 마음을 나타내는 겸사로 쓰인다.

민자진이 방문해 준 데 사례하다
謝閔子晉來訪

삼동 내내 병석에 오래 누웠건만	臥病三冬久
그 누가 옛 친구를 찾아와 주리오	何人問舊儔
고맙게도 그대가 백발의 나 불쌍히 여겨	多君憐白首
찾아와서 반가운 눈길로 만나주었네	閑榻對靑眸
진심을 토로해 마음의 번민 씻어주고	瀝膽蘇煩想
글을 토론해 답답한 마음 풀어주누나	論文解鬱憂
산에 해 지도록 은근한 정 나누고	慇懃山日夕
떠날 무렵에 다시금 만류한다오	臨罷重淹留

겨울 창가에서 저녁에 읊다
冬窓夕吟

깊은 산골에 추운 겨울이 오니	窮陰凝邃谷
마을에는 사람 발길이 끊어졌네	村巷斷人蹤
얼어붙은 잔설은 흰 빛으로 빛나고	凍雪明殘白
기우는 석양은 작은 붉은 빛이어라	斜陽映小紅
닭 울음소리는 집 북쪽에서 이어지고	鷄聲連舍北
다듬이 소리는 시내 동쪽에서 들린다	砧響礙溪東
홀로 창 앞에 누운 사람은	獨臥窓前客
신음하느라 온갖 상념 다 잊었네	呻吟百慮空

경원으로 부임하는 민 사또를 보내며 이름은 태형이다.
送閔使君之任慶源 名泰亨

천리 밖으로 그대 떠나보내니 離君千里外
병석에 누운 이 친구의 마음 臥病故人心
높은 잿마루에는 찬바람 매섭고 天嶺寒風烈
높은 고개에는 쌓인 눈 깊으리 雲關積雪深
행장은 오마[494]라 영광스럽고 行裝榮五馬
고향 그리움에 동금[495]을 생각하리 鄉思憶同衾
너무 엄격히 고을 다스리지 말라 莫事便嚴切
변방 백성들 고생을 견디지 못하니 邊氓困不任

겨울 창가에서 새벽에 읊다
冬窓晨詠

찬바람은 매섭게 불어오고 寒風吹慄烈
잔설은 빈 뜰에 가득하여라 殘雪滿空庭
황이[496]는 창 앞에서 잠자고 黃耳窓前宿
주관[497]은 지붕 모서리에서 운다 朱冠屋角聲
새벽 빛은 아련하게 보이고 晨光看靄靄
아침 해는 높이 솟아 오르네 初日上亭亭

---

494 오마(五馬) : 한(漢)나라 때 태수(太守)가 타는 수레를 다섯 필의 말이 끌었던 데서 온 말로, 고을 수령으로 부임하는 행차를 뜻한다.

495 동금(同衾) : 형제를 뜻한다. 후한(後漢) 때 강굉(姜肱)이 아우 중해(仲海)·계강(季江)과 형제간에 우애가 매우 돈독하여 항상 한 이불을 덮었다는 데서 온 말이다. 《後漢書 卷83 姜肱列傳》

496 황이(黃耳) : 진(晉)나라 때 오(吳)의 육기(陸機)가 일찍이 홀로 낙양(洛陽)에 임관(任官)해 있을 때 데리고 있던 개 이름으로, 매우 총명하여 사람의 말을 잘 알아들었다 한다. 여기서는 단순히 개의 이칭으로 썼다.

497 주관(朱冠) : 닭의 이칭이다. 닭의 벼슬이 붉은 관(冠)과 같다 하여 붙여진 이름이다.

북쪽 방문을 열었다 다시 닫고　北戶開還閤
늙은 이내 마음 시로 읊조린다　沈吟老我情

겨울 마을의 저녁 분위기
冬村暮意

시골 마을 쌓인 눈에 덮여　荒村封積雪
사람 발길 산길에 끊어졌어라　遊客斷山蹊
추위에 떠는 까치는 높은 숲에서 짖고　凍鵲高林噪
배고픈 까마귀는 고목에서 우는구나　飢烏古樹啼
얼어붙은 시내는 마을 북쪽에서 울고　氷泉鳴巷北
차가운 해는 하늘 서쪽에 걸렸어라　寒日掛天西
이러한 때 병석에 누운 이 늙은이　此際吟中老
돈이 없어서 술도 사지 못한다　無錢酒未携

남의 집 벽에 걸린 까치와 소 그림을 보고
見人壁間畫鵲牛

나뭇가지에는 한 쌍의 까치　枝中看對鵲
바위 가에 잠자는 소가 있어라　巖畔有眠牛
오 지방 하늘의 달 두려워 않거니[498]　不怕吳天月
어찌 높은 재 넘는 것 근심하리오[499]　寧知屹嶺愁

---

498 오(吳) … 않거니 : 그림 속의 소를 두고 한 말이다. 오(吳) 지방인 강회(江淮) 지역에서 자란 소는 더위를 무서워하기 때문에 달을 보고도 해로 착각하고는 미리 놀래어 헐떡인다 한다. 진(晉)나라 만분(滿奮)은 바람을 두려워하여 유리병(琉璃甁)을 빈틈으로 착각하고는 난색을 지었다. 무제(武帝)가 이를 보고 웃으니, 만분이 무제에게 "신은 오 지방 소가 달을 보고도 헐떡이는 것과 같습니다.[臣猶吳牛 見月而喘]" 하였다. 《世說新語 言語》

499 어찌 … 근심하리오 : 그림 속의 까치를 두고 한 말이다.

복통이 있다가 찬 음료를 마시고 낫다
腹痛飮冷漿見愈

열은 없고 복통 있음을 신음하노라니	呻無熱腹痛
내 병은 그 이치를 알기 어려워라	吾病理難窮
찬 것을 마시면 아래로 내려가고	吸冷衝能下
더운 것을 삼키면 기운이 안 통하네	呑溫氣不通
어찌하여 평상한 이치와 상반되어	如何常性反
다른 사람들과 같지 않은 것일까	不與衆人同
어느 때나 편작과 같은 명의를 만나	幾日逢扁鵲
죽음에 가까운 이 늙은이 되살릴까	將扶際死翁

겨울에 회포를 읊다
冬日詠懷

외진 곳이라 찾아오는 이 없어	僻地無輪鞅
깊은 시골에서 석문을 닫고 지낸다	深村杜石門
한가한 중에 적설을 노래하고	閑中歌積雪
시 읊은 뒤에 능운[500]을 어루만지네	吟罷撫凌雲
백발은 빗질하매 더욱 짧은데	白髮梳還短
단약은 아직 완성되지 않았다	丹砂鼎未釽
공방이 만안을 불러들이니[501]	孔方招滿眼
실컷 취할 수가 있어라	贏得醉醺醺

500 능운(凌雲) : 능운은 구름 위에 치솟는다는 뜻으로, 의기(意氣)가 초일(超逸)함을 의미한다. 《사기(史記)》 권117 〈사마상여열전(司馬相如列傳)〉에 "사마상여가 대인지송을 지어 천자에게 아뢰자, 천자가 크게 기뻐하여 표표히 구름 위에 치솟는 의기가 있었다.[相如旣奏大人之頌 天子大說 飄飄有凌雲之氣]" 하였다. 그래서 사마상여의 문장을 능운건필(凌雲健筆)이라 한다.

501 공방(孔方)이 만안(滿眼)을 불러들이니 : 공방은 돈의 이칭이다. 진(晉)나라 노포(魯褒)의 〈전신론(錢身論)〉에 "지금 사람들이 돈을 좋아하여 공방이라 자를 짓고 형이라 부른다." 하였다.

눈 내린 날 회포를 읊다
雪日詠懷

외진 산골에 날씨가 추운데 天寒窮谷裏
초가집은 몹시 가난하여라 白屋正堪貧
방 안에서 무릎을 껴안고[502] 있고 抱膝屛間客
붓을 쥐고서 벼루의 먹물 적신다 提毫硯北身
차가 끓으니 게 눈[503]을 보겠고 茶騰看蟹目
눈이 떨어지니 용비늘[504]이 보여라 雪落見龍鱗
돌길에는 아무도 오는 이 없으니 石逕無人到
그 누가 이 친척을 찾아줄거나 誰能問六親

객의 물음에 답하다
答客問

내게 묻네 무슨 연유로 늘 은거하는가 問我何由長屛跡
그대가 나라의 기둥임을 알고 있다네 知君却是棟樑才
깊은 산골에 있는 건 비록 바라는 바 아니지만 枕山棲谷雖非願
세상 구제하고 임금 바로잡는 일 스스로 꾀하랴 濟世匡君豈自媒
양식 먹고 옷 입고서 편안히 살아가고 穀腹絲身安此命
하늘과 땅에 난 재물들을 쌓아두었어라 用天因地蓄餘財
선인이 쌓으신 경사[505]가 내게 미쳤으니 先人積慶能吾及
눈에 가득한 자손들이 축수(祝壽)의 잔을 올린다오 滿眼兒孫執壽盃

---

502 무릎을 껴안고 : 큰 뜻을 펴지 못하는 선비가 울울한 심정을 품고 있음을 뜻한다. 주 92 참조.

503 게 눈 : 물이 막 끓기 시작할 때에 마치 게의 눈처럼 자잘하게 일어나는 기포(氣泡)를 말한다. 해안(蟹眼)이라고도 한다. 소식(蘇軾)의 시 〈시원전다(試院煎茶)〉에 "게의 눈을 이미 지나서 고기 눈이 나오니, 쏴아쏴아 솔바람 소리처럼 들린다.[蟹眼已過魚眼生 颼颼欲作松風鳴]" 하였다.

504 용비늘 : 소나무 껍질을 비유한 말이다.

505 선인이 쌓으신 경사 : 조상의 음덕으로 후손이 번창함을 뜻한다. 주 13 참조.

치아가 빠져
落齒

노쇠하여 기혈이 부족하니	年衰氣血少
치아가 모두 흔들려 빠지네	牙齒皆隳落
작년에는 서른 개 있었는데	前年有三十
올해는 겨우 스물여섯 개뿐	今歲纔卄六
남은 것들도 완전하지 못하여	存者且無完
어떤 건 흔들리고 어떤 건 부러졌네	或搖或中折
고기를 먹을 때는 씹지 못하고	食肉不能嚼
생선을 먹을 때에도 씹기 어려우니	啗魚又難齧
아무리 팔진미를 만난다 하더라도	雖逢八珍味
오훼[506]와 다를 게 무어 있으랴	視之如烏喙
입에 맞는 음식이 아주 드무니	充腸少可口
무엇을 먹은들 거북하지 않으랴	何食能無退
술동이에 좋은 것이 있으니	樽中有好物
마시면 술술 잘도 넘어가네	且進呑無礙

몽당붓
破筆

관성[507]이 장차 늙어 은퇴할 때	管城將老癈
눈물을 흘리며 소회를 아뢰네	陳說淚泫然

506 오훼(烏喙) : 부자(附子)의 이칭으로, 독이 있어 먹으면 죽는다.

507 관성(管城) : 관성자(管城子)의 준말로 붓을 의인화한 말이다. 한유(韓愈)의 〈모영전(毛穎傳)〉에 "진 시황이 장군 몽염(蒙恬)으로 하여금 붓에게 탕목읍을 내리고 관성에 봉해 주게 하여 관성자라 호칭했다.[秦皇帝使恬 賜之湯沐而封諸管城 號曰管城子]"라고 한 데서 온 말이다.

시구를 다툴 때는 선봉으로 나섰고 　　鬪句鋒先進
시름을 물리칠 때도 힘을 썼다 했거늘 　　攻愁力必宣
새 붓을 매우 좋아한다고 하여 　　無庸新寵極
예전의 공로를 다 버릴 수 있소 　　能棄舊功專
그 말을 한 번 듣고 측은하여 　　一聽其言惻
관각(館閣)의 현인으로 삼아 주노라 　　封爲閣裏賢

겨울밤 등잔 앞에서
冬夜燈前卽事

외로운 등잔불 싸늘히 비치는데 　　一穗孤燈冷
초가집에 밤이 이미 이슥하여라 　　衡廬夜旣分
반곡서[508]를 펼쳐서 읽어보고 　　披看盤谷序
송궁문[509]을 죽 훑어보노라 　　閱視送窮文
씩씩한 뜻은 가난해도 여전하고 　　壯志貧猶在
연수[510]는 늙을수록 더욱 분분해라 　　緣愁老更紛
추운 뜰 앞에서 개가 짖으니 　　庭前寒犬吠
문 밖에 범이 지나가는 게지 　　門外度山君

508 반곡서(盤谷序) : 당(唐)나라 한유(韓愈)의 〈송이원귀반곡서(送李愿歸盤谷序)〉를 가리킨다. 주 68 참조.《古文眞寶 後集》

509 송궁문(送窮文) : 한유(韓愈)가 일찍이 항상 자기를 괴롭히는 다섯 궁귀를 물리친다는 뜻으로 〈송궁문(送窮文)〉을 지은 데서 온 말이다. 그 다섯 궁귀란 바로 지궁(智窮), 학궁(學窮), 문궁(文窮), 명궁(命窮), 교궁(交窮)이다.

510 연수(緣愁) : '시름 때문'이란 말로 백발을 가리킨다. 당(唐)나라 이백(李白)의 〈추포음(秋浦吟)〉에 "백발이 삼천 길이나 되니 시름 때문에 더 길어진 듯해라.[白髮三千丈 緣愁似箇長]" 한 데서 온 말이다.

등잔 앞에서 회포를 읊다
燈前詠懷

옥충[511]이 꺼지지 않고 타나니 玉蟲燒不盡
초가집에 밤은 삼경이로세 茅閣夜三更
달은 뜰 앞에다 좋은 빛을 주고 月餉庭前色
바람은 나뭇가지에 소리 고요해라 風恬樹梢聲
향 연기는 가늘게 피어오르고 篆烟飛上直
화롯불은 재 속에서 이글거리네 爐火燼中明
만뢰가 가라앉아서 고요한데 萬籟沈還寂
창룡[512]은 칼집 속에서 우누나 蒼龍匣裏鳴

무자년(1648) 선달 23일에 춘첩을 적다
戊子臘月卄三題春帖

호로병 속[513] 초목에 봄이 벌써 돌아오니 壺中草木已回春
보드라운 버들 붉은 매화 경치가 좋아라 柳嫩梅紅景色新
축원하노니 동황[514]이 병든 나 불쌍히 여겨 竊祝東皇憐我病
어진 바람 불게 해 신고를 풀어주었으면 仁風吹及解酸辛

511 옥충(玉蟲) : 등잔불의 이칭이다. 주 238 참조.
512 창룡(蒼龍) : 보검을 가리키는 말이다. 옥담이 가진 보검 중에 용천검(龍泉劍)과 같은 검이 있기에 이렇게 말한 것이다.
513 호로병 속 : 한 구역 경치가 좋은 곳을 뜻한다. 주 195 참조.
514 동황(東皇) : 동군(東君)과 같은 말로 봄을 맡은 신(神)이다.

겨울 집안에서 새벽에
冬齋曉意

산 위에 뜬 달은 새벽까지 밝고 山月曉仍白
산에 부는 바람은 사립을 흔든다 山風擺石扃
닭울음은 추위 속에 그치지 않고 鷄鳴寒不輟
새의 꿈은 추워서 지레 깨누나 鳥夢冷先驚
병이 오래이니 잠이 편안치 않고 病久眠難穩
정신이 흐리니 시구(詩句)가 맑지 못하네 神惛句未淸
베갯머리에 많고 많은 상념들을 枕邊多少思
누구와 더불어 분명히 말할거나 誰與說分明

재주가 없어
無才

재주가 없어 남에게 버림 받으니 無才人所棄
사방을 둘러보매 내 얼굴 뜨거워라 環顧靦吾顔
시는 이태백에게 미치기 어렵고 白也詩難及
글씨는 왕희지를 못 따르네 羲之筆未攀
한세상 한가로이 노닐면서 優游一世上
평생 동안 헛되이 늙었구나 虛老百年間
초가집 처마 아래 고개를 드니 矯首茅簷下
시골 마을에 한 해가 저물어간다 荒村歲欲闌

고통스런 병을 얻어
呑酸

일찍부터 고통스런 병을 얻어	早患呑酸病
항상 토하기를 그치지 않는다	長年吐不窮
몸 덥히는 처방 쓰면 더 답답해지고	溫方能助鬱
열 내리는 약재를 쓰면 속이 허해지네	寒劑便虛中
백 번 뜸을 떠도 신통한 효험 없고	百灸無神效
천 번 침을 놓아도 별 효과 없어라	千針少顯功
화타[515]가 지금은 죽고 없으니	華陀今已歿
생기를 되살리기는 어렵구나	難見扇和風

작은 궤짝을 얻어
得小櫃

작은 궤짝 향기롭고 매끄러운데	小櫃能香滑
아이들이 도리어 내게 바쳤어라	兒孫却獻余
새로 지은 시구를 넣어두기 좋고	宜藏新句得
친구들의 서신을 보관하기에 제 격	合蓄故人書
아침저녁 늘 아끼고 보살피며	愛護朝曛際
잠자리 밥 먹을 때도 어루만진다	摩挲寢食餘
전쟁이 이제는 이미 그쳤으니	干戈今旣定
초가집에서 이와 함께 늙어가리라	相與老蓬廬

515 화타(華陀) : 동한(東漢)의 초인(譙人)으로 자는 원화(元化)이며 신의(神醫)이다. 방약(方藥)과 침구(鍼灸)에 밝았고, 또한 능히 사람의 배와 등을 갈라서 위장을 씻어 그 안에 있는 질병을 제거하기도 하였다 한다.

무자년 섣달그믐
戊子除夜

싸늘한 등잔 불빛 반쪽 벽 비추는데　　寒燈明半壁
베개에 기댄 채 훈훈한 침상에 앉았다　　欹枕坐烟床
이 밤도 삼경이 다 지나가면　　此夜三更盡
명년에는 여든 줄에 드는구나　　明年八十行
앙상하게 여윈 골격에 놀라고　　稜稜驚瘦骨
서글프게 시름겨운 창자 끊어질 듯　　戚戚斷愁腸
눈에 가득 자손들이 있어　　滿眼兒孫在
도소주[516] 한 잔을 바치누나　　屠蘇獻一觴

기축년(1649) 새해
己丑新歲

일흔 살에 새해를 만나니　　七十逢新歲
늙은이 마음이 어떠하겠나　　衰翁意若何
비록 한 살 더 많아졌다지만　　誰云添一齒
나는 빠진 치아 두 개가 한스럽네　　吾恨落雙牙
손님들은 복 받으라 축하하고　　客賀增淸福
아이들은 숙환 나으시라 말하누나　　兒希減舊痾
집집마다 기쁨이 넘쳐흐르고　　家家歡喜足
방 안에는 음식이 그득하여라　　盤膳室中多

516 도소주(屠蘇酒) : 옛날 풍속에 설날이면 마시던 약주(藥酒)를 가리킨다. 괴질(怪疾)과 사기(邪氣)를 물리치고 장수(長壽)하기 위해 이 술을 마셨다고 한다. 그 술은 대략 길경(桔梗), 육계(肉桂), 방풍(防風), 산초(山椒), 백출(白朮) 등의 약재(藥材)를 넣어 빚었다고 한다. 일설에는 옛사람이 도소옥(屠蘇屋)에서 술을 만들었으므로 도소주라고 한다고도 하고, 《형초세시기(荊楚歲時記)》에 따르면 당나라 때 손사막(孫思邈)이 도소주방(屠蘇廚房)을 만들었다고 한다.

홀의 모양
笏面

위는 둥글고 아래는 모났으니　上圓而下方
그 형상은 하늘과 땅을 본떴구나[517]　厥制乾坤像
위대하여라 뱀을 때려죽인 분[518]이여　偉彼擊蛇公
비루하여라 홀을 거꾸로 잡은 재상[519]이여　陋哉倒執相

초가집에서 새벽에
茅齋曉意

등잔 기름은 다 타버렸건만　膏油焚旣盡
잠은 좀처럼 오지 않는구나　眠懶夢難成
외로운 마을에 개 한 마리 짖고　一犬孤村響
오경이라 닭들이 울어대는구나　群鷄五更聲
숲에 부는 바람 고옥을 휘감고　林風圍古屋
산에 뜬 달은 빈 뜰을 반쯤 비춘다　山月半空庭
손으로 화로 속 불씨 뒤적이며　手撥爐中火
쉬지 않고 담뱃대를 빤다　鵝頭仍不停

---

517 위는 … 본떴구나 : 옛날에는 하늘은 둥글고 땅은 네모났다고 하여 천원지방(天圓地方)이라 했기 때문에 이렇게 말하는 것이다.

518 뱀을 때려죽인 분 : 송(宋)나라 진종(眞宗) 때 영주(寧州) 천경관(天慶觀)에 있는 요상한 뱀이 영물(靈物)이라고 소문이 나서 그 고을 자사(刺史) 이하 수많은 사람들이 끊임없이 찾아가 정성껏 예를 차렸다. 뒤에 강직하기로 유명한 공도보(孔道輔)가 "밝은 곳은 예악(禮樂)이 있고 어두운 곳은 귀신이 있는 법이니 이 뱀은 요망한 것이 아닌가. 우리 백성을 속이고 우리 풍속을 어지럽히니 죽여 없애야 한다." 하고 홀(笏)로 그 머리를 쳐서 죽였다고 한다.《古文眞寶 後集 擊蛇笏銘》

519 홀(笏)을 … 재상 : 진(晉)나라 때 환온(桓溫)이 진나라 왕실을 바꾸려는 뜻을 가지고 당시의 재상 사안(謝安)과 왕탄지(王坦之)를 불러 그 자리에서 죽이려 하였다. 그러자 왕탄지는 너무나 두려워 온 몸에 땀을 흘리고 홀(笏)을 거꾸로 들었다고 한다.《晉書 卷79 謝安傳》

외진 곳에 살며
窮居

백발로 아무런 명성도 없으니	白首無聲聞
인생살이 늙을수록 고역일세	爲生老轉艱
해진 옷은 천백 곳을 기웠고	鶉衣千百結
작은 집은 겨우 세 칸이어라	蝸室築三間
좁쌀로 밥 지어 아침을 먹고	食糲供朝哺
여곽[520]을 씹어서 저녁을 때운다	餤藜備夕餐
자손들이 집 안에 가득하니	兒孫盈一室
그래도 이 마음은 편안하여라	贏得此心寬

새벽 창가에서 감회가 일어 읊다
晨窓感吟

담배 연기 피우고 담뱃대 털지 않아	鳳尾茶凝鼎未開
곰방대 속에서 반은 재가 되었구나	爐中宿火半成灰
처마에 닭은 꼬끼오 울고 별도 스러지고	簷鷄喔喔星初散
마을에 개 컹컹 짖고 달도 기울어 간다	村犬吺吺月欲頹
벽 아래에 늙은이는 잠에서 막 깨고	壁下衰翁眠始覺
창 앞에 아이들은 우레처럼 코를 고네	窓前兒子鼾如雷
깊은 상념에 마음을 추스르기 어려워	深思寂聽難爲抱
홀로 누워서 몇 번이나 침을 삼키노라[521]	獨臥呑津也幾回

520 여곽(藜藿) : 명아주잎과 콩잎을 말한 것으로, 전하여 빈천한 사람의 거친 음식을 뜻한다.

521 침을 삼키노라 : 일종의 도인법(導引法)이다. 혓바닥을 움직여 침이 고이게 한 다음 세 번에 나누어 삼키는 동작으로, 《구선도인결(臞仙導引訣)》에 자세히 나온다.

아들들이 지은 〈한흥〉이란 시에 차운하다
次諸子閑興韻

학창의 걸치고 아침 햇살 받으며　身披鶴氅坐朝陽
절로 피어오르는 화로 연기 보노라　剩見爐烟自發揚
한 무리 산새들은 나무 위에서 울며　山鳥一群啼樹上
봄소식 잘 전하지만 알아듣기 어렵구나　好傳春意語難詳

아들들의 원운
諸子元韻

두흥 斗興

봄산 맑은 기운 아침 햇살을 띠고　春山淑氣帶新陽
골짜기 어귀 가벼운 바람에 구름이 인다　谷口輕風雲自揚
도리어 시인으로 하여금 거듭 붓을 잡고　却使騷人重把筆
눈앞에 좋은 경치를 상세히 기록하게 하네　眼前佳景記來詳

두양 斗揚

산 아래 외로운 마을이 석양에 물드는데　山下孤村帶夕陽
새는 봄소식을 맞이해 스스로 날아다닌다　鳥迎春意自飄揚
서재 창가에서 조용히 한유[522]의 글을 읽다가　書窓穩討文韓柳
비로소 예전에는 뜻을 몰랐음을 깨닫노라　方覺曾前義未詳

---

522 한유(韓柳) : 당(唐)나라 때 문장가로 당송팔대가(唐宋八大家)에 속하는 한유(韓愈)와 유종원(柳宗元)의 병칭이다.

두영 斗榮

봄햇살 아른아른 비로소 따스해지니 春日離離得載陽
앉아서 날아다니는 산새들을 보노라 坐看山鳥亦飛揚
물 저편 나무꾼 노래 원근에서 들리니 隔水樵歌聞遠近
주인의 한가한 흥을 말로 표현하기 어렵네 主人閑興說難詳

사위 윤진이 상제 뒤 찾아와 준 데 답례로 주다
謝贈壻郎尹璡過祥祭後來訪

흰 관을 쓰고 흰 옷을 입고서 素冠與素服
이 초가집으로 나를 찾아왔구나 訪我蓬廬中
초토에서 생명 보전한[523] 자네 草土全生子
병들어도 죽지 않은 늙은 이 몸 疲癃不死翁
자네 얼굴엔 슬픔이 아직 남았고 君顏哀未盡
내 마음엔 반가움이 끝없이 인다 儂意喜難窮
밤 깊도록 마주앉아 얘기하노라니 夜久勤相對
봄날 닭이 지붕 위에서 울어대누나 春鷄叫屋東

김길보와 윤공간이 아들들과 와서 시냇가에 모여 쑥국을 끓이기에
聞金吉甫尹公榦與諸子來會溪邊湯艾

듣자니 제군들이 시냇가에 모여 앉아 聞說諸君坐澗濱
한가로이 들나물 삶으며 새 봄을 노래한다지 閑燒野蔌詠新春
창가에 누워 병든 이 몸은 참석하지 못하니 窓間病縶難參席
원컨대 경거[524]를 보내어 늙은 몸 위로해 주게 願擲瓊琚慰老身

---

523 초토(草土)에서 생명 보전한 : 초토는 거상(居喪)중에 상제(喪制)가 까는 거적과 흙베개로, 친상(親喪)을 뜻한다. 삼년상을 치르면서 애훼(哀毁)로 건강을 해치지는 않았다는 뜻이다.

샘물
流泉

샘물 졸졸 골짜기를 내려와	鳴泉下谷口
밤낮을 가리지 않고 흘러가누나	不捨暮朝催
어지러운 소리는 바람 따라 들리고	亂響隨風聞
차가운 소리는 달빛 띠고서 온다	寒聲帶月來
늘 시름겨운 사람 꿈을 깨우고	長搖愁客夢
자주 시 짓는 늙은이 가슴 흔드네	頻擺墨翁懷
저 물은 만고에 끝없이 흐르니	萬古流無盡
인생살이를 몇 번이나 보았을까	人生閱幾回

꿈속에 노닐다가 돌아가신 조부의 고택에 들어가다
夢中遊入先祖故宅

꿈속에서 고택에 들어갔는데	夢中入故宅
둘러보아도 빠진 물건 없어라	巡視遍無遺
건물은 옛날의 그 모습이고	棟宇如平昔
창문도 완연히 예전 그대로	窓櫺宛舊時
예전처럼 할아버지께 절하니	依然拜先祖
문득 손자를 쓰다듬어 주시네	忽若撫孫兒
꿈 깨어 초가집에 앉았노라니	覺臥蓬廬下
슬픈 감회 스스로 못 견디겠어라	悲懷不自持

524 경거(瓊琚) : 보배로운 구슬로, 상대방이 준 시문(詩文)을 뜻한다. 주 32 참조.

반송
盤松

반송이 절로 기이하고 예스러워 盤松自奇古
늙은 줄기 능히 소를 가릴[525] 정도 老幹能蔽牛
빽빽한 잎이 푸른 절벽을 덮었고 密葉欺蒼壁
긴 가지는 붉은 규룡이 달리는 듯하지 長枝走赤虯
바람 불면 맑은 날에도 빗소리 들리는 듯 風廻晴似雨
그늘 시원해 여름에도 가을인 듯하여라 陰爽夏如秋
도끼에 잘리는 화를 면하였으니 剩免斧斤禍
곧은 나무가 품는 근심은 없구나 專無直木憂

달 속의 계수나무
月中桂樹

달 속에 계수나무가 있으니 月中有桂樹
빼어난 모습 천고에 빛난다 秀色千古浮
빽빽한 잎은 은궁궐에 드리웠고 密葉低銀闕
기이한 꽃은 옥누각을 덮었어라 奇花冒玉樓
항아가 어여삐 여겨 꺾지 않으니 姮娥憐不折
오질[526]도 응당 베기를 멈추리라 吳質斫應休

525 소를 가릴 : 나무가 매우 큼을 뜻한다. 《장자(莊子)》 〈인간세(人間世)〉에 "장석이란 목수가 제(齊)나라로 가다가 곡원(曲轅) 땅에 이르러 그곳 사당 앞에 서 있는 참나무를 보았는데, 그 크기는 수천 마리의 소를 가릴 만하고 재어 보니 1백 아름이나 되었다.[匠石之齊 至於曲轅 見櫟社樹 其大蔽數千牛 絜之百圍]" 하였다.

526 오질(吳質) : 달 속의 신(神)인 오강(吳剛)을 가리킨다. 한(漢)나라 때 서하(西河) 사람 오강의 자가 질(質)이다. 그가 일찍이 선술(仙術)을 배우다가 죄를 지어 달 속으로 귀양 가서 계수나무를 베고 있다는 전설에서 온 말이다.

다만 한스러운 건 현월(弦月)이 되면 只恨逢弦朔
맑은 그늘이 그만 이지러지고 말지 淸陰缺未周

방초
芳草

방초는 곳곳마다 좋은데 芳草處處好
봄바람에 날마다 또 돋아난다 春風日又生
한가한 집 마당을 온통 덮겠고 閑門渾欲遍
부귀한 집에는 전혀 자라지 않네 要路絶無縈
이는 거마를 싫어해서가 아니라 不是嫌車馬
아마도 세태를 싫어하기 때문이리 知應厭世情
왕손은 가서 돌아오지 않으니[527] 王孫歸未返
누구와 더불어 답청을 할거나 誰與踏靑靑

병든 지 오래
病久

하늘이 나에게 복을 안 주어 皇天不我福
건강한 몸이 되지 못하였구나 未作康寧身
병이 든 지 삼천 일에 滯病三千日
하루 열두 시간 늘 신음하노라 呻吟十二辰
병이 오래 끌어 인사를 못 살피고 沈綿不省事
파리하여 남의 부축 받아 기동한다 羸瘦動須人
그래도 시를 짓는 버릇은 남아서 尙有攻詩癖
때때로 좋은 시구를 자주 찾노라 時時覓句頻

527 왕손(王孫)은 … 않으니 : 고시(古詩)에 "봄풀은 해마다 푸른데 왕손은 한 번 가서 돌아오지 않는다.[春草年年綠 王孫歸不歸]" 한 것을 인용한 표현이다.

농가의 회포를 읊다
田廬詠懷

진실하고 다른 재능은 없으니[528]	斷斷無他技
농가에서 홀로 본성 지키며 산다	田廬獨守眞
아무리 말 달려도 부익하지 못하고	驅馳難附翼
아무리 달려봐도 반린하지 못하네[529]	奔走未攀鱗
지우(知遇)를 입지 못했는데 황금은 다하고[530]	契闊黃金盡
이내 생애 백발만 늘어날 뿐일세	生涯白髮新
호로병 속[531]에 춘색이 무르익으니	壺中春色闌
꽃 대나무와 서로 친할 뿐일세	花竹自相親

아들들의 시에 차운하다 2수
次諸子韻 二首

달 지고 은하수 기울어 별들이 스러질 제	月墜河傾星斗橫

528 진실하고 … 없으니 : 《서경(書經)》 〈진서(秦誓)〉에 "만일 한 신하가 진실하고 다른 재능은 없으나 그 마음이 착하여 포용함이 있는 듯하여, 남이 지닌 재능을 마치 자기가 지닌 것처럼 여기고, 남의 성스러움을 마음속으로 좋아하기를 마치 자기 입에서 나온 것처럼 여길 뿐만이 아니라고 하자. 그렇다면 그는 진실로 남을 능히 포용하는 것이어서 우리 자손과 백성을 보전할 수 있으리니, 오히려 또한 유리할 것이다.[若有一个臣 斷斷兮無他技 其心休休焉 其如有容焉 人之有技 若己有之 人之彥聖 其心好之 不啻若自其口出 寔能容之 以能保我子孫黎民 尙亦有利哉]" 한 데서 온 말이다.

529 아무리 … 못하네 : 아무리 노력해도 제왕에게 의지해 공명(功名)을 이루지 못함을 말한다. 일반적으로 과거에 급제하지 못함을 뜻한다. 부익(附翼)·반린(攀鱗)은 반룡부봉(攀龍附鳳)과 같은 말로 용을 붙잡고 봉황에게 붙는다는 뜻이다. 역시 제왕에 의지함을 뜻한다.

530 황금은 다하고 : 벼슬길에 오르고자 노력했으나 뜻을 이루지 못했음을 뜻한다. 전국시대 소진(蘇秦)이 진(秦)나라에 가서 벼슬을 하고자 진왕(秦王)에게 열 번이나 글을 올려 설득하려 했지만, 그의 말이 먹혀들지 않아서 벼슬을 얻지 못한 채 검은 담비 갖옷이 다 해지고 여비로 가져간 황금 백 근도 다 떨어져 마침내 고향으로 돌아갔다고 한 데서 온 말이다. 《史記 卷68 蘇秦列傳》

531 호로병 속 : 한 구역 경치가 좋은 곳을 뜻한다. 주 195 참조.

산속 집에서 묵객 늙은이 꿈이 막 깨누나　墨翁山閣夢初驚
맑게 울음 소리가 창 밖에서 들려오니　戛然淸響聞窓外
학이 대숲에서 우는 것을 비로소 알겠네　始識仙禽竹裏鳴

외로운 밤 산옹은 앉아서 잠을 못 이루는데　獨夜山翁坐不眠
둥근 달은 금빛으로 떠올라 하늘에 걸렸네　金輪碾上掛天邊
맑은 바람이 서늘하게 옷소매에서 이니　淸風颯爽生衣袖
학을 타고 하늘을 난 신선 같다 뿐이겠는가　何啻驂鸞駕鶴仙

고검
古劍

내게 한 자루 고검이 있으니　我有一古劍
그 몸체 길이가 석 자이어라　其身三尺長
좋은 품질은 막야와도 같고　精英等莫邪
빼어난 빛은 간장보다 낫다네[532]　秀色超干將
용천검의 광채는 두우를 쏘고[533]　龍光射牛斗
눈처럼 흰 칼날은 터럭 불어도 잘린다[534]　雪鍔吹輕毛
때로 비바람 치는 밤에 뽑아 보면　或拔風雨夕
도깨비들이 놀라서 깊이 도망치고　魍魎潛遁逃

532 좋은 … 낫다네 : 매우 좋은 보검임을 뜻한다. 간장(干將)과 막야(莫邪)는 춘추시대 오(吳)나라 대장장이인 간장(干將)과 막야(莫邪) 부부가 만든 자웅(雌雄) 쌍검(雙劍)으로 보검을 뜻한다. 《吳越春秋 闔閭內傳》

533 용천검(龍泉劍)의 … 쏘고 : 왕발(王勃)의 〈등왕각서(滕王閣序)〉에 "물건의 정화는 천연의 보배이니 용천검의 광채가 우성 두성의 자리를 쏘아 비추고, 사람이 걸출함은 땅이 영수한 때문이니 서유가 진번의 걸상을 내려놓게 하였다.[物華天寶 龍光射斗牛之墟 人傑地靈 徐孺下陳蕃之榻]" 하였다.

534 터럭 불어도 잘린다 : 가벼운 터럭을 칼날에 대고 입으로 불면 터럭이 잘릴 정도로 칼날이 예리함을 뜻한다. 즉 취모검(吹毛劍)과 같다는 말이다.

혹 해가 훤한 대낮에 뽑아 보면	或拔白日下
서릿발 같은 칼날에 초목이 시드네	淸霜凋草木
날마다 애지중지 이 검을 아끼어	愛之日不給
늘 어루만지며 손에서 놓지 않는다	撫之手不釋
비록 큰 고래를 베고 싶지만[535]	雖欲斬長鯨
사해에 큰 고래가 없으며	四海無長鯨
비록 간신을 베고 싶지만	雖欲斬佞臣
조정에 아첨하는 간신 없어라	朝廷無佞臣
그래서 옥갑 속에 보관해 두니	藏之玉匣中
때때로 한밤에 우는 소리 들린다	時聞中夜吼
구름과 우레가 만약 일지 않는다면[536]	雲雷若不振
내가 너와 함께 길이 살아가리라	與爾同我壽

봄날 못가에서 장난 삼아 짓다
春日池上戲題

못가의 경치가 모두 산뜻하고 맑으니	池邊景色摠新淸
어찌 풍경만 보리오 형상들도 구경한다오	豈獨觀風且覽形
실버들 천 가닥 나부껴도 옷은 못 짜고	柳拂千絲衣未緝
꽃비단 만 필이 선명해도 옷 못 만드네	花明萬錦服無成
오동은 뿔이 있어도 어지러워 풀기 어렵고[537]	梧桐有角紛難解

535 큰 … 싶지만 : 고래는 흉포한 외적(外賊)을 가리킨다. 이백(李白)의 〈임강왕절사가(臨江王節士歌)〉에 "장사는 분노하고, 큰 바람은 부노라. 어이하면 의천검을 얻어서, 바다 가로지르며 큰 고래를 벨거나.[壯士憤 雄風生 安得倚天劍 跨海斬長鯨]" 하였다.

536 구름과 … 않는다면 : '보검이 구름과 우레를 일으키며 용이 되어 날아가지 않는다면'이란 뜻이다. 고대의 용천검(龍泉劍)이 변하여 용이 되었다는 고사가 있기 때문에 이렇게 말한 것이다.

537 오동은 … 어렵고 : 오동나무잎을 뿔처럼 말아서 불었기 때문에 이렇게 말한 것이다. 즉 오동나무에는 뿔이 많이 달렸지만 많이 얽혀 있다는 뜻이다. 주 458 참조.

송백은 방울 달렸지만 흔들어도 소리 안 난다[538]	松柏垂鈴振不鳴
이 넷은 어이 이름이 실상과 어긋나는가	四物何如名負實
상제에게 찾아가 물어 의심을 풀어야겠다	要干上帝釋疑情

옥담
玉潭

옥담이 나의 호가 되었으니	玉潭爲我號
그윽한 그 운치 끝이 없어라	幽趣渾無潯
투명한 물에 마음이 같이 맑고	淸澈心同洞
깊은 웅덩이에서 큰 도량 배우네	淵泓量取深
갓끈을 씻어서 묵은 때 없애고	濯纓除舊染
귀를 씻어서 속세 번뇌 끊는다	洗耳絶塵襟
노는 물고기 역력히 셀 수 있고	歷歷魚可數
자라도 환히 보여 찾을 수 있어라	昭昭鼈可尋
꽃잎은 거울 같은 수면에 날고	花飄明鏡裏
연꽃은 수정 같은 수심에서 솟는다	荷出水晶心
백로가 내려오니 형상은 옥을 나눈 듯	鷺下形分玉
꾀꼬리 나니 그림자 금이 비치는 듯[539]	鸎飛影透金
옥 같은 봉우리는 푸른 빛 죄다 비쳐들고	瓊峯靑入盡
옥 같은 나무들은 녹색이 모두 잠기누나	琪樹綠專沈
무엇보다 즐겨 보는 건	最是耽看處
하늘빛이 밤낮으로 비치는 것일세	天光日夕臨

538 송백(松柏)은 … 난다 : 소나무와 잣나무는 솔방울과 잣이 달려 있기 때문에 이렇게 말한 것이다.

539 백로가 … 듯 : 백로가 옥담에 내려오니 공중에 흰 백로와 못물에 비친 백로가 옥 같은 형상을 둘로 나누는 듯하다는 것이며, 노란 꾀꼬리가 수면 위에 날아가니 금빛 형체가 물속에 비친다고 한 것이다.

봄날 초가집에서
春日茅齋卽事

지루하던 비가 산촌에 걷히니　　宿雨收山郭
초가집에 봄경치가 무르익었다　　茅齋春色闌
담장 가 복사꽃은 수놓은 비단　　墻桃明錦繡
뜰의 풀들은 물에 젖은 깁이어라　　庭草濕羅紈
해가 떠오르니 벌소리 따스하고　　日午蜂聲暖
바람 맑으니 새소리 한가하구나　　風淸鳥語閑
시 짓는 늙은이 아무런 일이 없어　　詩翁無箇事
대나무 난간에 한가로이 기댔다　　高倚竹欄干

윤수재 공간의 거접소에 부치다
寄尹秀才公榦居接所

반 달 동안 산 속 집에 머물며　　半月留山室
몇 번이나 훌륭한 문장을 지었던가　　雄辭吐幾成
강물 쏟아붓듯 글은 마르지 않고　　河懸文不渴
샘물 솟아나듯 붓은 그침이 없어라　　泉湧筆無停
편지지에 낭간[540]이 펼쳐져 있으니　　牘上琅玕布
책상에 수놓은 비단[541]이 환하여라　　床頭錦繡明
용문에서 점액하는[542] 날에　　龍門點額日
응당 아름다운 명성 독차지하리　　應得擅香名

540 낭간(琅玕) : 좋은 문장 또는 글씨를 뜻하는 말이다. 주 272 참조.

541 수놓은 비단 : 뛰어난 문장을 뜻한다. 이백(李白)의 〈송종제영문서(送從弟令問序)〉에 “자운선 아우가 일찍이 술에 취하여 나를 보고 말하기를 ‘형의 심간 오장은 모두가 금수란 말입니까? 그렇지 않다면 어떻게 입만 열면 글을 이루고 붓만 휘두르면 안개처럼 쏟아져 나온단 말입니까?’ 했다.[紫雲仙季 常醉目吾曰 兄心肝五臟 皆錦繡耶 不然何開口成文 揮翰霧散]” 한 데서 온 말이다.

윤수재가 준 시에 차운하다
次尹秀才贈韻

우뚝 뛰어난 우리 어진 준재　卓犖吾賢俊
명성이 당대에 널리 알려졌어라　聲名一代喧
깊은 사색으로 이치를 궁구했고　淵思窺理窟
훌륭한 작품은 문단에 으뜸일세　佳作擅文園
아름다운 자질은 깨끗한 얼음이요　美質氷含潔
맑은 풍모는 흠 없는 옥과 같네　丰容玉滅痕
그 언제나 어전에 나아가서　何年文席上
임금 바로잡는 말[543] 다할 수 있을꼬　能盡格君言

우연히 《한서》를 보다가 영웅을 탄식하다 3수
偶見漢書歎英雄 三首

항왕은 기개가 세상을 덮었으니[544]　項王氣蓋世
자고로 짝할 이 없는 영웅이었지　雄傑古無倫
팔심은 세발솥을 들 수 있고[545]　膂力能扛鼎

---

542 용문(龍門)에서 점액(點額)하는 : 점액은 이마를 석벽(石壁)에 부딪친다는 뜻으로 여기서는 과거를 보는 것을 뜻한다. 용문(龍門)은 황하(黃河)에 있는 물살이 매우 센 여울목으로, 잉어가 이곳을 거슬러 뛰어넘으면 용이 되는데 뛰어넘지 못하면 석벽에 이마를 부딪치고 다시 떨어진다 한다.

543 임금 바로잡는 말 : 신하로서 임금을 바르게 보필함을 뜻한다. 맹자(孟子)가 "오직 대인이라야 임금의 그릇된 마음을 바로잡는다.[惟大人 爲能格君心之非]" 한 데서 온 말이다. 《孟子 離婁上》

544 항왕(項王)은 … 덮었으니 : 항왕은 항우(項羽)를 가리킨다. 항우가 패전하고 해하(垓下)에 진(陣)을 치고 있을 때, 사면초가(四面楚歌) 속에서 노래하기를 "힘은 산을 뽑을 만하고 기개는 세상을 덮었건만, 시운이 이롭지 못함이여 오추마가 가지 않는구나. 오추마가 가지 않음은 어쩔 수 없거니와, 우미인아 우미인아 너를 어찌한단 말이냐.[力拔山兮氣蓋世 時不利兮騅不逝 騅不逝兮可奈何 虞兮虞兮奈若何]"라고 하였다. 《史記 卷7 項羽本紀》

545 팔심은 … 있고 : 《사기(史記)》 권7 〈항우본기(項羽本紀)〉에 "항우는 힘이 세어서 세 발 달린 솥을 두 손으로 불끈 들 만하였다.[力能扛鼎]" 하였다. 이 말을 인용하여 한유(韓愈)의 시에 "용무늬 새

위엄은 사람을 절로 쓰러지게 할 정도[546] 威稜自斃人
진나라 수비하는 수령들은 초파리 같고 醯鷄秦牧守
한나라 군신들은 개미 떼처럼 여겼건만 螻蟻漢君臣
마침내 오강 가에서 자결하고 말았으니 竟死烏江上
천명은 어찌 그리도 믿을 게 못 되는가 天何命不眞

또 한 수 읊다
又

승상이 융중에서 일어났으니[547] 丞相隆中起
영웅은 반드시 때를 기다리는 법 英雄必應時
신묘한 책략은 사람이 헤아리지 못하고 神謀人莫測
기이한 계책은 귀신도 알기 어려웠지 奇計鬼難知
오나라 위나라가 끝내 함부로 못 움직이고 吳魏終無動
오랑캐들도 감히 기만하지 못하였건만 蠻夷不敢欺
원문에 별이 문득 떨어졌으니[548] 轅門星忽落
누가 다시 왕사를 거느리고 출전하리오 誰復出王師

겨 백곡을 담은 세 발 달린 큰 솥을 홀로 불끈 들 만한 필력을 그대는 가졌다오.[龍文百斛鼎 筆力可獨扛]"라고 한 표현이 보인다.《韓昌黎集 卷5 病中贈張十八》

546 위엄은 … 정도 : 《사기(史記)》 권92 〈회음후열전(淮陰侯列傳)〉에 "항우가 큰 소리로 꾸짖으면 천 명의 사람이 모두 엎드려 일어나지 못했다.[項王喑啞叱咤 千人皆廢]" 하였다.

547 승상이 융중(隆中)에서 일어났으니 : 승상은 제갈량(諸葛亮)이다. 후한(後漢) 말에 제갈량이 남양(南陽) 융중(隆中)에서 농사지으며 은거하고 있다가, 세 번이나 초가집을 찾아온 유비(劉備)의 정성에 감동되어 세상에 나왔던 것을 가리킨다.《三國志 卷35 蜀書 諸葛亮傳》

548 원문(轅門)에 … 떨어졌으니 : 원문은 수레의 끌채를 마주 세워 문의 모양을 만든 것으로 병영(兵營)의 문인데, 곧 병영을 뜻한다. 제갈량이 일찍이 오장원(五丈原)에 진을 치고 위(魏)나라 사마의(司馬懿)와 대치하던 중, 어느 날 밤에 큰 별이 동북쪽에서 날아와 그의 병영으로 떨어졌다. 그로부터 잠시 후에 제갈량이 죽었다는 고사가 있다.

또 한 수 읊다
又

운장[549]이 서촉에 있으매 雲長在西蜀
용맹이 견줄 사람 없었지 忠勇比無肩
언월도는 천 사람을 대적하고 偃月千人敵
이화[550]는 만 명의 목을 꿰뚫었지 梨花萬馘穿
적을 베고 와도 술잔 안 식었고[551] 斬讐盃未冷
위나라에 머물 때는 촛불을 늘 밝혔었지[552] 留魏燭長燃
그러나 결국 아몽[553]의 손에 죽었으니 竟死阿蒙手
영웅의 넋이 지하에서 눈물을 흘리리 英魂淚徹泉

반가운 비
喜雨

좋은 비 시절을 알고 내려 好雨知時節
아침 내내 그치지를 않누나 崇朝且不休
촉촉이 적셔 흙덩이 깨지 않고[554] 淋淋不破塊

549 운장(雲長) : 삼국시대 촉한(蜀漢)의 명장 관우(關羽)의 자이다.

550 이화(梨花) : 원래 이화창(梨花槍)이란 고대의 창술을 말하는데, 여기서는 매우 뛰어난 무술을 뜻한다.

551 적을 … 식었고 : 관우(關羽)가 단기(單騎)로 적진에 들어가 원소(袁紹)의 명장 문추(文醜)를 베러 갈 때 조조(曹操)가 술을 권하였다. 그러나 그 술잔을 마시지 않고 가서 문추의 목을 베고 돌아오니, 술이 그 때까지 식지 않고 있었다고 한다.

552 위(魏)나라에 … 밝혔었지 : 관우가 주군인 유비(劉備)의 가솔을 모시고 임시로 조조(曹操)의 진영에 들어가 있을 때, 늘 촛불을 밝히고 책을 읽으며 유비의 가솔을 호위했다 한다.

553 아몽(阿蒙) : 삼국시대 오(吳)나라 여몽(呂蒙)을 가리킨다. 여몽이 군무(軍務)에만 종사하다 손권(孫權)의 권유로 열심히 독서하여 노사숙유(老士宿儒)보다 나을 정도의 학식을 쌓았다. 노숙(魯肅)이 도독(都督)으로 와서 여몽과 담론해 보고는 "이미 예전 오나라의 아몽(阿蒙)이 아니구려.[非復阿蒙]" 한 데서 온 말이다. 《三國志 卷54 吳書 呂蒙傳注》

콸콸 흘러서 논둑에 가득하구나	決決已盈疇
시골 노인네들 서로 축하하고	野老欣相慶
농가에 풍년이 들 줄을 알겠네	田家識有秋
옛날 이름난 정자 잇기 어려워[555]	名亭難繼古
그저 축하 시를 읊어 남겨둔다	徒作頌吟留

반갑게도 날이 개어

喜晴

동풍이 시원스레 불어오더니	東風吹淅淅
숲 속에 빗소리가 그쳤네	林巷雨聲休
문 밖에는 금빛 시내가 울고	戶外鳴金澗
처마 끝에는 옥 물줄기 끊겼다	簷端絶玉流
높은 나무엔 서 있는 학이 보이고	高林看水鶴
우거진 숲엔 산비둘기 소리 들려라	深樹聽山鳩
다소의 맑고 한가로운 생각들을	多少淸閑思
몇 구절로 표현하기 어렵구나	難將數句收

554 흙덩이 깨지 않고 : 한(漢)나라 왕충(王充)의 《논형(論衡)》에 "바람은 나뭇가지를 울리지 않고 비는 흙덩이를 깨지 않아서, 오일 만에 한 번 바람이 불고 십일 만에 한 번 비가 온다.[風不鳴條 雨不破塊 五日一風 十日一雨]" 한 데서 온 말로, 바람과 비가 순조로운 태평성대를 뜻한다. 여기서는 비가 가뭄 해갈에 적당하게 내렸다는 뜻이다.

555 옛날 … 어려워 : 송(宋)나라 때 대문호(大文豪) 동파(東坡) 소식(蘇軾)이 28세 때에 봉상부(鳳翔府)의 판관(判官)으로 부임하였다. 이듬해 관사를 수리하면서 그 북쪽에 정자를 지었는데, 마침 오랜 가뭄 끝에 비가 내렸다. 이에 반가워 백성들과 함께 이 정자 위에서 술을 마시며 정자의 이름을 희우정(喜雨亭)이라고 명명하고 〈희우정기(喜雨亭記)〉를 지었다. 《古文眞寶 後集》 즉 그 옛날 소식처럼 〈희우정기〉를 짓지는 못한다는 뜻이다.

까치둥지
鵲巢

까치 한 쌍이 날아와 앉아 有鵲雙來集
뽕나무 꼭대기에 둥지 틀었네 構巢桑樹巓
서둘러서 둥지를 단단히 만드니 綢繆如不及
깃들 집이 어느 새 튼튼하구나 家室忽完堅
까마귀 솔개 공격을 잘 대비했으니 旣備烏鳶擭
새끼들 잘 키우리란 것 알겠어라 應知子育全
나는 사람이면서 너만도 못하여 人而不似汝
산비탈 엉성한 집에 살고 있구나 疎屋倚山邊

새벽 꾀꼬리
曉鸎

새벽빛이 산촌에 뻗쳐 오르니 曙色騰山郭
꾀꼬리들이 쉬지 않고 울어댄다 群鸎喚不休
교태로운 음성 이슬과 섞였고 嬌音和露涉
맑은 음향 우거진 숲 저편일세 淸響隔林稠
시인의 꿈을 온통 흔들어 놓고 攪殺騷人夢
묵객의 시름을 보태어 놓는구나 添多墨客愁
그 누가 탄궁(彈弓)을 가지고 誰將金彈手
놀라 산속으로 날아가게 할꼬 驚起止岑丘

낚시
釣魚

가는 낚싯바늘을 낚싯대에 묶어 纖鉤繫竹竿
석양이 질 무렵 앞 시내에 드리운다 斜日下前灘
위수와는 마음이 비록 멀지만[556] 渭水心雖遠
동강과는 흥취가 서로 같아라[557] 桐江興一般
금빛 물고기 푸른 풀 위에 퍼덕이고 金鱗青草上
은빛 물고기 푸른 물굽이에서 나온다 銀出綠灣間
낚시 마치고 저물녘에 돌아오니 釣罷歸來晚
구름 가에 둥근 달이 떴구나 雲頭月正團

기축년(1649) 4월, 경기전[558] 참봉으로 부임하는 아들 두환에게 주다
己丑四月贈子斗煥赴任慶基殿參奉

천 리 밖으로 벼슬살이 가니 宦遊千里外
늙은 애비는 이별이 아쉽구나 老父遠離情
아비 안부는 걱정하지 말거라 定省休言曠
돌아올 시기는 정해져 있으니 歸期且有程

556 위수(渭水)와는 … 멀지만 : 천하에 큰 뜻을 품고서 낚시로 소일하며 때를 기다리는 것은 아니라는 뜻이다. 태공망(太公望) 여상(呂尙), 즉 강태공(姜太公)이 위수(渭水) 가의 반계(磻溪)에서 낚시질하며 천하에 큰 뜻을 펼 때를 기다리다가 문왕(文王)을 처음 만나 사부(師傅)로 추대되었다. 뒤에 문왕의 아들인 무왕(武王)을 도와서 은(殷)나라를 멸망시키고 천하를 평정하였다.

557 동강(桐江)과는 … 같아라 : 은자(隱者)로서 소일 삼아 낚시한다는 뜻이다. 엄광(嚴光)은 후한(後漢) 광무제(光武帝)의 소싯적 친구로서, 높은 벼슬을 주려는 광무제의 호의를 거절하고 부춘산(富春山)에 들어가 숨어 살며 양갖옷[羊裘]을 걸치고 동강(桐江)에서 낚시로 소일했다고 한다. 《後漢書 卷83 嚴光列傳》

558 경기전(慶基殿) : 전주(全州)의 남문(南門) 안에 있는 누전(樓殿)으로, 이곳에 조선 태조(太祖) 이성계(李成桂)의 어용(御容)을 봉안(奉安)하였다.

색동옷[559] 비록 즐거울 만하지만　班衣雖可樂
채색 관복 또한 영광스러운 것　彩服亦云榮
공무의 여가에 공부를 꼭 하고　勿替公餘學
작은 성취에 안주하지 말거라　安於此小成

양잠
養蠶

세상 만물 종류도 많지만　品物多凡類
천충[560]은 참으로 특이하여라　天蟲卽異常
소나무는 식성에 맞지 않아　雪松非厥種
뽕잎으로 실컷 배를 채우네　桑柘任充腸
고치는 금과 옥 모양이 되고　繭作金和玉
고치 켜면 흰색 노란색 실들　繰成白與黃
가난한 집들 누에 치지 않으면　貧家微爾績
어떻게 따스한 옷 입을 수 있으랴　安得暖衣裳

그네
鞦韆

좋은 명절이라 단오절에　佳節端陽日
버드나무 가에서 그네를 뛴다　鞦韆戲柳邊
바람 타고 푸른 허공에서 오고　乘風來碧落
해를 차고 푸른 하늘로 오르네　蹴日上青天
봉황을 탄 신선의 모습이요　儼若驂鸞客

559 색동옷 : 자식들의 효성스런 봉양을 뜻한다. 주 188 참조.
560 천충(天蟲) : 누에 중에 천잠(天蠶)이란 것이 있기 때문에 누에를 이렇게 부른 것이다.

어쩌면 학을 탄 신선인 듯 還疑駕鶴仙
석양에 즐거운 놀이 마치니 斜陽歡事畢
채색 그네 줄만 남아 있구나 空見綵繩懸

국상을 듣고
聞國恤

성상께서 등극하시어 聖辟臨寰宇
이 나라 다스리신 지 스물일곱 해 圖治廿七年
큰 은택 마저 내려주시리 생각했는데 方思終厚澤
문득 승하하실 줄 생각이나 했으랴 豈意奄賓天
만백성들은 슬픔에 울부짖고 萬姓號無及
신료들은 눈물을 줄줄 흘리네 群工淚徹泉
청궁이 뒤를 잘 이어야[561] 青宮知善繼
나라가 안전할 수 있으리라 邦國可安全

경기전 참봉 두환에게 부쳐 주다
寄贈斗煥慶基殿參奉

성스런 태조께서 왕업 이룩해 聖祖神功大
천추에 그 화상이 남아 있어라 千秋畫像存
참봉이 지금 그곳을 지키니 齋郎今守任
그 정의란 형언하기 어렵구나 情義即難言

---

561 청궁(青宮)이 … 이어야 : 세자가 왕위를 잘 이어받을 것이라는 뜻이다. 청궁은 세자인 동궁(東宮)의 이칭이다. 동(東)이 계절로는 봄, 색깔로는 청색에 속하기 때문에 이렇게 부르는 것이다. 《중용장구(中庸章句)》 제19장에 "대저 효는 부모의 뜻을 잘 계승하며 부모의 일을 잘 전술하는 것이다. [夫孝者 善繼人之志 善述人之事者也]" 하였다.

감히 우리 시조라 일컬음 아니고 不敢稱先始
단지 우리 성씨를 얻었기 때문일세 端爲得姓全
은례가 매우 무거움을 깊이 생각해 深思恩禮重
공직에 반드시 성심을 다하거라 供職必須勤

큰비가 막 개어
大雨新晴

큰비가 이제 막 갰으니 大雨新晴日
농가에는 바쁜 유월이로세 田家六月秋
남쪽 논에는 벼포기 제법 큰데 禾生南畝碩
북쪽 논에는 빼곡히 모를 심누나 秧挿北阡稠
초가집에는 푸른 연기 피어오르고 蔀屋青烟起
산골짜기엔 흰 물이 흘러간다 山磎白水流
뽕과 삼이 더욱 푸르게 우거지니 桑麻增翠鬱
거리는 점점 깊고 그윽하여라 門巷轉深幽

칠석
七夕

하늘에서는 칠월 칠석에만 天中七月七
직녀가 견우와 만난다 하지 織女會牽牛
해마다 오작교에서 이별하고 歲歲橋頭別
해마다 은하수 가를 노니누나 年年河上遊
슬픔과 기쁨이 하룻밤에 교차하니 悲歡同一夕
이별과 만남 몇 천 년 있어 왔던가 離合幾千秋
이 한은 어느 때나 끝날거나 此恨何時歇
하늘 무너지고 땅 갈라져야 끝나리 天崩地拆休

기축년(1649) 7월, 병이 좀 낫기에 동지로 내려가다
己丑七月病間下東池

초가을이라 날씨가 서늘하기에	新秋天氣爽
병든 몸 애써 시냇가 정자로 내려왔다	力疾下溪亭
바위를 쓰니 이끼 자욱 깨끗해지고	掃石苔紋淨
못을 다스리니 수면이 잔잔하여라	治塘水面平
매미 소리는 나무에서 울려 퍼지고	蟬聲凝樹咽
시냇물 소리 숲 저편에서 맑구나	泉響隔林淸
날이 저물도록 돌아갈 줄 모르니	日夕忘歸去
동쪽 봉우리에 낙조가 밝게 비치네	東岑落照明

처질 김 대사성 유선[562]공이 자친을 뵈러 회덕에 갔다가 돌아오는 길에 방문하였기에
妻姪金大司成由善公往覲慈親于懷德歸路歷訪

정옥[563]을 단 뒤로부터는	自從頂玉後
반가이 만난 적이 없었지	靑眼未曾開
반가워라 마을 아이가 달려와	喜聽村童語
재상 행차 온다고 소리치네	傳呼宰相來
술잔 멈추고 세상사 얘기하고	停盃論世務

562 김유선(金由善) : 조선 후기의 문신 김경여(金慶餘, 1596~1653)이다. 본관은 경주, 호는 송애(松厓)이고, 유선(由善)은 그의 자이다. 병자호란에 독전어사(督戰御史)가 되어 왕을 호종하여 남한산성으로 피난하였다. 대간을 거쳐 서장관(書狀官)으로 발탁되었으나, 청나라에 가기를 거부하여 부임하지 않았기 때문에 금교역(金郊驛)에 유배되었다가 풀려났다. 1649년 대사간이 되어 육조소(六條疏)를 올렸으며, 송시열(宋時烈) · 송준길(宋浚吉) · 김집(金集)과 교유하였다. 회덕의 정절서원(靖節書院)에 봉향되었고, 저서로는《송애집(松厓集)》이 있다.

563 정옥(頂玉) : 망건에 다는 옥관자(玉貫子)로, 당상관 벼슬아치를 뜻한다.

손을 잡고서 오랜 회포 푼다 　握手展離懷
성상께서 그대 애타게 기다리시니 　聖上勞魂夢
아마도 쉬이 행차를 돌려야겠지 　郵驂必易迴

초가을 밤에 읊다
新秋夜吟

초가집에 가을밤 이슥하니 　茅齋秋夜半
산골 마을은 그야말로 캄캄해라 　林巷正沈冥
적적한데 창가에 얘기하는 소리 　寂寂聞窓語
쓸쓸히 내리는 빗소리 듣노라 　蕭蕭聽雨聲
소금[564]은 책상 위에 고요하고 　素琴床上靜
보검은 칼집 속에서 우누나 　霜劍匣中鳴
묵객은 잠 못 들고 앉아서 　墨客無眠坐
작은 병풍에 기대 외로이 시 읊는다 　孤吟倚短屛

족질 이시창이 산 게를 선물로 보냈기에
族姪李始昌遺以生蟹

우리 조카 인정이 두터워라 　我姪心情厚
곽삭[565]을 이렇게 나눠주는구나 　能分郭索遺
솥에 삶으면 반찬으로 좋고 　入烝盤膳可
썰어서 끓이면 탕이 좋아라 　登俎鼎湯宜
병중에 구미가 당겨서 즐겁고 　病裏欣添食
노년에 몸이 가뿐해져 기쁘구나 　衰年喜益肌

---

564 소금(素琴) : 거문고의 이칭으로 쓰였다. 주 430 참조.
565 곽삭(郭索) : 게의 이칭으로, '발이 많다[多足]'는 뜻으로 붙여진 별칭이다.

농가에서 참으로 별미이니	田家眞勝味
혹 세상사람들 알까 걱정일세	或恐世人知

병중에 봄날 시냇가에서 모여 얘기하던 일이 생각나 그 일을 뒤미쳐 기술하다

病中憶春日會話溪邊追述其事

병든 뒤 한가한 놀이 꾀하여	病後謀閑勝
견여 타고 물가로 내려왔었지	肩輿下水邊
풀은 가늘어 술 취할 때 눕기 좋고	草纖宜醉臥
모래는 보드라워 잠자기에 편안해라	沙軟穩欹眠
임시 아궁이를 가는 곳마다 설치하고	野竈隨行設
술 데우는 화로 앉는 자리 따라 옮긴다	仙鑪逐坐遷
나란히 앉은 이들 모두 뛰어난 인재	聯襟皆俊逸
좋은 시구를 서로 돌려가며 보았었네	佳句自相傳

불어난 물살을 보며

觀漲

시냇물 불었단 말 문득 듣고	奄聞川水漲
허겁지겁 높은 언덕에 오르니	顚倒上高丘
놀란 물결이 모래톱을 삼켰고	駭浪登沙尾
세찬 물살에 기슭이 다 잠겼네	衝波沒岸頭
흐르는 나무 등걸 포구에 널렸고	流査漫一浦
물에 잠긴 버들은 시내 속에서 춤춘다	沈柳舞中洲
이 늙은이 보기에는 장관이지만	老父觀雖壯
농부들은 머리를 맞대고 시름하누나	田翁聚首愁

신창으로 부임하는 한자첨을 보내며
贈別韓子瞻之任新昌

수령이 되어 남쪽 고을로 돌아가니　作宰歸南縣
온 조정에서 가려 뽑은 어진 인재일세　賢良選一朝
비록 천리마의 재주 펼치지 못하겠지만　雖無展驥足
그래도 소 잡는 칼 시험할 만하리라[566]　亦可試牛刀
여섯 해 동안 소식이 끊어지리니　六載音容阻
다시 만나려면 세월이 멀겠지　重逢歲月遙
가을바람에 부디 잘 가고　秋風好行李
자주 소식을 전해 주시길　金玉莫寥寥

인척 아우 민자진이 청포도를 주기에
姻弟閔子晉遺以靑葡萄

마유가 기이하단[567] 말은 들었는데　馬乳曾聞奇
귀한 품종이라 모습부터 다르구나　貴姿異厥顏
녹색 구슬이 알알이 맺혀 있고　綠珠縈的的
푸른 탄환이 둥글둥글 빛나네　靑彈耀團團
입에 넣으면 가슴 속이 시원하고　入口涼胸膈
목구멍에 삼키면 뱃속이 젖누나　呑喉潤肺肝
인척이 내게 이것을 다 주니　姻親能惠我
그 인정이 참으로 넓고 크구려　情意浩漫漫

---

566 소 … 만하리라 : 큰 재능으로 작은 고을을 맡아서 다스림을 뜻한다. 주 49 참조.

567 마유(馬乳)가 기이하단 : 마유는 포도의 일종으로, 당(唐)나라 태종(太宗) 때에 섭호국(葉護國)에서 바친 것이라고 한다. 한유(韓愈)의 시 〈포도(葡萄)〉에 "새 줄기가 다 안 피어 절반은 마른 듯한데, 높은 시렁에 치렁치렁 늘어졌다 다시 붙드네. 만일 쟁반 가득 마유가 쌓이게 하려거든, 대나무 갖다가 넝쿨 끌어주는 걸 사양치 마소.[新莖未徧半猶枯 高架支離倒復扶 若欲滿盤堆馬乳 莫辭添竹引龍鬚]" 하였다.

족질 이시창이 호두를 준 데 사례하다
謝族姪李始昌遺以胡桃

예전에는 곽삭[568]을 주더니만	郭索曾蒙惠
호두를 또 한 자루 주는구나	胡桃又一囊
손으로 귀한 단단한 호두 쥐고서	手持金彈貴
껍질 깨면 향기로운 알맹이 나온다	搥破玉花香
씹노라면 치아에 윤기 가득하고	咀嚼滋群齒
삼키면 오장이 윤택해지는 듯해라	啖呑潤五臟
노쇠한 사람 음식으로 제격이니	合當衰朽饌
상자 속에 잘 보관해 두고 먹으리	箱篋更珍藏

가을 흥취
秋興

홀로 외로이 살며[569] 소나무 침상에 누웠으니	離群絶世臥松床
가을 가득한 산촌에 흥취가 더욱 유장해라	秋滿山村興更長
아침에 바위 어량에 가면 물고기 통발에 그득하고	朝逝石梁魚滿笱
저물녘 버들 포구에 돌아올 젠 게가 자루에 가득해라	暮歸楊浦蟹盈囊
아내는 밤참을 짓느라 푸른 콩을 삶고	妻供夜食燒青莢
딸은 아침을 장만하느라 흰 기장을 삶는다	女具晨餐煮白粱
울타리 아래엔 몇 떨기 노란 국화가 있으니	籬下數叢黃菊在
때때로 보면서 잔 들고 술을 마시노라	時時看取引壺觴

568 곽삭(郭索) : 주 565 참조.

569 홀로 외로이 살며 : 성어로 이군삭거(離群索居)하여 벗들과 떨어져 외로이 사는 것을 말한다. 자하(子夏)가 "내가 벗을 떠나 쓸쓸히 홀로 산 지가 오래이다.[吾離群而索居 亦已久矣]" 한 데서 유래하였다. 《禮記 檀弓》

심 직강 인시가 점심밥을 싸 가지고 와서 내 집에 들렀기에 조롱 삼아 지어 보이다
嘲示沈直講姻侍裹午飯來過陋止

하찮은 몸이 외람되게 그대 인척이 되었는데 　瑣瑣忝居姻婭後
인정 깊고 의리 도타워 오랫동안 사귀었어라 　情深義篤久通家
술병 잡고 멀리 찾아온다는 건 말이 되지만 　提壺遠訪言猶可
밥을 싸 가지고 찾아오는 건 무슨 이치인가 　齎食來過理則那
손잡고 집 안에 올라왔다가 이별을 아쉬워하고 　握手登軒還惜別
머리 들고 기둥에 기댄 채 그저 탄식할 뿐일세 　擡頭倚閣但咨嗟
그 언제나 열흘쯤 은근한 대화를 나누어 　何當十日慇懃話
이별 회포 다 말하고 시 읊으며 즐길거나 　說盡離懷嘯也歌

심 직강 인시의 시 〈호연정〉[570]에 차운하다
次沈直講姻侍浩然亭韻

개석처럼 돌아가고픈 맘 간절해[571] 　介石歸心切
시냇가에 작은 정자를 지었어라 　臨溪作小亭
밝은 성상께서 그대 기다리시니 　明明勞聖主
이곳에서 술 마시며 쉴 수 있으랴 　安得醉還醒

570 호연정(浩然亭) : 《맹자(孟子)》 〈공손추 하(公孫丑下)〉에 "호연히 돌아갈 뜻이 있었다.[浩然有歸志]" 한 데서 따온 말로, 벼슬을 그만두고 향리로 돌아간다는 뜻을 담고 있다.

571 개석(介石)처럼 … 간절해 : 개석은 지조가 돌과 같이 단단함을 말한다. 《주역(周易)》 〈예괘(豫卦)〉에 "지조가 돌보다 단단한지라 하루가 다 안 가서 떠나니 정하고 길하다.[介于石 不終日 貞吉]" 하였다. 여기서는 조정에서 벼슬을 그만 두고 은거했음을 뜻한다.

심 직강 인시의 시 〈봄에 구월산을 유람하며〉에 차운하는 한편 내가 예전에 집 뒤 태을산을 유람했던 일을 기록하여 보이다
次沈直講姻侍春遊九月山韻仍記余曾遊家後太乙山事以示之

푸른 바위 벼랑이 집 서쪽에 우뚝한데 蒼巖翠壁屋西懸
위에는 깊은 못에 열 길 연꽃이 있어라[572] 上有深潭十丈蓮
신선 무리[573] 대여섯을 함께 데리고서 挾把仙曹連五六
아래로 티끌세상 삼천 세계 굽어보았지 下耽塵界俯三千
죽장을 짚고서 위태한 다리를 부축하고 扶行竹杖安攲脚
가마 메고 위험한 곳 가느라 어깨 못 쉬네 涉險藍輿未息肩
가는 곳마다 구경하고픈 마음 주체할 수 없어 隨處賞心難自洽
우연[574]에 둥근 해가 빠지는 줄도 몰랐어라 金輪不覺抵虞淵

또 두 수를 차운하여 내 뜻을 보이다
又次二首以示己意

집안은 쓸쓸하여 경쇠를 매달아 놓은 듯[575] 一室蕭條磬似懸
책상 위 고검은 가을 연꽃[576]처럼 빛난다 床頭古劍耀秋蓮

---

572 깊은 … 있어라 : 한유(韓愈)의 〈고의(古意)〉에 "태화산 봉우리 위 옥정의 연꽃은, 꽃이 피면 너비가 열 길이요 뿌리는 배만큼 크다네.[太華峯頭玉井蓮 開花十丈藕如船]" 하였다.

573 신선 무리[仙曹] : 당(唐)나라 때 상서성(尙書省) 소속 부서를 가리키는 말이었는데, 일반적으로 조정의 벼슬아치를 뜻하는 말로 쓰인다. 심 직강(沈直講)이 벼슬아치들과 함께 등산했기 때문에 이렇게 말한 것이다.

574 우연(虞淵) : 해가 져서 들어간다는 전설 속의 못이다. 《회남자(淮南子)》 〈천문훈(天文訓)〉에 "해가 우연에 이르는 것을 황혼이라 한다." 하였다.

575 경쇠를 … 듯 : 집안이 지극히 가난함을 뜻한다. 집이 텅 비어 서까래만 걸려 있는 것을 형용한 말이다. 《국어(國語)》 〈노어 상(魯魚上)〉에 "집은 경쇠를 걸어놓은 것 같고 들판에 푸른 풀이 없으면, 무엇을 믿고 두렵지 않으리오.[家如懸磬 野無靑草 何恃而不恐]" 한 데서 온 말이다.

576 가을 연꽃 : 검을 휘두를 때 일어나는 빛인 검화(劍花)를 가리킨다. 이백(李白)의 〈호무인행(胡無人行)〉에 "유성과 같은 백우전(白羽箭)은 허리춤에 꽂고, 가을 연꽃 같은 검화는 칼집에서 나온다.[流星白羽腰間插 劍花秋蓮光出匣]" 하였다.

말은 세상 구제하지 못하건만 편수는 삼백이요[577]	言無濟世篇三百
시구는 사람 놀래키지 못하건만 글자는 십천일세[578]	句不驚人字十千
평소 음식은 거친 밥을 달게 먹을 뿐이고	常膳秪能甘糲食
진귀한 음식이라 돼지다리도 실컷 못 먹는다	珍羞莫識飽豚肩
마음 달래며 소일하러 무슨 일을 하는가	銷中遣興知何事
늘 푸른 물결에 낚시 드리움을 좋아할 뿐	長愛淸瀾下綠淵

팔꿈치 겨우 가리는 낡은 옷 누덕누덕 기웠고	掩脛鶉衣寸寸懸
마음 즐겁게 하는 덴 그래도 푸른 연꽃 있어라	歡心猶在種靑蓮
격문 지을 재주[579] 없어 일당백이 아니요	才無草檄非當百
경전 연구한 학문 부족해 기백[580]에 부끄럽네	學乏硏經愧己千
백발의 몸으로 농사를 지어 입에 풀칠하지만	白首明農糊我口
부귀한 집에 가서 아첨하는 건 수치로 여긴다	朱門恥向脅吾肩
자연 속에 즐길 바가 있는 줄 아노니	林泉所樂知攸在
곧고 진실한 마음을 지키고자 할 뿐	欲使貞心保塞淵

577 말은 … 삼백이요 : 공자가 "《시경》 삼백 편을 외더라도 정사를 맡겨 줌에 제대로 하지 못하며, 사방으로 사신을 가서 독단적으로 대응하지 못한다면 비록 시를 많이 왼들 어디에 쓰겠는가.[誦詩三百 授之以政 不達 使於四方 不能專對 雖多亦奚以爲]" 하였다. 《論語 子路》 이 구절을 응용하여 시 수백 편을 짓지만 세상을 구제할 수 있는 말은 하나도 없다는 뜻으로 말하였다. 겸사이다.

578 시구는 … 십천일세: 당(唐)나라 두보(杜甫)의 〈강상치수여해세료단술(江上値水如海勢聊短述)〉에서 "나는 성격이 좋은 시구를 몹시 탐내어, 시어(詩語)가 사람을 놀라게 하지 않으면 죽어도 그만두지 않노라.[爲人性癖耽佳句 語不驚人死不休]" 하였다. 즉 자신은 수만 자 시를 짓지만 좋은 구절은 하나도 없다고 한 것이다. 겸사이다.

579 격문(檄文) 지을 재주 : 나라에 난리가 났을 때 격문을 지어 군사를 모으는 것이다. 안고경(顔杲卿)은 당나라 현종 때 사람으로 안녹산의 난 때 군사를 일으키고 격문(檄文)으로 하북(河北)의 군현(郡縣)에 고(告)하기를 "당나라 조정이 영왕(榮王)을 하북병마대원수(河北兵馬大元守)로 삼고 가서한(哥舒翰)을 부장(副將)으로 삼아, 삼십만 대군을 거느리고 안녹산을 토벌한다." 하였다. 군현 사람들이 이 격문을 듣고 모두 반군(叛軍)의 장수를 죽이니, 원근이 호응하여 안녹산에게 투항했던 하북의 열일곱 군(郡)이 다시 당나라 조정으로 돌아왔다. 《舊唐書 卷187 顔杲卿列傳》

580 기백(己百) : 남보다 백 배의 노력을 하는 것이다. 《중용장구(中庸章句)》 제20장에서 군자의 학문하는 자세를 두고 "남이 한 번에 능하거든 나는 백 번을 하며, 남이 열 번에 능하거든 나는 천 번을 해야 한다.[人一能之 己百之 人十能之 己千之]" 한 데서 온 말이다.

또 차운하여 그리워하는 뜻을 보이다
又次以示相思之意

세상을 구제한 명성은 북두성인 양 높고	濟世高名北斗懸
사람 놀라게 하는 풍채는 연꽃처럼 빼어났다	驚人俊彩擢秋蓮
해를 넘기도록 다시 만나기 어려운 줄 아노니	經年會面知難再
양쪽에서 서로 그리워한 날은 몇 천이었던가	兩地相思日幾千
어느 달에나 이끼 낀 헌함에서 반가이 손 잡고	曷月苔軒同握手
좋은 날 대숲 우거진 언덕에서 함께 거닐거나	良辰竹塢共隨肩
좋은 기약은 맑은 봄날을 기다려야 할 터이니	佳期會待春晴日
함께 연못에 뛰노는 금빛 물고기 구경하세나	竝賞金鱗躍玉淵

가을 서재에서 병들어 누웠노라니 문득 연전의 가을 흥취가 생각나 그때의 일을 뒤미쳐 기술하여 아들들에게 보이고 차운하길 청하다
病臥秋齋忽憶年前秋興追述其事以示諸子求次

가을 이슬 맑게 내리고 하늘빛 높으니	玉露凋零天色高
삼베옷을 비로소 벗고 새옷을 걸쳤어라	麻衣初脫着新袍
기장으로 밥 짓다 말고 붉은 밤을 삶고	黃粱炊輟燒紅栗
금빛 붕어 삶다 말고 붉은 게를 쪼갠다	錦鯽烹休斫紫螯
늙어가매 한가한 마음 침석에 누울 뿐	老去閑情唯臥榻
가을 오매 좋은 작품 붓 휘두름에 있어라	秋來佳作在揮毫
이끼 낀 헌함에 잠자고 나도 오는 이 없어	苔軒睡罷無人到
홀로 노란 국화 보며 흰 탁주를 마시노라	獨對金錢醉白醪

삼가 차운하다 두성
伏次 斗成

석인[581]이 한가로이 흰 구름 속에 은거하여 碩人幽臥白雲高
가난을 편안히 여기며 검소하게 사시지 守素安貧衣縕袍
아침에는 동쪽 울 밑에 이슬 젖은 국화 따 먹고 朝向東籬餐露蘂
저녁에는 남쪽 물가에서 가을 게를 낚으시네 夕臨南浦釣霜螯
노년에 좋은 홍취라 삼경[582]을 여시었고 暮年佳興開三逕
덧없는 명리는 티끌처럼 여기시네 塵世浮名等一毫
만사에 무심하시니 한가한 뜻이 넉넉하셔 萬事無心閑意足
날마다 동자를 불러 새 술을 따라 마시누나 日呼童子酌新醪

삼가 차운하다 두양
伏次 斗揚

은거하시는 기개 구름과 같이 드높으시니 棲雲志槩等雲高
베옷을 어찌 비단옷과 바꾸어 입으셨으랴 文繡何曾換葛袍
이른 봄엔 남쪽 동산에 고사리 꺾기 좋고 春早南園宜折蕨
깊은 가을엔 앞 시내의 게를 그물로 잡누나 秋深前澗可罾螯
그윽한 정이라 달밤에 거문고를 연주하고 幽情月夕輸龍口
시 짓는 흥은 꽃 핀 아침에 붓으로 쓰신다 詩興花朝寄免毫
산 저편에 세상 홍진 그 얼마나 많으랴 山外紅塵知幾尺
날마다 좋은 손님 데리고 송료[583]를 마시누나 日携佳客嗽松醪

581 석인(碩人) : 속세를 떠나 은거하는 현자(賢者)를 가리키는 말이다. 여기서는 작자의 부친인 옥담을 가리킨다. 《시경(詩經)》 〈위풍(衛風) 고반(考槃)〉에 현자의 은거를 찬미하여 "고반이 시냇가에 있으니, 현자의 마음이 넉넉하도다.[考槃在澗 碩人之寬]" 하였다.

582 삼경(三逕) : 은자(隱者)가 사는 집을 말한다. 주 287 참조.

583 송료(松醪) : 솔잎이나 솔뿌리를 넣고 담근 막걸리이다. 주 107 참조.

삼가 차운하다 두영
伏次 斗榮

왕후를 섬기지 않으시는 뜻이 높으시니[584]	不事王侯志則高
변변찮은 음식에 삼베옷을 입으시네	藜羹糲飯布爲袍
서쪽 밭두둑에선 해마다 한 가마니 밤을 수확하고	西疇歲穫盈箱栗
남쪽 시내에선 철따라 그물에 가득 게를 잡는다	南澗時收滿罶螯
고요한 중에 심정은 온전히 태곳적 정서이니	靜裏心情全太古
세간의 명리 따위는 터럭만큼도 뜻이 없으시네	世間名利絶纖毫
평생에 그윽한 흥취를 삼척 거문고에 두셨으니	百年幽興琴三尺
맑은 곡조 연주한 뒤에 흰 막걸리를 드시누나	彈罷淸商引白醪

병중에 문득 예전에 산을 유람하던 흥취가 생각나 그때의 일을 뒤미쳐 기술하다
病中忽憶昔日遊山之興追述其事

바위 봉우리 수려한 경치 좋아하여	自愛巖巒好
부지런히 찾아가 석문에 이르렀다	勤尋到石門
표주박 가지고 옹달샘에 가고	持瓢臨水穴
자리 옮겨서 운근[585]에 앉았었지	移席坐雲根
골짜기 험해 나아가기 어렵고	谷險行難進

584 왕후(王侯)를 … 높으시니 : 벼슬하여 임금을 섬기지 않고 고상하게 은거함을 뜻한다. 《주역(周易)》 〈고괘(蠱卦)〉에 "상구는 왕후를 섬기지 않고 그 일을 고상하게 하도다.[上九 不事王侯 高尙其事]" 한 데서 온 말로, 현인군자(賢人君子)가 때를 못 만나 자신만 고결하게 살 뿐 세상사에 관여하지 않음을 말한다.

585 운근(雲根) : 산에 있는 바위를 가리키는 말이다. 송나라 매요신(梅堯臣)의 〈차운답오장문내한유석기(次韻答吳長文內翰遺石器)〉에 "석공(石工)이 날마다 기물을 깎으니, 땔나무 목축과는 일이 전혀 다르네. 땅을 파서 운근을 가져다가 단단한 돌을 옥처럼 쪼개는구나.[山工日斲器 殊匪事樵牧 掘地取雲根 剖堅如剖玉]" 하였다.

산이 높아 해가 쉬이 저무네 山高日易昏
돌아올 땐 허겁지겁 내려오느라 歸來忙陟降
옷과 신발에 죄다 이끼가 묻었지 衣韈盡苔痕

정 원외 시망을 생각하며 이름은 응운[586]이고, 벼슬은 형부원외이다. 시를 잘 짓고 술을 잘 마시기로 당시에 이름났다.

憶鄭員外時望 名應運爲刑部員外以詩酒名于世

정 원외가 몹시도 그리운데 苦憶鄭員外
지금은 소나무 아래 티끌[587]일세 今爲松下塵
전란 때 서로 헤어진 뒤로 干戈分散後
생사의 고비 겪은 지 몇 해던가 生死幾經春
시구를 겨룰 훌륭한 시인 없고 鬪句亡詞伯
흉금을 토로할 좋은 벗이 드무네 論襟少可人
고래처럼 마시는 모습[588] 다시 못 보니 鯨呑不復見
한밤에 홀로 상심하고 있노라 中夜獨傷神

꿈속에 종형 신 선산공이 훈계하는 글을 주는 것을 보고

夢見申從兄善山公遺以訓戒之辭

종반 간이라 형제의 사이인데 在從同連氣

---

586 정응운(鄭應運) : 본관은 동래(東萊), 자는 시망(時望)이다. 정창연(鄭昌衍)의 족질이다. 허균(許筠), 권필(權韠) 등과 교유했다.

587 소나무 아래 티끌 : 무덤에 묻혀 흙이 됐음을 뜻한다. 당(唐)나라 현종(玄宗) 때의 시인 하지장(賀知章)을 두고 이백(李白)이 읊은 〈대주억하감(對酒憶賀監)〉에 "옛날 술을 그리도 좋아하더니, 어느 새 소나무 밑 티끌이 되었구나.[昔好杯中物 翻爲松下塵]" 하였다.

588 고래처럼 마시는 모습 : 두보(杜甫)의 〈음중팔선가(飮中八仙歌)〉에 "좌상은 날마다 주흥으로 만전의 돈을 쓰며, 술을 큰 고래가 일백 시내 들이켜듯 하였지.[左相日興費萬錢 飮如長鯨吸百川]" 한 데서 온 말이다.

친밀한 정은 말할 수 없었지 親情不可論
건강하던 형이 세상을 떠났는데 強康兄既歿
병약한 나는 어이 살아 있는고 衰病我何存
그 빼어난 풍채 눈에 선하더니 俊彩留心目
형의 모습이 내 꿈에 보였어라 儀形入夢魂
간곡하신 훈계 말씀 듣고 나니 丁寧聞訓戒
슬픈 눈물이 줄줄 흘러내리네 哀淚落飜盆

대행주상에 대한 만사 기축년(1649) 5월 8일에 승하하셨고, 그 해 9월 20일 장릉에 부장하였다.

挽哭大行主上 己丑五月初八日陞遐 九月二十日附葬長陵

난리 평정하고 나라 다스린 지 몇 해 안 되어 撥亂圖治年未幾
승하하시니 하늘의 뜻은 끝내 알기 어려워라 陞遐天意竟難諶
인산의 일 다 마치고 현궁[589]이 나오고 因山築罷玄宮出
장지를 다 만들어 상여가 이르렀어라 宅兆營完寶帳臨
옥색금성[590] 그 풍모 상상 속에나 계시고 玉色金聲歸想像
크나큰 공적과 은택 백성들이 노래하리 豐功厚澤入謳吟
신하들은 슬픈 마음을 말로 다 못하고 臣工哀痛言難旣
세자께서는 애통한 심정을 어이 견디실꼬 聖嗣那堪面墨深

589 현궁(玄宮) : 임금의 널을 이르는 말이다.

590 옥색금성(玉色金聲) : 금성옥색(金聲玉色)과 같은 말이다. 인품이 맑고 지조가 곧음을 형용한 말이다. 《상서대전(尙書大傳)》에 보인다. 주희(朱熹)의 〈정명도화상찬(程明道畫像贊)〉에 "양기가 만물을 기르듯 하고 산처럼 우뚝 섰으며, 옥빛처럼 아름답고 종소리처럼 쟁쟁했다.[揚休山立 玉色金聲]" 하였다.

좋은 일이 없어
無好事

노년에 좋은 일이라곤 없고	衰年無好事
온갖 곤란한 일만 많이 생기네	艱狀歎多門
머리털 적어 상투 틀기 어렵고	髮少難成髻
홑옷 입은 터라 따스한 쪽에 간다	衣單強就暄
글자가 비뚠 것은 손이 떨리기 때문	字橫因手戰
등잔불 어두운 건 눈이 흐릿해서지	燈暗識眸昏
하는 일마다 모두 이치에 안 맞으니	所幹皆顚錯
처자식들도 내 말을 듣지 않는구나	妻孥莫聽言

긴요한 일이 없어
無緊事

세상에 태어난 뒤 긴요한 일 없어	生來無緊事
이 세상에서 한가로이 살아왔어라	身世寄遨遊
모내기 늦어 벼가 잘 자라기 어렵고	種晚禾難茂
논밭 갈이 더뎌 곡식이 많지 않구나	耕遲粟未稠
단표[591]로 한 가지 즐거움을 삼고	簞瓢爲一樂
거문고 술로 온갖 시름 이긴다	琴酒破千愁
만사를 뜬구름처럼 보노니	萬事浮雲視
유유히 세월만 흘러가누나	悠悠歲月遒

591 단표(簞瓢) : 빈한한 생활을 뜻한다. 주 300 참조.

심 직강 인시가 편지와 함께 꿀을 보냈기에 사례로 보내주다
謝贈沈直講姻侍致簡遺蜜

고맙게도 그대 늙은 나를 불쌍히 여겨	感君憐我老
그 동안 끊임없이 안부를 물어주었지	存問未嘗停
한 폭 편지는 천금처럼 귀하고	一幅千金札
항아리 가득 꿀은 백화(百花)의 정화	盈缸百卉精
봉투를 뜯으니 정이 가득 담겼고	開緘情意密
꿀을 삼키니 묵은 병이 낫는 듯	呑服舊痾平
보답하고 싶으나 경거[592]가 부족해	欲報瓊琚乏
송료를 만안[593]으로 담아 보내노라	松醪滿眼呈

기축년(1649)
己丑歲

전란 속에 육십 년 세월 어느덧 흘러가	干戈六十歲崢嶸
혼란이 극에 달해 치세가 올 운세를 만났어라	亂極思治運旣丁
나라에 성군이 계시니 사직이 편안하고	國有聖君安社稷
조정에 현신이 많으니 백성들 구제하네	朝多賢弼濟生靈
모든 재앙 소멸하여 시절이 장차 태평하고	群災熄滅時將泰
온갖 곡식 풍년이라 양식이 절로 풍족해라	百穀稍登食自贏
병들어 시골집에 누운 몸이 무엇을 바라리오	病伏田廬何所望
아침에 미음 저녁에 죽으로 여생을 보낼 뿐	朝饘夕粥送餘齡

---

592 경거(瓊琚) : 보배로운 구슬인데 좋은 시를 뜻한다. 주 32 참조.

593 만안(滿眼) : 술통 또는 술병에 술이 가득함을 뜻한다. 주 304 참조.

내가 늙었다
吾衰

유관이 나를 그르치고 말았으니[594]	儒冠能誤我
근력이 이미 다 사라지고 말았네	筋力已銷磨
백발이라 붓을 던지기[595]도 어려운데	白首難投筆
황사[596]에 병사들은 쉬지 못하네	黃沙未枕戈
갓끈을 쓰다듬으며 속절없이 강개할 뿐	獵纓空慷慨
근심을 달래며 애써 시를 읊조리노라	排悶強吟哦
세상 다스릴 계책을 가지고서	欲把經綸策
대궐에 가서 일일이 아뢰고 싶어라	楓宸奏許多

서재에서 가을밤 경치
秋齋夜況

달빛은 서쪽 창에 훤히 비쳐들고	月入西窓白
바람은 북쪽 방문을 흔들어 울린다	風撓北戶鳴
새들은 숲 속에서 잠을 깨고	鳥驚林下夢
벌레들은 풀 속에서 가늘게 우네	蟲細草中聲
병이 오래라 등잔을 치우기 어렵고[597]	病久燈難去

594 유관(儒冠)이 … 말았으니 : 선비로 살다 인생을 그르쳤다는 말이다. 주 103 참조.

595 붓을 던지기 : 문을 버리고 무의 길로 가는 것을 뜻한다. 후한의 반초(班超)는 집이 가난하여 관청의 고용인이 되어 서사(書寫) 품을 팔아 부모를 봉양하고 살며 매우 고생하였다. 하루는 붓을 던지고 탄식하기를 "장건(張騫)이 이역(異域)에서 공을 세워 후(侯)에 봉해졌는데, 어찌 오랫동안 글씨나 쓰고 있으리오." 하고는, 서역으로 사신 가서 50여 개 국을 평정하고 한나라에 조공하도록 하였다. 이 공으로 서역도호(西域都護)가 되고 정원후(定遠侯)에 봉해졌다.《後漢書 卷77 班超列傳》

596 황사(黃沙) : 용사(龍沙)라고도 한다. 총령(蔥嶺) 근처에 있는 사막인 백룡퇴(白龍堆)를 가리키는데, 일반적으로 변방을 뜻한다.

597 병이 … 어렵고 : 병석에 누워 있기 때문에 병수발을 드는 데 등잔불이 필요하다는 뜻인 듯하다.

마음이 허하여 잠을 이루지 못한다 心虛睡不成
화로의 연기도 날아서 꺼지려 해 鑪烟飛欲盡
초가집에 밤도 벌써 삼경일세 茅閣已三更

꾀꼬리 울음을 듣고
聞鸎

꾀꼬리가 날마다 시름을 불러일으켜 黃鸎日日喚愁生
그 모습 금빛 옷에 짙푸른 무늬 있어라 金縷衣裳翠黛形
새벽녘 초록 숲에서 천 번이나 재잘대고 淸曉綠林千囀響
저녁 바람 불 제 나무 위에서 꼭 같이 운다 晩風高樹一般聲
규방에 게으른 아낙네는 홍안이 시들고 閨中懶婦紅顔減
침상 위의 시인은 백발이 더 생기누나 榻上騷人白髮成
며칠이나 그렇게 날아다닐 수 있는고 不識翺翔能幾日
얼마 뒤엔 쓸쓸히 쑥대 속을 날아다니겠지 無言索莫繞蓬行

가을밤
秋宵

가을밤도 이슥히 깊어가니 秋宵將欲半
초가집이 더욱 서늘하여라 茅閣轉淸涼
하늘에선 맑은 이슬 내리고 白露天中色
달 아래 귀뚜라미 울어댄다 寒蛩月下聲
이웃집에선 밤에 베를 짜고 鄰機催夜織
마을에선 절구에 햅쌀 찧는구나 村杵鑿新粳
병든 몸으로 봉창 아래 누웠으니 病臥蓬窓下
읊조리는 시 만고의 정이어라 沈吟萬古情

두환이 강가 집에서 감기에 걸려 오래 앓는다는 소식을 듣고 몹시 걱정했는데 곧 이어서 땀을 내고 조금 나았다는 소식을 듣고 매우 기뻐서 부쳐 보내다

聞斗煥在江閣得寒疾甚彌留憂慮方深旋聞發汗少愈喜甚寄示

네가 감기에 걸렸다기에 염려하여 念汝罹寒疾
걱정하는 마음 밤낮으로 애탔었지 憂心日夜煎
이내 땀을 흠뻑 내고는 旋聞大發汗
이미 나았다니 몹시 기쁘구나 驚喜已能痊
음식은 너무 많이 먹지 말고 膳食思無過
몸도 너무 춥지 않도록 해라 溫涼不可偏
병은 조금 나았다가 더 심해지니 病加引少愈
모쪼록 조심해 조섭을 잘하거라 調攝愼無愆

추재의 저녁 풍경

秋齋暮況

팔베개 베고 자고 난 뒤 빈 집에 앉았으니 曲肱眠罷坐虛堂
서산에 해는 막 지고 저녁 풍경 서늘해라 西日初沈暮色涼
푸른 절벽에 돌아가는 갈까마귀 몇 점 靑壁歸鴉看數點
푸른 하늘에 날아가는 기러기 세 줄이로세 碧天征鴈度三行
울타리 가에 늙은 국화는 금전처럼 곱고 籬邊老菊金錢艶
잿마루에 서리 맞은 단풍은 금수처럼 빛난다 嶺首霜楓錦繡光
용면[598]을 불러서 이 경치를 그려다가 欲得龍眠模此景
사철 막론하고 내 곁에 걸어두고 싶어라 無論四節掛吾傍

598 용면(龍眠) : 솜씨 좋은 화가를 뜻한다. 주 129 참조.

두평의 여종 진이 도주했기에
斗平婢女眞逃走

네게 여종 하나가 있었는데	汝有一婢子
간교하기가 비길 데 없었지	姦回無比肩
쥐처럼 아침밥을 훔쳐다 먹고	鼠竊添朝哺
파리처럼 저녁 죽을 몰래 먹었지	蠅營辦夜饘
밭 맬 때는 몸 아프다 핑계대고	鋤田長托疾
물 길을 때는 수다 떠느라 늦었지	如井每留連
한밤중에 몰래 도주하고 말았으니	半夜潛逃走
미리 엄히 다스리지 못한 게 한스럽네	嚴刑恨未前

백로음
白鷺吟

물속에서 한가로이 노니니	游居閑且逸
마음에 욕심은 영영 잊었어라	心性永忘機
아침 햇살을 맞으며 홀로 섰고	獨立迎晴旭
저녁 햇살 받으며 쌍으로 난다	雙飛帶夕暉
버드나무 물가에서 물고기 노리고	窺魚遵柳渚
물가 바위에서 깃털을 씻누나	刷羽上苔磯
장안 길엘랑 가지를 말거라	莫向長安道
검은 먼지 흰 옷을 더럽힐라	緇塵染素衣

가을날 문득 두성의 연못가 정자가 생각나기에 병들어 가보지 못한다는 뜻을 적다
秋日忽憶斗成池亭因記病臥未副往見之意

연못가 정자에 가고 싶다만	欲往池亭勝
병이 낫지 않으니 어이할거나	其如病不痊
병이 깊어서 일어나기 어렵고	沈綿難力就
몸이 쇠약해 길 나서지 못하네	衰憊未登前
이슬 젖은 노란 국화 생각하고	露裛思金菊
바람에 흔들리는 연꽃도 떠오른다	風飜想玉蓮
병세가 조금 낫기를 기다렸다가	要遲蘇息日
가마를 타고 가볼 작정이란다	準擬到乘便

가을날 초당의 경치
秋日草堂物色

초당 주위 빙 두른 경물들이	環繞草堂物
가을 들어 많은 흥취 바치누나	秋來多興供
국화꽃은 서리 내린 후에 곱고	菊芳霜後艶
산초 열매는 비 내리기 전 붉어라	椒實雨前紅
녹색 옥인 양 천 줄기 대나무	綠玉千竿竹
푸른 수염 드리운 백 척 소나무	蒼髯百尺松
그 중에서 말로 표현키 어려운 건	箇中難說處
숲 가득 단청을 칠한 단풍일세	丹雘滿林楓

소낙비가 와 탄식하다
驟雨歎

벼를 거두어 앞 들판에 널어놓고　穫稻鋪前野
가을볕에 사흘 동안 말리고 있는데　秋陽三日乾
어이 알았으랴 소낙비 줄기가　寧知驟雨脚
조각구름에서 갑자기 내릴 줄　忽下片雲端
비 오는 줄 알았으나 늦었고　已覺還添濕
아무래도 걱정돼 오래 지킨다　終愁久守看
농사일이 이와 같이 힘드니　田功如此苦
백성들 먹고 살기 어렵지 않으랴　民食豈無艱

둔한 말
駑馬

내게 쇠약한 말 한 필 있는데　我有一殘馬
노둔한 자질을 본래 타고났어라　駑駘稟爾形
구름 향해 우는[599] 건 네 성품 아니요　嘶雲非厥性
해를 밟는[600] 것은 네 성질과 달라라　躡日異其情
금안장 귀한 줄도 알지 못하거늘　不識金鞍貴
옥굴레 영광스러움을 어이 알리오　寧知玉勒榮
그래도 거름을 실어 나를 수 있어　猶堪載糞壤
비틀대면서 근근이 걸어가누나　顚蹶亦難行

---

599 구름 향해 우는 : 기상이 대단한 천리마를 뜻한다. 당(唐)나라 이백(李白)의 〈천마가(天馬歌)〉에 "높은 구름 향해 울부짖고 푸른 갈기를 떨친다.[嘶青雲 振綠髮]" 하였다.

600 해를 밟는 : 천리마의 빠름을 형용한 것이다. 이백의 〈천마가〉에 "번개처럼 빨리 달려 황홀한 경치를 밟는다.[神行電邁躡恍惚]" 하였다.

쌓은 벼
積稻

쌓은 벼 천 묶음이나 되니 積稻盈千束
농가에 한 해 보낼 양식일세 農家卒歲資
높이는 세 길이 너끈히 되고 厥高三丈足
크기는 아홉 아름이 겨우 되네 其大九圍纔
하늘 뜻 따름은 내 바라는 바요 用天誠我願
땅의 이치 따르면 재물이 생기지 因地則吾財
만석꾼이 무어 부러우랴 萬石君何羨
처자식이 굶주림 면하면 그만 妻孥免阻飢

두환이 여종 일춘을 잃었다는 말을 듣고
聞斗煥喪婢一春

네 여종이 똑똑하진 못하지만 汝婢雖不慧
마음은 온순하고 좋았었지 心性則和平
부지런히 일한 지 여러 해 服役勤多歲
정성을 다한 지 몇 년이던가 輸誠認幾齡
어이 알았으랴 한 병이 걸려 寧知嬰一疾
문득 생명을 잃고 말 줄을 忽見喪其生
깨끗한 땅에 꼭꼭 묻어주어 潔地堅埋瘞
두터운 정에 잘 보답하거라 毋輕報厚情

병이 오래라 감회가 일어 읊다
病久感吟

늙은 내가 감기에 걸려서	老我嬰寒病
신음하며 오래도록 낫지 않네	呻吟久未瘳
병을 앓은 뒤 십년이 지났고	沈綿年十換
약을 쓴 지 삼년이 되었어라	藥餌歲三周
수염과 머리털은 많이 빠졌고	鬚髮秋多落
용모는 날로 수척해 가는구나	容顏日不留
먹을 수 있는 건 죽뿐이고	所需唯粥物
좋은 음식도 구미가 안 당기네	珍膳亦無求

저녁 햇살이 창을 비추니 글을 보기 좋아
夕日照窓喜看文字

병들어 창가에 누운 지 오래	臥病封窓久
책을 보기에 늘 불편하였어라	看書每有妨
햇빛이 환하게 비추어 주니	日光明自照
글을 자세히 볼 수가 있구나	文字見能詳
환골탈태한 구절을 때로 짓고	換骨時成句
문장을 아름답게 다듬기도 한다	含英或潤章
그 언제나 방문 열고 밖에 나가	何當開戶出
덩그런 대청에서 서책을 읽을거나	黃卷對高堂

가을에 병석에 누워 있느라 앞 연못에 가서 경치를 구경하지 못하기에
病臥秋齋不得往見前塘物色

지당에 있는 온갖 경치들이	池塘群物色
가을 뒤로 틀림없이 맑아졌겠지	秋後定應淸
수놓은 단풍은 서리 맞아 곱고	繡葉經霜艶
국화 꽃술은 이슬 젖어 환하리	金毸裛露明
대나무는 늘 그대로 푸른 빛이고	竹君因舊翠
소나무는 더욱 푸른 빛 띠었겠지	松友帶新靑
병석에 누워 가보기 어려우니	臥病難求見
멀리서 생각느라 마음만 쓸 뿐	遙思費我情

가을날 회포를 쓰다
秋日書懷

외진 산골에 묻혀 살면서	栖遲窮谷裏
자연 속에 맘껏 배회하노라	林下任盤桓
하는 일이라곤 시 천 수뿐	事業詩千首
이내 생애는 몇 칸 초가집	生涯屋數間
거문고 바둑으로 벗을 삼고	琴碁爲末契
꽃과 대숲 속에 한가하여라	花竹作淸閑
이 몸이 늙는 줄 알지 못해라	不覺身專老
맑은 풍광이 날마다 보기 좋으니	淸光日好看

두성의 중양절 시에 차운하다
次斗成重陽韻

꽃 있고 술 없으면 좋지 못하고 有花無酒不爲佳
술 있고 꽃 없어도 좋지 못하네 有酒無花亦不佳
꽃과 술에다 좋은 날을 겸한다면 若將花酒兼佳節
중양절에 흥취가 더욱 좋다 하리 應說重陽興更佳

원운
元韻

중양절이 가장 좋은 것이 아니라 不是重陽節最佳
국화와 백주 이것이 좋은 게지 黃花白酒是爲佳
꽃도 술도 없이 중처럼 앉았다면 若無花酒如僧坐
중양절도 좋지 않다고 말하겠지 便說重陽亦不佳

가을 과일을 주우며
拾秋果

속세 밖 이곳에 가을이 오니 象外秋期近
호로병 속[601]에 온갖 물건 향기롭네 壺中百物香
뜰의 배는 한 섬 가득 거두었고 庭梨收滿斛
동산의 밤은 광주리 가득 주웠다 園栗拾盈筐
칠흑처럼 까만 산머루를 뒤지고 點漆搜林果
단사처럼 붉은 아가위를 찾누나 丹砂覓澗棠

601 호로병 속 : 한 구역 경치가 좋은 곳을 뜻한다. 주 195 참조.

무엇보다 좋은 건 연못 수면에서　最憐池水面
차가운 연밥을 따는 것이로세　玄實摘寒房

달을 보며
見月

양오[602]는 서해에 들어가고　陽烏入西海
음백[603]은 동산에 솟아오르네　陰魄出東山
나뭇가지 끝엔 금거울이 매달렸고　樹梢懸金鏡
구름 가에는 옥쟁반이 걸렸어라　雲端掛玉盤
차가운 빛 흘러서 움직일 듯　寒光流欲動
고운 빛 드넓어 잡기 어려워라　纖彩浩難攀
매일 밤 시흥이 일어나게 하고　每夜供詩興
긴긴 밤 취한 얼굴을 비추누나　長昏影醉顏

집 뒷산
屋後山

푸른 산이 내 집 뒤에 있어　青山在屋後
날마다 창문을 에워싸누나　日日擁窓間
고요하여 끝내 움직이지 않고　靜處終無動
안정하여 늘 제 자리를 지키네　安居永自盤
인자의 즐거움[604] 되는 줄 아노니　知爲仁者樂

602 양오(陽烏) : 해를 가리킨다. 해는 양(陽)에 속하고 해 속에는 삼족오(三足烏)라는 까마귀가 산다고 하여 이렇게 말한 것이다.

603 음백(陰魄) : 달을 가리킨다. 음(陰)의 정기가 모인 것이 달이라 믿었기 때문에 이렇게 말한 것이다.

604 인자(仁者)의 즐거움 : 공자(孔子)가 "지혜로운 사람은 물을 좋아하고, 어진 자는 산을 좋아한다. [智者樂水 仁者樂山]" 하였기 때문에 이렇게 말한 것이다.《論語 雍也》

어찌 속인이 볼 것이겠는가 豈是俗人看
저 바위 벼랑 우뚝이 솟아서 巀彼巖巖石
길이 좋은 모습으로 서 있구나 長年駐好顔

까마귀 울음
烏啼

주린 까마귀가 고목에서 우니 飢烏啼古樹
슬픈 심정을 다 말하는 듯해라 哀抱若俱陳
먹이 물어줄 새끼[605]를 여의었으니 反哺離其子
먹이 던져줄 사람 누가 있으랴 投餐孰有人
찬바람 속에 깃들 곳이 없으니 寒風無所托
지는 석양에 홀로 슬퍼하누나 斜日獨悲辛
불쌍하게도 너를 보살피지 못해 憫汝終難救
눈썹만 스스로 찡그릴 뿐일세 厖眉只自顰

물고기를 구경하며
觀魚

노니는 물고기 북쪽 시내에 있어 游鱗在北渚
지팡이 짚고서 날마다 구경하노라 扶杖日臨看
어릿어릿 기운 없이 오가는 놈 圉圉來還去
힘차게 헤엄치며 즐거워하는 놈[606] 洋洋樂且歡

605 먹이 물어줄 새끼 : 까마귀는 새끼가 장성하면 도로 먹이를 물어다가 늙은 어미를 먹여 주어 어미의 은혜를 갚는다. 그래서 반포조(反哺鳥)라 하고, 효성스런 새라 하여 효조(孝鳥)라고도 한다.

606 어릿어릿 … 놈 : 춘추시대 정(鄭)나라 자산(子産)에게 누가 살아 있는 물고기[生魚]를 선사했을 때 자산이 교인(校人)을 시켜 못에 놓아주라고 하였다. 교인이 삶아 먹고는 복명하기를 "처음 놓아주었을 때는 기운없이 헤엄치더니 잠시 뒤에는 기운을 차리고 유연히 가더이다.[始舍之圉圉焉 少則洋洋焉 攸然而逝]" 한 데서 온 말이다. 《孟子 萬章上》

맑은 봄날 가는 물결을 일으키고	春晴吹細浪
바람 잔잔할 제 물 위로 뛰어오른다	風定躍淸瀾
부디 미끼를 탐내지 말라	愼勿貪香餌
낚시에 걸려 물 밖으로 나올라	飜然上釣竿

득능스님이 준 둥근 부채

得能師所贈團扇

보배로운 부채 어디서 얻었는고	寶扇從何得
산승이 이 늙은이에게 주었어라	山僧贈老翁
둥근 모습은 밝은 달과 같고	團團似明月
시원하게 맑은 바람이 이네	颯颯動淸風
종이와 대나무 강유를 겸비했고	紙竹剛柔備
한가함과 바쁨에 냉난이 적당해라[607]	閑忙冷暖中
오랜 세월 좋은 벗이 되었으니	長年作好伴
기필코 죽을 때까지 함께하리라	期以死生同

두환이 유자 두 개를 보내준 데 답례로 부치다

答寄斗煥來送柚子二箇

네 하인이 창 앞에 이르러	爾僕窓前到
꼭꼭 여민 물건을 바치기에	堅糊物有呈
펼쳐 보니 두 개의 유자라	開看兩箇柚
멀리 부쳐 보낸 정성을 알았네	知得遠封誠

607 한가함과 … 적당해라 : 한가한 때 부채질을 하느라 바쁘므로 이렇게 말한 것이다. 즉 한편 한가하고 한편 바쁘니 서늘함과 더움이 조화를 이룬다는 뜻이다.

형상과 색깔은 노란 금덩이요	形色黃金塊
향기롭고 달기는 흰 꿀일세	薰甘白蜜精
속을 갈라서 다 먹고 나니	刳中餤旣盡
묵은 병이 나은 듯하구나	偏覺舊痾平

강아지 두 마리를 얻고
得二狗子

개는 무심한 동물이 아니니	犬匪無心物
닭 돼지와는 비길 수 없어라	鷄豚比莫倫
예전에 묵은 손을 때로 반기고	時迎曾宿客
밤에 가는 사람 잘도 알고 짖는다	能識夜歸人
짐승을 잡는 재주 매우 민첩하고	攫獸才多捷
염탐할 때 청력은 귀신 같아라	伺偸聽有神
이웃집에서 새끼 몇 마리 주니	隣家乞數子
보살펴 기름은 응당 다 같으리	憐育定應均

구하는 바가 있어
有所求

높은 벼슬은 바라지 않으나	不願金緋貴
평생에 바라는 바가 있어라	平生有所求
굶어도 좋아하는 예쁜 첩 두고	樂飢存美妾
기르지 않아도 천리마가 있고	無牧踴神騶
바위 구멍엔 맑은 술이 흐르고	巖口流淸醑
외양간엔 반우란 소 매어 두는 것	廐中繫反牛
사람이 이런 복들을 갖출 수 있다면	人能俱此福

백발이 머리에 가득할 수 있으랴 那見雪盈頭

월지국이란 나라에 소가 있는데 오늘 고기를 베어 먹으면 내일 그 자리에 살과 피부가 감쪽같이 생겨나 늘 고기를 베어 먹을 수 있다. 그래서 그 소를 반우(反牛)라 한다고 한다.

바위 위 소나무
巖上松

바위 위에 몇 척 높이 외로운 소나무 巖上孤松數尺強
푸른 비늘 흰 껍질이 풍상에 늙었어라 蒼鱗白甲老風霜
단지 대들보감이 못 된다는 이유로 直緣不合爲樑棟
도끼질 면하여 화를 멀리할 수 있었지 自免斧斤遠害戕

죽은 딸이 내 곁에 있는 것을 꿈속에 보고
夢見亡女在側

네가 죽은 지 몇 해나 지났느냐 汝亡今幾歲
너를 여읜 지 여섯 해가 되었어라 離絶六回春
기운은 끝내 없어지지 않은 것이라 一氣終難泯
네 넋이 내 꿈에 자주 들어왔구나 精魂入夢頻
모습은 옛날 모습 그대로이지만 儀形渾似昔
말과 행동은 홀연 사라졌어라 言動忽非眞
눈물 닦고 속절없이 슬퍼하노니 拭淚空悲痛
차가운 방에 늙은 몸 홀로 남았네 寒房獨老身

기축년(1649)에 성상께서 즉위하신 뒤로 다소 풍년이 들기에
己丑歲聖上嗣位後年穀稍登

성군께서 덕정을 베푸시니 聖君修德政
나라는 면모를 일신하였어라 邦國命維新
마을에는 도망치는 백성이 드물고 里寡逃亡屋
촌락에는 안도하는 백성 많아라 村多安堵民
시골 민가에도 식량이 넉넉하고 餘糧栖畝宿
국가 창고에는 곡식이 가득해라 儲粟滿倉陳
수역[608]이라 일찍 죽는 사람 없어 壽域人無夭
암혈에서 늙은 몸 보전하노라 巖間保老身

시월에 초가집에서 밤에 읊다
十月茅齋夜吟

겨울이라 시월 밤에 玄冬十月夜
눈보라가 산촌에 가득하여라 風雪滿山鄰
잠 못 들어 싸늘한 베개에 기대고 不寐欹寒枕
길게 시 읊으며 늙은 수염 만진다 長吟倚老鬢
외로운 등잔엔 불꽃이 가련하고 孤燈憐一穗
삼척검이라 삼인[609]을 어루만지노라 尺劍撫三寅

608 수역(壽域) : 인수지역(仁壽之域)의 준말로, 일반적으로 태평성대를 뜻한다. 인수는 원래 《논어(論語)》 〈옹야(雍也)〉의 "인자는 오래 산다.[仁者壽]"는 대목에서 온 말이다. 이 말을 원용하여 《한서(漢書)》 권22 〈예악지(禮樂志)〉에 "구례(舊禮)를 찬술하고 왕제(王制)를 밝혀서 온 세상의 백성들을 이끌어 인수의 지역에 오르게 하면, 풍속이 어찌 주(周)나라 성왕(成王)과 강왕(康王) 때의 태평시절 같지 않겠으며 수명이 어찌 은(殷)나라 고종(高宗) 때와 같지 않겠습니까." 하였다.

609 삼인(三寅) : 삼인검(三寅劍)을 말한다. 검신(劍身)에 북두칠성을 새겨 인년(寅年) 인월(寅月) 인일(寅日)에 만든 검인데, 세상에 전해 오는 말로 삼인검은 상서롭지 못한 것들을 물리쳐 준다 한다.

지붕 위에 우는 소리 들리니 屋角聞嘲哳
닭이 시각을 자주 알려주누나 寒鷄報刻頻

두환이 경기전 참봉으로 7월에 근친 와서 병에 걸려 오랫동안 서울에 머무르다가 겨울에 병이 좀 나은 뒤에 재소로 돌아가다
斗煥以慶基殿齋郎七月見覲罹病久留京洛冬月病間後還歸齋所

병 때문에 서울에 머물다가 滯病留京洛
겨울에야 재소로 돌아가누나 玄冬返旆旌
겨울 추위가 바다와 산에 이어져 窮陰連海嶽
날리는 눈발이 시내와 길에 가득해라 飛雪滿川程
날 저물거든 가던 길 어서 멈추고 夕轍宜停早
새벽에는 너무 일찍 길 나서지 마라 晨征莫戴星
조섭하는 이치를 꼭 명심하거라 須知調攝理
그래야 길 가는 동안 평안하리라 行李得平寧

숙부를 따라 경기전 재소로 가는 두영의 아들 장생을 보내며
送斗榮子長生從其叔往慶基殿齋郎所

너의 자질이 매우 총명하여 氣質頗聰慧
어릴 때부터 글을 잘도 지었지 爲文少有能
단지 늘 견문을 넓히지 못해 只緣長坐井
공부에 의문을 풀 길 없었을 뿐 無路釋疑氷
사방에서 사람 모이는 완산부는 四會完山府
사통팔달 큰 고을로 일컬어지지 通衢大邑稱
숙부를 따라가서 구경한다니 遊觀從季父
너의 식견이 더 넓어지겠구나 知爾識聞增

만물편 萬物篇

음양류
陰陽類

음양 陰陽

음양이 태극에서 나누어지니 陰陽分太極
물과 불 끝없이 쓸 수 있어라 水火用無疆
비는 뭇 생물을 자라게 하고 雨澤群生遂
햇살은 만물을 비춰 기르지 暘輝萬物昌
봄에 자라면 여름에 무성하고 春敷知夏茂
가을에 익으면 겨울에 갈무리하지 秋熟感冬藏
조정의 재상에 이르노니 寄語巖廊宰
세상 다스림에 방도를 다하길 調元必盡方

쇠 金

서문의 기운을 받고 태어나[610] 稟得西門氣
강하기로는 짝할 것이 없어라 剛強無等倫
창은 적을 제압할 수 있고 戈矛能制敵

610 서문(西門)의 … 태어나 : 오행에서 금(金)이 방위로는 서쪽에 속하므로 이렇게 말한 것이다.

칼은 몸을 방비할 수 있어라　　刀劍賴防身
도끼와 자귀는 목수의 기물　　斤斧工師器
낫과 호미는 농부의 보물이지　　鎌鋤穡父珍
휘두를 제 자칫 실수하지 말라　　揮措莫失手
칼날이 도리어 사람 다치게 할라　　鋩刃反傷人

나무 木

예장[611]은 양곡[612]에서 자라니　　豫章暘谷產
깊은 데서 나와 쓸모가 많아라　　深出用無疆
바다 건너는 배가 되기도 하고　　渡海爲船艦
집 짓는 데 들보가 되기도 하지　　營宮作楝樑
수레를 만들면 길 가기에 좋고　　輪輿蒙利往
다리를 만들면 물 건너기 좋네　　橋閣免褰裳
도끼를 제때 산에 들고 들어가면[613]　　斤斧能時入
좋은 재목은 헤아릴 수 없으리　　良材不可量

물 水

소금의 정기로 아래로 흐르고[614]　　鹹精能潤下
음의 성질이라 사방에 펼쳐진다　　陰性布多方

611 예장(豫章) : 예(豫)는 침(枕)나무이고 장(樟)은 장나무로, 모두 좋은 재목이다.

612 양곡(暘谷) : 해가 나오는 곳으로, 봄철의 일을 맡은 관원이 머무는 곳을 양곡(暘谷)이라 한다. 여기서는 양지바른 따스한 골짜기를 뜻한다.

613 도끼를 … 들어가면 : 맹자가 "도끼를 제때 산에 들고 들어가면 재목을 이루 다 쓸 수 없을 것입니다.[斧斤以時入山林 材木不可勝用也]" 하였다.《孟子 梁惠王上》 나무를 함부로 베지 않고 잘 자라기를 기다린 뒤에 겨울철에만 베면 좋은 재목이 많이 생산될 것이라는 뜻이다.

614 소금의 … 흐르고 :《서경(書經)》〈홍범(洪範)〉에 오행을 말하면서 "물은 적시고 아래로 흘러 짠맛이 된다.[潤下作鹹]" 했기 때문에 이렇게 말한 것이다.

밭을 적시면 채소가 살지고	沃圃蔬莖碩
논을 적시면 벼가 잘 자라지	澆田稻苗長
맑은 물 길어다 쌀밥을 짓고	擔淸炊玉粒
맑은 물 떠서 시원한 음료 만든다	挹潔沸瓊漿
목욕을 하여 묵은 때를 벗기며	浴身除舊染
천추에 길이 성탕을 공경하노라[615]	千載仰成湯

불 火

양의 정기가 찬수에서 나오니[616]	陽精出鑽燧
오행 중에 하나로 쓰이누나	爲用五行中
풀무질할 땐 큰 불길이 되고	陶冶成洪烈
음식을 지을 때도 큰 공로 있지	饔飧大有功
등잔 기름 태워서 길쌈을 돕고	焚膏勤織組
촛불을 밝혀서 글공부를 돕네	張燭事研窮
불조심하란 경계 소홀히 말라	莫忽炎炎戒
마침내 옥석을 함께 태우나니	終燒玉石同

흙 土

고명에 두터운 덕이 짝하니[617]	高明配厚德

615 목욕을 … 공경하노라 : 성탕(成湯)은 은(殷)나라 탕왕(湯王)의 이칭이다. 그가 세숫대야에 새겨 놓은 〈반명(盤銘)〉에 "진실로 어느 하루에 새로워졌거든 나날이 새로워지고 또 나날이 새로워져야 한다.[苟日新 日日新 又日新]" 하여, 몸을 씻어 때를 없애듯이 마음의 때를 씻어 덕을 새롭게 향상시키리라 다짐하였기 때문에 이렇게 말한 것이다. 《大學章句 傳2章》

616 양(陽)의 … 나오니 : 불을 양의 정기라 한 것이다. 옛날에 철이 바뀔 때마다 그 계절에 해당하는 나무를 비벼대어 새로이 불을 얻었는데 이를 찬수개화(鑽燧改火)라 한다. 즉 나무를 비비는 데서 불이 나왔다고 한 것이다.

617 고명에 … 짝하니 : 《중용(中庸)》 "넓고 두터움은 땅의 덕에 배합하고, 높고 밝음은 하늘의 덕에

땅의 도는 본래 크고도 높아라　坤道自豐隆
삼재[618]의 반열에 들어갔으며　得處三才列
사위의 중앙에 위치하였네[619]　安居四位中
은택이 깊어 오곡을 길러주고　澤深滋五穀
은혜가 무거워 만백성 살게 하네　恩重濟群工
유구하여 만물을 이루는 노고 크니[620]　悠久勞勤極
이를 미루어 어머니 공로를 알겠네　推知母氏功

동 東

희화가 직책을 나눈 뒤로　羲和分職後
양곡이 끝없이 교화됐어라[621]　暘谷化無疆
옥토[622]는 새로운 광채로 빛나고　玉兔騰新彩

배합한다.[博厚配地 高明配天]" 하였다. 여기서는 곧 고명한 하늘에 넓고 두터운 땅이 짝한다는 뜻이다.

618 삼재(三才) : 우주를 구성하는 세 가지 바탕, 곧 하늘[天], 땅[地], 사람[人]을 말한다.

619 사위(四位)의 중앙에 위치하였네 : 오행(五行)을 방위에 배속(配屬)하면 수(水)는 북(北), 화(火)는 남(南), 금(金)은 서(西), 목(木)은 동(東)에 각각 해당하고, 토(土)는 중앙에 해당하므로 이렇게 말한 것이다. 사위는 수・화・금・목을 가리킨다.

620 유구하여 … 크니 : 땅이 유구하여 만물을 이루어주는 노고가 크다는 뜻이다. 《중용(中庸)》에 "천지(天地)의 도(道)는 광박(廣博)함과 심후(深厚)함과 고대(高大)함과 광명(光明)함과 유원(悠遠)함과 오램이다.[天地之道 博也厚也高也明也悠也久也]" 하고, "박후는 만물을 실어주는 것이고 고명은 만물을 덮어주는 것이고 유구는 만물을 이루어주는 것이다.[博厚所以載物也 高明所以覆物也 悠久所以成物也]" 하였다.

621 희화(羲和)가 … 교화됐어라 : 희화는 희씨(羲氏)와 화씨(和氏)로 고대 요(堯)임금 때 역상(曆象)을 담당했던 관리이다. 요임금이 그 아들들인 희중(羲仲)・희숙(羲叔)・ 화중(和仲)・ 화숙(和叔)을 사방에 보내 거주하면서 천상(天象)을 관찰하고 역법을 제정하게 하였다. 희중(羲仲)은 농사철을 알려 주는 일을 담당하였다. 《서경(書經)》 〈요전(堯典)〉에 "희중에게 나누어 명하여 우이에 머물게 하시니, 이곳을 양곡이라고 일컫는바, 나오는 해를 공경히 맞이하여 봄에 시작하는 일을 차례대로 하니, 해는 중간이고 별은 조수(鳥宿)이다. 알맞은 중춘(仲春)이 되면 백성들은 흩어져 살고 조수(鳥獸)는 새끼를 낳고 교미한다.[分命羲仲 宅嵎夷 曰暘谷. 寅賓出日 平秩東作 日中 星鳥 以殷仲春 厥民析 鳥獸孳尾]" 하였다. 우이(嵎夷)는 해가 뜨는 곳으로, 고대 중국의 동쪽 끝인 산동(山東)의 해변에 있었다.

금오[623]는 큰 양기 찬란했지 金烏耀太陽
인민들은 밖에 나와 흩어져 살고[624] 人民敷析地
짐승들은 바야흐로 번식하누나 禽獸息孳方
푸른 바다는 깊어서 밑이 없는데 滄海深無底
미려에서 새는 물은 더욱 오래일세[625] 尾閭洩更長

서 西

백문에 화중이 머무니[626] 白門和仲宅
금덕[627]의 교화가 고루 펼쳐졌어라 金德化能均
평소에 서성[628]의 공적이 있고 素有西成績

---

622 옥토(玉兔) : 달의 이칭이다. 한유(韓愈)의 〈모영전(毛穎傳)〉에서 고대 전설을 인용하여 "세상에 전하는 말에 의하면, 중산(中山)의 토끼가 신선술(神仙術)을 얻어서 항아(姮娥)를 훔쳐 가지고 두꺼비[蟾蜍]를 타고 달 속으로 들어갔다." 하였고, 이백(李白)의 시 〈파주문월(把酒問月)〉에 "옥토끼는 봄이고 가을이고 불사약만 찧는다니, 항아는 외로이 지내며 누구와 이웃을 할꼬.[玉兔擣藥秋復春 姮娥孤棲與誰鄰]" 하였다.

623 금오(金烏) : 해의 이칭이다. 주 602 참조.

624 인민들은 … 살고 : 따뜻한 봄이 되었으므로 밖에 나와 활동한다는 뜻이다.

625 푸른 … 오래일세 : 중국에서 바다는 동쪽에 있으므로 이 말을 한 것이다. 미려(尾閭)는 전설에 나오는 바닷물이 빠져 나가는 구멍이다. 《장자(莊子)》 〈추수(秋水)〉에 이르기를 "천하의 물은 바다보다 큰 것이 없는데 가득 찰 때가 없다. 그리고 미려에서 잠시도 쉬지 않고 바닷물을 빼내는데도 바닷물은 줄어들지 않는다.[天下之水 莫大於海 萬川歸之 不知何時止而不盈 尾閭泄之 不知何時已而不虛]" 하였다.

626 백문(白門)에 화중(和仲)이 머무니 : 백문은 서쪽을 가리킨다. 서쪽이 오행으로는 금(金)에 해당하고 색으로 흰색에 해당하므로 이렇게 말한 것이다. 《송서(宋書)》에 "선양문(宣陽門)을 민간에서 백문이라 부른다." 하였고, 《자치통감(資治通鑑)》 주(註)에는 "건강성(建康城)의 서문을 말하는데 서방의 색이 흰색이라 백문이라 한다." 하였다. 《서경(書經)》 〈요전(堯典)〉에 "화중(和仲)에게 나누어 명하여 서쪽에 머물게 하시니, 매곡(昧谷)이라 하는 곳이다. 들어가는 해를 공경히 전송하여 가을 수확을 고르게 하니, 밤은 중간이고 별은 허수(虛宿)이다. 알맞은 중추(仲秋)가 되면 백성들은 평화롭고 조수(鳥獸)는 털갈이를 하여 윤택해진다.[分命和仲宅西 曰昧谷 寅餞納日 平秩西成 宵中 星虛 以殷仲秋 厥民夷 鳥獸 毛毨]" 하였다.

627 금덕(金德) : 서쪽이 오행으로는 금(金)에 해당한다. 즉 가을에 오곡이 익는 것을 가리킨다.

628 서성(西成) : 가을의 추수를 말한다. 《서경(書經)》 〈요전(堯典)〉에 "서성을 고루 다스린다.[平秩西成]" 하였다.

게다가 숙살의 신[629]이 되었네 兼爲肅殺神
우연에서 옥축을 감추고[630] 虞淵藏玉軸
약목은 금륜을 이고 있어라[631] 若木戴金輪
매곡[632]은 천고에 이름이 알려졌고 昧谷名千古
유도가 가까운 이웃이 되었어라[633] 幽都作近鄰

남 南

푸른 바다 저편에 남국 있으니 南國滄溟外
이 지역 풍요를 알 수가 없어라 風謠莫聞知
관복 하찮게 여겨 문신을 새기며 文身輕縉笏
위의를 버리고 머리털을 끊지 斷髮棄威儀
만 리에 무더운 바람 불어오니 萬里炎風動
중원에는 만물이 자랄 때일세 中原長物時
파도가 일지 않은 지가 오래니 不見揚波久
주공이 좋은 정치 펴기 때문[634] 周公有聖治

---

629 숙살(肅殺)의 신(神) : 가을 기운을 말한다. 가을 기운은 만물을 시들게 하므로 숙살의 기운이라 하는 것이다.

630 우연(虞淵)에서 옥축(玉軸)을 감추고 : 서쪽으로 해가 짐을 말한다. 천제(天帝) 제준(帝俊)의 아내인 희화(羲和)라는 여신이 동해 밖 희화국(羲和國)에서 새벽마다 여섯 마리의 용이 끄는 수레에 해를 싣고 용을 몰아 허공을 달려 서쪽의 우연(虞淵)에까지 이르러 멈춘다고 한다.《淮南子 卷3 天文訓》옥축은 수레의 미칭으로, 해를 실은 수레를 가리킨다.

631 약목(若木)은 … 있어라 : 약목은 서해의 해가 지는 곳에 있다는 신목(神木)이고, 금륜(金輪)은 둥근 해를 말한다.

632 매곡(昧谷) : 해가 지는 서쪽 골짜기이다. 주 626 참조.

633 유도(幽都)가 … 되었어라 : 요(堯)임금 때 북방의 땅으로 유주(幽州)가 이에 해당한다.《서경(書經)》〈요전(堯典)〉에 "거듭 화숙(和叔)에게 명하여 삭방(朔方)에 머물게 하니 이곳을 유도라 한다." 하였다. 동남(東南)·서북(西北)이란 말이 많이 쓰이므로 이렇게 말한 듯하다.

634 파도가 … 때문 : 주공(周公)이 성왕(成王)을 섭정(攝政)하던 때에 천하가 태평해지자, 월상씨(越裳氏)가 와서 주공에게 꿩을 바치면서 말하기를 "저희 나라의 노인들이 말하기를 '하늘이 오래도록 거센 비바람을 내리지 않고 바다에도 파도가 일지 않은 지 지금 3년이 되었으니, 아마도 중국

북 北

삭방은 천하의 북쪽에 있어　朔方天下北
찬 기후가 사람 피부 갈라놓지　寒氣裂人肌
옥해[635]에는 두터운 얼음 쌓이고　玉海層氷積
금사[636]에는 바윗돌이 구를 정도　金沙轉石吹
털가죽 옷을 입고서 늘 사냥하고　氈裘恒射獵
머리털 풀어헤치고 야만인 말투　被髮語侏儺
따스한 봄바람이 불어오지 않으니　罔有東君化
생물들은 살아남은 게 없어라　群生死不遺

봄 春

지난 해 추운 겨울이 가고　玄律窮前歲
따스한 봄 기후가 펼쳐진다　陽春布厥榮
가득한 기운이 만물을 살리고　氤氳生百物
훈훈한 날씨가 생물들을 깨운다　燻灼化群生
초록색 풀은 가벼운 비단 펼친 듯　綠草羅紈色
붉은 복숭아는 수놓은 비단 같아라　緗桃錦繡明
봄빛이 비록 참으로 좋지만　韶光雖信美
계절은 절로 옮기고 바뀌는 법　時月自遷更

(中國)에 성인(聖人)이 있는 듯하다. 왜 가서 조회하지 않느냐.'고 하므로 왔습니다." 했다는 데서 온 말이다.《後漢書 卷86 南蠻列傳》

635 옥해(玉海) : 얼음과 눈이 덮인 세상을 표현한 말이다.

636 금사(金沙) : 모래로 덮인 몽고 쪽의 사막을 표현한 말이다.

여름 夏

축융[637]이 수레 몰고 나서서 祝融勒整轡
남쪽에서 와서 산문에 이르니 南自到山門
큰비가 내려 은택 베풀고 大雨施鴻澤
훈풍이 불어 만물이 자란다 熏風長物群
논에는 푸른 벼 물결 일렁이고 西疇飜翠浪
밭에는 누른 보리구름 움직이네 南陌動黃雲
무엇보다 좋은 건 뜰 앞의 나무에 最愛庭前樹
꾀꼬리가 석양에 재잘대는 것일세 嬌鸎囀夕曛

가을 秋

맑은 서리에 초목이 모두 시드니 淸霜凋萬壑
숙살의 기운이 산골 문을 에워싼다 肅殺擁山扃
들판 저편에는 누른 구름 펼쳐졌고 野外黃雲遍
숲 속에는 수놓은 비단이 환해라 林中錦繡明
푸른 바위에서 송옥의 슬픔에 잠기고[638] 碧巖悲宋玉
거울을 보매 반생의 슬픔을 느낀다[639] 臨鏡悼潘生
고맙게도 동이 속에 술이 있어 賴有樽中物
가득한 술잔에 꽃잎을 띄우노라[640] 盈觴泛玉英

637 축융(祝融) : 태고(太古) 때 제곡(帝嚳)의 신하로 불을 맡은 화관(火官)이다. 뒤에 화신(火神)으로 높여졌다. 남쪽과 여름을 관장하는 신이기도 하다.

638 푸른 … 잠기고 : 푸른 바위 곁의 나무에서 낙엽이 지는 것을 보고 슬픔에 잠긴다는 뜻이다. 당(唐)나라 두보(杜甫)의 〈영회고적(詠懷古跡) 5수〉 중 둘째 수에 "낙엽이 떨어지니 송옥(宋玉)의 슬픔을 깊이 알겠다.[搖落深知宋玉悲]" 하였다.

639 거울을 … 느낀다 : 흰 머리털이 생긴 것을 보고 슬퍼한다는 뜻이다. 진(晉)나라 때의 문인(文人)인 반악(潘岳)이 〈추흥부(秋興賦)〉를 지었는데, 그 서문에 "내 나이 서른두 살에 처음으로 흰 머리털을 보았다.[余年三十二 始見二毛]" 하였기 때문에 이렇게 말한 것이다.

겨울 冬

삭풍이 싸늘하게 불어오고 朔風吹凜烈
백설이 푸른 하늘에서 내린다 白雪下青冥
옥을 쌓은 듯 천산은 솟았고 玉積千山聳
은을 채운 듯 만학은 평평해라 銀盈萬壑平
농가에는 창호를 단단히 바르고 田家墐戶牖
서재에는 창문을 꼭 닫는다 書室掩窓櫺
나귀 탄 홍취[641]를 멀리서 생각노니 遠想騎驢興
채찍이 얼어서 소리 나지 않으리 吟鞭凍不鳴

청 青

저 푸르고 푸른 것들 보니 瞻彼青青物
푸른 봄이 푸름을 펼쳤구나 青春布厥青
남쪽 들판엔 풀빛이 어여쁘고 南園憐草色
서쪽 기슭엔 등라가 사랑스럽네 西岸愛蘿莖
시냇가 버들은 막 비에 젖었고 澗柳含新雨
못의 연꽃은 저녁 햇살에 고와라 池荷弄晚晴
하늘이 목덕[642]을 열어주시니 天皇開木德
본래의 물정을 개창한 것임을 알겠노라 知是創元情

---

640 가득한 … 띄우노라 : 음력 9월 9일 중양절(重陽節)에는 국화 꽃잎을 술에 띄워서 마시는 풍속이 있기 때문에 이렇게 말한 것이다.

641 나귀 탄 홍취 : 눈 속에서 나귀를 타고 가며 시상(詩想)에 잠김을 뜻한다. 소동파(蘇東坡)의 시 〈증사진하수재(贈寫眞何秀才)〉에 "또 보지 못했는가, 눈 속에 나귀를 탄 맹호연이 눈썹을 찌푸리고 시를 읊느라 쫑긋한 어깨가 산처럼 높은 것을.[又不見雪中騎驢孟浩然 皺眉吟詩肩聳山]" 하였으며, 정경(鄭綮)은 "눈이 내리는 날 나귀를 타고 파교를 건너면 시상이 절로 난다." 하였다.

642 목덕(木德) : 청색이 오행(五行)에서 목(木)에 해당하므로 이렇게 말한 것이다.

황 黃

황색이 중앙에서 나오니[643] 黃色中央出
기이한 빛이 사방을 총괄한다[644] 奇輝摠四方
금의 빛은 여수에서 솟아오르고[645] 金光騰麗水
꾀꼬리 날개는 수양버들에 비친다 鸎羽映垂楊
밭의 보리는 크게 잘 익었고 大熟田中麥
논의 벼는 이제 막 살찐다 初肥陌上粱
서리 온 뒤 국화를 기쁘게 보고 欣看霜後菊
숲에 향기로운 귤을 마주하네 相對橘林香

적 赤

축융이 화룡을 채찍질하니[646] 祝融鞭火龍
붉은 빛이 길게 펼쳐지누나 丹赤布光長
아침 해가 동쪽 산에 떠오르니 早旭昇東嶺
외로운 노을이 집에 비쳐든다 孤霞映一堂
석류꽃은 여름날에 환하고 榴花明夏日
단풍잎은 가을 서리에 물들었네 楓葉染秋霜

---

643 황색이 중앙에서 나오니 : 황색은 오행에서 토(土)에 해당하고 방위로는 중앙에 해당한다.

644 기이한 … 총괄한다 : 황색은 황제의 색이므로 이렇게 말한 것이다.

645 금(金)의 … 솟아오르고 : 여수는 금의 생산지로 유명한 고대의 지명이다. 《한비자(韓非子)》 〈내저설 상(內儲說上)〉에 "형남(荊南)의 땅 여수(麗水) 중에 금이 생산되는데 몰래 훔치는 사람들이 많다." 하였다.

646 축융(祝融)이 화룡(火龍)을 채찍질하니 : 더운 여름이 왔음을 뜻한다. 적(赤)이 오행에는 화(火)에 해당하고 계절로는 여름에 해당하므로 이렇게 말한 것이다. 축융은 여름을 맡은 신이고 화룡은 곧 온몸에 불을 띠고 있다는 전설상의 신룡(神龍)이다. 당(唐)나라 왕곡(王轂)의 〈고열행(苦熱行)〉에 "축융이 남쪽에서 와 화룡을 채찍질하니, 불 깃발이 뜨겁게 치솟아 하늘을 붉게 태운다.[祝融南來鞭火龍 火旗焰焰燒天紅]" 하였다.

한나라 불은 삼백년 동안 밝아서 漢火明三百
뜨거운 빛이 한 시대에 빛났어라[647] 炎光一代揚

백 白

백은 서문의 색이니[648] 白是西門色
그 맑은 빛 사람들이 좋아하지 晶光衆所希
곤강[649]에는 옥이 찬란히 빛나고 崑岡玉耀彩
서쪽 산에는 눈이 펄펄 날린다 西嶺雪揚輝
학은 멀리 외로운 솔에 서 있고 鶴立孤松迥
백구는 날아 먼 포구로 돌아간다 鷗飛遠浦歸
그 중에서 보기에 미운 곳은 箇中憎見處
낡은 옷 입은 백발의 내 모습 霜髮映鶉衣

흑 黑

북쪽은 흑색을 맡았으니[650] 朔方專一黑
곳곳마다 빈틈이라곤 없어라 隨處見無虛
옻칠로 씌어진 과두[651]를 보고 點漆看蝌蚪

---

647 한(漢)나라 … 빛났어라 : 참위서(讖緯書)에 한(漢)나라를 세운 유방(劉邦)이 화덕(火德)으로 왕이 되었다고 하였기 때문에 한나라 역사를 이렇게 표현한 것이다.

648 백은 서문(西門)의 색이니 : 백색은 오행에서 금(金)에 해당하고 방위로는 서쪽에 속하므로 이렇게 말한 것이다. 주 626 참조.

649 곤강(崑岡) : 좋은 옥이 많이 난다는 중국 서쪽의 산이다.

650 북쪽은 흑색을 맡았으니 : 북쪽은 색깔로는 흑색에 해당하므로 이렇게 말한 것이다.

651 옻칠로 씌어진 과두(蝌蚪) : 과두는 올챙이인데, 글자가 올챙이 모습을 닮았다 하여 붙여진 이름이다. 한 무제(漢武帝) 때 노공왕(魯恭王)이 궁궐을 확장 수리하기 위해 공자의 옛집을 헐다가 벽장 속에서 과두문자(蝌蚪文字)로 쓰여진 문헌을 다수 발견하였는데 옻칠로 나무판에 쓴 칠간(漆簡)으로 되어 있었다 한다. 《漢書 卷53 景十三王傳 魯恭王》

현단으로 노어를 분간한다[652]　玄丹辨魯魚
지붕 위에는 까마귀가 앉아 있고　屋上烏爰止
들보 사이엔 제비가 사누나　樑間燕日居
함구의 덕[653]을 능히 지녔으니　能存含垢德
다른 색은 이 흑색만 못하여라　他色此無如

아침 朝

고운 해가 양곡[654]에서 솟으니　麗日生暘谷
밝은 빛이 눈 앞에 가득해라　明輝滿眼前
마루에서 맞으니 사랑스럽고　苔軒迎可愛
초가집에서 쬐면 졸음이 오지[655]　茅閣炙能眠
참새는 대숲 속에서 재잘거리고　鳥雀喧深竹
솔개는 하늘 높이 날아오른다　鳥鳶戾上天
무엇보다 어여쁜 건 그윽한 거리에　最憐幽巷裏
뽕나무로 밥 짓는 연기 피어오르는[656] 것　桑柘起炊烟

---

652 현단(玄丹)으로 노어(魯魚)를 분간한다 : 현단은 주묵(朱墨)과 같은 말이다. 주묵은 붉은 먹과 검은 먹으로, 서책에 비점(批點)을 찍거나 혹은 글을 첨삭하는 데 사용한다. 노어는 어로(魚魯)와 같은 말로 글자의 형체가 서로 비슷해 오류를 범하기 쉬움을 뜻한다. 《포박자(抱朴子)》 〈하람(遐覽)〉에 "글씨를 세 번 베껴 쓰면 어(魚) 자가 노(魯) 자로 변하고, 제(帝) 자가 호(虎) 자로 변한다." 한 데서 온 말이다. 즉 주묵을 사용해서 글자를 교정함을 뜻한다.

653 함구(含垢)의 덕 : 함구는 더러움, 모욕을 포용하고 참는 것이다. 춘추시대 진(晉)나라 백종(伯宗)이 "시내와 연못은 더러운 물을 받아들이고 산과 숲은 해로운 짐승을 감추어 주고 옥은 흠을 숨겨주는 법이니, 임금이 오욕을 참는 것이 하늘의 도입니다.[川澤納汙 山藪藏疾 瑾瑜匿瑕 國君含垢天之道也]" 한 데서 온 말이다. 《春秋左氏傳 宣公 15년》 검은색은 어떠한 색이 묻어도 색이 변치 않으므로 이렇게 말한 것이다.

654 양곡(暘谷) : 주 612 참조.

655 쬐면 졸음이 오지 : 고대 송(宋)나라에서 농부가 겨울이 지나 봄이 오자 등에 햇볕을 쬐면서 자기 아내에게 "햇볕을 쬐면서도 그 따사로움을 아는 사람이 없소. 이것을 임금님께 알려드리면 후한 상을 내리실 것이오." 하였다. 《列子 楊朱》

656 뽕나무로 … 피어오르는 : 1년 중 사계절과 6월의 토왕일(土旺日)에 불을 취하는 나무를 바꾸는데,

저녁 暮

우연에 해 수레가 잠기니[657]	虞淵藏日軸
땅거미가 산과 들을 건너온다	暝色度山坰
푸른 벼랑엔 갈까마귀 돌아가고	蒼壁歸鴉噪
푸른 하늘엔 기러기 행렬 가누나	青天旅鴈征
소와 양은 풀밭 길을 돌아가고	牛羊廻草逕
아이종은 사립문으로 돌아가네	童僕返柴扃
곳곳마다 마을엔 등잔불 켜고	處處村燈照
집집마다 베틀에 베 짜는 소리	家家札札聲

낮 晝

낮 시각이 하늘에서 기니	晝刻天中永
인간 세상에는 해가 길어라	人寰白日長
도깨비 두억시니는 숲 속에 숨고	魍魎林間伏
여우와 살쾡이는 골짜기 아래 숨네	狐狸澗底藏
시내와 들에는 동물들이 나오고	川原群動出
모든 산골짜기엔 온갖 일들 바쁘다	萬壑百爲忙
바람 불고 꽃 피는 때를 좋아하여	自愛風花節
날마다 좋은 손님 집에 가득해라	佳賓日滿堂

봄에는 '느릅나무와 버드나무[楡柳]', 여름에는 '대추나무와 살구나무[棗杏]', 늦여름에는 '뽕나무와 산뽕나무[桑柘]', 가을에는 '떡갈나무와 참나무[柞楢]', 겨울에는 '느티나무와 박달나무[槐檀]'에서 불을 취한다. 여기서는 단순히 아침밥을 짓는 연기를 말한다.

657 우연(虞淵)에 … 잠기니 : 해가 짐을 뜻한다. 주 630 참조.

밤 夜

해가 푸른 바다 속에 잠기면　白日沈滄海
인간 세상에는 밤이 돌아오지　人間夜已歸
왕자는 반딧불을 주머니에 넣고[658]　王子囊螢火
창려는 낮을 이어 책 읽었지[659]　昌黎繼日暉
담장 이은 집들엔 촉 땅 금령 느슨하고[660]　連墻弛蜀禁
벽을 뚫어서 이웃집 불빛을 빌리누나[661]　穿壁借隣輝
비단 자리에 잔치를 크게 벌이니　綺席張高宴
밤이 새도록 촛불 그림자 희미해라　通宵燭影微

추위 寒

곤륜산이 얼어서 부러지려 하니　崑崙凍欲折
매서운 혹한에 천관[662]이 갈라졌네　嚴冱坼天關

---

658 왕자(王子)는 … 넣고 : 왕(王) 자는 차(車)의 오자가 아닌가 생각한다. 진(晉)나라 차윤(車胤)이 학문에 힘썼는데 집이 가난하여 등잔 기름을 살 수 없는 형편이라 여름이면 반딧불을 주머니에 넣어서 그 빛으로 책을 보았다 한다.《晉書 卷83 車胤傳》

659 창려(昌黎)는 … 읽었지 : 한유(韓愈)의 〈부독서성남(符讀書城南)〉 시에 "시절은 가을이라 장맛비가 개고, 서늘한 기운이 교외에 들어오니, 등불을 점차 친할 만하고, 서책을 펴서 읽을 만하다.[時秋積雨霽 新涼入郊墟 燈火稍可親 簡編可卷舒]" 했기 때문에 이렇게 말한 것이다.

660 담장 … 느슨하고 : 밤에 불을 밝히고 일하는 것을 금지하지 않아 백성들의 생활이 풍족해졌음을 뜻한다. 후한(後漢) 때 촉군(蜀郡)에서는 화재를 막기 위해 백성들이 밤에 작업하는 것을 금하였다. 염범(廉范)이 태수(太守)가 되어서 제도를 고쳐 밤에 작업을 하되 화재에 대비하여 물을 저장하도록 엄히 명령하였다. 그러자 백성들이 편리하게 여기면서 노래하기를 "염숙도(廉叔度)여, 어찌 그리 늦게 왔던가. 불을 금하지 않으니 백성들이 편안하게 일하네. 평소에 저고리가 없었더니, 지금 바지가 다섯일세.[廉叔度來何暮 不禁火民安作 平生無襦今五袴]" 한 고사를 인용한 것이다. 이 노래를 오고가(五袴歌)라 한다. 숙도(叔度)는 염범의 자이다.《後漢書 卷31 廉范列傳》

661 벽을 … 빌리누나 : 광형(匡衡)은 한(漢)나라 때 사람으로 자는 치규(稚圭)이다. 경의(經義)에 밝았으며 시(詩)를 매우 잘 지었다. 그에 대해《서경잡기(西京雜記)》에 "촛불이 없어 글을 읽을 수 없자 벽을 뚫어 이웃집에서 새어 나오는 불빛을 이용하여 글을 읽었다." 하였다.

662 천관(天關) : 겨울철에 규성(奎星)을 천관이라 한다.

화정에는 뜨거운 불빛 잦아들고 火井炎光歇
온천에는 물 기온이 차가워졌으며 溫泉水氣寒
나양에서 비단옷을 처음 걸치고[663] 裸壤繒初下
화청궁에는 아직 눈이 녹지 않았어라[664] 華淸雪未乾
불쌍해라 멀리 변방의 군졸들은 遙憐沙塞卒
수레 아래서 온갖 고난 참는구나 車下忍千艱

더위 暑

뜨거운 해가 중천에서 작열하고 畏日中天爆
뜨거운 빛이 사방에 펼쳐지누나 炎光布四埏
오나라 소는 헐떡이다 죽을 지경[665] 吳牛將喘死
남쪽 오랑캐들은 나무 위에서 잠자네 蠻俗上巢眠
돌을 녹일 듯해 몸이 문드러지겠고 鑠石身如爛

---

663 화정(火井)에는 … 걸치고 : 사혜련(謝惠連)의 〈설부(雪賦)〉에 겨울의 추위를 노래하기를 "화정에는 불길이 꺼지고 온천에는 얼음이 얼었으며, 불담에는 물이 끓어오르지 않고 뜨거운 염풍이 불지 않으니, 북쪽으로 난 방문 틈을 잘 바르고 나양에서는 처음으로 비단옷을 걸친다.[火井滅 溫泉冰 沸潭無涌 炎風不興 北必墐扉 裸壤垂繒]" 하였다. 화정은 촉(蜀) 땅 임공현(臨邛縣) 서남쪽에 있는 우물인데, 제갈량(諸葛亮)이 처음 발견했으며 불길이 올라왔다고 한다. 나양은 나라 이름으로 이 나라 사람들은 옷을 입지 않기 때문에 이렇게 부른다고 한다.

664 화청궁(華淸宮)에는 … 않았어라 : 화청궁은 당(唐)나라 때 궁전 이름으로, 여산(驪山)의 온천 지대에 있다. 처음에는 탕천궁(湯泉宮)이라 이름 지었다가 현종(玄宗) 때에 화청궁으로 이름을 고치고 해마다 그곳에 행행하여 잔치를 베풀고 즐겼다.《舊唐書 卷8 玄宗紀》 당 현종(唐玄宗)이 일찍이 양 귀비(楊貴妃)를 화청궁의 온천(溫泉)에 데리고 가서 목욕을 시킨 일이 있다. 백거이(白居易)의 〈장한가(長恨歌)〉에 "쌀쌀한 봄날 화청궁 온천에 목욕하게 하니, 매끄러운 온천물에 기름 같은 살결 씻었네.[春寒賜浴華淸池 溫泉水滑洗凝脂]" 하였기 때문에 추위를 읊은 이 시에서 '화청궁에 아직 눈이 녹지 않았다.'고 한 것이다.

665 오(吳)나라 … 지경 : 고대 오(吳)나라 땅에 해당하는 강회(江淮) 지방에서 생장한 물소는 더위를 무서워하기 때문에 달을 보고도 해로 착각하고는 미리 놀라 헐떡인다고 한다. 진(晉)나라의 만분(滿奮)이 바람을 두려워하여 유리병(琉璃甁)을 빈틈으로 착각하고는 난색을 짓자, 무제(武帝)가 이를 보고 웃으니, 만분이 "저는 오(吳)나라 소가 달을 보고도 헐떡이는 것과 같습니다.[臣猶吳牛見月而喘]" 하였다.《世說新語 言語》

금을 녹일 듯해 땀이 샘솟듯하여라　流金汗似泉
차가운 물의 옥이 되고 싶다고 한　乞爲寒水玉
공부의 시구가 일찍이 전해지지[666]　工部句曾傳

화목류
花木類

소나무 松

나에게 높은 소나무가 있으니　我有高松樹
맑은 그늘이 온 뜰을 다 덮는다　淸陰覆一庭
푸른 비늘 만년을 지낸 것이요　蒼鱗經萬祀
흰 껍질 천년을 보낸 것일세　白甲度千齡
촘촘한 잎은 늘 푸른 봄빛이요　密葉長春色
성근 가지는 언제나 빗소리 낸다　踈枝每雨聲
겨울철 서리와 눈이 내린 뒤에　玄冬霜雪後
홀로 세한의 정[667]을 지키고 있지　獨保歲寒情

잣나무 柏

천 길 높이 곧은 잣나무 고목　古柏千尋直
우뚝이 내 집 곁에 서 있어라　亭亭立屋傍
푸른 잣열매 비와 이슬에 젖고　綠房霑雨露

---

666 차가운 … 전해지지 : 공부(工部)는 공부원외랑(工部員外郎)을 역임한 당(唐)나라 두보(杜甫)를 가리킨다. 두보가 더위를 읊은 〈열(熱) 3수〉 중 첫째 수에 "차가운 물의 옥이 되고 싶고, 서늘한 가을 고포(菰蒲)가 되고 싶어라.[乞爲寒水玉 願作冷秋菰]" 하였다. 이는 너무나 더워서 자기 몸이 서늘한 것이 되고 싶다고 표현한 것이다.

667 세한(歲寒)의 정 : 추운 겨울에도 시들지 않는 소나무의 곧은 지조를 말한다. 주 302 참조.

노란 씨는 바람과 서리에 떨어진다 金子落風霜
굳은 절개는 소무를 능가하고[668] 苦節凌蘇武
많은 나이는 하황[669]과 비슷해라 脩齡學夏黃
산중에 무성한 벗이 많으니 山中多茂友
기뻐하면서 함께 짙푸르구나[670] 怡悅共蒼蒼

대나무 竹

용종[671]이 해곡[672]에서 자라나니 龍鍾生嶰谷
푸른 대나무가 내 집을 둘렀어라 綠竹繞吾堂
근본은 곧으니 충현의 지조요 本固忠賢操
속이 비었으니 군자의 마음일세 中虛君子腸
새 가지는 얼음과 눈을 이겨내고 新梢凌凍雪
늙은 줄기는 바람과 서리에 익숙해라 老幹慣風霜
연실이 언제나 열매를 맺어서 練實何當結
나무에 봉황이 모이게 될꼬[673] 枝間集鳳凰

---

668 굳은 … 능가하고 : 한 무제(漢武帝) 때 소무(蘇武)가 흉노(匈奴)에 사신(使臣)으로 갔을 적에 흉노의 선우(單于)가 그를 굴복시키려고 온갖 협박을 가했으나 듣지 않았다. 흉노가 그에게 더욱 고통을 주기 위해 그를 대교(大窖) 안에 억류시키고 음식을 주지 않았는데, 때마침 눈이 내리자 소무는 눈과 부절(符節)의 수술을 씹어 먹고 연명하였다. 이에 흉노가 그를 신(神)이라고 여겨 다시 북해(北海) 가의 인적 없는 곳에 그를 안치하고 양(羊)을 치게 하니, 소무는 그곳에서 온갖 고초를 다 겪으면서도 끝내 굴복하지 않았다. 뒤에 19년 만에 한(漢)과 흉노의 화친(和親)으로 인하여 한나라로 돌아왔다. 그래서 소무를 절개가 굳은 늙은 신하란 뜻으로 고절노신(苦節老臣)이라 불렀다. 《漢書 卷54 蘇武傳》

669 하황(夏黃) : 진(秦)나라 때 상산(商山)에 은거했다는 네 명의 노인, 상산사호(商山四皓) 중 한 사람인 하황공(夏黃公)을 가리킨다.

670 산중에 … 짙푸르구나 : 무성한 벗이란 소나무를 가리킨다. 육기(陸機)의 〈탄서부(歎逝賦)〉에 "참으로 소나무가 무성하니 잣나무가 기뻐하고, 아! 지초가 불에 타니 혜초가 탄식하네.[信松茂而柏悅 嗟芝焚而蕙歎]" 하였다. 《文選》

671 용종(龍鍾) : 대나무의 이칭이다. 주 415 참조.

672 해곡(嶰谷) : 곤륜산에 있다는 좋은 대나무가 나는 골짜기이다. 주 242 참조.

국화 菊

여름 내내 부지런히 국화를 길러	養菊勤三夏
보살피고 가꾸느라 여념이 없었지	栽培日未遑
집 안에는 열 섬이 가득하고	堂中盈十斛
섬돌 위에는 세 줄로 늘어섰다	階上列三行
옥 같은 꽃술은 서리 이기며 희고	玉蘂凌霜白
금전 같은 꽃잎은 이슬 젖어 노랗다	金錢浥露黃
불로장수의 약으로는	齊天不死藥
이 꽃잎보다 나은 게 없지	無上此芬芳

황매 黃梅

바위 위에 떨기로 자라는데	叢生巖石上
늙은 줄기는 시내 그늘에 닿았다	老幹到溪陰
눈 속에서 맑은 향기 머금고	映雪含淸郁
추위 이기며 굳은 절개 지키네	凌寒抱苦心
성근 가지는 녹옥이 뻗은 듯	疎枝橫綠玉
촘촘한 꽃술은 황금빛이어라	密蘂綻黃金
사랑스러워라 둥글둥글한 잎이	可愛團團葉
가을이면 비단 단풍을 만드는 게	逢秋錦作林

673 연실(練實)이 … 될꼬 : 대나무 열매로 죽실(竹實)과 같은 말이다. 죽실이 흰색이어서 붙여진 이름이라 한다. 봉황은 죽실만 먹는다고 한다. 《장자(莊子)》 〈추수(秋水)〉에 "남방에 원추라는 새가 있는데, 자네는 아는가? 원추는 남쪽 바다를 출발하여 북쪽 바다로 날아가는데, 오동나무가 아니면 쉬지 않고, 대나무 열매가 아니면 먹지 않으며, 단물이 나는 샘이 아니면 마시지 않았다네.[南方有鳥 其名爲鵷鶵 子知之乎 夫鵷鶵發於南海 而飛於北海 非梧桐不止 非練實不食 非醴泉不飮]" 하였다. 원추는 봉황의 일종이다.

매화 梅 응당 황매 앞에 있어야 한다. 當在黃梅上

신령스런 산에 보배 나무 많아 靈山移寶樹
여지[674]란 이름을 능히 얻었어라 能得麗枝名
눈 속에서 봄소식을 전하고 雪裏傳春信
바람결에 은은한 향기 보낸다 風頭送暗香
푸른 구슬 같은 청매는 빗속에 달렸고 綠珠蒙雨彈
금빛 탄환 같은 황매는 안개 속에 노랗다 金彈帶烟黃
성상께서 국을 조리하시는 날 聖主調羹日
응당 조정에 들어가게 되리라[675] 知應入廟堂

모란 牧丹

꽃의 왕이 옥섬돌에 섰으니 牧皇臨玉砌
뭇 꽃들이 공경히 우러른다 衆卉北面依
푸른 소매는 바람에 곱게 나부끼고 翠袖飜風艶
붉은 옷은 햇살에 어려 빛나네 紅袍映日輝
나비 사신이 줄을 이어서 오고 蝶使來相望
벌의 왕은 모였다가 돌아가네 蜂王會且歸
존귀한 자리 앉아 아무 일 없으니 尊居無一事
이룬 일 없다는 비난을 자못 받누나 頗有不成譏

674 여지(麗枝) : 중국 상림원(上林苑)에 있다는 여지매(麗枝梅)라고 하는 매화이다. 《西京雜記 卷1》

675 성상께서 … 되리라 : 은(殷)나라 고종(高宗)이 일찍이 현상(賢相) 부열(傅說)에게 이르기를 "내가 만일 국을 조리하려 하거든 그대가 바로 소금과 매실이 되어 달라.[若作和羹 爾惟鹽梅]" 했기 때문에 이렇게 말한 것이다. 매실을 어진 재상에 비긴 것이다. 《書經 說命下》

홍도 紅桃

이름난 복숭아 현포의 종자[676]가	名桃玄圃種
그 언제 우리 동방에 이르렀는고	幾日到東畿
고운 꽃받침은 아침 이슬 머금고	繡萼含朝露
번성한 꽃잎은 저녁 햇살 띠었다	繁英帶夕暉
기이한 향기가 취한 얼굴에 이르고	奇香襲醉面
붉은 그림자가 봄옷을 덮는구나	紅影冪春衣
온갖 꽃들이 비록 무수히 많지만	萬紫雖無數
결국은 이 꽃의 아래에 있어라	終當顧指揮

벽도 碧桃

옥섬돌에서 이슬 맞던 종자[677]가	瑤階和露種
그 언제 산에서 내려왔던가	幾日下山墀
푸른 옥 같은 꽃이 새 꽃받침에 환하고	碧玉明新萼
파란 옥 같은 열매는 묵은 가지 고와라	青琳艷舊枝
맑은 향기는 달빛 아래서 움직이고	淸芬月下動
고운 자태는 빗속에서 자라누나	嬌態雨中滋
좋은 열매 적다고 싫어하지 말라	莫嫌佳實少
비연은 본래 자식이 없었느니[678]	飛燕本無兒

676 현포(玄圃)의 종자 : 신선이 먹는 복숭아인 선도(仙桃)란 말이다. 현포는 곤륜산 정상에 있다는 곳으로, 신선이 산다고 한다.

677 옥섬돌에서 … 종자 : 신선이 사는 곳에서 자란 선도(仙桃)란 뜻이다.

678 비연(飛燕)은 … 없었으니 : 한(漢)나라 성제(成帝)의 황후로 미색이 뛰어났던 조비연(趙飛燕)을 가리킨다. 조비연과 그의 누이 합덕(合德)이 모두 아들을 낳지 못했다고 한다. 여기서는 벽도가 꽃은 좋으나 열매가 적은 것을 미인인 조비연이 아들을 낳지 못하는 것에 비겼다.

삼색도 三色桃

기이한 꽃은 하늘이 낸 종자	奇葩天所種
좋은 품격은 다른 꽃들과 달라라	佳品異群榮
흰색들 속에 붉은색이 섞였고	白白紅相間
짙은 색들 중에 담담한 색 밝구나	濃濃淡自明
조비연이 화장을 막 마친 듯하고	飛燕粧新罷
양귀비가 술에서 반쯤 깬 듯해라	楊妃醉半醒
그 누가 달 속의 계수나무를	誰將月陛樹
가져와 늙은 시인의 뜰에 심었나	來植墨翁庭

장미 薔薇

초여름에 그 무엇을 보는고	首夏看何物
장미가 집 동쪽에 가득하여라	薔薇滿屋東
금전 같은 꽃은 아침 이슬에 젖고	金錢朝浥露
푸른 비단 같은 잎은 낮 바람에 펄럭인다	青綺午飜風
외진 산골 뜰 아래 있고	僻處山庭下
궁궐에 사는 것 싫어하네	嫌居掖垣中
은근한 정으로 가까이 다가오니[679]	慇懃能自近
그 심사가 제 주인과 같구나	心事主人同

사계 四季

다른 초목은 계절을 따르건만	百卉皆隨節

679 은근한 … 다가오니 : 장미 줄기가 뻗어오는 모습을 형용한 듯하다.

그대만은 사철에 다 푸르구나 惟君四季榮
붉은 꽃은 환하게 피었고 紅房明灼灼
촘촘한 잎은 간간이 푸르구나 密葉間青青
왕손의 눈에 어여뻐 보이고 取媚王孫眼
묵객의 정에 몹시 맞으리 偏宜墨客情
단지 가시가 있기 때문에 秖緣芒刺在
꺾어서 꽃병에 꽂기 어려워라 難折揷金甁

작약 芍藥

동산에 봄이 다 저물어 가는데 山園春欲盡
작약이 섬돌 동쪽을 에워쌌어라 芍藥繞階東
옥나무는 붉은 빛 푸른 빛 섞였고 玉樹交丹碧
옥꽃잎은 분홍색으로 피었어라 瓊英拆粉紅
어여쁜 자태로 취한 손님 맞이하고 嬌姿迎醉客
산뜻한 태도는 늙은 시인 매혹하누나 新態惱詩翁
화왕과 함께 아름다움을 겨루니 竝駕花王美
북면하는 모습을 하기 어려워라[680] 難爲北面容

해당 海棠

봄이 저물 제 방초를 찾아가니 春暮尋芳卉

680 화왕(花王)과 … 어려워라 : 화왕은 꽃 가운데 왕이란 뜻으로 모란꽃을 가리킨다. 당나라 시인 피일휴(皮日休)의 시 〈모란(牡丹)〉에 “온갖 꽃들 다 진 뒤에 비로소 꽃을 피우지만, 아름다운 이름은 백화의 왕으로 불리누나.[落盡殘紅始吐芳 佳名喚作百花王]”라고 하였다. 또 고어에 의하면, 세속에서 작약을 소모란(小牡丹)이라 하고, 또 모란꽃을 제일로, 작약꽃을 제이로 삼는다고 했다. 또 모란꽃을 화왕이라 하고, 작약꽃을 화상(花相)이라 한다고 하였다. 북면(北面)은 북향(北向)과 같은 말로 신하가 임금을 모시는 자세이다.

시냇가에 해당화가 가득하여라 溪邊滿海棠
붉은 비단이 새벽비에 젖은 듯 紫錦濡曉雨
붉은 꽃잎이 아침 햇살에 비친다 紅肉映朝陽
공부는 이 꽃을 읊기 어려웠고 工部吟難着
파선은 이 꽃을 상세히 읊었지[681] 坡仙詠盡詳
가시가 있다 싫어하지 말라 莫嫌芒刺在
노니는 이가 꺾어도 다치지 않네 遊客折無傷

연꽃 荷

새로 연꽃이 옥정[682]에서 생기니 新荷生玉井
빼어난 빛이 둥글고 신령하여라 秀色稟圓靈
수면에는 푸른 동전이 펼쳐진 듯 水面青錢布
바람결에 푸른 일산 기우는 듯 風頭翠蓋傾
부용의 고운 꽃받침 어여쁘고 芙蓉憐繡蕚
연꽃의 옥 같은 꽃잎 사랑스럽다 菡萏愛瓊英
무엇보다 귀한 건 서리 내린 뒤 最貴淸霜後
현주 만 알[683]이 이루어지는 것일세 玄珠萬顆成

681 공부(工部)는 … 읊었지 : 공부는 공부원외랑(工部員外郞)을 역임한 당(唐)나라 두보(杜甫)를 가리키고, 파선(坡仙)은 송(宋)나라 동파(東坡) 소식(蘇軾)을 가리킨다. 두보는 해당(海棠)에 대한 시를 한 수도 짓지 않았다. 송나라 소식이 제안(齊安)에 적거(謫居)할 때 기생들이 청하면 시를 지어주곤 하였다. 그런데 이의(李宜)라는 기생은 재색(才色)이 다른 기생들보다 못지않은데도 어눌하여 시를 받지 못하였다. 소식이 임여(臨汝)로 옮겨갈 때 이의가 애절하게 청하니, 소식이 술에 반쯤 취해서 지어준 〈증황주관기(贈黃州官妓)〉에 "동파가 다섯 해 동안 황주에 머물렀거늘, 무슨 일로 이의에게 시 지어주지 않았던가. 이는 흡사 서촉의 두 공부가, 해당이 좋긴 하나 시로 읊지 않은 것과 같구나.[東坡五載黃州住 何事無言及李宜 却似西川杜工部 海棠雖好不吟詩]" 하였다. 소식은 〈정혜원해당(定惠院海棠)〉, 〈해당(海棠)〉 등의 시들을 남겼다.

682 옥정(玉井) : 연꽃이 핀 연못을 가리킨다. 주 572 참조.

683 현주(玄珠) 만 알 : 현주는 흑색의 명주(明珠)로 매우 보배로운 구슬이다. 여기서는 연밥을 가리킨다.

산단화 山丹花

산단이 몇 그루 나무에 환하니	山丹明數樹
옮겨 심은 지 몇 해나 지났던고	移植幾經霜
잎사귀 밑에 홍옥으로 단장한 듯	葉底粧紅玉
가지 사이엔 푸른 가시 이어졌다	枝間絡翠芒
장미와 좋은 꿈을 같이 꾸고	薔薇同好夢
작약과 향기로운 꽃이 같아라	芍藥共芬芳
가인의 손에 꺾임이 좋으니	可折佳人手
동방의 꺾꽂이에 매우 알맞구나	偏宜揷洞房

옥매 玉梅

밝은 꽃 한 그루 높으니	明葩高一樹
환하고 맑은 자태 특출하여라	皎潔殊群芳
옥 같은 꽃잎은 둥글둥글 작고	玉蘂團團小
옥 같은 가지 낭창낭창 길구나	瓊枝嫋嫋長
달빛 아래 맑은 그림자 흔들리고	月下搖淸影
바람결에 좋은 향기가 풍기네	風端聞異香
오나라 궁전에 누가 이와 같은가	吳宮誰得似
서자가 새로 단장하고 있구나[684]	西子倚新粧

684 오(吳)나라 … 있구나 : 서자(西子)는 절세미인으로 소문난 월(越)나라의 서시(西施)를 가리킨다. 월나라의 왕 구천(句踐)이 적국인 오(吳)나라 부차(夫差)에게 서시를 바치니, 부차가 서시에게 빠져 국정이 문란해지고 마침내 월나라에 패망하였다.

두견 杜鵑

호로병 속[685]에 봄비가 흡족하니	壺中春雨洽
곳곳마다 두견새 우는 소리	隨處杜鵑鳴
일만 골짜기가 붉은 비단 단장이고	萬壑粧紅錦
일천 바위엔 붉은 꽃잎이 빛난다[686]	千巖耀紫瓊
머리에 꽂으니 그 빛이 사랑스럽고	揷頭光可掬
솥에 전을 부치니 부드러워 좋구나	煎鼎軟宜餠
촉백이 가지 위에서 우는데	蜀魄啼枝上
해마다 피눈물이 떨어지누나[687]	年年血淚零

철쭉 躑躅

바위 봉우리 위에 들쭉날쭉	錯立巖巒上
계곡을 덮으며 환하게 자랐네	羅生澗谷明
붉은 꽃봉오리 향기가 짙고	紅房穠郁郁
보드라운 잎 간간이 푸르다	嫩葉間靑靑
돌배나무와는 같은 반열이 되고	石杜爲同列
산반과는 형제 사이가 되누나[688]	山礬作弟兄
술잔 들고 아무리 봐도 싫지 않아	携盃看不厭
종일토록 이 꽃을 보며 술을 마신다	終日醉還醒

685 호로병 속 : 한 구역 경치가 좋은 곳을 뜻한다. 주 195 참조.

686 일만 … 빛난다 : 진달래를 형용한 것이다. 진달래를 두견화(杜鵑花)라 하기 때문에 이렇게 말한 것이다.

687 촉백(蜀魄)이 … 떨어지누나 : 촉백은 자규(子規), 곧 두견의 별칭이다. 피눈물이 떨어진다는 것은 두견새의 처절한 울음을 형용한 것이다. 주 75 참조.

688 산반(山礬)과는 … 되누나 : 송(宋)나라 황정견(黃庭堅)의 〈수선화(水仙花)〉에 "향기 머금은 흰 꽃잎 절세의 미모이니, 산반은 아우요 매화는 형이로세.[含香體素欲傾城 山礬是弟梅是兄]" 하였다. 《古文眞寶 前集》

버들 柳

창문의 버들[689]을 심어 種得昌門柳
못가에 몇 줄로 서 있어라 池邊立數行
빗속에 가는 금실 가지 드리웠고 雨垂金縷細
바람에 향기로운 눈꽃 흔들린다 風動雪花香
푸른 그늘 속엔 꾀꼬리 재잘대고 翠幕鸎歌滑
푸른 누각에는 새소리가 길어라 青樓鳥語長
시인이 보기에 가장 좋으니 詩家看最好
몇 편의 시를 읊었던가 吟得幾篇章

단풍 楓

이슬이 산골짜기에 내리니 淸霜落澗谷
산문에 단풍잎이 물들었구나 楓葉染山門
만 그루에 붉은 비단 환하고 萬樹明紅錦
천 바위에 빨간 치마 빛난다 千巖耀茜裙
아침 햇살에 보기가 참 좋고 美賞當朝旭
석양이 질 때 경치 볼 만해라 奇觀在夕曛
이 늙은이 이 경치가 없으면 衰翁微此景
어떻게 얼근히 취할 수 있으랴 安得醉醺醺

---

689 창문(昌門)의 버들 : 창문은 창문(閶門)과 같은 말로 소주(蘇州)의 성문 이름이다. 오(吳)나라 왕 합려(闔閭)가 초(楚)나라를 격파하기 위해 세웠다고 한다. 이곳의 버들이 유명했던 듯하다. 당(唐)나라 유우석(劉禹錫)의 〈별소주(別蘇州)〉에 "물이 흐르는 창문 밖에, 버들 가지가 가을바람에 날리네. [流水閶門外 秋風吹柳條]" 하였다.

오동 桐

백 척 높이 용문의 나무[690] 百尺龍門幹
우뚝이 시냇가에 서 있어라 亭亭立澗湄
까막까치 따위가 설 나무 아니요 停非烏鵲樹
봉황이 깃드는 늙은 가지로세 棲老鳳凰枝
이슬 젖은 가지는 푸른 하늘 가리고 露葉欺靑昊
맑은 그늘은 푸른 휘장 둘러친 듯 淸陰鬱翠帷
재목은 거문고 만들기에 좋으니 材爲中琴瑟
어찌 기이타 하지 않을 수 있으랴 安得不云奇

방초 芳草

방초가 고운 모습으로 자라 芳草嬋姸好
곳곳마다 봄빛으로 덮었어라 羅生處處春
들판에 비올 제 푸른 직물인 듯 雨園靑似織
내 낀 물가에 푸른 흔적 남겼네 烟渚翠留痕
매양 시인의 시 속에 들어가고 每入騷人詠
길이 취객의 깔개가 되는구나 長爲醉客茵
왕손은 어느 날에나 올거나 王孫何日到
이별의 한은 날마다 새로워라[691] 離恨日添新

690 백 … 나무 : 좋은 오동나무를 가리킨다. 한(漢)나라 매승(枚乘)의 〈칠발(七發)〉에 "용문의 오동나무는 높이는 백 척이고 가지가 없으며, 중간은 옹이가 맺혀 있다.[龍門之桐 高百尺而無枝 中鬱結而輪囷]" 하였다.

691 왕손(王孫)은 … 새로워라 : 주 527 참조.

난초 蘭草

그윽한 난초 외딴 곳에 나서　幽蘭生絶地
바위 골짜기에 오래 자랐어라　巖壑久盤靈
골짜기 어귀에 향기가 풍기고　谷口聞香氣
숲 속에서 옥 같은 줄기 꺾는다　林中掇玉莖
불에 타는 건 자초한 것이니[692]　焚燎誠自取
불타 없어지는 게 어찌 본마음이랴　燒爇豈其情
백대에 길이 향기가 남고　百代流芳久
천추에 길이 그 이름 우러르리　千秋仰盛名

과실류
果實類

복숭아 桃

곤륜산 위에서 나와[693]　出自崑崙上
지금 이 집 앞에 심겼구나　今來植院前
요지에서 종자를 나누어 온 뒤로　瑤池分種後
속세 온 지 몇 해나 지났는고　塵世幾經年
고운 잎은 구름과 함께 익고　綺葉和雲熟
금빛 열매는 햇살에 비친 채 달렸다　金城映日懸

---

692 불에 … 것이니 : 난초 향기가 좋기 때문에 해침을 당한다는 뜻이다.

693 곤륜산(崑崙山) 위에서 나와 : 곤륜산(崑崙山) 위에 있는 요지(瑤池)라는 연못은 선녀(仙女)인 서왕모(西王母)가 사는 곳이다. 서왕모가 키우는 반도(蟠桃)라는 복숭아는 3천 년에 한 번 꽃이 피고 3천 년에 한 번 열매를 맺는데, 이 복숭아 열매를 먹으면 불로장생한다고 한다. 《太平廣記 卷3》

늙은이가 이 열매를 먹으면 衰翁能服食
오래 수명을 연장할 수 있어라 猶得壽長延

오얏 李 연리와 동화는 모두 신선이 먹는 오얏 이름이다. 連李冬華皆仙李名

이름난 동산에 주중의 오얏[694]을 名園朱仲李
큰 기러기가 물어 우리나라로 왔네 鴻鵠渡河關
연리는 동열에 앉길 사양하고 連李辭同列
동화는 뿌리 내린 땅 양보하누나[695] 冬華讓錯盤
굼벵이 먹은 오얏 먹으매 지렁이처럼 깨끗한 지조를 알겠고[696] 食螬知蚓潔
씨를 뚫었으니[697] 그 사특한 마음을 비루하게 여긴다 穿核鄙蟲肝
혐의를 꺼리는 사람들에게 이르노니 寄語防嫌客
이 나무 아래 지날 때 갓을 바루지 말라[698] 經過莫整冠

694 주중(朱仲)의 오얏 : 《문선(文選)》 권16 〈한거부(閑居賦)〉에 "장공(張公)이 심었던 대곡(大谷)의 배, 양후(陽侯)가 심었던 조비(鳥椑)의 감, 주 문왕(周文王)이 심었던 약지(弱枝)의 대추, 방릉(房陵) 주중(朱仲)의 오얏이 심겨 있지 않은 곳이 없다." 하였다.

695 연리(連李)는 … 양보하누나 : 연리, 동화와 같은 좋은 오얏들도 이 오얏만은 못하다는 뜻으로 말하였다.

696 굼벵이 … 알겠고 : 전국시대 진중자(陳仲子)란 사람이 너무도 개결(介潔)하여 불의(不義)한 곡식을 먹지 않으려다 3일 동안 아무것도 먹지 못하여 귀와 눈이 캄캄해졌다. 그러다 우물가 굼벵이가 반 넘게 파먹은 오얏[井上有李 螬食實者過半]을 기어가서 먹어 세 번 삼킨 뒤에야 귀가 들리고 눈이 보였다고 한다. 이에 맹자가 "중자의 지조대로 다 하려면 지렁이가 된 뒤라야 가능할 것이다.[充仲子之操則蚓而後可者也]" 하였다. 《孟子 滕文公下》

697 씨를 뚫었으니 : 진(晉)나라 때 죽림칠현의 한 사람인 왕융(王戎)은 자기 집에 좋은 오얏나무가 있어 이 오얏을 따서 내다 팔곤 했다. 그런데 혹 남들이 그 종자를 받아서 심을까 염려하여 언제나 씨앗에 구멍을 뚫어서 심을 수 없게 했던 데서 온 말이다. 《晉書 卷43 王戎傳》

698 혐의를 … 말라 : 삼국시대 위(魏)나라 조식(曹植)의 〈군자행(君子行)〉에 "군자는 매사를 미연에 방지하여, 혐의로운 지경에 처하지 않나니, 오이밭에선 신끈을 고쳐 매지 않고, 오얏나무 밑에선 관을 바루지 않는다.[君子防未然 不處嫌疑間 瓜田不納履 李下不整冠]" 하였다.

살구 杏 삼현과 육출은 모두 살구 이름이다. 三玄六出皆杏名

동산에 살구나무가 있는데	園中文杏樹
열매가 한창 주렁주렁 달렸네	結子正參差
황금 탄환 모양 절로 사랑스럽고	自愛黃金彈
벽옥 같은 가지 높이 드리웠어라	高懸碧玉枝
삼현이란 이름을 이미 능가하고	三玄名旣駕
육출의 좋은 점도 뒤따를 수 있네	六出美能追
무엇보다 좋은 건 이 단 위에서	最貴茲壇上
거문고 퉁기며 예의를 익힌 것일세[699]	絃歌習禮儀

앵두 櫻桃

절기가 단오절에 가까우니	月近天中節
앵두 빛깔이 먹음직하여라	櫻桃色可餐
빨간 구슬 잎사귀 아래 밝고	紫珠明葉底
붉은 탄환이 가지 사이 빛난다	朱彈輝枝間
또렷한 열매 금사발에 수북하고	的歷崇金椀
영롱한 열매 옥쟁반에 넘친다	玲瓏溢玉盤
늙은이가 아무리 먹어도 물리지 않아	老父饒不厭
젊은 얼굴 유지할 줄 알겠구나	知得保昭顔

699 무엇보다 … 것일세 : 《장자(莊子)》 〈어부(漁父)〉에 "공자가 치유의 숲에서 노닐고 행단의 위에서 휴식을 취하였는데, 제자들은 글을 읽고 공자는 거문고를 퉁기며 노래를 불렀다.[孔子遊於緇帷之林 休坐乎杏壇之上 弟子讀書 孔子絃歌鼓琴]" 하였다.

능금 林檎

첫여름에 눈 같은 꽃 환하고	雪花明首夏
초가을에 좋은 열매가 빛나지	佳實耀新秋
시원한 맛은 오얏보다 낫고	爽味凌朱李
달콤한 맛은 석류보다 좋아라	甘眞邁紫榴
얼음을 섞어서 옥사발에 올리고	錯氷登玉椀
이슬 젖은 금열매를 딴다	和露摘金鉤
뿌리에 물 주어 과일 먹으니	漑根能食實
신선의 대추[700]를 찾을 것 있으랴	仙棗豈曾求

포도 葡萄

두 종류의 포도가 있는데	兩種葡萄果
주렁주렁 그 빛깔도 좋아라	離離色色都
잎사귀 속에 푸른 옥 보이고	葉中看綠玉
가지 아래 붉은 구슬 드리웠네	枝下嚲玄珠
상큼한 맛이 가슴 속을 씻어주고	味爽胸煩滌
달콤한 맛이 마른 입을 적셔준다	呑甘口渴濡
갈증을 풀어주는 게 고마워서	多君能潤涸
대나무 보태어 용수염을 끌어온다[701]	添竹引龍鬚

700 신선의 대추 : 안기생(安期生)은 전설상의 신선이다. 한 무제(漢武帝) 때 방사(方士) 소군(少君)이 임금에게 말하기를 "신(臣)이 일찍이 해상(海上)에 노닐면서 신선 안기생을 만나 보았는데, 그는 크기가 오이만한 대추를 먹고 있었습니다."고 했던 데서 온 말이다.《史記 卷28 封禪書》

701 대나무 … 끌어온다 : 용수염은 포도넝쿨을 비유한 말이다. 한유(韓愈)의 〈포도(葡萄)〉에 "만일 쟁반 가득 포도알 쌓이게 하려거든, 대나무 갖다가 넝쿨 끌어주는 걸 사양치 마소.[若欲滿盤堆馬乳 莫辭添竹引龍鬚]" 한 데서 온 말이다.

석류 石榴

나는 석류나무를 좋아하여 吾愛石榴樹
집 안에 많이 심어서 기른다 栽培十斛盈
서린 가지는 푸른 일산인 듯 枝盤青蓋偃
고운 꽃은 붉은 치마이어라 花艷茜裙明
잎사귀 아래 빨간 열매 보이고 葉底看朱實
껍질 속엔 자줏빛 옥이 가득하네 窠中錯紫瓊
달콤하고 새콤한 맛이 매우 좋으니 甘酸多勝味
먹고 나면 정신이 맑아지누나 餤罷覺神淸

모과 木瓜

동산에 한 과일이 익었는데 有果園中熟
이슬 젖은 채 둥글둥글 매달렸네 團團盈露枝
장맛비 올 때는 푸른 탄환 같고 雨淋垂碧彈
서리 무거울 땐 금망치 같아라 霜重掛金鎚
진한 맛은 복숭아 살구보다 낫고 厚味傾桃杏
짙은 향기는 대추 배를 낮춰 본다 濃香小棗梨
경거로 보답할 수가 없으니 瓊琚君莫報
늙은이가 먹기는 어려워라[702] 難可服年衰

702 경거(瓊琚)로 … 어려워라 : 경거는 좋은 옥이다. 《시경(詩經)》〈위풍(衛風) 모과(木瓜)〉에 "나에게 모과를 주거늘 경거로써 갚는다[投我以木瓜 報之以瓊琚]" 하였기 때문에 이렇게 말한 것이다. 즉 모과를 얻었으면 경거로 보답해야 하는데, 경거가 없으므로 모과를 내 것으로 삼아 먹기 어렵다는 뜻이다.

배 梨 자조와 금속은 모두 배 이름이다. 紫條金粟皆梨名

깊은 골짜기에 좋은 과일 많아　邃谷多名果
교리[703]가 내 집을 빙 둘렀어라　交梨繞我堂
자조는 비가 온 뒤에 익고　紫條經雨熟
금속은 가을 온 뒤에 노랗네　金粟度秋黃
씹어 먹으면 눈을 입에 머금은 듯　嚼罷如含雪
삼키고 나면 서리를 먹은 듯해라　呑來若啖霜
가슴 속 번뇌가 이제 다하리니　塵煩從此盡
굳이 경장[704]을 먹을 필요 있으랴　何必服瓊漿

밤 栗 중산과 오원은 모두 밤의 생산지이다. 中山五苑皆栗所産地

껍질에 가시가 가득 돋았으니　繞殼生芒刺
다른 과일과 모양이 다르구나　能殊衆果形
밤송이는 서리 뒤에 갈라지고　寒房霜後拆
열매는 빗속에 떨어지누나　佳實雨中零
맛은 중산의 밤보다 좋고　味過中山種
달콤하기는 오원의 밤보다 낫다　甘多五苑精
임하에서 먹는 이 밤을 가지고　要將林下饌
헌근의 정성[705]을 바치고 싶어라　欲盡獻芹誠

703 교리(交梨) : 신선이 먹는 배인데, 선약(仙藥)이라 한다. 운림(雲林) 왕부인(王夫人)이 "교리(交梨)와 화조(火棗)를 나는 산중의 허 도사(許道士)에게게 줄 것이요, 인간의 허 장사에게 주지 않을 것이다." 하였다. 《海錄碎事 卷13 許玉斧》

704 경장(瓊漿) : 신선이 마시는 음료(飮料)로 아주 맛있다고 한다. 송옥(宋玉)의 〈초혼(招魂)〉에 "화려한 술잔 이미 베풀어졌는데 경장도 있네.[華酌旣陳 有瓊漿些]"라고 한 말이 보인다.

705 헌근(獻芹)의 정성 : 밤을 먹어보니 맛이 좋아 임금께 바치고 싶다는 뜻이다. 주 402 참조.

대추 棗 계심과 양각은 모두 신선이 먹는 대추 이름이다. 鷄心羊角皆仙棗名

대추를 세 그루 옮겨 심으니	仙棗移三樹
주렁주렁 열매가 가득 달렸네	離離子滿成
계심은 이슬에 젖은 채 붉고	鷄心和露赤
양각은 서리 맞아 환하여라	羊角映霜明
먹으니 몸에 혈맥이 통하는 듯	服食通經脈
달여서 선약 만드는 재료로 쓰지	煎烹助藥靈
외보다 맛은 비록 못하지만	如瓜雖未及
늙지 않고 오래 살게 한다네	能使制頹齡

감 柹

담장가에 좋은 감이 있으니	墻頭有好柹
과일 중에 감 같은 건 없어라	百果類無同
반지르르한 잎은 글씨를 쓸 만하고	沃葉堪書字
시원한 그늘에는 몸을 쉴 만하네	淸陰可息躬
성근 꽃은 빗속에서 하얗고	疎花蒙雨白
둥근 열매는 서리 맞아 붉구나	圓果帶霜紅
양조를 누가 몹시 좋아했던가[706]	羊棗誰偏喫
달콤한 맛이 감보다는 못한 것을	甘濃在下風

호두 胡桃

호두가 여름 지나서 익으니	胡桃經夏熟

706 양조(羊棗)를 … 좋아했던가 : 공자의 제자인 증석(曾晳)을 가리키는데, 그가 양조(羊棗)를 매우 즐겨 먹었으므로 그 아들인 증삼(曾參)은 차마 양조를 먹지 못했다고 한다. 《孟子 盡心下》

떨어진 열매 앞뜰에 가득해라	零落布前墀
벗겨보면 황금빛 탄환 들었고	撞破黃金彈
쪼개면 옥설 같은 피부 있어라	剖分玉雪肌
부드러운 맛은 개암 잣보다 낫고	軟味凌榛柏
달콤한 향기는 밤과 배보다 좋구나	香甘邁栗梨
본래부터 오랫동안 씹으면	從來咀嚼久
갈증도 다스릴 수 있다지	枯涸亦能治

은행 銀杏

뜰 앞에 몇 아름 굵은 나무	庭前連抱樹
가지와 줄기가 울창하여라	枝幹鬱蒼蒼
금빛 탄환을 찬 빗속에 거두고	金彈收寒雨
은빛 방울이 저녁 서리에 떨어지네	銀鈴落晚霜
솥 속에다 푸른 알을 굽고	錡中炮碧卵
화로 위에 붉은 옥을 굽는다	鑪上貫青瑺
늘 개암보다 높은 자리 있으니	常居榛子右
잣에게는 어른 항렬이 되는 셈	於柏丈人行

잣 柏子

잣송이가 보배로운 열매 품고서	寒房抱寶顆
서리를 맞아 앞뜰에 떨어졌어라	霜重落前庭
부드러운 껍질 속에 금빛 열매 거두고	軟殼收金子
장요[707]와도 같은 옥열매를 씹는다	長腰嚙玉精

---

707 장요(長腰) : 장요미(長腰米)의 준말로, 가장 품질이 좋은 쌀의 별칭이다.

살지고 두텁기론 개암의 아우요	肥厚爲榛弟
향기롭고 매끄럽기론 비파(枇杷)의 형	香滑作枇兄
사람이 잣죽을 오래 먹으면	人能長作粥
좋은 기운이 정신을 맑게 하지	佳氣必通靈

개암 榛子

개암이 들판에 무성히 자라니	榛生原隰茂
열매가 가지마다 가득 맺혔어라	結子萬枝盈
푸른 껍질은 서리 오기 전 터지고	青殼霜前拆
노란 열매는 비 온 뒤에 떨어진다	黃珠雨後零
저녁에는 저공[708]을 따라서 줍고	暮逐狙公拾
아침에는 목동과 열매를 다툰다	朝從牧豎爭
입에 시원하지 않다 싫어 말라	莫嫌難爽口
참맛은 향기로울 수 있으니	眞味亦能馨

추자[709] 楸子

지붕 아래 푸른 추자가 있는데	屋下青楸子
가을 들어 섬돌에 가득 떨어지네	秋來落滿墀
불이 닿으면 검은 껍질 벌어지고	火觸呀玄殼
반을 갈라서 흰 속살을 꺼낸다	豆分摘雪肌
비파 열매보다 더 부드럽고	枇實辭膏澤

708 저공(狙公) : 옛날에 원숭이를 기르던 사람으로 조삼모사(朝三暮四)란 고사의 주인공이다. 저공이 원숭이들을 기르는데 원숭이들에게 도토리를 아침에 세 개, 저녁에 네 개를 주겠다고 하자 원숭이들이 성을 냈다. 그러면 아침에 네 개, 저녁에 세 개를 주겠다고 하자 원숭이들이 기뻐했다고 한다.《莊子 齊物論》 여기서는 개암을 도토리와 같이 줍는다는 뜻으로 말하였다.

709 추자(楸子) : 가래나무 열매이다. 호두와 비슷하나 능각이 뚜렷하고 타원형이다.

호두 열매보다 더 기름지다　　楜桃讓玉脂
이 늙은이 이 열매가 없으면　　老夫無此物
배고픔을 어떻게 달랠 수 있으랴　　安得療長飢

팥배 棠梨

깊은 산골이라 산열매가 많으니　　邃谷多山果
시냇가에 팥배나무 서 있네　　棠梨立澗湄
붉은 탄환인 양 높은 가지에 달렸고　　朱彈懸高梢
붉은 단사처럼 작은 가지에 걸렸어라　　丹砂掛小枝
끓여 먹으면 체증을 내리고　　煎成消滯食
삶아 먹으면 피부가 좋아지네　　烝爛潤枯肌
옛날 소백이 이 나무 아래 쉬었으니[710]　　召伯曾遊憩
초동들아 이 나무를 자르지 말거라　　樵童莫剪荑

등자 藤子

시냇가를 덮은 푸른 등나무　　蒼藤覆碧澗
열매가 무수히 맺혀 있어라　　結子數無量
비를 맞아서 속살이 찼고　　肥澤曾蒙雨
서리를 맞은 뒤 맛이 달구나　　甘濃屢被霜
넝쿨을 당기면 열매가 끌려와　　引蔓能引實
소매에 가득하고 자루에 가득　　盈袖復盈囊

710 옛날 … 쉬었으니 : 주(周)나라 소공 석(奭)이 남쪽 나라들을 순행하며 문왕(文王)의 정사를 펴던 중에 가끔 팥배나무 밑에서 휴식을 취하곤 하였다. 그가 떠난 뒤에 백성들이 그의 은덕을 기려 그 팥배나무를 차마 손상하지 못했다고 한다. 《시경(詩經)》 〈소남(召南) 감당(甘棠)〉에 "무성한 저 팥배나무를 자르지도 말고 베지도 말라. 소백께서 쉬시던 곳이다.[蔽芾甘棠 勿剪勿伐 召伯所憩]" 하였다.

향기와 맛이 너무도 좋으니　　絶勝芬芳味
항아리 속에 꿀과 함께 넣어둔다　　缸中入蜜藏

산포도 山葡萄

이름 안 알려진 과일 있는데　　有實名不著
넝쿨이 뻗어서 고목에 엉켰어라　　蔓延古樹紆
비에 젖은 채 푸른 탄환이 주렁주렁　　雨滋垂碧彈
서리 내릴 땐 검은 구슬이 달렸구나　　霜重絡玄珠
마유를 손으로 잡을 수 있거늘　　猶能探馬乳
용수를 끌어당길 필요가 있으랴[711]　　何用引龍鬚
진짜와 가짜 분별하기 어려우니　　眞假難分別
손으로 어루만지며 탄식하노라[712]　　摩挲起一吁

유자 柚

더운 바람이 바다 건너 불어오면　　炎風吹渡海
유자나무가 남쪽 지방에 울창하지　　仙種鬱南陲
빽빽한 잎사귀는 천 벼랑에 우거지고　　密葉凝千壁
성근 꽃은 만 개의 옥을 펼쳐놓은 듯　　疎花布萬琪
빗속에 푸른 탄환이 젖어 있고　　雨中靑彈濕
서리 온 뒤 비단주머니 드리운 듯　　霜後錦囊垂
입 안에 가득 향긋하고 달콤한 맛　　滿口薰甘味

711 마유(馬乳)를 … 있으랴 : 마유는 말의 젖꼭지처럼 생긴 포도이고, 용수(龍鬚)는 용의 수염이란 뜻으로 포도넝쿨을 비유한 말이다. 산포도는 산에서 저절로 자라서 열매를 맺으니, 시렁을 만들어 넝쿨을 뻗어가게 할 필요가 없다는 뜻이다.

712 진짜와 … 탄식하노라 : 산포도가 진짜 포도와 너무도 닮은 것을 보고 진짜와 가짜를 분간하기 어려운 세태가 생각나 탄식한다는 뜻이다.

속된 선비 알게 하기 어려워라 難教俗士知

귤 橘

동정에 귤나무가 많은데[713] 洞庭多橘樹
좋은 열매가 매우 특이하지 佳實獨新奇
유자와 나란히 짝이 되고 比柚相爲儷
밀감과 비겨도 못하지 않네 倫柑未有差
이를 품었던 육자[714]를 공경하고 能懷欽陸子
따지 않은 우아[715]가 훌륭해라 不取美虞兒
다만 아쉬워라 거처가 기질을 바꾸어 只恨居移氣
회수를 건너면 탱자나무가 되는 것[716]이 踰淮作枳枝

밀감 柑

강촌에 가을빛이 무르익으니 江鄕秋色老
남방에서 좋은 과일이 왔어라 佳實自南方
소매 속에서 여의주를 더듬고 袖裏探如意
쟁반에 놓여 야광주처럼 빛난다 盤中照夜光
신맛은 폐열을 다스릴 수 있고 酸漿治熱肺

---

713 동정(洞庭) : 중국 동정산(洞庭山)을 가리킨다. 이곳의 감귤이 가장 빨리 익으며, 특히 껍질이 얇고 맛이 좋기로 유명하다.

714 육자(陸子) : 삼국시대 오(吳)나라 육적(陸績)을 가리킨다. 주 401 참조.

715 우아(虞兒) : 남제(南齊) 때 우원(虞愿)을 가리킨다. 우원의 조부 우뢰(虞賚)의 집 뜰에 귤나무가 있었는데 귤이 익으면 자손들이 다투어 따먹었다. 우원은 아이 때도 귤을 따먹지 않으니, 사람들이 기이하게 여겼다. 《廉吏傳下》

716 거처가 … 것 : 《맹자(孟子)》 〈진심 상(盡心上)〉에 "거처가 기질을 바꾸고 봉양이 체질을 바꾼다.[居移氣 養移體]"는 말이 있고, 《주례(周禮)》 〈고공기 서(考工記序)〉에 "감귤이 회수(淮水)를 넘어 북으로 가면 탱자로 변한다.[橘踰淮而北爲枳]" 하였다.

달콤한 속살은 마른 창자 적시네 甘肉潤枯腸
귤과 유자를 귀하다 하지 말라 橘柚休言貴
제각각 나름의 맛이 있는 것을 餤嘗各有當

곡물류
穀物類

쌀 米

하늘이 온갖 물건을 내렸지만 皇天降百物
무엇도 미곡만한 것은 없어라 米穀無相當
옥 같은 쌀 찧어 천 상자 쌓았고 擣玉千箱積
구슬 같은 쌀 만 섬이나 갈무리했네 揚珠萬斛藏
오직 임금만이 먹는다[717]고 했지만 雖云惟辟食
백성의 양식으로도 가장 귀중하지 莫貴下民粮
세금으로 급히 착취하지 않으면 聚斂如無急
백성들 눈앞의 상처[718]가 없어지리 蒼生絶眼瘡

벼 稻

논에다 벼를 심어 種稻水田裏
부지런히 가꾸어 잘 자랐어라 勤鋤碩且蕃

717 오직 임금만이 먹는다 : 《서경(書經)》 〈홍범(洪範)〉에 "오직 임금만이 옥식한다.[惟辟玉食]" 했기 때문에 이렇게 말한 것이다. 옥식은 좋은 음식인데 여기서는 쌀밥을 가리킨다.

718 눈앞의 상처 : 당(唐)나라 섭이중(聶夷中)의 〈상전가(傷田家)〉에 "이월에 새 고치실을 미리 팔고, 오월이면 새 곡식 미리 팔아 세금 바친다. 우선 눈앞의 상처는 고치지만, 도리어 심장의 살을 도려내누나.[二月賣新絲 五月糶新穀 醫得眼前瘡 剜却心頭肉]" 한 데서 온 말로, 전하여 농민들의 극심한 생활고(生活苦)를 뜻한다.

바람이 불면 푸른 물결 일렁이고	風飜成翠浪
서리가 내리면 누른 구름 움직인다	霜打動黃雲
곳간에다 천 섬을 갈무리했고	廩庾藏千斛
마당들엔 만 노적가리 쌓였어라	村場積萬屯
백성들은 이것이 없으면	蒼生無此物
목숨을 보존할 수 없으리라	軀命莫能存

메기장 黍

즐비하게 돌밭에서 자라	櫛比石間立
늘 백곡 중에서 먼저 익지	常先百穀成
조와는 장단점을 다투고	在粟爭長短
기장과는 형제가 되누나	於粱作弟兄
솥에 삶으면 향기 진동하고	鼎裏炊香動
술을 담그면 맛이 향긋하지	樽中酒味馨
모양은 비록 매우 작지만	形容雖細瑣
자성[719]에 들어갈 수 있어라	能見入粢盛

찰기장 稷

이름이 오곡의 반열에 들고	名居五穀列
곡물 중에 가장 잘 번식하지	爲物最蕃滋
소탈한 것은 천성이 그러하고	疎脫從天性
향기로워 종묘 제사에 쓰인다	馨香入廟祠
서리가 내린 뒤에 수확하고	登場霜露後

719 자성(粢盛) : 《춘추공양전(春秋公羊傳)》 하휴(何休)의 주(註)에 의하면, '자(粢)'는 곡식이고, '성(盛)'은 그것을 그릇에 담은 것을 말하니, 제기(祭器)에 담아서 제사 지내는 곡물을 가리키는 말이다.

눈이 내릴 때 찧어서 먹지 春鑿雪寒時
따로 백성들 양식거리로 두면 別有資民食
흉년에도 굶주림을 면하네 凶年免苦飢

메조 粟

척박한 땅에는 조를 심는 게 좋아[720] 瘦地偏宜粟
볕바른 비탈에 가득 심었어라 陽坡滿目耕
푸른 줄기는 이슬 머금은 채 굵고 綠禾含露碩
노란 이삭은 서리 내리기 전 익는다 金穗未霜成
콩을 섞어서 농가의 밥을 지으면 間豆爲農食
모래로 지은 밥인 듯 늙은이 싫증내겠지만 炊沙厭老情
고량진미를 싫도록 먹은 이들은 膏粱多飫口
이것을 밥에 안쳐 먹고자 하네 將此欲分烹

차조 粱

성곽 등진 곳에 메조와 차조 심어 負郭耕粱粟
열 이랑 밭에 가득히 찼구나 彌滿十畝間
붉은 줄기는 키가 몇 척이고 紫莖高數尺
노란 이삭은 만 가닥 얽혔어라 金穗絡萬端
밥을 지으면 숟가락 대기 싫고 飯結匙難下
떡을 만들면 씹어 먹기 어려워라 餠凝嚼更艱
부귀영화 누리도록 밥 익지 않았다니 宦成炊未熟
한단에서 꾼 꿈이 우스워라[721] 堪笑夢邯鄲

720 척박한 … 좋아 : 두보(杜甫)의 〈진주잡시(秦州雜詩)〉 중 〈전도동가곡(傳道東柯谷)〉에 "척박한 땅에는 도리어 조를 심는 게 좋고, 볕바른 비탈에는 외를 심어야 하네.[瘦地翻宜粟 陽坡可種瓜]" 하였다.

보리 大麥

농가에서 보리를 수확하니	農家收大麥
곡물 중에 한량없이 귀한 것일세	爲物貴無量
부족한 양식 보태는 게 그 본성	繼乏元其性
궁핍한 백성 구휼함이 그 직분	周窮職所當
산골 늙은이는 실컷 먹어 기쁘고	山翁欣飫腹
농부는 배가 불러 즐겁구나	田父喜充腹
밥알이 거칠다 말하지 말라	莫道麤疎甚
향기로운 쌀은 오래 먹지 못하지	香粳用不長

밀 小麥

오곡 중에서 제일 먼저 익으니	五穀中先熟
백성 풍족하게 하는 게 분수이지	饒民分自甘
가을철에 미리 씨 뿌려 두고	當秋耕有素
여름 넘길 때 쓸모가 많아라	度夏用多兼
희게 찧으면 승소[722]가 되고	擣白爲僧笑
노랗게 찌면 객담[723]이 되지	薰黃造客談

721 부귀영화 … 우스워라 : 한단몽(邯鄲夢) 고사를 차용하였다. 당(唐)나라 심기제(沈旣濟)의 〈침중기(枕中記)〉에 "노생(盧生)이 한단(邯鄲)의 여관에서 도인(道人) 여옹(呂翁)을 만났다. 노생이 자기의 곤궁한 신세를 한탄하자 여옹은 그에게 목침을 주고 잠을 자게 하였는데, 노생은 꿈속에서 온갖 부귀영화를 다 누렸다. 꿈을 깨고 나니 여관 집주인이 짓던 기장밥이 채 익지도 않았다." 하였다.

722 승소(僧笑) : 국수를 가리킨다. 불가에서는 국수, 두부, 떡을 승소라 한다. 승려들은 계율상 육식을 하지 못하므로 이 세 가지 음식을 보면 절로 웃음이 나온다 하여 붙여진 이름이다.

723 객담(客談) : 술을 달리 이르는 말이다. 목은(牧隱) 이색(李穡)이 중국에 가서 과거에 합격하여 명성이 천하에 진동하였다. 목은이 어느 절간에 들렀을 때, 중 하나가 떡을 대접하면서 "승소를 적게 내오니 중의 웃음 적어라.(僧笑小來僧笑小)"라는 구절을 내놓으면서 대구(對句)를 청하였다. 목은은 창졸간의 일에 대구를 못한 채 뒷날을 약속하고 귀국하였다. 어느 날 천리 밖을 유람할 제 집주인이

두 가닥 밀[724]은 이미 옛날 얘기라 兩岐時已遠
그 노래가 곤궁한 여염집에 끊어졌네 歌曲斷窮閻

콩 大豆

콩을 밭에다 심으니 大豆田間種
가지와 잎이 가득 펼쳐졌네 離披萬葉敷
이슬 젖은 꽃은 붉은 옥과 같고 露花明紫玉
서리 맞은 잎은 노란 구슬 머금은 듯 霜莢抱黃珠
자미는 밥상이 풍성하였고 子美豐盤膳
애공은 제수를 도왔었지 哀公助鼎需
곡물 중에서 콩의 힘이 많아 穀中多有力
탁룡의 말을 기를 수 있어라[725] 能養濯龍駒

팥 小豆

단오 뒤에 씨를 심어서 種得端陽後
서리 내릴 때 열매가 익는다 霜淸子滿枝
여룡의 구슬인 양 빛 발산하고 驪珠光自射

술을 들고 오기에 무엇이냐고 물었더니 객담(客談)이라고 대답하는 것이었다. 목은은 그 자리에서 "객담이 많이 오니 객의 담소 많구나.(客談多至客談多)"라는 구절을 지었다. 《於于野談》

724 두 가닥 밀 : 하나의 밀 대궁에 두 가닥의 이삭이 맺힌 것으로, 옛날에는 풍년이 들 상서로운 조짐으로 여겼다. 아울러 지방관의 선정(善政)을 뜻하기도 한다. 후한(後漢)의 장감(張堪)이 호노(狐奴)라는 곳에 8천여 경(頃)의 전지를 개간하고 백성들로 하여금 농사짓게 하자, 백성들이 이를 칭송하여 노래하기를 "뽕나무에 곁가지가 없고, 보리 이삭은 두 가닥이로다. 장군이 정사를 하니, 즐거움을 다 말할 수 없네.[桑無附枝 麥穗兩岐 張君爲政 樂不可支]" 하였다 한다. 《後漢書 卷31 張堪列傳》

725 탁룡(濯龍)의 … 있어라 : 탁룡은 고대의 마굿간 이름이다. 콩을 말먹이 사료로 쓰기 때문에 이렇게 말한 것이다.

용의 눈인 양 색깔이 특이해라　龍眼色新奇
쌀에 넣어 밥을 지어도 좋고　玉粒宜同煮
기장에 섞어 밥 지어도 좋지　黃粱可間炊
미인들은 너를 가져다가　佳人能取汝
은가루 섞어 피부에 바르네　銀屑洗凝脂

녹두 菉豆

녹두란 곡물은 참으로 작아　品物誠微細
오곡 중에 끼기가 어려워라　難居五穀門
서리 내리면 검은 껍질 드리우고　霜中垂玄殼
바람이 차면 녹옥(綠玉) 알맹이 보이지　風凄綻綠璠
만두로 삶으면 흰 눈이 엉긴 듯　烹饅凝白雪
죽을 끓이면 누른 구름이 움직이는 듯　煎粥擾黃雲
늘 먹는 음식이야 못 되지만　不得爲恒食
해독을 하는 데야 제일가지　治丹獨樹勳

메밀 木麥

칠월 초순에 밭 갈고 파종해　七月初耕種
곡물 중 가장 늦게 수확하지　能專殿後權
옥 같은 꽃은 이슬 머금고 피며　玉花含露發
검은 열매는 서리 맞고 단단해라　玄實冒霜堅
국수를 만들려면 희게 빻아야 하고　作麵舂宜白
만두를 삶으려면 천 번을 두드린다　烹饅擣可千
그 껍질은 어디에 쓰이는가　衣皮何所用
잘 갈무리해 두어 흉년에 대비해야지　藏蓄備荒年

율무 薏苡

교지[726]라 남방에서 자라던 것이　交趾南方產
동쪽으로 건너온 지 얼마나 지났는가　東來認幾時
녹색 구슬이 가지에 맺혔고　綠珠枝上結
검은색 옥이 잎사귀 속에 달렸네　玄玉葉中垂
죽을 끓여 먹으면 체증이 풀리고　煮粥寬胸滯
수제비를 끓이면 허기를 달랜다　烹餠理腹飢
이것을 가져왔다가 비방을 받았으니　擔來招衆謗
그 옛날 복파를 위해 슬퍼하노라[727]　追爲伏波悲

수수 薥黍

모양이 다른 곡물들과는 딴판이고　形容異百穀
산모퉁이에 빽빽이 자라누나　森鬱滿山隅
마디가 크니 군자를 존경하는 듯　闊節欽君子
몸이 기니 장부를 흠모하는 듯[728]　長身慕丈夫
드리운 잎사귀에 푸른 꼭지 뒤집히고　葉垂飜翠帶
잘 익으면 보배 구슬을 펼쳐 놓은 듯　穰熟布明珠
비록 밥을 지어 먹을 순 없지만　縱未炊香飯
수제비를 만들어 먹기엔 좋아라　端宜水餠需

---

726 교지(交趾) : 지금의 베트남 지역에 있던 나라 이름이다.

727 이것을 … 슬퍼하노라 : 한(漢)나라 때 복파장군(伏波將軍) 마원(馬援)이 교지(交趾)를 정벌할 적에 남방의 장기(瘴氣)를 막고자 하여 율무죽을 먹었는데, 율무의 낱알이 몹시 커서 품종이 아주 좋았다. 이에 정벌을 마치고 돌아오면서 종자로 쓰려고 그 율무를 수레에 싣고 왔는데, 마원이 죽은 뒤에 마원을 중상하는 자가 "지난번에 정벌 갔을 때 싣고 온 것은 모두 구슬이나 서각(犀角)과 같은 남방의 진귀한 물품이었다." 하였다.《後漢書 卷24 馬援列傳》

728 마디가 … 듯 : 마디를 절개에 비겼다. 즉 수수는 절개가 크니 군자답고 장신이니 대장부답다는 뜻이다.

깨 荏

농가에서 온갖 곡물을 심는데	田家種百穀
이것인들 어찌 심지 않으리오	此物寧不營
작은 옥인 양 상자에 가득하고	細玉盈箱篋
향기로운 기름은 병에 가득해라	香油滿甕盛
삼충[729]을 다 제거할 수 있어	三蟲能去盡
오장이 튼튼해질 수 있네	五內得滋榮
온 세상에 이것의 혜택 없으면	擧世無君澤
무슨 수로 생명을 보전할 수 있으랴	何由保此生

들깨 水荏

참깨 다음으로 귀한 것으로	副居眞荏貴
이름과 색깔이 같지 않아라	名幷色無同
자잘한 좁쌀이 금주머니에 가득한 듯	粉粟盈金朶
검은 구슬이 초록 자루에 가득한 듯	玄珠滿綠縫
혜택이 회문을 쓴 아낙에게 미쳤고[730]	澤及回文婦
공로는 주역 권점 찍은 노인에게 많아라[731]	功多點易翁

---

729 삼충(三蟲) : 한(漢)나라 왕충(王充)의 《논형(論衡)》 〈상충(商蟲)〉에 보이는 말로 인체에 있는 세 가지 기생충이다.

730 혜택이 … 미쳤고 : 전진(前秦) 때 두도(竇滔)가 진주 자사(秦州刺史)가 되어 멀리 유사(流沙)로 가게 되었다. 이에 그의 아내 소씨(蘇氏)가 그리운 마음을 담아, 전후좌우 어디로 읽어도 문장이 되는 〈회문선도시(回文旋圖詩)〉를 지어 비단에 수놓아 보냈다고 한다. 《晉書 卷96 竇滔妻蘇氏傳》 즉 소씨가 〈회문선도시〉를 쓸 때 들깨 기름 등잔 아래서 수를 놓았다는 뜻이다.

731 공로는 … 많아라 : 당(唐)나라 때 신선(神仙)을 매우 좋아했던 고변(高駢)의 〈보허사(步虛詞)〉에 "청계산 도사를 사람들은 알지 못하니, 하늘을 오르내리는 학 한 마리뿐이로다. 동굴 문 깊이 잠기고 푸른 창은 춥기만 한데, 이슬방울로 주묵 갈아 《주역》에 권점 찍노라.[青溪道士人不識 上天下天鶴一隻 洞門深鎖碧窓寒 滴露研朱點周易]" 하였다. 역시 《주역》에 권점을 찍을 때 등잔 기름으로 들깨 기름을 썼다는 뜻에서 이렇게 말하였다.

밝은 빛이 낮을 이어 밤을 밝히기론　明光能繼晷
곡식 중 아무도 이와 다툴 게 없어라　嘉穀未爭雄

오장을 윤택하게 하고 삼충을 죽이고 머리털을 부드럽게 하고 음식 맛을 보태는 것은 비록 참깨에 비길 바가 아니다. 하나 담기(痰氣)를 가라앉히고 체증을 없애고 수도(水道)를 틔우고 안색을 좋게 하는 효능은 소자(蘇子)[732]와 같으며, 등잔 기름으로 밤을 밝히는 공효와 기름으로 방습(防濕)하는 쓰임새는 실로 오곡 중에서 가장 유익하다. 그 잎은 9월에 따서 응달에 말려놓았다가 달여서 복용하면 몸냄새를 없애고 호취(狐臭)[733]를 감추는 효능이 있다고 한다.

소채류
蔬菜類

수박 西瓜

서역에서 나온 특이한 품종　異種出西域
어느 때 우리 동방에 들어왔나　何年入我東
푸른 껍질은 하늘빛에 가깝고　綠衣天色近
둥근 형체는 부처 머리와 같아라　圓體佛頭同
껍질 벗기면 옥처럼 하얗고　削外瓊瑤白
속을 가르면 호박빛으로 붉구나　刳中琥珀紅
삼키면 달기가 꿀과 같아서　呑來甘似蜜
답답한 가슴 시원히 씻을 수 있네　贏得滌煩胸

732 소자(蘇子) : 차조기라고 하는 한해살이 풀이다. 자소(紫蘇), 계임(桂荏)이라고도 한다.
733 호취(狐臭) : 겨드랑이에서 나는 노린내로 액취(腋臭)라고도 한다.

참외 眞瓜 당종과 수통은 방언이다. 唐種水筒用方言

참외란 그 이름 뜻이 있으니 名眞意有在
그 이치를 내가 궁구할 수 있네 其理我能窮
몸통이 짧으면 당종이라 일컫고 短體稱唐種
몸통이 길면 수통이라 부르지 長身號水筒
속을 가르면 금빛 씨 흩어지고 剨分金子散
쪼개서 먹으면 꿀처럼 달아라 條折蜜肌濃
품격이 온통 이와 같으니 品格渾如此
서과란 말과 뜻이 같으리 西瓜語必同

오이 黃瓜

빈 땅에 새로 채마밭을 만들어 隙地開新圃
외를 가꾸는 데 재미를 붙였어라 鋤瓜寄興深
몇 촌 길이 푸른 옥이 주렁주렁 數寸垂碧玉
일척 크기로 황금빛이 빛나누나 盈尺耀黃金
총총 썰면 전 부쳐 먹기 좋고 短斫宜燔炙
통째로는 김치 담그기 좋아라 全盛可水沈
무엇보다 좋은 건 더운 여름철 最愛闒當暑
씹어 먹으면 답답한 가슴 시원해져 餤嚼滌煩襟

토란 芋

긴 채마밭에 토란을 가득 심었더니 種芋盈長圃
가을이 오자 토란이 많이 자랐구나 秋來息且蕃
붉은 줄기는 이슬 머금은 채 자라고 紫莖含露茁

푸른 잎은 바람을 받아 펄럭인다　　青葉向風飜
옥구슬인 양 구근이 많이 달렸고　　抱玉傍多子
푸른 빛 속에 줄기가 굵어라　　懷蒼碩本根
속명으로 무립이라 부르니　　俗名稱毋立
늙은이 음식으로 제격이로세　　端合老翁飡

상추 萵苣

상추란 이름이 이미 알려져　　萵苣名旣著
파 마늘과 나란히 일컬어지지　　葱蒜品相齊
이슬 젖은 잎이 채마밭에 크고　　露葉敷新圃
바람 부는 여름밭에 줄기 자란다　　風莖長夏畦
들밥을 내갈 때 광주리에 담고　　饁彼盈筐採
손님 대접할 때 한 움큼 뜬는다　　供賓滿掬携
상추 덕분에 잠을 줄일 수 있는데　　蒙君能少睡
파종은 이른 새벽에 해야 하네　　耕種趁晨鷄

파 葱

저 남쪽 밭의 채소를 보니　　瞻彼南畦菜
파릇한 봄파가 무성하여라　　春葱鬱且森
뿌리 수염은 온통 흰 바탕이고　　根鬚專素質
떨기 잎은 푸른 옥과 같아라　　叢葉茁蒼琳
맛은 매워 위장을 따뜻하게 하고　　味苦溫腸胃
진액은 달아서 신장 기운을 돕는다　　津甘補腎陰
시골 늙은이 오래 이것을 먹으니　　田翁長取食
미천한 몸이지만 병이 들지 않아라　　居下病難侵

마늘 蒜

생강도 계피도 귀한 것이지만　　薑桂非無貴
이 맛보다 더 나은 것은 없어라　　無踰此味長
많은 옥이 금기둥을 떠받치고　　衆玉扶金柱
여러 구슬이 흰 씨방에서 터진 듯　　群珠拆素房
갈아서 넣으면 오이 부침이 맛있고　　研肌瓜炙美
즙을 내어 넣으면 물이 향긋하지　　添汁水漫香
훈초(葷草) 기운 비록 탁하다 하지만　　葷氣雖云濁
더위 물리치는 처방에 들어 있다네　　參書却暑方

가지 茄子

좋은 채소를 비오는 저녁 모종했더니　　佳蔬移晩雨
한여름이 되자 푸릇푸릇 잘도 자랐네　　中夏蔚青青
잎사귀 밑에 푸른 옥이 주렁주렁　　葉底垂蒼玉
가지 사이에 붉은 옥이 매달린 듯　　枝間韠紫瓊
맛이 좋아 먹으면 배가 부르고　　厚味餤能飽
채국을 만들어 먹으면 숙취가 깨지　　流漿解舊醒
비록 무익한 채소라고 하지만　　雖云無益菜
음식을 먹을 때 없어선 안 되지　　當食用難停

아욱 葵

푸른 아욱이 채마밭에 가득하니　　綠葵盈樊圃
농가의 시절은 늦은 봄이로구나　　田家屬暮春
반지르르한 잎에 진액이 많고　　沃葉津多滑

부드러운 줄기에 맛은 더욱 산뜻해　　柔莖味更新
기운은 소자의 죽순[734]보다 낫고　　氣踰蘇子筍
향기는 계응의 순채[735]보다 나아라　　香過季鷹蓴
왕공이 이 맛을 알았다면　　王公知此物
내 입에 어찌 들어올 수 있으랴　　安得入吾脣

생강 生薑

우뚝해라 저 밭에 있는 식물　　卓彼畦中物
다른 채소와는 형체가 달라라　　能殊衆菜形
단단하고 굳기는 옥출과 같고　　剛堅同玉朮
연이어 맺힌 모양은 황정을 닮았네　　連結類黃精
먹고 나면 가슴이 먼저 후련하고　　喫罷胸先豁
많이 먹으면 몸이 절로 평안하지　　餤多體自平
정신이 통하고 탁한 기운 없애니　　通神且去穢
일찍이 성인의 경전에 드러났네[736]　　曾著聖人經

---

734 소자(蘇子)의 죽순 : 소자는 송(宋)나라 소식(蘇軾)을 가리킨다. 그의 시 〈녹균헌(綠筠軒)〉에 "밥에 고기가 없는 것은 괜찮으나, 사는 곳에 대가 없어서는 안 되네. 고기가 없으면 사람을 파리하게 할 뿐이나, 대가 없으면 사람을 속되게 하지. 사람의 파리함은 살찌울 수 있지만, 선비의 속됨을 고칠 수가 없다네.[可使食無肉 不可居無竹 無肉令人瘦 無竹令人俗 人瘦尙可肥 士俗不可醫]" 하였기 때문에 이렇게 말한 것이다.

735 계응(季鷹)의 순채 : 계응은 진(晉)나라 오군(吳郡) 출신 장한(張翰)의 자이다. 장한이 혼란한 세상에 벼슬살이를 나갔다가 가을바람이 불어오자, 고향의 별미인 농어회와 순채국을 그리워하여 벼슬을 버리고 고향으로 돌아갔다고 한다. 《晉書 卷92 文苑列傳 張翰》

736 일찍이 … 드러났네 : 성인은 공자(孔子)를 가리킨다. 공자가 늘 생강을 먹어 《논어(論語)》 〈향당(鄕黨)〉에 "생강 먹는 것을 그만두지 않으셨다.[不輟薑食]" 하였다.

겨자 芥

겨자는 생강과 같은 종류	芥子生薑類
형체는 작아도 기미는 좋아라	形微氣味都
녹색 껍질에 금빛 좁쌀 들어 있는 듯	綠殼胎金粟
노란 거죽 속에 붉은 구슬이 내비친다	黃胞綻紫珠
환으로 빚으면 벌레똥 없어지고	凝丸蟲穢盡
회에 곁들이면 매운 향기 퍼진다	交膾烈香敷
세간의 많고 많은 질병들을	世間多少疾
이것이 아니면 무엇으로 치료하랴	非爾孰能扶

부추 韭

좋은 채소 곳곳마다 자라	嘉蔬隨地種
내 집 동서쪽에 무성하여라	敷我屋西東
빼어나고 곧기는 침 모양이요	秀直針身似
뾰족하고 가늘긴 잣나무 잎일세	尖纖柏葉同
좋은 손님 오면 빗속에서 베고[737]	雨剪佳賓至
아침에는 멀리서 온 손님 대접한다	朝供遠客逢
공부가 가고 천년 뒤에	工部千年後
향긋이 이 채소가 이 늙은이 차지 됐네[738]	馨香屬老翁

737 좋은 … 베고 : 당(唐)나라 두보(杜甫)의 〈증위팔처사(贈衛八處士)〉에 "밤비를 맞으며 부추를 베어 오고, 노란 좁쌀 섞어 밥도 새로 지었네.[夜雨剪春韭 新炊間黃粱]" 하였다. 이 시는 두보가 20년 만에 친구 위씨(衛氏)를 찾아가 만난 자리에서 오랜만에 만난 반가운 회포를 서술한 것이다.

738 공부(工部)가 … 됐네 : 공부는 공부원외랑(工部員外郞)을 역임한 당(唐)나라 두보(杜甫)를 가리킨다.

차조기 紫蘇

한 풀이 집 뒤에서 자라는데　有草生堂後
봄이 와 무성해도 그냥 뒀어라　春來蔚不禁
잎이 뒤집히니 붉은 비단인 듯　葉飜看紫錦
줄기가 곧으니 푸른 옥이 모인 듯　莖直簇靑琳
막힌 데 틔워주니 참된 본성 알겠고　發壅知眞性
한기를 몰아내어 약재로 알려졌네　驅寒著藥林
가을에 열매를 많이 맺으니　秋成多結子
갈아서 죽 끓이면 심장을 열어주지[739]　硏粥又開心

동아 冬瓜

허물어진 지붕 위로 동아가 자라　冬瓜頹屋上
서리 맞은 뒤로 색깔이 번들번들　霜重色肥腴
큰 껍질은 푸른 벽처럼 에워싸고　豐殼圍蒼壁
둥근 몸통에 옥구슬이 들어 있어라　圓腔抱玉珠
가을에 쪼개 아침에 국을 끓이고　秋割羹朝哺
겨울에 보관해 두었다 잔치에 쓴다　冬藏入宴需
비록 채소의 반열에 들어 있지만　雖居衆菜列
그 진미는 음식 중에서 으뜸일세　眞味冠庖廚

739 심장을 열어주지 : 심장의 피를 잘 돌게 한다는 뜻이다. 송(宋)나라 소식(蘇軾)의 〈수기문미원장모열도동원송맥문동음자(睡起聞米元章冒熱到東園送麥門冬飮子)〉에 “심장을 열고 위장을 따스하게 하는 맥문동을 마시니, 동파가 손수 끓인 것인 줄 알겠노라.[開心暖胃門冬飮 知是東坡手自煎]” 하였다.

고사리 蕨

산중에 봄비가 촉촉히 내리니	山中春雨洽
새로 돋은 고사리순을 꺾을 때	新折蕨芽時
짧은 머리는 아이 주먹처럼 작고	短頭兒拳小
긴 줄기는 옥젓가락처럼 기이해	長莖玉筯奇
술 마실 제 삶으면 향긋해 좋고	持盃香煎好
밥 먹을 때 국 끓이면 부드러워라	當食軟湯宜
만약 황공이 이 나물을 먹었다면	若使黃公食
무엇하러 애써 붉은 영지 캤으랴[740]	何勞採紫芝

삽주나물 朮苗

산나물이 새벽 비에 돋아	山蔬生曉雨
아침에 꺾으니 광주리에 가득해라	朝採滿筐中
보드라운 잎은 구름빛을 쓴 듯	嫩葉雲光被
새 줄기는 이슬 기운에 젖었네	新莖露氣濃
삶으면 황금빛 띠고서 익고	煮罷黃金爛
구우면 푸른 옥을 쌓은 듯	炮成碧玉崇
현지[741]가 좋다고 말하지 말라	玄芝君莫說
좋은 맛은 같다고 말하기 어렵네	嘉味語難同

---

740 만약 … 캤으랴 : 황공은 진(秦)나라 말기에 난리를 피하여 상산(商山)에 은거한 상산사호(商山四皓)인 동원공(東園公), 기리계(綺里季), 하황공(夏黃公), 녹리선생(甪里先生) 중 하황공을 가리킨다. 이들은 한 고조(漢高祖)의 초빙에도 응하지 않고 자지(紫芝)를 캐 먹고 지내면서 〈자지가(紫芝歌)〉를 지어 스스로 노래했는데, 그 가사에 "무성한 자지여, 요기를 할 만하도다. 요순시대는 이미 지나갔으니, 우리가 어디로 돌아갈거나.[曄曄紫芝 可以療飢 唐虞往矣 吾當安歸]" 하였다.

741 현지(玄芝) : 검은 빛 지초(芝草)로 영지(靈芝)의 일종이다. 일명 흑지(黑芝)라고도 한다. 은자(隱者)가 먹는 것이다.

개자리 苜蓿

진흙에서 목숙이 돋아　泥中生苜蓿
봄날 따비밭에서 캐노라　春日採菑田
짧은 머리털은 은빛 실 드리운 듯　短髮銀絲垂
긴 몸통은 옥젓가락처럼 둥글다　長身玉筯圓
구워서 먹으면 향긋하고 부드러우며　炮餤香滑極
삶아 먹으면 쓴맛 단맛이 섞이지　烹嚼苦甘專
들나물 무수하지 않은 건 아니지만　野菜非無數
좋은 나물 중에서 가장 으뜸일세　嘉蔬喜得先

순채 蓴

채소 중에 특이한 것이 있으니　蔬壇有異菜
그 명성 세상에 독보적인 존재　爲物擅佳名
붉은 꼭지는 진흙탕에서 자라고　紫蔕泥中茁
은빛 줄기는 물 밑에서 밝아라　銀莖水底明
회로 만들면 살결이 매끄럽고　作膾凝眞滑
국을 끓이면 맛이 향긋하지　煎羹秀味馨
가을바람이 강호에 불어오면　秋風湖海上
높은 흥취라 장경을 생각하노라[742]　高興憶長卿

---

742 가을바람이 … 생각하노라 : 《사기(史記)》 권117 〈사마상여열전(司馬相如列傳)〉에 "장경은 본래 벼슬살이에 싫증을 내었다.[長卿故倦游]" 하였는데, 이것을 가을바람이 불어오자 순채국과 농어회를 그리워하며 관직을 버리고 고향에 돌아간 장한(張翰)의 고사에 끌어붙여 표현한 것이다. 주 735 참조.

어물류
魚物類

고래 鯨 이하 동해에서 생산되는 종류 東海產類

푸른 바다에 큰 동물이 있으니 滄海有大物
그 모습은 천지간에 둘도 없어라 狀貌天地无
큰 이빨은 삼산과도 같고 巨齒三山似
긴 몸은 육오와 짝할 만하지[743] 長身六鰲儔
바닷물 마구 들이켜니 천오가 울고[744] 吸海天吳泣
배를 삼키니 자봉[745]이 시름한다 呑舟紫鳳愁
임금이 늘 관대히 놓아두시니 君恩常漏貸
깊고 얕은 물에 맘껏 노니누나 深淺任優游

자라 鰲

듣자하니 여섯 마리 금자라가 聞道金鰲六
삼산을 그 머리로 이고 있다지[746] 三山戴厥頭

743 큰 … 만하지 : 삼산(三山)은 바다 속에 있고 신선이 산다는 삼신산(三神山)이다. 육오(六鰲)는 바다에 삼신산을 머리로 이고 있다는 여섯 마리의 자라이다. 용백(龍伯)의 나라에 거인이 있는데 한 번의 낚시로 이 자라 여섯 마리를 한꺼번에 낚았다 하였다. 《列子 湯問》 이백(李白)의 시 〈등고구이망원해(登高邱而望遠海)〉에 "육오의 죽은 뼈엔 이미 서리가 내렸으니, 삼산은 흘러가서 어디에 있는고.[六鰲骨已霜 三山流安在]" 하였다.

744 바닷물 … 울고 : 천오(天吳)는 물을 다스리는 신이다. 《산해경》 권9 〈해외동경(海外東經)〉에 "조양곡(朝陽谷)에 천오라는 신이 있는데, 이것이 바로 수백(水伯)이다. … 머리 여덟 개에 얼굴은 사람과 같고, 다리와 꼬리가 여덟 개이며 모두 청황색이다." 하였다. 여기서는 바닷물이 다 없어질까 근심하여 수신(水神)이 운다는 뜻이다.

745 자봉(紫鳳) : 황제의 조서(詔書)를 자고(紫誥)라고 한다. 그래서 바다로 가는 사신의 행차를 자봉(紫鳳)이라 한 것이다.

746 여섯 … 있다지 : 주 743 참조.

큰 몸이 푸른 바다를 가로지르고 長身橫碧海
긴 수염은 푸른 물가를 에워싼다네 脩髥擁滄洲
서로 사귀매 교룡이 몸을 굽히고 通好蛟龍屈
어류들을 모두 신하로 부리지 臣隣魚蟹儔
어느 누가 이 자라를 끌고 와서 何人能掣取
중국의 반을 뒤흔들어 놓을꼬 飜動半中州

대구 巨口

푸른 바다에 특이한 어류 있으니 滄溟有異錯
이름이 예전에는 알려지지 않았지 名號未詳前
입이 다른 물고기들보다 훨씬 크고 巨口超群族
비늘은 물고기들 중에서 가장 가느네 纖鱗冠衆鮮
안줏거리로 이보다 좋은 게 없으니 佳肴無此秩
진귀한 물품은 비길 것이 드물지 珍品少相肩
맛은 좋지만 의외로 많이 생산되니 味貴還多產
곡물과 돈 많이 쓸 필요가 있으랴 何勞費穀錢

방어 魴魚

방어는 몸집이 매우 큰데 魴魚大且碩
한 척은 넘고 한 길은 못 되지 盈尺不盈尋
물 밖에 나오면 검은 빛이요 出水蒙玄褐
속을 가르면 붉은 빛 선명하지 剞中耀赤琳
살이 두터워 구워도 잘 안 익고 肌厚燔難熟
기름이 많아 먹기가 좋지 않네 脂凝食不任
국가가 태평한 운세 만났으니 邦家承泰運
꼬리 붉은 데 마음 쓸 일 없으리[747] 赬尾莫關心

청어 靑魚

청어가 남해에서 생산되는데	靑鮮南海產
강어귀에 천 척 배가 들어온다	江口入千艘
알은 황금으로 만든 좁쌀 같고	卵抱黃金粟
창자는 백설 같은 기름이 엉긴 듯	腸凝白雪膏
구우면 밥반찬으로 제격이고	炙宜餤美飯
말리면 술안주로도 좋아라	乾可飲沓醪
품질이 좋기가 이와 같으니	品貴能如此
평소에 값이 비쌀까 매우 걱정일세	偏憂素價高

문어 文魚

둥근 머리에 길이는 몇 척	圓頭長數尺
형색은 이상해 알기 어렵지	形色異難知
칼로 쪼개면 금빛 액채 나오고	斫罷生金液
불로 구우면 옥색 기름 지글지글	炮成泣玉脂
용을 삶은들 무어 귀하리오	烹龍何足貴
봉을 끓여도 대수로울 게 없어라	湯鳳亦無奇
온 세상이 잔치를 열 때마다	擧世張高宴
좋은 안주로 이것이 꼭 필요하지	佳肴必汝期

---

747 국가가 … 없으리 : 《시경(詩經)》 〈주남(周南) 여분(汝墳)〉에 "방어의 꼬리가 붉거늘, 왕실이 불타는 듯하도다. 비록 불타는 듯하지만, 부모가 매우 가까이 계시니라.[魴魚赬尾 王室如燬 雖則如燬 父母孔邇]" 했기 때문에 이렇게 말한 것이다. 방어의 꼬리는 본래 희지만 피로하면 붉어진다고 한다. 그래서 국사에 노고가 많음을 비유한 것이다.

전복 全卜

듣자하니 교인[748]의 무리들은	聞道鮫人輩
잠수하여 바닷속에 들어간다지	潛身入海中
긴 창으로 바위틈을 찔러서	長矛衝石角
단단히 붙은 전복을 따내지	圓鮑出金縫
처음 보면 흰 옥인 듯하다가	始見瓊瑤白
마침내 붉은 호박빛을 띠네	終看琥珀紅
어패류가 수만 종류 많지만	群鮮知萬族
우리 동방에서 으뜸가는 것일세	嘉品擅吾東

가자미 鰈魚

가자미가 우리 동방에 흔하여	有鰈東方賤
어부들이 힘 안 들이고 잡누나	漁人捕不疲
금방 잡았을 땐 신선해 먹을 만하고	網頭鮮可食
수레에 실으면 냄새 나 옮기기 어렵네	車載臭難移
꼭꼭 씹으면 사슴 뼈와 같고	軋嚼徒鹿骨
구워서 먹으면 얇은 껍질뿐	燔餤但薄皮
이 중에 사소한 맛이 있는데	此中些少味
오직 이 시골 늙은이가 알 뿐	惟有野翁知

748 교인(鮫人) : 전설상의 인어(人魚)이다. 진(晉)나라 사람 장화(張華)가 지은 《박물지(博物志)》에 "남해 밖에 교인이 있는데 물고기처럼 물에 산다. 그들은 비단을 짜서 뭍에 나와 남의 집에 기거하며 판다. 떠날 때에 주인에게 빈 그릇을 달라고 하여 그 그릇에 눈물을 흘려 진주를 만들어서 선물로 준다." 하였다. 여기서는 해녀를 가리킨다.

은어 銀魚

서남쪽 지방에선 나지 않으니 不是西南物
동북쪽 지방에서 가져왔구나 輸來北東方
쟁반에 수북이 은빛 회가 쌓였고 高盤銀色動
도마에는 백설 같은 빛깔 빛난다 登俎雪輝揚
말려서 화로에 구우면 별미이고 乾炙爐中味
진하게 간장에 졸이면 향기롭지 濃煎醬裏香
여곽을 먹는 사람이 먹기 좋지만 宜餤藜藿子
고량진미 먹는 이도 실컷 먹긴 어려워라[749] 難盡厭膏粱

홍합 紅蛤

푸른 바다 속에 조개가 있는데 有蛤滄溟裏
형체가 미미해 보잘것이 없어라 形微百不侔
붉은 빛이 선명하게 빛나고 丹赤珍輝燦
감미로운 맛도 매우 뛰어나지 甛香美味優
겨울에 채취하면 반찬으로 좋고 冬拾宜盤膳
봄에 말리면 잔치 음식에 쓰이지 春乾入宴需
비록 생선과 게보다 못하지만 雖居魚蟹下
좋은 품질은 비길 데가 없어라 嘉品食無儔

749 여곽(藜藿)을 … 어려워라 : 여곽은 명아주잎과 콩잎을 말한 것으로, 빈천한 사람의 거친 음식을 뜻한다. 즉 맛이 담백하여 가난한 선비가 먹기에 좋지만 귀한 것이라 부자들도 실컷 먹기는 어렵다는 뜻이다.

해삼 海蔘

푸른 바다에 한 동물 있는데	滄海有一物
모습이 다른 해산물과 달라라	狀貌殊群形
꼬리 두터워 머리와 구분 안 되고	尾厚頭難辨
몸은 검어서 눈에 잘 띄지 않지	身黔拾不明
오돌토돌해 산삼에 비기는 데 제격	粟險蔘宜比
비늘이 없으니 물고기 이름은 잃었네	鱗無魚失名
동방에는 해산물도 많지만	東方多衆錯
향긋하고 부드러운 맛 일품일세	香滑獨非輕

홍어 洪魚 이하 서해에서 생산되는 종류 西海產類

모습이 다른 어패류와 다르고	狀貌殊群錯
형용이 다른 생선들과 달라라	形容異衆鮮
몸이 커서 움직이기 어렵고	身洪難起動
몸이 무거워 잘 다니지 못하네	體重未輕遷
부드러운 뼈는 씹기가 좋고	軟骨宜專嚼
넉넉한 살은 국 끓이기 좋아라	豐肌可入煎
날뛸 만한 용기가 없으니	跳梁無一勇
발호하긴 하늘에 오르듯 어렵네	跋扈似登天

민어 民魚

입이 크기는 농어와 닮았는데	巨口同鱸狀
비늘은 농어보다 조금 크다네	纖鱗少有差
피부는 풍성한 살로 채워졌고	肌充豐膳足

창자는 속현을 가득 안은 듯[750] 腸抱續絃奇
솥에 끓이면 탕이 맛있지만 入鼎湯猶可
회를 치기에는 좋지 않아라 盤膾不宜登
보시라 건조시킨 뒤에는 當看乾曝後
밥 먹을 때 손이 먼저 가리라 臨飯手先持

준치 眞魚

해산물이 강가 시장에 가득해 海族塡江市
준치가 밥반찬으로 올라 기쁘구나 眞魚喜入粲
많은 가시는 둥근 은실 모양이고 亂鯁銀絲細
흰 비늘은 색이 차갑고 작아라 圓鱗雪色寒
솥에 넣어 탕을 끓여도 좋고 可下燒湯鼎
회를 쳐서 쟁반에 올려도 좋지 宜登設膾盤
만약 맛이 좋기로 말한다면 若論佳味勝
응당 팔진미의 반열에 들리라 應列八珍間

조기 石首魚

비릿한 바람이 바다 어귀에 불면 腥風擁海口
노란 배 조기가 어선에 가득하지 黃腹滿魚船
불에 구우면 좋은 반찬이 되고 爛炙知佳餐
탕으로 끓여도 맛이 좋아라 濃湯作美鮮
그 모습은 비록 크지 않지만 形容雖不碩
쓰임새는 한두 곳이 아닐세 爲物用無偏

750 창자는 … 듯 : 속현(續絃)은 끊어진 거문고 줄을 잇는 것으로, 아교를 가리킨다. 민어의 부레로 아교를 만들기 때문에 이렇게 말한 것이다.

가장 좋은 건 굴비로 말리면 最憐乾曝後
밥반찬으로 가장 으뜸이라네 當食必登先

밴댕이 蘇魚

절후가 단오절에 가까우면 月近端陽節
어선이 바닷가에 들어차지 漁船滿海湄
밴댕이가 어시장에 가득 나와 蘇魚塡市口
은빛 모습이 촌락에 깔렸네 銀雪布村岐
상추쌈으로 먹으면 맛이 으뜸이고 味絶包苣食
보리밥에 먹어도 맛이 좋아라 甘多麥飯時
시골 농가에 이것이 없으면 田家無此物
생선 맛을 알 사람이 드물리라 鮮味少能知

새우 蝦

몸은 여위고 수염이 긴 것이 體瘦長鬚物
드넓은 바다에 두루 찼어라 彌曼擁大洋
큰 놈들은 깊은 골짜기에 숨고 巨觳藏深壑
작은 새끼들은 그물에 들어오지 稚群入細網
껍질 벗기면 붉은 옥과 같고 皮脫丹璚色
창자를 꺼내면 붉은 밤 향기 腸披紫栗香
반찬으로 맛 좋은 것도 많지만 盤肴多勝膳
참된 맛은 바로 신선한 이 맛 眞味獨新芳

농어 鱸魚 이하 강어류 江魚類

큰 입이라 송강에서 나는[751] 것이	巨口松江產
어느 때 우리 해동에 들어왔나	何年入海東
작은 비늘은 은빛보다 희고	鱗纖銀色奪
두툼한 살은 옥빛과도 같아라	肌腆玉光同
회를 쳐서 손님을 대접하고	設膾供佳客
탕을 끓여 늙은이 배 불린다	煎湯飫老翁
그 누가 이 맛을 알리오	誰能知此味
아득한 옛날 장공[752]을 생각할 뿐	千載憶張公

숭어 秀魚

강과 바다 깊은 물속에 사는데	沈潛江海外
헤엄치다 사람의 그물에 걸렸네	游泳入人漁
맛이 좋다고 예로부터 알려졌으니	美品傳來久
그 명성 참으로 헛된 게 아니로세	佳名得不虛
솥에 넣고 끓이면 은빛이 진동하고	小鼎銀輝動
쟁반에 얹으면 백설처럼 하얗다	高盤雪色舒
고량진미 먹는 이에게 먹이지 말라	莫餉膏粱客
먹고 남은 찌꺼기로 버릴 테니까	宜投飯糗餘

751 큰 … 나는 : 송(宋)나라 소식(蘇軾)의 〈후적벽부(後赤壁賦)〉에 "오늘 저물녘에 그물을 걷어서 고기를 잡았는데, 입은 크고 비늘은 가는 것이 송강의 농어처럼 생겼소.[今者薄暮 擧網得魚 巨口細鱗 狀如松江之鱸]" 하였다. 송강의 농어는 맛이 좋기로 유명하다.

752 장공(張公) : 고향의 농어회가 생각나 벼슬을 그만 두고 낙향한 진(晉)나라 때 장한(張翰)을 가리킨다. 주 735 참조.

웅어 葦魚

촘촘한 그물을 강물에 치니　　促網江中設
웅어 한 떼가 죄다 걸렸구나　　葦魚盡一群
가는 꼬리는 은장도를 뽑은 듯　　細尾銀刀出
긴 허리는 옥척이 번득이는 듯　　長腰玉尺飜
식칼을 잡고 회를 저며도 좋고　　可把霜鋩切
석쇠에 얹어서 구워도 좋으리　　宜加鐵井燔
웅어란 이름 만인 입에 오르고　　佳名播萬口
참된 맛은 집집마다 알려졌네　　眞味動千門

뱅어 白魚

어부가 빙설을 뚫고 가서　　漁父穿氷雪
강 물고기 그물 가득 잡았네　　江鮮滿一網
가는 피부는 은빛보다 희고　　纖肌銀讓色
차가운 빛엔 옥도 외려 무색해　　寒彩玉無光
잘게 저며 회를 치기는 어렵고　　縷切難成膾
솥에 끓여서 탕을 만들면 좋지　　濃煎可作湯
비록 방장에다 차릴지라도　　雖陳方丈上
좋은 맛은 역시 청량하리라[753]　　佳味亦淸涼

잉어 鯉魚 이하 천어류 川魚類

앞 시내에서 잉어를 잡으니　　獲鯉前川下

753 비록 … 청량하리라 : 방장(方丈)은 사방 1장(丈) 크기의 작은 방으로, 고승이 거처하는 곳이다. 즉 뱅어의 맛이 비릿하지 않고 담백하여 승려들이 먹어도 이상하지 않을 정도라는 뜻이다.

둥근 비늘에 오색이 선명해라 圓鱗五色鮮
용문에서는 일찍이 이마 찧었고[754] 龍門曾見點
작은 웅덩이에 갇히기도 했지 蛭澤底留連
쟁반에 오르는 붕어가 아니요 不是登盤鯽
솥에 드는 전어 역시 아닐세 終非下鼎鱣
훌쩍 뛰어 푸른 물 속에 잠겨 飜將沈綠水
강해도 유연히 헤엄쳐서 가리 江海逝油然

쏘가리 錦鱗魚

낚싯대를 쥐고서 쏘가리를 잡아서 把釣牽金鯽
광주리 가득 담고 버들가지로 꿰었네 盈筐復貫楊
붉은 비늘은 비단처럼 번득이고 紫鱗飜錦色
차가운 광채는 은빛으로 움직인다 寒彩動銀光
칼로 잘게 저며서 회를 만들고 細設鸞刀膾
솥에 끓여서 그릇 가득 탕을 담는다 濃盛玉椀湯
동강의 그윽한 취미[755]가 좋으나 桐江幽趣勝
좋은 맛이야 이보다 더 좋으랴 佳味豈增長

붕어 鮒魚

천 길 깊은 못물 아래에 十丈深潭下
붕어가 잠겨서 살고 있어라 沈鱗有鮒魚

754 용문(龍門)에서는 … 찧었고 : 황하(黃河)의 상류에 있는 용문(龍門)의 폭포수는 세 계단으로 되었는데, 강해(江海)의 대어(大魚) 수천 마리가 그 밑에 모였다가 그 폭포를 뛰어오르는 놈은 용이 되고 뛰어넘지 못하면 석벽에 이마를 찧고 다시 떨어진다 한다.

755 동강(桐江)의 그윽한 취미 : 은거하여 낚시하는 취미이다. 주 557 참조.

낚시를 던져도 걸리지 않고　　投綸潛不出
그물을 던져도 잡기 어렵네　　施罟匿難漁
통발로 겨우 세 마리를 잡으니　　罶取三頭得
작아서 쟁반에 몇 촌 남짓해라　　盤中數寸餘
끓여서 맛있는 죽을 만드니　　濃烹成美粥
허약한 기운 도운다 다투어 말하네　　爭道補羸虛

게 蟹

게가 광주리 안에 있으니　　郭索登筐筥
기이한 모양 신기하구나　　多看狀貌奇
옆으로 걸어 팔자 다리 벌리고　　橫行張八脚
씩씩한 모습이라 두 집게다리　　雄悍巨雙肢
껍질 속 향긋하고 노란 게장　　香滑鉤金醬
다리 속 부드럽고 흰 맛살　　甘柔嚼雪肌
주문[756]에서 대뢰[757]를 먹는 이들은　　朱門大牢客
이 맛을 아는 이가 드물리라　　玆味鮮能知

의복류
衣服類

의복 衣服

곡식이 비록 중요하다 하지만　　穀腹旣云重

---

756 주문(朱門) : 붉은 칠을 한 문이란 뜻으로, 권귀(權貴)나 부호(富豪)의 집을 가리킨다.

757 대뢰(大牢) : 나라에서 제사를 지낼 때 소・양・돼지를 한 마리씩 쓰는 것으로 가장 큰 제사이다. 여기서는 매우 성대한 음식을 뜻한다.

의복 또한 각각 법도가 있지 絺身亦有章
갈관[758]은 빈한한 선비의 옷이요 褐寬寒士服
비단옷은 사대부들의 의복이지 綾段大夫裳
형제끼리 물려받아 입고 連氣傳相服
뜻이 통하면 정표로 주기도 했지[759] 同調贈不忘
누더기 입고도 스스로 즐거워 懸鶉亦自樂
홀로 앉아 아침 햇살을 쬐노라 獨坐負朝陽

여우갖옷 狐裘

안 붉다고 여우가 아니랴[760] 莫赤匪狐子
모피로 갖옷을 지을 수 있네 皮毛可作裘
맹상은 실낱 같은 목숨 부지했고[761] 孟嘗扶縷命
부자는 따뜻하고 부드러움을 취했지[762] 夫子取溫柔

---

758 갈관(褐寬) : 갈관박(褐寬博)의 준말. 갈(褐)은 모포(毛布)이고 관박(寬博)은 헐렁한 옷으로, 천한 자가 입는 옷이다. 《孟子集註 公孫丑上》

759 뜻이 … 했지 : 춘추시대 오(吳)나라 계찰(季札)이 정(鄭)나라에 가서 대부(大夫) 자산(子産)을 만났을 때 마치 예전부터 잘 아는 사이처럼 여겨져서 자산에게 흰 비단띠[縞帶]를 선사하자, 자산은 계찰에게 모시옷[紵衣]을 선사했다는 고사가 있다. 《春秋左氏傳 襄公29年》 또 당(唐)나라 한유(韓愈)가 조주 자사(潮州刺史)로 좌천되었을 적에 그 지역의 노승 태전(大顚)과 교유하였는데, 조주를 떠날 때 그에게 옷을 정표로 남겨주었다. 《昌黎文集 卷18 與孟簡尙書書》

760 안 … 아니랴 : 《시경(詩經)》 〈패풍(邶風) 북풍(北風)〉에 "안 붉다고 여우가 아니며, 안 검다고 까마귀가 아니랴.[莫赤匪狐 莫黑匪烏]" 한 데서 온 말이다. 호백구(狐白裘)라고 하는 갖옷이 유명하기 때문에 이렇게 말한 것이다.

761 맹상(孟嘗)은 … 부지했고 : 전국시대 제(齊)나라 공족(公族)으로 맹상군(孟嘗君)에 봉해진 정승(政丞) 전문(田文)을 가리킨다. 맹상군이 진(秦)나라에 들어갔다가 혹인(或人)의 참설(讒說)에 의하여 갇혀 죽게 되었을 때, 진 소왕(秦昭王)의 총희(寵姬)를 통하여 풀려나려고 하였다. 총희가 원하는 것은 호백구(狐白裘)였는데, 이는 호천액(狐千腋)이라 하여 천 마리 여우의 흰 겨드랑이 털만 모아서 만든 아주 진귀한 갖옷이었다. 호백구는 앞서 소왕에게 바친 것 한 벌뿐이요 달리 구할 길이 없었다. 이에 그 문객 중에 개처럼 도둑질을 잘하는 자가 진나라의 궁중에 몰래 들어가서 앞서 소왕에게 바쳤던 호백구를 훔쳐다가 그 총희에게 다시 바침으로써 마침내 맹상군이 풀려났다. 《史記 卷75 孟嘗君列傳》

오래 입었으니 제나라 재상 어질고[763]	久着賢齊相
부끄러움 없었으니 중유는 훌륭해라[764]	無慚懿仲由
한겨울에도 편안하고 따뜻하니	隆冬安且燠
무엇하러 흑초구[765] 입을 필요 있으랴	何用黑貂裘

양갖옷 羊裘

양갖옷 진귀하고 보배로워	羊裘珍且寶
모든 사람 몸에 편안하여라	便着萬人軀
가죽이 비단보다 더 보드랍고	皮軟凌紈帛
털은 옥구슬 모양 맺혔어라	毛盤結玉珠
이를 걸쳤던 동강의 늙은이[766]	披服桐江叟
유유자적했던 정나라 대부[767]	翶翔鄭大夫
비록 조나라 임금 탄식했으나[768]	雖爲趙主歎
따뜻하기는 비단옷보다 나아라	溫燠勝羅襦

---

762 부자(夫子)는 … 취했지 : 부자는 공자(孔子)를 가리킨다. 《논어(論語)》 〈향당(鄕黨)〉에 "여우와 담비의 두터운 가죽옷으로 거처하셨다.[狐貉之厚以居]" 하였다. 여기에 대한 주자의 집주(集註)에 "여우와 담비 가죽은 털이 길어 따뜻하고 푹신하니 평상시 거처할 때 몸에 알맞은 점을 취했다." 하였다.

763 오래 … 어질고 : 춘추시대 제(齊)나라 어진 재상 안영(晏嬰)은 절검(節儉)하기로 유명하였다. 공자의 제자 유약(有若)이 "안자는 30년 동안 여우갖옷 한 벌만을 입었다.[晏子一狐裘三十年]" 하였다. 《禮記 檀弓下》

764 부끄러움 … 훌륭해라 : 중유(仲由)는 공자의 제자 자로(子路)의 자이다. 공자가 "해진 솜옷을 입고 여우나 담비 갖옷을 입은 자와 함께 서 있어도 부끄러워하지 않을 사람은 중유일 것이다.[衣敝縕袍 與衣狐貉者立 而不恥者 其由也與]" 하였다. 《論語 子罕》

765 흑초구(黑貂裘) : 검은 담비가죽으로 만든 갖옷으로 극히 진귀한 갖옷이다. 전국시대 유명한 유세가(遊說家)인 소진(蘇秦)이 조(趙)나라에서 명월주(明月珠)와 화씨벽(和氏璧), 흑초구(黑貂裘)와 황금 100일(鎰)을 받아가지고 진(秦)나라에 가서 진왕(秦王)에게 열 차례나 글을 올렸으나 설득하지 못한 채 흑초구(黑貂裘)가 해지고 백 근의 황금이 다 떨어져서 집으로 되돌아온 고사가 있다. 《戰國策 趙策》

766 이를 … 늙은이 : 후한(後漢) 광무제(光武帝) 때의 은사(隱士)인 엄광(嚴光)을 가리킨다. 주 557 참조.

767 유유자적했던 정나라 대부 : 《시경(詩經)》 〈정풍(鄭風) 고구(羔裘)〉에 검은 양가죽 갖옷을 걸친 대부(大夫)를 찬미하였다.

768 조나라 임금 탄식했으나 : 미상(未詳).

설면의[769] 雪綿衣

병든 몸 뼈만 앙상 여위어　病骨稜稜瘦
겨울옷으로 설면을 입는다　寒衣着雪綿
양갖옷은 이와 비기기 어렵고　羔裘難比目
호액[770]이라야 비견할 만하여라　狐腋可同肩
얼굴을 훑는 바람도 막아주고　刮面風能障
살을 에는 추위도 못 들어온다　鍼肌冷未穿
늙은이가 이 물건이 없으면　老夫無此物
목숨을 어이 지킬 수 있으랴　軀命豈能全

홑옷 單衣

한여름에는 홑옷이 있으니　單衣在盛暑
쓰임새가 유독 신기하여라　功用獨新奇
흰 명주로 지은 옷도 좋고　剪作霜綃好
흰 모시로 지은 옷도 좋아라　裁縫雪苧宜
단오가 되면 홑옷을 내고　端陽頒賜節
가을이 오면 장롱에 넣어두지　秋索篋藏時
맨몸 드러냄은 우리 풍속 아니니　裸體非吾俗
우리 아니면 입을 수 없어라　微吾不可垂

---

769 설면의(雪綿衣) : 설면은 실을 켤 수 없는 고치를 삶아서 늘여 만든, 희고 질기며 가볍고 윤기가 있는 솜을 말하는데, 우리말로는 푼솜 혹은 풀솜이라 한다. 설면의는 설면을 가지고 만든 겨울옷이다.

770 호액(狐腋) : 호천액(狐千腋)이라 하여 천 마리 여우의 흰 겨드랑이 털만 모아서 만든 아주 진귀한 갖옷이다. 주 761 참조.

관 冠

맨머리는 우리 풍속 아니니	被髮非吾俗
검은 관 제도가 매우 좋아라	玄冠制甚嘉
모나고 둥근 모양 이미 다르고	方圓形旣異
길고 짧음도 각각 차이가 나네	長短各相差
오얏 아래선 고쳐 써선 안 되지만[771]	李下誠難整
조정에서는 혹 벗기도 하지	廷中或免加
유관은 모름지기 써서는 안 되니	儒冠須勿着
예로부터 몸 그르치는 경우 많았지[772]	從古誤身多

띠 帶

의관이란 제도가 이미 있으니	衣冠旣有制
이에 따라 매는 띠도 필요하지	束帶且相關
옥장식에 덩굴 풀로 묶었고	玉刻菱蔓結
은고리는 달 모양처럼 둥글구나	銀鉤月象團
이두에서 추창할 때 받들 만하고[773]	螭頭趨可奉
원열[774]에 설 때에는 잡아야 하리	鵷列立宜攀
팽택은 마침내 띠를 풀 수 있었으니	彭澤終能解
허리 굽히기 어려움을 안 것이리라[775]	知應折腰難

771 오얏 … 되지만 : 주 698 참조.

772 유관(儒冠)은 … 많았지 : 선비로 살면 인생을 그르치기 쉽다는 말이다. 주 103 참조.

773 이두(螭頭)에서 … 만하고 : 이두는 정전(正殿) 앞 돌계단에 새겨진 용머리 모양의 조각으로 대궐을 뜻한다. 추창(趨蹌)은 신하들이 어전에서 공경하는 자세로 종종걸음으로 걷는 것이다. 즉 어전에 나아갈 때 공손한 자세로 간다는 뜻이다.

774 원열(鵷列) : 원반(鵷班)과 같은 말로 조정 반열을 말한다.

775 팽택은 … 것이리라 : 띠를 풀었다는 것은 벼슬을 그만두었음을 뜻한다. 진(晉)나라 도연명(陶淵

홀 笏

세상에 사광이 없으니　世上無師曠
다급할 때에는 마음이 답답해라[776]　臨忙意未攄
지금 보건대 홀이란 것이 있으니　今看笏有制
남김없이 모두 기록할 수 있어라[777]　知得記無餘
오랜 포부를 어찌 잊을 수 있으랴　宿抱寧忘忽
좋은 계책은 반드시 여기 써야지　嘉謨必盡書
어느 사람이 홀을 거꾸로 쥐고서　何人手倒執
땀을 흘려 금어를 다 적셨던가[778]　流汗透金魚

패용류
佩用類

패물 佩

옷깃과 소매에 법도 있거니　襟裾旣有體
허리 장식인들 어찌 없을쏘냐　腰飾詎無陳
패옥은 마음 일깨우는 도구요[779]　玉玦惺心具

明)이 팽택령(彭澤令)으로 있다가 연말에 상급기관인 군(郡)에서 독우(督郵)를 파견하여 팽택을 시찰하게 하였다. 이때 현리(縣吏)가 도연명에게 의관을 제대로 갖추고 독우를 영접해야 한다고 하자, 탄식하며 말하기를 "내가 어찌 쌀 닷 말의 녹봉 때문에 저런 시골 소인에게 허리를 굽힐 수 있겠는가." 하고, 그날 바로 벼슬을 그만두고 고향으로 돌아갔다. 《晉書 卷94 隱逸列傳 陶潛》

776 세상에 … 답답해라 : 사광(師曠)은 춘추시대 진(晉)나라 악사(樂師)로 음률에 매우 밝았고, 현명하여 무엇이든 묻는 대로 척척 대답하였기 때문에 이렇게 말한 듯하다. 예컨대 진(晉)나라 제후가 사기(虒祁)에다 궁전을 세우자 위유(魏楡) 지방에서 돌이 말을 하는 괴변이 발생하였다. 진후(晉侯)가 그 까닭을 묻자 사광이 대답하기를 "일이 때에 맞지 않으면 원망이 백성들을 요동시켜 말 못 하는 물건이 말을 합니다.[作事不時 怨讟 動于民 則非言之物而言]" 하였다. 《春秋左氏傳 昭公 8年》

777 지금 … 있어라 : 홀(笏)에 신하들이 임금에게 들은 명을 썼기 때문에 이렇게 말한 것이다.

778 어느 … 적셨던가 : 금어(金魚)는 품계가 높은 관료들이 차던 물고기 모양의 금부(金符)이다.

금귀는 술을 바꾸어 먹는 것[780]　　金龜換酒珍
난초는 더러운 기운 없애고　　芳蘭因去穢
도검은 몸을 방어하는 것이지　　刀劍爲防身
도성 거리에 패옥 울리는 이는　　紫陌鳴者珂
응당 출세한 이임을 알겠어라　　知應得志人

수건 巾

석 자 길이 고운 갈포 수건　　細葛長三尺
펄럭펄럭 시렁 위에 나부끼네　　飄飄架上飜
목욕할 때에 늘 가지고 다니고　　浴身常自襯
땀 흐를 때에도 이것으로 닦지　　揮汗每相捫
시국 상심한 눈물 몇 번이나 훔쳤던고　　幾拭傷時淚
이별의 눈물 자욱 몇 번이나 봤던가　　頻看泣別痕
무엇보다 사랑스러워라 늘 곁에 있어　　最憐長在側
잠시도 손에서 떨어지지 않는 것이　　頃刻手難分

부채 扇

한 나무에서 쪼개져 나뉘어　　分張自一木
폈다 접히는 것이 음양의 형상　　舒卷象陰陽
손을 흔들면 맑은 바람이 일고　　拂手淸風動
가슴 펼치면 시원한 기운 길어라　　披襟爽氣長

---

779 패옥은 … 도구요 : 《예기(禮記)》 〈옥조(玉藻)〉에 "군자가 수레에 있으면 방울 소리를 듣고, 다닐 때에는 패옥 소리를 듣는다. 이런 까닭에 삿된 마음이 들어올 수 없다.[君子在車 則聞鸞和之聲 行則鳴佩玉. 是以非辟之心 無自入也]" 하였기 때문에 이렇게 말한 것이다.

780 금귀는 … 것 : 당(唐)나라 하지장(賀知章)의 고사이다. 주 168 참조.

기후에 따라 진퇴가 달라지고 炎涼殊進退
아침과 낮에 한망이 다르구나 朝晝異閑忙
쓰이고 버려짐은 비록 잦지만 用舍雖頻數
영구히 버려지는 것보다는 낫네 猶勝永癈藏

소첩 梳帖

내게 작은 소첩이 있는데 我有小梳帖
형상이 반듯하고 네모나다 其形正且方
백발은 천 가닥이나 모였고 白髮千莖蘊
검은 빗은 반달 모양 감춰졌네 玄梳半月藏
한가한 낮에는 벽에 걸어 두고 掛壁當閑晝
새벽이 오면 침상 위에서 열지 開床趁曉光
오래 사용해 비록 때가 묻었지만 久用雖塵垢
정들어 소중해 절로 잊지 못하네 珍情自不忘

지팡이 杖

울퉁불퉁 아홉 마디 지팡이 龍鍾九節杖
저 소상강 지역에서 나왔어라[781] 出自瀟湘間
불탑을 새겼으니 재액을 피하겠고 刻塔災難近
비둘기를 앉혔으니 먹을 복 있겠네[782] 安鳩食不艱

---

781 울퉁불퉁 … 나왔어라 : 소상(瀟湘)은 동정호(洞庭湖) 남쪽에 위치한 소수(瀟水)와 상수(湘水)의 병칭이다. 이 지역에서 소상반죽(瀟湘斑竹)이라고 하는 유명한 대나무가 난다. 대지팡이이기 때문에 이렇게 말한 것이다.

782 비둘기를 … 있겠네 : 옛날에 제왕들이 공훈 있는 노대신(老大臣)에게 구장(鳩杖)이란 지팡이를 하사했다. 이 지팡이 머리에 비둘기의 형상을 조각했다. 《태평어람(太平御覽)》 권383 〈인사부(人事部)〉에 "나이 일흔이 된 노인에게 옥장(玉杖)을 내리는데 길이는 9척이고 지팡이 머리에 비둘기

시냇가 걸을 땐 물 건너기 좋고	溪行便驀越
바위산 갈 땐 짚고 오르기 좋으니	巖陟賴登攀
어찌 부러워하랴 영수[783]를 하사받아	豈羨頒靈壽
몸을 부축해 조정 반열에 서는 것을	扶躬立鷺班

빗 梳

머리 빗는 도구를 잘 구상해	理髮勞心匠
반달 모양으로 만들었구나	能成半月形
천 번 빗질하면 혼탁한 기운 흩어지고	千梳昏氣散
백 번 빗질하면 귀신이 놀라 달아난다	百櫛鬼神驚
쓰고 버리는 건 주인의 마음이요	用舍非君意
한가하고 바쁨도 내 뜻을 따를 뿐	閑忙自我聽
세 모퉁이에 지방관 경계했어라	三隅戒字牧
백성들 가려운 데 잘 긁어주라고	爬癢下民情

칼 刀

서문에서 생산된[784] 것 백 번 단련해	百鍊西門產
녹여서 한 자의 칼을 만들었어라	鎔成一尺身
늘 허리에 차고 다니는 것이고	常爲腰下物

모양을 새겨 꾸민다. 비둘기는 목이 메지 아니하는 새이므로, 노인이 목이 메지 말라는 뜻으로 그렇게 한다." 하였다. 즉 음식을 먹을 때 목이 막히지 않고 잘 먹으라는 뜻을 담고 있는 것이다.

783 영수(靈壽) : 영수장(靈壽杖)의 준말이다. 이 지팡이는 영수목(靈壽木)이란 나무로 만든 것으로 조정의 원로에게 준다. 《한서(漢書)》 〈곽광전(霍光傳)〉에 "태사(太師)에게 영수장(靈壽杖)을 하사했다."는 기록이 있다.

784 서문(西門)에서 생산된 : 쇠를 뜻한다. 오행에서 금(金)이 방위로는 서쪽에 속하므로 이렇게 말한 것이다.

늘 손에 쥐고 소중히 다루는 물건 長作手中珍
만 가지 물건을 다 자를 수 있고 萬狀裁能斷
천 가지 형상을 균등히 벨 수 있지 千形割自均
태공이 일찍이 고생스레 칼질하다가 太公曾困鼓
마침내 무왕의 신하가 되었지[785] 終作武王臣

검 劍

대장간에서 정련한 좋은 강철 剛精出大冶
예리하기란 비길 데가 없어라 利用難比侔
칼날 휘두르면 풍운이 변하는 듯 掣鍔風雲變
검광이 번득이면 귀신이 시름한다 揚鋩鬼魅愁
뱀을 베어서 황제의 대업을 이루었고[786] 斬蛇成帝業
말을 베어서 후손을 위한 계책 정했네[787] 刑馬定孫謀
십년을 갈아도 닳아 없어지지 않으니 十載磨無盡
어느 누가 감히 나의 원수가 되리오 何人作我讐

785 태공(太公)이 … 되었지 : 주(周)나라의 명상인 강태공(姜太公)이 때를 만나지 못하였을 때 조가시(朝歌市)에서 소를 잡는 일을 하다가 위수(渭水) 가에서 문왕(文王)을 만나서 재상이 되었다. 《史記 卷32 齊太公世家》

786 뱀을 … 이루었고 : 진(秦)나라는 서방(西方)의 백제신(白帝神)을 제사하여 받들면서 백제자(白帝子)라 자칭했었고, 한 고조 유방(劉邦)은 적룡(赤龍)의 정감(精感)을 받아서 태어났다 하여 그를 적제자(赤帝子)라 일컬었다. 유방이 미천할 때 술이 취해 길을 가다가 큰 뱀이 길을 가로막고 있는 것을 보고는 즉시 칼을 뽑아서 그 뱀을 베어 죽이고 가버렸다. 바로 조금 뒤에 다른 사람이 그 길을 가다가 들으니, 한 노파가 밤중에 통곡을 하면서 말하기를 "내 아들은 백제자인데, 뱀으로 변화하여 길에 나와 있다가 지금 적제자에게 베어 죽음을 당했다." 했다. 이것이 유방이 진나라를 멸망시키고 한나라를 세울 조짐이라 한다. 《史記 卷8 高祖本紀》

787 말을 … 정했네 : 맹서할 때 삽혈(歃血)하기 위해 말을 죽이는 것이다. 남조(南朝) 양(梁)나라 구지(丘遲)의 〈여진백지서(與陳伯之書)〉에 "지금 공신과 명장들이 질서정연히 위의를 갖추고서 붉은 인끈을 매고 황금 인장을 차고서 조정의 일을 협의하며, 초헌을 타고 정절(旌節)을 세우고서 지방관의 임무를 맡되 모두 말을 잡아 피를 내어 맹서를 하여 자신의 신분을 자손에게 물려준다.[今功臣名將 雁行有序 佩紫懷黃 讚帷幄之謀 乘軺建節 奉疆埸之任 竝刑馬作誓 傳之子孫]" 하였다.

활 弓

벽에는 무슨 물건 보이는가	壁上看何物
붉디붉은 각궁이 걸렸어라	騂騂掛角弓
둥글고 이지러짐은 영허의 즈음	圓缺盈虛際
팽팽하고 느슨함은 동정의 중[788]	張弛動靜中
칠찰을 뚫었단[789] 말 일찍이 들었건만	曾聞射七札
지금은 세 겹 뚫는 사람도 드무네	今罕貫三重
위태로울 때 네 힘이 아니면	臨危非爾力
오랑캐 군사를 어떻게 막으리오	安得禦蠻戎

화살 矢

우뚝한 저 남산 위에	節彼南山上
무성하게 푸른 대숲 우거졌네	漪漪綠竹深
좋은 장인이 화살대를 만드니	良工成箭簳
예리한 무기 적의 침입 막는다	利器禦淩侵
몽충 전함에 설치하지 않았다면	不設蒙衝得
어찌 승상의 마음을 애태웠겠나[790]	何勞承相心
나라에 무력 준비가 많으니	邦家多武備
오랑캐 추장 사로잡게 되리라	應見月支擒

788 둥글고 … 중 : 활을 당기고 놓는 것을 달이 차고 기우는 영허(盈虛)에 비기고, 활줄이 팽팽하고 느슨한 것을 동정에 비겼다.

789 칠찰(七札)을 뚫었단 : 찰(札)은 갑옷에 대는 가죽 조각이다. 칠찰은 일곱 겹의 갑옷이다. 춘추시대 전설적인 명궁(名弓) 양유기(養由基)가 일곱 겹으로 가죽을 댄 갑옷을 화살로 꿰뚫었다 한다. 《左傳 成公 16年》

790 몽충(蒙衝) … 애태웠겠나 : 몽충은 고대의 전함(戰艦)으로 배가 좁고 길고 견고하며 겉은 생우피(生牛皮)로 덮고 전후 좌우에 활쏘는 구멍이 있으며 속력이 빨라 적선에 돌진할 때 쓰였다. 삼국시대 오(吳)나라 주유(周瑜)가 적벽대전(赤壁大戰)에서 몽충투함(蒙衝鬪艦)이란 전함으로 화공(火攻)을 써서 조조(曹操)의 대군을 격파한 일을 가리키는 듯하다. 조조는 당시 승상이었다.

문방류
文房類

붓 筆

몽염의 손에 처음 만들어져 造始蒙恬手
관성이란 봉토를 받았지[791] 封疆得管城
토끼털이라 좋은 품질이고 兔毫將美質
계거[792]는 명성을 독차지했네 鷄距擅嘉名
모든 이치가 그대로 말미암아 드러나고 萬理由君著
모든 책이 그대의 힘으로 이루어지네 群書賴子成
무엇보다 아름다운 경치를 만나면 最憐逢麗景
내 마음대로 시구를 적을 수 있지 題句任吾情

먹 墨

먹은 천하에 이로움을 주나니 墨子利天下
빛을 간직함은 백세에 같아라 懷光百世同
정수리부터 갈아 현덕을 닦고[793] 磨頂修玄德
몸을 바쳐 자기 충심을 다하네 捐躬盡厥衷

---

791 몽염(蒙恬)의 … 받았었지 : 붓을 의인화한 글인 한유(韓愈)의 〈모영전(毛穎傳)〉에 보인다. 주 507 참조.

792 계거(鷄距) : 붓의 이칭이다. 주 83 참조.

793 정수리부터 … 닦고 : 맹자가 "묵자(墨子)는 겸애(兼愛)하니 자신의 정수리로부터 갈아서 발꿈치까지 이르더라도[摩頂放踵] 그렇게 하는 것이 천하에 이로우면 그런 일을 하였다." 한 데서 온 말이다. 《孟子 盡心上》 여기서는 먹이 머리부터 차츰 갈려서 없어지는 것을 말한다. 현덕(玄德)은 알려지지 않은 숨은 덕인데, 먹이 검기 때문에 이렇게 쓴 것이다. 《서경(書經)》 〈순전(舜典)〉에 순(舜)에 대해 "숨겨진 덕행이 위에까지 알려졌으므로, 요 임금이 그에게 벼슬을 내려 임명하게 되었다.[玄德升聞 乃命以位]" 하였다.

칠서[794]를 다시 쓰기는 어렵고 漆書難更售
물고기 글 토하는[795] 공효는 없어라 魚吐已無功
더러움을 포용하니[796] 사람들이 감복하고 納汚人所服
굳고 희니 또한 무엇으로 공격하리오[797] 堅白亦何攻

벼루 硯

방원은 천지의 형상을 본떴으니[798] 方圓象天地
그 오묘한 모양이 고금에 같아라 妙制今古同
대륙은 평평하여 끝이 없고 大陸平無際
둥근 연못은 측량할 수 없구나 周池測不窮
현사(玄砂)를 가는 듯 자줏빛이 뻗치고 磨玄騰紫暈
사향을 가는 듯 짙은 향기 풍긴다 研麝愛香濃
유구한 세월 동안 살아가서[799] 悠久將年計
문방사우 중에서 자리 지키리 能全四友中

794 칠서(漆書) : 칠간(漆簡)과 같은 말로 옻칠로 쓰여진 고문(古文)이다. 주 651 참조.

795 물고기 글 토하는 : 송(宋) 나라 조언위(趙彥衛)의 《운록만초(雲麓漫抄)》 권7에 "신령한 물고기가 글을 토한다.[神魚吐書]" 하였다.

796 더러움을 포용하니 : 먹은 검은색이라 모든 색을 포용할 수 있으므로 이렇게 말한 것이다. 주 653 참조.

797 굳고 … 공격하리오 : 춘추시대 진(晉)나라 대부(大夫) 조씨(趙氏)의 읍재(邑宰)인 필힐(佛肸)의 부름을 받고 공자(孔子)가 그에게 가려고 하니, 불선(不善)한 사람에게 가려는 것을 자로(子路)가 못마땅하게 여겼다. 이에 공자가 "단단하다고 말하지 않겠느냐, 갈아도 닳아지지 않느니라. 희다고 말하지 않겠느냐, 검은 물을 들여도 검어지지 않느니라.[不曰堅乎 磨而不磷 不曰白乎 涅而不緇]" 하였다. 《論語 陽貨》 여기서는 먹이 단단하여 성질이 변치 않음을 형용하였다.

798 방원(方圓)은 … 본떴으니 : 옛날에는 천원지방(天圓地方)이라 하여 하늘은 둥글고 땅은 네모났다고 여겼기 때문에 이렇게 말한 것이다. 벼루의 모양이 대체로 전체적으로는 네모나고 먹을 가는 부분은 둥글기 때문에 이렇게 말한 것이다.

799 유구한 … 살아가서 : 벼루를 땅에 비겼기 때문에 이렇게 말한 것이다. 주 620 참조.

종이 紙

계등[800]의 재질에서 나온 것이라　　出自溪藤質
향기로운 종이 예부터 유명해라　　香皮古有名
흰 눈 같은 것 백 조각을 모으고　　雪花凝百片
흰 솜 같은 것 천 번이나 찧었지　　雲絮擣千更
붓 아래에 용과 뱀이 달리는 듯　　筆下龍蛇走
글씨 이뤄지면 범과 표범 놀란다　　書成虎豹驚
송전[801]과 흰 깁 같은 것은　　松箋與絹帛
이것과 명성을 다투기 어려워라　　難可並嘉聲

박산향로 博山

푸른 봉우리가 내 곁에 섰으니　　靑嶂揷吾傍
삐죽삐죽한 모습 한 자 남짓일세　　岧嶢咫尺強
자줏빛 내는 골짜기에서 일고　　紫烟生澗谷
향기로운 안개는 바윗돌에 감돈다　　香霧繞苔礓
흡사 하늘 대궐을 보는 듯하고　　髣髴看天闕
아련히 돌다리 굽어보는 듯해라　　依俙瞰石梁
와유[802]를 지금 한껏 즐겼으니　　臥遊今旣盡
신선 세계 찾아갈 필요 있으랴　　何必訪仙鄕

---

800 계등(溪藤) : 섬계(剡溪)의 등(藤)나무란 뜻으로 종이의 별칭이다. 중국 절강성에 섬계라는 시내가 있는데, 그 시냇물이 종이를 만들기에 좋다. 이 물에다 부근에서 나는 등나무 껍질로 만든 종이가 유명하므로 붙여진 이름이다.

801 송전(松箋) : 송화전(松花牋) 또는 송화지(松花紙)라 하는 좋은 종이로 빛깔은 담황색이다. 당(唐)나라 원화(元和) 연간에 원진(元稹)이 촉(蜀) 땅에 사신으로 갔을 때 완화계(浣花溪) 가에 살던 기생 설도(薛陶)가 만들어 준 종이라 한다. 설도는 설도(薛濤)라고도 부른다. 그래서 이 종이를 설도전(薛陶牋) 또는 설도전(薛濤牋)이라 한다.

연적 硯滴

곁에는 용이 똬리를 틀었고　蹲踞盤龍側
두꺼비가 달에서 내려왔어라[803]　蟾蜍下月庭
뱃속에는 옥처럼 맑은 물이 가득　盈腸澄玉海
입을 열면 맑은 물이 쏟아지지　開口瀉清泠
검은 먹 적셔서 진결[804]을 쓰고　潤墨書眞訣
붉은 먹 갈아서 역경에 권점 찍는다[805]　硏朱點易經
세간에 너의 혜택이 없다면　世間微爾澤
문덕이 어찌 이루어질 수 있으랴　文德詎能成

향로 香爐

초당에 네 벗이 있으니　草堂有四友
향로도 그 중에 하나일세　金篆亦添行
잠자는 오리에 향이 피어오르고　睡鴨浮香熌
서린 용은 길게 안개 내뿜는다　盤龍吐霧長
비오는 창가에서 세상 근심 달래고　雨窓遣世慮
바람 부는 침상에서 세월을 보내네　風榻送暄涼

802 와유(臥遊) : 누워서 산수화를 감상하는 것으로 산수 유람에 대신하는 것을 말한다. 남조(南朝) 송(宋)나라 종병(宗炳)의 자가 소문(少文)이다. 그는 명산대천을 유람하는 것을 좋아하였는데 늙어서 병이 들어 더 이상 산에 오를 수 없게 되었다. 이에 자기가 유람하였던 산수를 벽에 그림으로 그려 두고 누워서 구경하였다. 《宋書 卷93 隱逸列傳 宗炳》 여기서는 박산향로에 새겨진 박산이 바다에 있다는 신선이 사는 산이기 때문에 이를 구경한다는 뜻으로 말하였다.

803 두꺼비가 달에서 내려왔어라 : 달에는 두꺼비가 산다는 전설이 있다. 옛날에 예(羿)가 서왕모(西王母)에게 불사약(不死藥)을 얻어 오자, 예의 처인 항아(姮娥)가 이를 훔쳐 먹고 달 속의 광한전(廣寒殿)으로 들어가서 몸을 숨기고 두꺼비가 되었다고 한다. 《後漢書 志10 天文上》 여기서는 용을 아로새긴 두꺼비 모양의 연적이므로 이렇게 말한 것이다.

804 진결(眞訣) : 신선이 되는 도가(道家)의 비결이다.

805 붉은 … 찍는다 : 주 731 참조.

늙은 이 몸 이 벗이 없으면 老夫無此伴
어떻게 시름을 풀 수 있으랴 何以緩愁腸

궤 几

책상머리에 궤 하나 있으니 床頭有一几
향기롭고 매끄럽기 비길 데 없네 香滑比無當
손으로 어루만지매 삼반[806]을 알겠고 手撫知三反
정신이 피로하면 한 모서리에 기대지 神疲倚一方
빈 속에는 온갖 비밀 감추었고 中腔藏百秘
양혈에는 온갖 상서가 모였어라 陽穴集千祥
겹겹이 공부가 묶었으니[807] 重重工部縛
천추에 그 모습을 생각노라 千載想行裝

등잔 燈

한 쪽 벽에 등잔이 걸렸으니 半壁香燈掛
밝은 빛이 방안에 가득하여라 明光滿室房
녹색 찌[808]에 성인의 가르침을 열고 綠籤開聖訓
푸른 책에 신선의 비방을 보노라 青簡對仙方
정부는 회문을 쓰느라 피곤하고[809] 征婦回文倦

---

806 삼반(三反) : 《논어(論語)》 〈술이(述而)〉에 "한쪽 모서리를 들어보였을 때 그 나머지 세 모서리를 헤아려 대답하지 못하면 더 이상 말해 주지 않는다.[擧一隅 不以三隅反 則不復也]" 한 데서 온 말로 하나를 말해 주면 그 나머지를 유추해서 안다는 뜻이다. 여기서는 궤(几)가 네모났기 때문에 한 모서리를 만져보면 다른 세 모서리를 유추해서 알 수 있다는 뜻으로 말했다.

807 겹겹이 공부(工部)가 묶었으니 : 공부는 당(唐)나라 때 공부원외랑(工部員外郞)을 역임한 두보(杜甫)를 가리킨다. 두보의 〈풍질주중복침서회(風疾舟中伏枕書懷)〉에 "오궤는 겹겹으로 동여매었고, 순의는 마디마디 기워 입었네.[烏几重重縛 鶉衣寸寸針]" 하였다.

808 찌 : 책 속에 끼워서 표지(標識)로 삼는 첨대를 가리킨다.

가난한 아내는 자수를 놓느라 바쁘다 貧妻刺綉忙
명주 홑이불 덮고 여관에 있는 이는 紬衾單旅館
나그네 회포를 어떻게 달랠거나 羇抱若爲量

촛불 燭

왕벌이 흰 밀랍을 바쳤으니[810] 蜂王獻白蠟
촛불 그림자 긴긴 밤을 넘기네 燭影度長宵
계자는 낮이 오도록 밝혔고 季子燃回晝
운장은 아침이 되도록 앉았었지[811] 雲長坐達朝
오궁에서는 만 개나 태웠고[812] 吳宮焚萬隻
금곡에서는 천 가닥을 살랐지[813] 金谷爇千條
무엇보다 가련해라 집에 돌아간 밤 最憐歸院夜
버드나무 가의 다리를 불빛 비추는 것이[814] 分照柳邊橋

---

809 정부(征婦)는 … 피곤하고 : 정부는 변방에 수자리를 서러 간 사람의 부인을 말한다. 주 730 참조.

810 왕벌이 … 바쳤으니 : 옛날에 초를 밀랍으로 만들었기 때문에 이렇게 말한 것이다.

811 운장(雲長)은 … 앉았었지 : 운장은 삼국시대 촉한(蜀漢)의 장수 관우(關羽)의 자이다.

812 오궁(吳宮)에서는 … 태웠고 : 오궁은 춘추시대 오나라의 궁궐이다. 오왕(吳王) 부차(夫差)가 월(越)나라를 격파하고 미인(美人) 서시(西施)를 얻었다. 이로부터 고소산(姑蘇山) 위에 고소대(姑蘇臺)를 짓고 날마다 서시와 함께 그 위에서 놀며 황음(荒淫)에 빠졌는데, 마침내 적국인 월(越)나라의 침공을 받아 멸망하였다. 즉 오궁에서는 밤마다 노느라고 촛불을 많이 피웠었다는 뜻이다.

813 금곡(金谷)에서는 … 살랐지 : 금곡은 진(晉)나라 대부호(大富豪)인 석숭(石崇)의 별장이 있는 금곡원(金谷園)을 가리킨다. 석숭은 매양 이곳에 빈객(賓客)을 모아서 시부(詩賦)를 짓고 술을 마시며 매우 호사스럽게 놀았다. 역시 밤에도 노느라 촛불을 많이 밝혔다는 뜻이다.

814 집에 … 것이 : 연회를 마친 뒤에 손님들을 전별할 때 촛불빛이 가련하다는 뜻이다. 백거이(白居易)의 연산(宴散)에 "생가 소리 집 안에 돌아가고, 등불은 누대에서 내려오네.[笙歌歸院落 燈火下樓臺]" 하였다.

주거교량류
舟車橋梁類

배 舟

목도[815]가 어느 시대에 만들어졌나　木道成何代
헌황[816] 때엔 물을 잘 건너지 못했지　軒皇濟不通
용양[817]이 만 섬 곡식 운반하고　龍驤輸萬斛
거북이 배[818]엔 천 창검을 감췄어라　龜腹蓄千鋒
바다에 떠서 무역 이익을 거두고　泛海收商利
강에 떠서 그물로 물고기 잡는다　浮江獲網功
뱃놀이에 빠져서 돌아가지 않다가　盤遊溺不返
천추에 어리석다는 비웃음 받았지[819]　千載笑愚庸

수레 車

헌황이 오묘한 기계를 만드니　軒皇創妙制
큰 쓰임이 천추에 길이 전해지네　大用垂千齡
백 섬 곡식을 농가에 실어가고　百斛輸田舍

815 목도(木道) : 뱃길로 가는 것을 말한다. 《주역》 〈익괘(益卦) 단사(彖辭)〉에 "큰 시내를 건넘이 이로움은 목도가 이에 행해진 것이다.[利涉大川 木道乃行]" 한 데서 온 말이다.

816 헌황(軒皇) : 상고시대 성왕(聖王)인 황제(黃帝) 헌원씨(軒轅氏)를 가리킨 말로 상고시대를 뜻한다.

817 용양(龍驤) : 곡식 일만 섬을 실을 정도로 큰 배를 말한다. 서진(西晉)의 용양장군(龍驤將軍) 왕준(王濬)이 거대한 전함을 건조하여 오(吳)나라를 정벌했던 고사에서 나온 것이다. 《晉書 卷42 王濬列傳》

818 거북이 배 : 귀몽(龜艨)이라고 하는 전선(戰船)이 있기 때문에 이렇게 말한 것이다. 귀몽은 폭이 좁고 길이가 긴 병선(兵船)이다.

819 천추에 … 받았지 : 하(夏)나라 태강(太康)이 정치를 돌보지 않고 멀리 가서 사냥만 일삼다가 나라를 예(羿)에게 빼앗기고 쫓겨나자 다섯 동생과 어머니가 낙수(洛水)의 북쪽에서 태강이 돌아오기를 기다렸다는 고사가 있다. 《書經 五子之歌》

삼군이 이로써 진영을 갖춘다　三軍作陣營
바퀴가 굴러서 길을 잘 가고　奔輪通利往
병거(兵車)를 사용해 서로 정벌하네　長轂轉交征
가장 귀중한 건 지남법이　最貴指南法
신묘한 기능으로 먼 나라 정복한 일[820]　神機服遠情

교량 橋梁

누가 물 건너는 것 불쌍히 여겨　疇能矜厲揭
긴 하천에 교각을 설치하였는가　橋閣設長川
용이 누웠으나 구름이 일지 않고　龍臥無雲水
무지개 드리웠으나 하늘 개지 않아라[821]　虹垂不霽天
제주[822]한 것은 어느 날이었던가　題柱知何日
남긴 저술이 몇 년을 지났던가　遺書閱幾年
자기 수레로 백성 건너줄 줄 모르면　乘輿忘濟涉
그 누가 대부가 어진 줄을 알리오[823]　誰識大夫賢

---

820 지남법(指南法)이 … 일 : 지남거(指南車)란 수레를 가리킨다. 주공(周公)이 천하를 태평하게 다스리자, 월상씨가 백치(白雉)・흑치(黑雉)・상아(象牙) 등을 가지고 여러 나라를 거쳐 와서 조공(朝貢)했다. 사자(使者)가 돌아갈 때 길을 잘 찾아가게 하기 위해 주공이 특별히 지남거를 만들어 주었다는 고사가 있다.

821 용이 … 않아라 : 용과 무지개로 다리를 비유하였다. 즉 용이 있으면 구름이 일고 무지개가 뜨면 날이 개는 법인데, 다리이기 때문에 그렇지 않다는 뜻이다.

822 제주(題柱) : 다리 기둥에 글을 쓰는 것이다. 한(漢)나라 때 촉군(蜀郡) 성도(成都)의 사마상여(司馬相如)가 일찍이 촉군을 떠나 장안(長安)으로 가는 길에 성도의 성(城) 북쪽 승선교(昇仙橋)에 이르러 다리 기둥에 쓰기를 "고거사마(高車駟馬)를 타지 않고는 다시 이 다리를 지나지 않겠다." 하였다. 뒤에 과연 그의 뛰어난 문장으로 한 무제(漢武帝)에게 인정을 받아 현달(顯達)하게 되었다. 《史記 卷117 司馬相如列傳》

823 자기 … 알리오 : 춘추시대 정(鄭)나라의 어진 대부(大夫)인 자산(子產)이 정사를 할 적에 백성들이 바지를 걷고서 진수(溱水)와 유수(洧水)를 건너는 것을 보고 자기가 타는 수레에 백성들을 태워서 건너게 해주었다. 《孟子 離婁下》

기구류
器具類

그림병풍 畫屛

높은 병풍이 사방 벽 둘러치니	高屛圍四壁
이 늙은이 마음에 몹시 기뻐라	偏悅老夫情
지척에서 푸른 산봉우리 보고	咫尺看靑嶂
평상시에 적성[824]을 마주하노라	尋常對赤城
위태한 다리를 승려 혼자 건너고	危橋僧過獨
끊어진 벼랑에 까치둥지 기우뚱	斷岸鵲巢傾
가장 좋은 것은 깊은 가을이지만	最喜深秋後
찬바람이 싸늘히 불어오지 않음일세[825]	寒風透未冷

소나무 침상 松床

몸을 편안히 쉴 물건이여	安軀有一物
소나무 침상이 집안에 있어라	松榻在堂中
밤에 앉았으면 은궐[826]이 보이고	夜坐看銀闕
아침에 일어나면 옥봉을 마주한다	晨興對玉峯
팔베개를 베면서 공성을 생각하고[827]	曲肱思孔聖

824 적성(赤城) : 도교(道敎)의 전설 속에 나오는 삼십육동천(三十六洞天)의 하나로, 진(晉)나라 손작(孫綽)이 〈유천태산부(遊天台山賦)〉에서 "적성의 붉은 노을이 일어나며 절로 표지가 세워진다.[赤城霞起而建標]"라고 표현한 뒤로 선경(仙境)의 대명사로 쓰이게 되었다.

825 깊은 … 않음일세 : 병풍 속의 그림에는 가을이 와 경치가 좋지만, 그림이기 때문에 찬바람은 불어오지 않는다는 뜻이다.

826 은궐(銀闕) : 도가(道家)의 말로, 천상에 있다는 백옥경(白玉京)이다. 신선 또는 천제(天帝)가 사는 곳이라 한다.

827 팔베개를 … 생각하고 : 소나무 침상에 팔을 베고 누워 안빈낙도한다는 말이다. 공성(孔聖)은 공

누워 자면서 주공을 꿈에 보네[828]	欹枕夢周公
이 침상 향기롭고 촉감이 좋으니	氣味能香滑
아끼는 마음이 날로 더 높아간다	珍情日益隆

발 簾

소상의 대나무를 잘게 쪼개	細破瀟湘竹
푸른 실로 엮은 것이 기이해라	青絲結臼奇
바람이 불면 비취색 흔들리고	風來掀翡翠
달빛이 비치면 유리빛 그림자	月射影琉璃
꽃을 보는 날에는 발을 걷고	捲戶看花日
비를 막을 때에는 발을 드리운다	垂簷障雨時
집집마다 누대 위에는	千家樓觀上
어울리지 않는 곳이 없어라	無處不相宜

장자 障子

큰 방에 쳐진 몇 폭의 장자	數幅中堂障
용면[829]이 그린 수묵화가 좋구나	龍眠水墨嘉
마른 소나무엔 푸른 넝쿨 얽혔고	枯松鬱碧荔

자(孔子)를 가리킨다. 공자가 "거친 밥을 먹고 물을 마시며 팔을 굽혀 베더라도 즐거움이 그 가운데 있으니, 의롭지 않으면서 누리는 부귀는 나에게 뜬구름과 같다.[飯疏食飲水 曲肱而枕之 樂亦在其中矣 不義而富且貴 於我如浮雲]" 하였기 때문에 이렇게 말한 것이다.《論語 述而》

828 누워 … 보네 : 공자(孔子)가 "심하다, 나의 쇠함이여! 오래로다, 내 다시는 꿈속에서 주공을 뵙지 못하였다.[甚矣吾衰也 久矣吾不復夢見周公]" 하였기 때문에 이렇게 말한 것이다. 공자가 젊었을 때는 주공의 도(道)를 행하려는 뜻이 강했기 때문에 꿈속에서 주공을 가끔 보았으나, 늙도록 포부를 실현하지 못하자 그 마음이 점차 없어져 다시는 주공의 꿈을 꾸지 못했다는 것이다.《論語 述而》 여기서는 단지 소나무 침상에서 잠을 자는 것을 묘사하였을 뿐이다.

829 용면(龍眠) : 솜씨 좋은 화가를 뜻한다. 주 129 참조.

높은 나무엔 등라가 걸려 있어라 喬木掛藤蘿
푸른 하늘에서 기러기 행렬을 보고 碧天看旅鴈
푸른 절벽에 돌아가는 갈까마귀 본다 靑壁眄歸鴉
어느 곳 나귀를 탄 길손이 何處騎驢客
멋진 풍모로 술집을 향해 가는고 翩翩向酒家

휘장 帳

추위 더위는 저마다 차서 있거늘 溫涼各有序
막는 데 어찌 선후가 없을쏘냐 遮隔豈無先
더위는 소금[830] 밖에서 막히고 暑障銷金外
바람은 진서[831] 가에서 맴도네 風盤鎭犀邊
꽃을 볼 때에는 반쯤 걷고 看花時半捲
달을 맞이할 땐 높이 걸어두네 邀月每高懸
얕게 술 따르며 나직이 읊조릴 때 淺斟低唱日
연옥이 휘장에 기댄 채 잠들지[832] 燕玉倚相眠

대자리 簟

곧은 대나무를 잘게 쪼개어 細破霜筠好
여름철 서늘한 대자리를 짰네 能編夏簟淸
물결 무늬가 한낮 침상에 일고 波紋生午榻

830 소금(銷金) : 소금장(銷金帳)으로 금색 실을 넣어서 짠 정교한 휘장이다.

831 진서(鎭犀) : 진유서(鎭帷犀)이다. 장막이 움직이는 것을 방지하기 위하여 장막의 네 귀퉁이에 끼워 두는 서각(犀角)을 말한다. 소동파의 〈사시사(四時詞)〉에 "밤에 바람 불어와서 진유서가 흔들리고, 술이 깨자 꿈 깨어나 눈 내리는 소리 듣네.[夜風搖動鎭帷犀 酒醒夢回聞雪落]" 하였다.

832 얕게 … 잠들지 : 연옥(燕玉)은 옥처럼 아름다운 연(燕)나라 땅의 여인이란 말로 미인을 뜻한다. 연나라 땅에 미인이 많았기 때문에 이렇게 말한 것이다. 얕게 술 따르는 것은 주 95 참조.

서늘한 빛이 앞기둥을 감싼다 涼色繞前楹
얼근히 술 취한 밤 눕기 좋고 可倚醺眠夕
낮잠을 잘 때에도 편리하여라 便憑晝夢成
털담요를 누가 좋다고 했는가 毬毹誰謂美
따스한 건 날씨 추울 때나 좋지 溫燠在寒廳

짧은 등잔대 短檠

병든 노인 짝할 벗 없는데 病叟無相伴
창가에 짧은 등잔이 있어라 窓間有短檠
등잔을 들면 사방 벽이 환해 提燈明四壁
침상 곁에 삼경까지 켜 두노라 傍榻到三更
그림자 벗하여 진결을 쓰고 對影書眞訣
불꽃을 보며 성경을 읽는다 臨華閱聖經
훗날 촛불을 켜는 날에도 他年張燭日
이 중의 정을 어찌 저버리랴 寧負此中情

긴 등잔대 長檠

몇 척 높이 등잔을 거는 받침 數尺攀燈手
맑은 밤에 밝은 빛을 토하누나 淸宵吐耿光
손님이 와서 자리 가득하고 佳賓盈一坐
술을 따라 천 잔을 마신다 芳酒吸千觴
미인들 노래가 이어 나오고 皓齒歌相發
거문고 곡조가 이미 울리어라 朱絃曲旣揚
고당에 즐거운 일이 많은데 高堂多樂事
네가 아니면 벌일 수 없어라 非爾莫能張

문석 文席

흰 바탕을 마음에 늘 아끼고	素質心常愛
번화한 무늬 역시 빛이 나누나	繁文亦有光
쌍쌍으로 나는 비익조를 보고	雙雙看比翼
짝지어 다니는 원앙새도 보이네	兩兩見鴛鴦
손님 왔을 때 자리로 좋고	可設佳賓榻
묵객의 침상에도 몹시 좋아라	偏宜墨客床
무엇보다 좋은 건 회갑잔치 때	最憐張壽讌
덩그런 집에서 너울너울 춤추는 게지	華閣舞翱翔

베틀 織機

목숨 보존하는 데 옷이 필요해	軀命絲身急
인간세상에 직조 도구가 있어라	人間織具存
두 다리는 동서로 벌려 섰고	兩脚東西立
두 눈썹은 좌우로 나뉘었구나	雙眉左右分
베틀북 던지면 옥이 부러지는 소리	投梭聞玉拆
베틀축 돌리면 우레가 달리는 소리	回軸聽雷奔
푸른 창가에 봄비 내리는 밤	碧窓春雨夕
섬섬옥수로 얼마나 신고 겪었는가	纖手幾辛勤

절구 砧杵

절구공이는 농가의 기물	砧杵田廬器
어느 집이고 없는 곳이 없어라	無家不備陳
노란 기장은 비오는 밤에 찧고	黃粱春雨夕

금빛 조는 서리 내린 새벽 찧는다 金粟擣霜晨
힘의 강약에 따라 경중이 있고 輕重人強弱
집의 빈부에 따라 한망이 있어라[833] 閑忙屋富貧
공사간에 많이 쌓인 곡식들이 多少公私積
모두 여기에 들어가 신고를 겪지 皆經此受辛

키 箕

기수[834]는 하늘에서 바람을 주관하니 箕宿天風主
바람에 까불이기에 이 이름 가졌지[835] 風颺佩厥名
머리 부분이 둥그니 하늘 형상 본떴고 頭圓天應象
꼬리 부분이 넓으니 땅 형상을 따랐어라 尾廣地從形
쭉정이를 키질하여 검불을 제거하고 簸秕能除穢
알맹이를 날려서 몇 번이나 정제했던고 揚珠幾取精
세간에 무한히 많은 곡식들이 世間無限粟
네 몸을 거치지 않음이 없어라 無不爾身經

빗자루 帚

짚을 모아서 긴 빗자루 만드니 聚芥爲長帚
집안에서 이용하는 곳이 많아라 家間利用伮
큰 집에선 묵은 먼지 털어내고 高堂揮舊穢
작은 집에선 흙먼지 쓸어낸다 矮屋滌塵埃

833 힘의 … 있어라 : 사람의 힘이 강하면 무거운 절구공이를 들고 힘이 약하면 가벼운 절구공이를 들며, 집이 가난하면 절구질이 한가롭고 집이 부유하면 절구질이 바쁘다는 뜻이다.

834 기수(箕宿) : 별 이름으로 바람을 주관한다.

835 바람에 … 가졌지 : 키질을 하여 곡식 쭉정이나 까끄라기를 바람에 날리고 곡식 알맹이만 남기기 때문에 바람을 주관하는 별자리 이름을 가져다 붙였다고 말한 것이다.

절구 안을 쓸어 거둔 일 무수하고 斂臼知無數
부엌을 청소한 날은 몇 번이었던가 寬廚日幾回
공로가 많아 영영 버리기 어려우니 功多難永棄
비록 낡았어도 보배로이 여겨야지 雖弊當瓊瑰

말과 섬 斗斛

사물은 말과 섬을 안 쓰면 物非用斗斛
그 수량을 어떻게 알 수 있으랴 厥數何能詳
크기에 따라 세 등급을 두고 小大從三等
형상은 네모꼴로 생겼구나 形容象四方
집집마다 손에 잡아 놓지 않고 千家持不釋
장사치들마다 두루 쓰고 있어라 百賈用無邊
큰 도둑은 비록 금지하기 어렵지만 大盜雖難禁
작은 속임수는 이로써 막을 수 있지 村奸亦可防

저울 權衡

말과 섬이 이미 만들어졌거늘 斗斛旣先定
저울이 어찌 생기지 않을쏘냐 權衡寧不生
저울추 밀고 당겨 양을 재고 進退商多寡
저울대 높낮이로 무게를 단다 低昻酌重輕
사람은 더 심한 줄 알겠노니 終知人有甚
사물더러 서로 다툰다 하지 말라[836] 無謂物相傾

836 사람은 … 말라 : 맹자가 "저울질을 해본 뒤에 경중을 알고 자로 잰 뒤에 장단을 아는 법이니, 사물이 모두 그러하거니와 마음은 더욱 심하다.[權然後 知輕重 度然後 知長短 物皆然 心爲甚]" 하였다. 《孟子 梁惠王上》 즉 사람 마음에 저울보다 더 분명히 사물의 경중과 장단을 재는 권도(權度)

전형을 잡은 사람에게 이르노니 寄語持銓者
마음대로 권도를 옮기지 마오 推移莫任情

비녀 釵

보배로운 비녀 어느 때 생겼는가 寶笄成何代
어루만져 보니 모양이 참 좋구나 摩挲制甚良
둥근 머리는 태극의 모양 본떴고 圓頭形太極
두 가닥은 음양을 상징하누나 雙股象陰陽
금비녀는 가인의 치장이요 金揷佳人飾
가시나무 비녀[837]는 시골 아낙 장식 荆垂野婦粧
양귀비는 비녀 한 짝 남겼는데[838] 楊妃留一隻
과부는 밤마다 얼마나 애태웠나 孀宿幾銷腸

가 있으니, 사람이 그 권도를 무시하고 서로 속이는 것이지 사물이 서로 다투어 속이는 것이 아니라는 뜻이다.

837 가시나무 비녀 : 후한(後漢)의 여인 맹광(孟光)의 고사를 인용하여 말한 것이다. 양홍(梁鴻)의 아내인 맹광은 본디 부유한 집안 출신이었으나 30살에 시집가서 남편의 뜻을 따라 화려한 의복을 벗어던지고 가시나무로 만든 비녀를 착용하는 등 검소하게 지내며 기꺼이 함께 패릉산(覇陵山)에 은둔하여 지냈다. 항상 남편에게 밥상을 올릴 때마다 밥상을 높이 들어 공경심을 표하고 양홍 또한 아내를 손님처럼 공경히 대한 것으로 유명하다.《後漢書 卷83 梁鴻列傳》

838 양귀비(楊貴妃)는 … 남겼는데 : 안녹산(安祿山)의 난이 일어나자 조정 대신들은 그 책임을 양귀비(楊貴妃)에게 돌렸고, 대신들의 뜻을 막지 못해 당 현종은 마외역에서 양귀비를 죽였다. 그러나 양귀비를 잊지 못해 병이 난 현종은 천상과 선경으로 사신을 보내 양귀비의 혼을 찾게 한다. 이런 노력 끝에 사자들이 양귀비의 혼을 찾아내어 현종의 마음을 전하자 양귀비는 옛날부터 써오던 비녀 하나를 정표로 선물한다. 이런 전설을 백거이(白居易)는 〈장한가(長恨歌)〉라는 장편 서사시로 읊었는데, 거기에 "오래 지니던 물건으로 깊은 정을 표하려, 자개 상자와 금비녀를 드립니다. 비녀 한 쪽씩, 상자 한 장씩. 황금 비녀 쪼개고 자개 상자 나눴습니다. 우리 두 사람의 마음 금과 자개처럼 굳게 변치 않는다면, 천상에서든 세상에서든 다시 만나겠지요.[鈿合金釵寄將去 釵留一股合一扇 釵擘黃金合分鈿 但教心似金鈿堅 天上人間會相見]" 하였다.

거울 鏡

청동으로 만들어진 거울 한쪽 青銅臨一面
둥글둥글 밝은 달이 비추는 듯 明月照團團
곱고 미운 모습을 잘 보여주니 姸媸能分析
사람 모습이 절로 단정해지네 儀形自正端
고당에서는 백발 보고 슬퍼하고 高堂悲白髮
독수공방에선 홍안을 슬퍼해 운다 空館泣紅顔
어탑(御榻) 아래에 사람 거울[839] 많건만 榻下多人鑑
우리 임금은 보길 원치 않누나 吾君不願看

가위 交刀

예리한 기구가 무수히 많지만 利器紛無數
이 가위는 참으로 잘 만들었구나 玆刀制甚當
쌍 고리는 일월이 나뉜 듯하고 雙鉤分日月
엇갈리는 칼날은 음양을 합한 듯 交刀合陰陽
가위질에 푸른 안개 흩어지고 剪落青霞散
마름질하니 흰 눈이 향기롭다[840] 裁成白雪香
네 몸은 비록 미천하지만 汝身雖賤末
고관대작의 옷을 만드는구나 能作袞衣裳

---

839 사람 거울 : 바른 말을 해주는 어진 신하를 뜻한다. 위징(魏徵)이 죽은 뒤 당 태종(唐太宗)이 탄식하기를 "구리로 거울을 만들면 의관을 바르게 할 수 있고, 옛 역사로 거울을 만들면 흥망성쇠를 알 수가 있고, 현인으로 거울을 만들면 득실을 잘 알 수가 있다. 짐이 일찍이 세 개의 거울로 자신을 비춰 보며 허물을 짓지 않으려고 노력하였는데 이제 위징이 세상을 떠났으니 거울 하나를 잃었다." 하였다. 《新唐書 卷97 魏徵列傳》

840 가위질에 … 향기롭다 : 푸른 옷감, 흰 옷감을 가위질하여 옷을 만드는 것을 비유한 듯하다.

자 尺度

의상에 이미 제도가 있거니　衣裳旣有制
자세한 척도가 없을 수 있으랴　尺寸可無詳
베옷은 올의 다소로 척도를 삼고　絺綌參多少
능라는 필의 장단으로 척도를 삼지　綾羅酌短長
품에 맞으니 입어도 싫증 안 나고　穠纖服不斁
옷의 크기가 입기에 꼭 알맞아라　寬狹着攸當
만물이 모두 척도를 따르건만　萬物皆循度
사람만은 스스로 헤아리지 않누나　惟人不自量

광주리 筐

대나무를 쪼개서 광주리 만드니　破竹爲筐子
인가에서 일마다 늘 사용하누나　人家用不停
둥글고 반듯한 건 하늘을 본떴고　圓正依天體
모나고 평평한 건 땅을 본떴어라　方平象地形
높은 산에 올라 백출[841]을 캐 담고　披雲崇玉朮
산골짜기에 올라 황정[842]을 캐 담는다　登峽採黃精
무엇보다 사랑스러운 건 화롯가 여인이　最愛當鑪女
고치를 켜서 명주실을 가득 담는 걸세　繅絲萬縷盛

841 백출(白朮) : 한약재이다. 이것으로써 온분(溫粉)을 만들어 몸에 뿌리면 땀나는 것이 멈춘다고 한다. 《東醫寶鑑 止汗法 溫粉》

842 황정(黃精) : 선가(仙家)에서 복용하는 약초의 이름인데, 이것을 복용하면 장수를 누린다고 한다. 두보(杜甫)의 시 〈장인산(丈人山)〉에 "백발을 물리칠 수 있는 황정이 있으니, 그대 후일 내 신선 같은 용모를 보게 될걸세.[掃除白髮黃精在 君看他時氷雪容]" 하였다.

기명류
器皿類

소반 盤

크고 작음은 자웅의 형상이요 大小雄雌象
모나고 둥긂은 천지의 형상일세 方圓天地形
팔진미를 가득 늘어놓을 수 있고 八珍羅更足
삼두[843]를 또한 바칠 만하여라 三豆亦堪呈
가무하는 술자리에 낭자하고 狼藉酣歌席
삽혈하는 맹약 자리에 가지고 가지 携持歃血庭
어느 누가 물을 받들어 何人能奉水
출입할 제 가득참을 경계하는고[844] 出入戒盈盈

숟가락 匙

밥상에 여러 가지 있지만 盤中有衆具
숟가락만큼 긴요한 게 있으랴 豈若此匙關
쌀밥을 떠서 먹을 수 있고 玉粒輸能盡
국도 거침없이 떠 먹을 수 있지 藜羹進不憚
목구멍에 음식을 떠서 넣고 登崇喉舌中

843 삼두(三豆) : 《예기(禮記)》 〈향음주례(鄕飮酒義)〉에 "60세 된 노인은 삼두(三豆)요, 70세 된 노인은 사두(四豆)요, 80세 된 노인은 오두(五豆)요, 90세 된 노인은 육두(六豆)이다." 했다. 두(豆)는 나무로 된 제기(祭器)로 제사나 예식에 고기를 얹어놓는 것이다.

844 물을 … 경계하는고 : 《심경(心經)》 4권에 면재 황씨(勉齋黃氏)가 "옛날의 성현은 전전긍긍하여 고요할 때에는 마음을 보존하고 움직일 때에는 마음의 기미를 살핀다. 이때 마치 깊은 물과 살얼음을 밟듯이 조심하고, 마치 물을 담은 소반을 받들듯이 조심하여 마음이 조금도 방일함이 없도록 한다.[古之聖賢 戰戰兢兢 靜存動察 如履淵氷 如奉槃水 不使此心少有所放]" 하였다.

치아 사이에 들어가고 나온다　出入齒牙間
쓰고 버림은 네게 달린 게 아닌데　用舍非由爾
한가하고 바쁨에서 빈부를 보도다[845]　閑忙貧富看

젓가락 筯

자웅으로 나뉘어 다리가 두 개이니　雄雌分兩脚
바르고 곧은 나무 두 가닥일세　正直樹雙枝
굳게 잡으니[846] 그 성품이 어여쁘고　固執憐其性
굳게 지키니[847] 그 생각이 사랑스럽네　堅持愛厥思
진수성찬도 원래 사양 않거니와　珍羞元不讓
하찮은 음식도 사양하지 않는다　菲食亦無辭
청컨대 왕 앞에 나아간 날에　請借王前日
신기한 계책을 다 그려내었으면[848]　神謀畫盡奇

솥 釜

정이라 하자니 세 발이 없고　謂鼎無三足
기라 하자니 형체가 닮지 않았네　云錡體莫倫
비록 상제께 제사 올리진 않지만　雖無祀上帝

845 쓰고 … 보도다 : 숟가락은 주인이 사용하기에 달렸는데 부자는 숟가락을 자주 사용하고 가난한 사람은 숟가락을 사용할 일이 드물다는 뜻이다.

846 굳게 잡으니 : 젓가락이 물건을 집는 것을 조집(操執)이 있음에 비긴 것이다.

847 굳게 지키니 : 젓가락이 음식물을 잡아서 놓지 않는 모습을 가지고 뜻을 지켜 변치 않음에 비긴 것이다.

848 왕 … 그려내었으면 : 한고조(漢高祖) 유방(劉邦)이 밥을 먹고 있을 때 장량(張良)이 어떤 계책을 진언하기 위하여 "신이 청컨대 앞의 젓가락을 빌려서 대왕을 위하여 셈을 해보겠습니다.[臣請藉前筯 爲大王籌之]"라고 한 데서 온 말로, 전하여 군주(君主)를 위해 긴밀한 계책을 세우는 것을 의미한다. 《史記 卷55 留侯世家》

그래도 백성을 이롭게 할 순 있지　亦可利斯民
집에서 잔치할 땐 타봉[849]을 삶고　宴宅駝峯爛
밭에서는 콩죽 끓이기에 알맞아라　田家豆粥新
삶고 익히는 데 공로가 많으니　功多烹且飪
진실로 기물 중에 진귀한 것일세　亶作器中珍

정 鼎

위에는 물 아래는 타는 불이니　上水下燃火
음양이 치우치지 않고 갖춰졌네　陰陽備不單
세 발은 삼덕[850]을 상징한 것이고　三足象三德
네 솥귀는 사단[851]을 본뜬 것일세　四鉉依四端
양식이 궁핍하면 죽을 끓이고　饘粥供艱食
좋은 음식으로 고량진미 익힌다　膏粱熟美餐
마침내 임금의 음식 엎어서[852]　終毋覆公餗
속절없이 부엌에 버려지지 말라　空見棄廚間

849 타봉(駝峯) : 낙타 등의 봉긋한 육봉(肉峯)이다. 여기서는 진미(珍味)의 대명사로 쓴 것이다.

850 삼덕(三德) : 《주례(周禮)》 〈지관사도(地官司徒)〉에 "사씨(師氏)가 선도(善道)로 임금을 깨우치고 삼덕(三德)으로 나라의 자제들을 가르친다. 첫째는 지덕(至德)이니 그것으로 도(道)의 근본을 삼고, 둘째는 민덕(敏德)이니 그것으로 행실의 근본을 삼고, 셋째는 효덕(孝德)이니 그것으로 역악(逆惡)을 알게 하는 것이다."라고 하였다.

851 사단(四端) : 《맹자(孟子)》에 나오는 측은지심(惻隱之心)·수오지심(羞惡之心)·사양지심(辭讓之心)·시비지심(是非之心)을 가리킨다.

852 임금의 음식 엎어서 : 직무를 감당하지 못하여 일을 그르칠까 염려된다는 말이다. 《주역(周易)》 〈정괘(鼎卦)〉에 "구사는 솥의 발이 부러져서 임금의 음식을 엎어버린 것이라 부끄러워 얼굴이 붉어짐이니, 흉하도다.[九四 鼎折足 覆公餗 其形渥 凶]" 하였다.

술동이 樽

술을 담아서 이름 얻었는데 貯酒爲名器
술동이의 형상이 매우 좋으니 樽形制孔嘉
가슴은 넓어 한량없이 담고 胸豁容無量
허리는 반듯해 기울지 않누나 腰端立不頗
벗을 불러서 죽엽[853]을 따르고 招朋斟竹葉
흥을 달래려 이화[854]를 마신다 遣興酌梨花
농가에서 타작을 마친 때 滌圃田家日
마루에 늘어놓으면 즐거움 더욱 많지 排堂樂更多

호로 壺

상 위에 놓인 옥호로 하나 床頭一玉壺
아침저녁 금술통을 마주하네 朝暮對金樽
불룩한 배는 넓어 막힘이 없고 坦腹寬無礙
긴 몸은 우뚝 서 출중하여라 長身立不群
입을 지키니[855] 천 사람이 복종하고 守口千人服
입을 여니 만 사람이 기뻐한다 開心萬客欣

853 죽엽(竹葉) : 술의 이칭이다. 《주보(酒譜)》에 의하면 창오(蒼梧) 지방에서는 술을 빚을 때 청결하게 하기 위하여 죽엽을 섞었다고 하는 데서 온 말이다. 또는 명주(名酒)인 죽엽청(竹葉青)의 약칭으로 쓰이기도 한다.

854 이화(梨花) : 이화춘(梨花春)의 약칭으로 배꽃이 필 때에 익은 술을 이른다. 당(唐)나라 백거이(白居易)의 〈항주춘망(杭州春望)〉의 자주(自註)에 "항주 지방의 풍속은 술을 잘 빚는다. 배꽃이 필 때에 익는 술을 이화춘이라 부른다.[其俗釀酒 趁梨花時熟 號爲梨花春]" 하였다.

855 입을 지키니 : 호로병의 주둥이를 막고 있는 것을 말한다. 송(宋)나라 명재상 부필(富弼)이 80세 되던 해에 자리의 병풍에 "수구여병 방의여성(守口如甁防意如城)"이라고 써서 자신을 경계하였던 데서 온 말이다. 이는 '입을 지킴은 병과 같이 하고 뜻을 막음은 성과 같이 한다.'는 뜻이다. 주희(朱熹)의 〈경재잠(敬齋箴)〉에도 "입을 지키기를 병주둥이를 지키듯이 하고, 생각이 치달리는 것을 막기를 성을 지키듯이 해야 한다.[守口如甁 防意如城]" 하였다.

묻노니 그대 어디로 향하는가　　問君何所向
행화촌[856]으로 오고간다오　　來往杏花村

잔 杯

술통에 가득한 술을 마실 때　　吸彼盈樽酒
술잔이 없으면 모양이 안 나지　　無杯器不嘉
노자 구기로 옥우를 뜨고　　鸕鷀斟玉友
앵무 잔으로 금파를 따른다[857]　　鸚鵡酌金波
달을 볼 땐 잡고서 수를 헤아리고[858]　　見月携應數
꽃을 볼 때는 자주 잡으리　　看花引必多
잔에 넘침은 사람이 하는 것이나　　濫觴人所使
깊고 얕음을 그대가 어이하리오　　深淺奈君何

---

856 행화촌(杏花村) : 원래는 살구꽃이 핀 마을, 또는 마을 이름이라고 하는데 술집이 있는 마을을 뜻한다. 당(唐)나라 두목(杜牧)의 청명(淸明)에 "묻노니 술집이 어디에 있는고? 목동이 멀리 행화촌을 가리킨다.[借問酒家何處有 牧童遙指杏花村]" 한 데서 온 말이다.

857 노자(鸕鷀) … 따른다 : 좋은 술잔으로 흰 술과 노란 술을 따라 마심을 비유한 것이다. 노자는 노자표(鸕鷀杓)의 준말로 노자라고 하는 물새 모양을 한 좋은 술구기이다. 옥우(玉友)는 백주(白酒)의 이칭으로 미주(美酒)를 말한다. 앵무는 앵무배(鸚鵡盃)의 준말로 앵무새 부리의 모양처럼 생긴 조개껍질로 만든 술잔이다. 주 355 참조. 금파(金波)는 명주(名酒) 이름이다. 송(宋)나라 주변(朱弁)의 《곡유구문(曲洧舊聞)》 7권에 천하의 명주 중 하나로 하간부(河間府)의 금파를 꼽았다.

858 달을 … 헤아리고 : 당(唐)나라 이백(李白)의 〈월하독작(月下獨酌)〉에 "꽃 사이에서 한 병의 술을 가지고, 친구 하나 없이 홀로 술을 마시면서, 잔을 들어 밝은 달을 맞이하니, 그림자와 합하여 세 사람 되었네.[花間一壺酒 獨酌無相親 擧杯邀明月 對影成三人]" 하였기 때문에 이렇게 말한 것이다.

악기류
樂器類

종 鍾

쇠종이 보배로운 종틀에 걸렸으니	金鍾懸寶虡
이 물건 비길 데 없이 귀한 것일세	爲物比無倫
반듯한 그 모습은 충직과 같고	斬截如忠直
따라 울리는 음향은 신명(神明)과 같아라	隨應若聖神
한산에선 멀리 듣고 시름했으며[859]	寒山愁遠聽
장락에서 처음 들릴 때 기뻐했어라[860]	長樂喜初聞
무엇보다도 깊이 새긴 명문에	最見深銘刻
큰 공훈을 밝게 기록해 두었어라	昭昭記景勳

북 鼓

저 영타로 만든 기물[861]을 보건대	相彼靈鼉器
용문의 오색이 찬란한 형상이어라[862]	龍門五彩形

859 한산(寒山)에선 … 시름했으며 : 한산은 한산사(寒山寺)를 가리킨다. 당(唐)나라 장계(張繼)의 시 〈풍교야박(楓橋夜泊)〉에 "고소성 밖 한산사에서 한밤의 종소리가 나그네 배에 이르누나.[姑蘇城外寒山寺 夜半鐘聲到客船]" 하였다.

860 장락(長樂)에서 … 기뻐했어라 : 장락은 장락궁(長樂宮)을 가리킨다. 장락궁은 한(漢)나라 때 장안(長安)에 있던 궁전의 이름으로 미앙궁(未央宮)의 동쪽에 있었다. 이곳에 종을 걸어두는 종실(鐘室)이 있었다. 당(唐)나라 이백(李白)의 〈석제두릉등루기위요(夕霽杜陵登樓寄韋繇)〉에 "긴긴 밤 임금을 그리워하다 장락궁에서 드문드문 울리는 종소리 듣는다.[思君達永夜 長樂聞疎鐘]" 하였다.

861 영타(靈鼉)로 만든 기물 : 북을 가리킨다. 영타는 악어와 비슷한 동물인데, 그 가죽으로 북을 만든다. 《사기(史記)》 〈이사열전(李斯列傳)〉에 "취봉으로 만든 깃발을 세우고 영타로 만든 북을 세운다.[建翠鳳之旗 樹靈鼉之鼓]" 하였다.

862 용문(龍門)의 … 형상이어라 : 《위씨춘추(魏氏春秋)》에 의하면 위 문제(魏文帝)가 전고(戰鼓)를 치자 용문에서 구름이 나왔다고 한다.

뭇사람의 공은 공석에서 들을 수 있고[863] 衆功聞孔席
치는 것은 우정에 설치하였어라[864] 登扣設虞庭
한 번 치면 우음하는 것을 보고[865] 一擊看牛飮
높이 두드리면 녹명연[866]이 열리지 高擿宴鹿鳴
춤출 때 이 북이란 게 없으면 舞之無此作
덕성 함양을 이룰 수 없어라 涵養莫能成

거문고 琴

삼척이라 작은 현금[867]이여 玄琴三尺短
침상 가에서 내 벗이 되누나 床角伴吾生
옥주[868]는 곧은 마음 굳은 것이고 玉柱貞心固

---

863 공석(孔席)에서 … 있고 : 공자의 제자 염구가 권력자인 계강자(季康子)의 가신이 된 뒤에 무거운 세금을 부과하여 그의 재산을 늘려 주자, 공자가 크게 노하여 제자들에게 "그는 더 이상 우리 무리가 아니니, 자네들은 북을 울려 성토하며 그를 공격해도 좋다.[非吾徒也 小子鳴鼓而攻之可也]"라고 말하였다. 《論語 先進》 여기서는 공로이든 과실이든 공자가 북을 쳐서 알렸다는 의미로 쓰인 듯하다.

864 우정(虞庭)에 설치하였어라 : 순임금은 조정에 나무북을 달아 놓고 정사의 경계를 들었다. 당(唐)나라 초기의 문신 저량(褚亮)의 상소(上疏)에 "요임금은 북으로써 간언을 받아들였고, 순임금은 나무로써 잠언을 구하였다.[堯鼓納諫 舜木求箴]"라고 한 데서 온 말이다. 《舊唐書 卷72 褚亮傳》

865 한 번 … 보고 : 우음(牛飮)은 소처럼 엎드려 술을 마시는 것이다. 한(漢)나라 유향(劉向)의 《고열녀전(古列女傳)》 7권에 "걸임금이 고기로 산을 만들고 포(脯)로 숲을 만들었다. 술로 못을 만들어 배를 띄울 만하였고, 술지게미 언덕은 높기가 10리를 바라볼 만하였다. 여기에서 북을 한 번 치면 소처럼 둘러서서 술을 마시는 자가 3천 명이었다." 하였다.

866 녹명연(鹿鳴宴) : 〈녹명(鹿鳴)〉은 《시경(詩經)》 〈소아(小雅)〉의 편명으로 본래 임금이 어진 신하들을 불러 주연(酒宴)을 베풀면서 군신(君臣)의 화락한 정을 노래한 시이다. 후세에 와서는 주현(州縣)의 시험에 급제한 공사(貢士)들에게 베푼 향음주례(鄕飮酒禮)의 석상에서 그들의 전도(前途)를 축복하는 뜻으로 이 노래를 불렀다. 당(唐)나라의 공사(貢士) 제도를 보면, 11월에 각 군현(郡縣)에서 과거 시험을 보이고 나서 여기에 급제한 사람에게 향음주례를 베풀어 주며 《시경》 〈소아 녹명〉을 노래하게 하는 관례가 있었다. 한유(韓愈)의 〈송양소윤서(送楊少尹序)〉에 "양후(楊侯)가 이제 막 관례(冠禮)를 마치고는, 향리에서 과거에 급제한 뒤에 〈녹명〉을 부르면서 왔다.[擧於其鄕 歌鹿鳴而來]"는 대목이 나온다.

867 현금(玄琴) : 진(晉)나라 은사(隱士) 도연명(陶淵明)이 벽에 걸어두었다는, 줄이 없는 거문고인 소금(素琴)과 같은 말이다. 거문고의 이칭이다.

주현[869]은 곧은 도가 밝은 것일세　朱絃直道明
고산은 달빛 아래 곡조요　高山月下曲
유수는 빗속의 소리로세[870]　流水雨中聲
세상에 지음의 벗이 드무니　世路知音少
아양이란 곡조를 홀로 듣노라　峩洋獨自聆

피리 笛

해곡[871]에 좋은 대가 나는데　嶰谷生龍管
그 누가 봉황 울음소리[872] 내었는고　何人作鳳鳴
가을산에서 우곡[873]을 듣고　秋山聞羽曲
월전[874]에서 상성[875]을 듣는다　月殿聽商聲
산양의 눈물[876]을 몇 번이나 뿌렸던가　幾洒山陽淚

---

868 옥주(玉柱) : 거문고 줄을 받치는 옥으로 만든 기둥이다. 기러기발이라고도 한다.

869 주현(朱絃) : 붉은 현(絃)으로 거문고 줄을 뜻한다. 주 157 참조.

870 고산(高山)은 … 소리로세 : 달이 뜰 때, 비가 내릴 때 거문고를 연주한다는 뜻이다. 춘추시대(春秋時代) 백아(伯牙)가 금(琴)을 타면서 고산(高山)에 뜻을 두면 종자기(鍾子期)가 "높고 높기가 마치 태산과 같도다![峨峨兮若泰山]" 하고, 또 유수(流水)에 뜻을 두면 "넓고 넓기가 마치 강하와 같도다![洋洋兮若江河]"라고 하였다는 고사에서 유래한다. 이로 말미암아 자신의 마음을 알아주는 벗을 지음(知音)이라 하고, 고산과 유수에 대한 곡조를 아양곡(峨洋曲)이라 한다.《列子 湯問》

871 해곡(嶰谷) : 곤륜산에 있다는 좋은 대나무가 나는 골짜기이다. 옛날 황제(黃帝)가 악관(樂官) 영륜(伶倫)을 시켜 성률(聲律)을 제정하게 하니, 영륜이 곤륜산(昆侖山) 북쪽 해계(嶰谿)의 골짜기에서 좋은 대나무를 취하여 성률을 제정했다.《呂氏春秋 仲夏紀 古樂》

872 봉황 울음소리 : 주 영왕(周靈王)의 태자(太子) 진(晉)이 일찍이 생황[笙]을 잘 불어 봉황(鳳凰)의 울음소리를 내면서 이락(伊洛)의 사이에 노닐었다. 그리고 신선 부구공(浮丘公)을 따라 숭고산(崇高山)에 올라가서 30여 년 동안 선술을 닦았다. 뒤에 구지산(緱氏山)에서 학을 타고 승천했다는 전설이 있다.《類說》

873 우곡(羽曲) : 궁(宮)·상(商)·각(角)·치(徵)·우(羽) 중 우성(羽聲)에 해당하는 곡조이다.

874 월전(月殿) : 달에 있는 궁전으로 월궁(月宮)과 같다. 선녀 항아(姮娥)가 이곳에 산다고 한다.

875 상성(商聲) : 오음(五音)의 하나로 계절로는 가을에 배속(配屬)된다. 애잔하고 높은 곡조이다.

876 산양(山陽)의 눈물 : 진(晉)나라 상수(向秀)가 혜강(嵇康)과 산양(山陽) 땅에서 절친하게 지냈다. 혜강이 죽은 뒤에 상수가 그곳을 지나다가 이웃집에서 들려오는 피리 소리를 듣고는 옛 추억을 생

검외의 정[877]에 몹시 슬퍼하였지	偏傷劍外情
영륜[878]은 이미 세상을 떠났으니	伶倫今已朽
그 누가 음률을 알 수 있으리오	誰識律音精

기국류
技局類

바둑 碁局

바둑돌이 바둑판에 가득하니	枯碁盈一局
그 숫자가 하도[879]에서 나왔어라	其數出河圖
공격과 수비에 기정[880]이 나뉘고	攻守分奇正
포위와 방어에 혹 치고 몰아댄다	圍防或驟驅
사활의 묘수는 삼가[881]를 얻었고	妙活三家得

각하고 눈물을 흘리며 〈사구부(思舊賦)〉를 지었다는 고사가 전한다. 《晉書 卷49 向秀列傳》

877 검외(劍外)의 정 : 검외(劍外)는 검각산(劍閣山) 이남 지방으로 지금의 사천성(四川省), 즉 촉(蜀) 지방을 가리킨다. 당(唐)나라 두보(杜甫)가 안녹산(安祿山)의 난으로 촉 지방에 피난 가 있으며 지은 시에 피리 소리를 듣고 슬퍼하는 내용이 많다. 그 중 〈취적(吹笛)〉에 "피리를 불매 가을산에 풍월이 맑은데, 어느 누가 애 끊는 소리 잘도 내는고.[吹笛秋山風月淸 誰家巧作斷腸聲]" 하였다.

878 영륜(伶倫) : 황제(黃帝) 때의 악관(樂官)으로, 황제의 명을 받고 악률(樂律)을 처음 만들었다. 맨 먼저 곤륜산(崑崙山) 동쪽에 가서 해계(嶰谿) 골짜기의 대나무로 황종(黃鍾)의 궁(宮)을 만들었다. 또 12관(管)을 만든 다음 곤륜산 아래에 가서 봉황의 울음소리를 들어 12율(律)을 구별하였다. 《呂氏春秋 仲夏紀 古樂》

879 하도(河圖) : 복희씨(伏羲氏) 때 용마(龍馬)가 하수(河水)에서 나왔는데 등에 이상한 무늬가 있었다고 한다. 이 무늬를 하도라고 하는데, 1과 6은 북쪽에, 2와 7은 남쪽에, 3과 8은 동쪽에, 4와 9는 서쪽에, 5와 10은 중앙에 배열되어 있었다. 복희씨가 이것을 보고 처음으로 8괘를 만들었다고 한다.

880 기정(奇正) : 고대 병법 용어이다. 정(正)은 적과 대치하여 진지를 구축하고 접전하는 것이고, 기(奇)는 매복하거나 습격하는 등 속임수를 쓰는 것이다. 《손자(孫子)》 〈세(勢)〉에 "전투의 형세는 기(奇)·정(正)에 불과하니, 기·정의 변화는 이루 다할 수 없다." 하였다.

881 삼가(三家) : 주역(周易)·황로(黃老)·노화(爐火)의 삼가를 말한다. 위백양(魏伯陽)이 이들을 합하여 하나의 저술로 만들고 《참동계(參同契)》라 칭한 것은 참동(參同)하여 하나로 돌아와서 대도(大道)를 묘계(妙契)하였다는 것을 뜻한다. 이 저서는 감리(坎離)·수화(水火)·용호(龍虎)·연

큰 계책은 백정[882]을 다하였어라 雄籌百井輸
계책은 응당 지혜를 다투어야 하고 施謀當鬪智
손오[883]처럼 속임수를 써서는 안 되지 行詐捨孫吳

박희 博

육박[884]은 어느 때 만들어졌는가 六博成何代
다투어 즐김은 온 세상이 다 같다 爭趨擧世同
마음을 모아 오백[885]을 기원하고 潛心祈五白
힘껏 던지며 삼홍[886]을 외치누나 奮臂叫三紅
화각 소리 울리는 한가한 밤동네 畫角閑宵洞
높은 누각에서 긴긴 날 마치도록 高樓永日終
이기고 짐이 비록 아무 소용 없지만 勝敗雖無補
낮잠을 자는 것보다는 나으리[887] 賢乎晝寢濃

홍(鉛汞)의 요결을 많이 말하며, 후세에 노화를 말하는 자의 시조(始祖)가 되었다. 이 묘결을 체득하여 바둑의 묘수를 많이 알았다는 의미이다.

882 백정(百井) : 전제(田制)의 일종으로 정전제(井田制)를 발전시킨 것인데, 농경지 제도의 도면이 바둑판 모양이다. 일정도(一井圖), 일성백정도(一成百井圖), 일동백성도(一同百成圖), 백정일성십혁도(百井一城十洫圖) 등이 있다.

883 손오(孫吳) : 병법의 대가인 손자(孫子)와 오자(吳子)를 가리킨다.

884 육박(六博) : 《초사(楚辭)》에 나오는 놀이로 박희(博戲)의 일종이다.

885 오백(五白) : 옛날 박희(博戲) 도구(道具)의 채색(彩色) 이름이다. 박희는 목제(木製)의 투자(骰子) 다섯 개를 가지고 하는 놀이이다. 각 투자마다 양면(兩面) 중에 한쪽에는 흑색(黑色)을 칠하고 송아지[牛犢]를 그렸으며, 다른 한 쪽에는 백색(白色)을 칠하고 꿩[雉]을 그려 놓았다. 이 다섯 투자를 한 번 던져서 모두 흑색을 얻으면 노(盧)라 외치는데 이것이 가장 승채(勝彩)가 되고, 모두 백색을 얻으면 백(白)이라 외치는데 이것이 그 다음의 승채가 된다고 한다.

886 삼홍(三紅) : 윷놀이에서 도를 말한다. 아마도 상대방이 육박 투자를 던질 때 나쁜 수가 나오라고 소리치는 것으로 보인다.

887 낮잠을 … 나으니 : 공자(孔子)가 "하루 종일 배불리 먹고 아무 마음도 쓰지 않고 지내기란 참으로 어려운 일이다. 바둑이나 장기도 있지 않느냐? 이것이라도 하는 것이 그나마 하지 않는 것보다는 나을 것이다.[飽食終日 無所用心 難矣哉 不有博奕者乎 爲之猶賢乎已]" 했기 때문에 이렇게 말한 것이다. 《論語 陽貨》

장기 將棊

서로 대적해 행렬을 나누고	相拒分行列
위협을 느끼면 비로소 출정한다	臨危始出征
어지러이 공격하여 군사가 막 붙고	亂擊兵初合
분분히 치매 진지가 이뤄지지 않았네	紛拏陣未成
곧바로 공격함은 포와 차의 형세이고	直擣包車勢
좌충우돌 달림은 상과 마의 길일세	橫奔象馬行
상장군이 공격 계책 세우니	伐謀逢上將
곧장 뛰어서 적의 왕궁에 들어가누나	超趠入金營

투호 投壺

저 소일거리 놀이를 좋아하노니	愛彼銷中技
어찌 한 척 투호를 멈출 수 있으랴	安停一尺軀
오행을 본떠서 다섯 화살 만들고	五行爲五箭
삼덕[888]을 본떠서 세 호로 만들었어라	三德設三壺
자기를 바로잡으니[889] 헛되이 던지지 않고	正己無虛發
마음을 모으니 화살이 벗어나지 않아	專心不出區
도리어 군자의 활쏘기[890]와 같으니	還同君子射
돼지 치는 놈의 놀이[891]는 아니로세	非戲牧猪奴

888 삼덕(三德) : 지덕(至德)·민덕(敏德)·효덕(孝德)이다. 주 850 참조.

889 자기를 바로잡으니 : 맹자가 "어진 이는 활쏘기와 같으니 활을 쏘는 사람은 자기를 바로잡은 뒤에 화살을 쏜다. 쏘아서 과녁에 맞지 않더라도 자기를 이긴 사람을 원망하지 않고 자기에게 돌이켜 문제점을 찾을 따름이다.[仁者如射 射者正己而後發 發而不中 不怨勝己者 反求諸己而已矣]" 하였다. 《孟子 公孫丑上》

890 군자의 활쏘기 : 공자(孔子)가 "활쏘기는 군자와 닮은 점이 있으니, 정곡을 맞추지 못하면 돌이켜 자신에게서 문제점을 찾는다.[射有似乎君子 失諸正鵠 反求諸其身]" 하였다. 《中庸》

891 돼지 … 놀이 : 진(晉)나라 도간(陶侃)이 형주 자사(荊州刺史)로 있으면서 술 마시는 것을 경계하

재물류
財物類

황금 黃金

여수에서 진귀한 보배가 나니	麗水生珍寶
너무도 귀하여 비길 것이 없어라	精英貴莫儔
능히 나누어준 이는 소 태부이고[892]	能分疏太傅
받지 않은 이는 한 현후일세[893]	不受漢賢侯
위왕(魏王)을 깨우친 건 순우의 계책이요[894]	發魏淳于策

였다. 그래서 참좌(參佐)들이 술을 마시고 놀이를 하느라 일을 하지 않는 것을 보면 주기(酒器)와 저포(樗蒲) 기구를 모두 강물에 던져 버리게 했다. 그리고 말하기를 "저포는 돼지 치는 놈이나 하는 놀이이고 노장(老莊)의 부화(浮華)한 말은 선왕(先王)의 법언(法言)이 아니니 해서는 안 된다. 군자는 의관을 바로잡고 위의를 가다듬어야 한다. 어찌 머리를 헝클어뜨리고 명망을 기르며스스로 크게 달관했다 할 수 있겠는가." 하였다.《小學 善行》

892 능히 … 소 태부(疏太傅)이고 : 소 태부는 한 선제(漢宣帝) 때 태자태부(太子太傅)로 있던 소광(疏廣)을 가리킨다. 그가 조카인 태자소부(太子少傅) 소수(疏受)와 함께 벼슬에서 물러날 때 황제와 태자에게서 받은 70근의 황금을 어려운 친지들에게 다 나누어주고 날마다 친척들과 잔치를 벌여서 쓰고 집안의 가산(家產)을 늘릴 생각을 하지 않았다.《漢書 卷71 疏廣傳》

893 받지 … 한 현후(漢賢侯)일세 : 한 현후는 한(漢)나라의 어진 후(侯)란 말로 동한(東漢) 때의 형주자사(荊州刺史) 양진(楊震)을 가리킨다. 하루는 그의 천거로 창읍(昌邑)의 영(令)이 된 왕밀(王密)이 찾아와서 감사의 표시로 황금 10근을 바쳤다. 양진이 "나는 그대를 아는데 그대는 어찌하여 나를 모르는가?" 하고서 사양하였다. 왕밀이 "어두운 밤이라 아는 사람이 없다." 하면서 받기를 청하니, 양진이 "하늘이 알고 귀신이 알고 내가 알고 그대가 아는데, 어찌 아는 사람이 없다고 하는가?" 하였다. 왕밀은 부끄러워하며 그 금을 도로 가지고 돌아갔다고 한다.《後漢書 卷54 楊震列傳》

894 위왕(魏王)을 … 계책이요 : 전국시대 순우곤(淳于髡)이 천거를 받아 위(魏)나라 혜왕(惠王), 즉 양혜왕(梁惠王)을 두 차례 만났으나 한 마디 말도 하지 않았다. 이에 혜왕이 노하여 천거한 사람을 꾸짖었다. 천거한 사람이 순우곤에게 그 까닭을 물으니, 순우곤이 말하기를 "내가 처음 왕을 만났을 때에는 왕의 뜻이 손님을 내보내는 데 있었고, 두 번째 왕을 만났을 때에는 왕의 뜻이 노래에 있었다." 하였다. 이 말을 전해들은 혜왕이 감복하여 말하기를 "처음 순우 선생이 왔을 때에는 좋은 말을 바친 사람이 있었는데 미처 보지 못했고, 다음에 순우 선생이 왔을 때에는 좋은 노래를 바친 사람이 있었는데 미처 듣지 못했다. 그래서 내 뜻이 거기에 가 있었다." 하였다. 이로부터 사흘 밤낮을 순우곤과 함께 얘기하고는 사마(駟馬)가 끄는 안거(安車)와 많은 폐백을 주고 황금 100일(鎰)을 주었다. 그러나 순우곤은 사양하고 종신토록 벼슬하지 않았다.《史記 卷74 淳于髡列傳》

임금을 이간한 것은 곡역의 모책일세[895] 離君曲逆謀
전대에 든 황금을 다 썼으니 囊中輸用盡
장사의 마음에 시름만 간절할 뿐[896] 徒切壯心愁

백옥 白玉

곤강[897] 속에 묻혔다가 孕出崑岡裏
혼탁한 속세에 몇 해만에 이르렀나 塵寰幾歲臻
허리에 인장이 되어 도성 거리에서 울리고 腰章鳴紫陌
관의 장식이 되어 대궐에 가까이 가누나 冠飾近楓宸
색깔이 윤택함은 군자와 같고 色潤如君子
중심이 견고함은 성인과 같아라 中堅若聖人
문선이 옥의 덕을 사랑하여 文宣憐此德
까닭이 없으면 몸에서 떼지 않으셨지[898] 無故不離身

은 銀

백금[899]은 동국의 보화이니 白金東國貨

---

895 임금을 … 모책일세 : 한 고조(漢高祖)의 공신(功臣)으로 곡역후(曲逆侯)에 봉해진 진평(陳平)을 가리킨다. 유방(劉邦)이 초(楚)나라의 항우(項羽)와 싸워 계속 지자, 유방의 책사인 진평이 황금 4만 근을 가지고 초(楚)나라 군주와 신하들을 이간질하였다. 그 결과 항우는 자신의 책사인 범증(范增)과 장수인 종리매(鍾離昧) 등을 의심하여 해하(垓下)의 일전(一戰)에서 패망하고 말았다. 《史記 卷56 陳丞相世家》

896 전대에 … 뿐 : 전국시대 유세가(遊說家)인 소진(蘇秦)의 고사이다. 주 530 참조.

897 곤강(崑岡) : 좋은 옥이 많이 난다는 중국 서쪽의 산이다.

898 문선(文宣)이 … 않으셨지 : 문선(文宣)은 공자를 가리킨다. 공자는 당 현종(唐玄宗) 개원(開元) 27년(739)에 문선왕(文宣王)이란 칭호를 받았다. 뒤에 송 진종(宋眞宗) 상부(祥符) 원년(1008)에 지성문선왕(至聖文宣王), 원 성종(元成宗) 대덕(大德) 10년(1306)에 대성지성문선왕(大成至聖文宣王)의 칭호를 받았다. 때문에 이렇게 부르는 것이다. 공자가 "군자는 까닭이 없으면 옥을 몸에서 떼지 않았으니, 군자는 옥에 덕을 비겼다.[君子無故 玉不去身 君子於玉比德焉]" 하였다. 《禮記 玉藻》

단군[900]에서 한량없이 생산되누나　端郡產無疆
두루 찾아 범의 굴을 뚫고　傍探穿虎穴
깊이 파서 양 창자처럼 들어간다　深斵入羊腸
창고에는 천 상자가 쌓이고　府庫千箱積
상점에는 만 일이나 보관되지　廛中萬鎰藏
우스워라 가난한 나는　自笑蓬廬客
한 덩이도 가진 적 없어라　曾無一錠囊

전 錢

공방[901]은 큰 화폐가 되어　孔方居大貨
고금에 두루 통용되어 왔어라　通用古今傳
만안[902]을 삼백 전으로 사고　滿眼沽三百
한 동이 술을 만 전에 바꾸네　盈樽換十千
경림[903]에는 썩은 돈꿰미 가득하고　瓊林充朽貫
금곡[904]에는 샘물처럼 솟아났네　金谷溢流泉
우스워라 도팽택은　笑矣陶彭澤
한 꿰미도 없었어라　身無一陌纏

---

899 백금(白金) : 은의 이칭이다.

900 단군(端郡) : 함경남도 단천군(端川郡)을 가리킨다. 단천에 은광(銀鑛)이 많았다.

901 공방(孔方) : 돈의 이칭이다. 주 501 참조.

902 만안(滿眼) : 술통 또는 술병에 술이 가득함을 뜻한다. 두보의 시 〈입주행증서산검찰사두시랑(入奏行贈西山檢察使竇侍郎)〉에 "그대를 위해 술을 사되 만안으로 사고, 종에게는 흰 밥을 주고 말에게는 푸른 꼴을 주리라.[爲君酤酒滿眼酤 與奴白飯馬靑芻]" 하였다. 만안(滿眼)의 안(眼)은 술을 담아오는 죽통(竹筒) 위쪽에 끈을 꿰는 구멍이다. 즉 그 구멍까지 차도록 술을 담는 것이다.

903 경림(瓊林) : 당 덕종(唐德宗)이 봉천(奉天)에 세워 공물(貢物)을 저장했던 창고이다.

904 금곡(金谷) : 진(晉) 나라 때 대부호(大富豪)인 석숭(石崇)의 별장이 있는 금곡원(金谷園)을 가리킨다. 주 813 참조.

사 紗

섬섬옥수로 안개 같은 깁을 玉手彼烟霧
베틀에서 짜서 만들었구나 機中織得成
창문에 바르면 반딧불빛 비치고 糊窓螢影透
방문에 바르면 맑은 달빛이 들어오지 垂戶月光淸
비단옷에 덧입으매 왕비의 옷 잘 맞고[905] 尙絅妃衣稱
빙빙 돌매 춤추는 소매가 가벼워라 回旋舞袖輕
무엇보다 사랑스러운 건 누대 위에서 最憐樓觀上
분명한 글자를 감싼 것이로세[906] 籠裏字分明

나 羅

베 짜는 여인 창가에서 베 짜니 織女當窓織
베틀 북 하루에 몇 번이나 왕복하는가 投梭日幾番
옥 글자로 왕모를 맞이하고[907] 玉字邀王母
금강경은 우군이 썼어라[908] 金剛寫右軍

---

905 비단옷에 … 맞고 : 《중용장구(中庸章句)》 제33장에 "《시경(詩經)》에 '비단옷을 입고 겉에 홑옷을 걸친다.' 하였으니, 이는 문채가 밖으로 드러나는 것을 싫어해서이다.[詩曰 衣錦尙絅 惡其文之著也]"라는 말이 나온다. 〈위풍(衛風) 석인(碩人)〉과 〈정풍(鄭風) 봉(丰)〉에는 모두 '의금경의(衣錦褧衣)'로 되어 있는데, 뜻은 동일하다. 〈위풍 석인〉이 위(衛)나라 임금 장공(莊公)의 비(妃)인 장강(莊姜)에 대해 읊은 것이므로 이렇게 말한 것이다.

906 누대 … 것이로세 : 지방관으로 나가 있는 남편을 위해 부인이 깁에 회문체(回文體)의 시를 수놓아 그리움의 정을 표현한 것을 말한다. 주 730 참조.

907 옥 … 맞이하고 : 옥 글자[玉字]는 신선의 비방(秘方)을 적은 글을 뜻한다. 왕모(王母)는 요지(瑤池)에 산다고 하는 여선(女仙) 서왕모(西王母)이다. 즉 얇은 비단인 라(羅)에 신선의 비방을 적어서 신선술을 공부해 서왕모를 오게 한다는 뜻이다.

908 금강경(金剛經)은 우군(右軍)이 썼어라 : 우군은 진(晉)나라 때 우군장군(右軍將軍)을 지낸 명필 왕희지(王羲之)를 가리킨다. 왕희지가 직접 《금강경》을 쓴 적은 없다. 당(唐)나라 장승화(張承和)가 왕희지(王羲之)의 글씨를 집자(集字)하여 《금강경》을 돌에 새겨서 흥당사(興唐寺)에 둔 일이 있는데 이를 잘못 알고 이렇게 말한 듯하다. 《文獻通考》

향긋한 바람은 푸른 휘장을 감싸고	香風圍翠幔
꽃다운 풀은 푸른 치마에 스친다	芳草襲青裙
몸에 가볍고 따스한 옷 입는 사람은	編身輕暖子
모두 나라에 공훈을 세운 이들이지	都是樹功勳

능 綾

직물이 무수히 많은 줄 알지만	織物知無數
푸른 능라도 상자 속에 들었어라	青綾亦入籠
마름 풀이 우거진 물가에	菱芡紛披裏
오리들이 시야에 보이누나[909]	鳧鷺指點中
더울 땐 여름옷으로 입을 만하지만	暑服猶堪着
추울 땐 겨울옷으로는 만들 수 없지	寒衣不可縫
가인이 한 필을 만들기 위해	佳人嫌一束
베틀에서 얼마나 부지런히 일했던고	機杼幾勤工

비단 段

묵자는 실이 물든 것 슬퍼했으나	墨子悲絲染
무늬가 있는 비단 짜지 않으랴	文章段織休
부평초 잎은 빗속에 우거졌고	萍錢蒙雨密
마름 잎은 바람 속에 빼곡해라	菱葉受風稠
봉황은 파도 위에 늘어섰고	紫鳳綾波列
천오[910]는 바닷물에 목욕하누나	天吳浴海浮
베옷이 내 분수에 편안하니	麻衣安素分
진귀한 비단을 어찌 구하리오	珍物豈相求

909 마름 … 보이누나 : 능라 비단 폭에 수놓아진 그림을 말한 것이다.

910 천오(天吳) : 물을 다스리는 신이다. 주 744 참조.

흰 명주 白紬

능라 비단은 내 천성에 어긋나고 綾段違天性
망사 깁은 평소의 정서에 안 맞아라 紗羅易素襟
굳고 고운 품질은 변하지 않나니 堅精猶不變
곧은 정조를 누가 침범할 수 있으랴 貞操孰能侵
가볍고 따스하기는 비길 옷이 없고 輕暖衣無比
곱고 밝으니 채색보다 좋아라 鮮明色不任
세간에 물건들이 많고 많건만 世間多少物
오직 너만이 처음 마음을 지키는구나 惟爾守初心

가는베 細布

삼 껍질을 가늘게 쪼개어서 細析麻皮好
가인이 베 만드느라 힘 들었네 佳人作布艱
섬섬옥수로 얼마나 고생했을꼬 玉手勞能幾
베틀 북은 얼마나 움직였을까 金梭擲更還
좋은 솜보다 부드럽고 깨끗하며 軟潔凌齊纊
좋은 비단보다 가볍고 고와라 輕盈謝魯紈
사철에 모두 입을 수 있으니 四序皆宜着
양갖옷이야 그저 추위를 막을 뿐 羔裘只障寒

거친베 麤布

역치에 가시나무 비녀 여인[911]이 歷齒荆釵女

---

911 역치(歷齒)에 … 여인 : 가난하고 못생긴 여인을 말한다. 역치는 치아가 듬성듬성한 것이다. 전국 시대 송옥(宋玉)의 〈등도자호색부(登徒子好色賦)〉에 “등도자의 아내가 봉두난발에 쪽박귀이고

지치지 않고 부지런히 일하였지 勤攻自不疲
거친 모양은 돗자리와 같고 麤形同席面
뻣뻣한 모양은 쇠가죽과 같아라 籧狀似牛皮
시골 농부가 입기에 맞고 可合田夫着
목동 아이가 걸치면 제격이지 端宜牧豎垂
더운 염천에 네 힘이 아니면 炎天非爾力
사람들이 누가 견딜 수 있으랴 人庶詎能支

흰모시 白苧布

가인이 〈백저〉[912]를 노래하면서 佳人唱白苧
창 아래서 바삐 베틀 북 움직인다 窓下擲梭忙
짜고 나면 흰 깁 같은 모시 나오고 織罷綾紈素
상자에 담으면 눈과 서리처럼 빛나네 盛函耀雪霜
좋은 가격은 도거리하는 데서 뛰고 美價騰龍斷
아름다운 이름은 공물 품목에 든다 佳名入獻方
날씨는 계절마다 각각 다르니 炎涼各有序
가을이 가면 반드시 장롱에 넣지 秋盡必深藏

면포 綿布

능라 비단이 비록 귀하다지만 綾段雖云貴

언청이에 듬성듬성한 치아이다.[其妻蓬頭攣耳 齞脣歷齒]" 하였다. 형차(荊釵)는 가시나무로 만든 비녀를 말한다. 가시나무 비녀는 한(漢)나라 때 은사(隱士)인 양홍(梁鴻)의 아내 맹광(孟光)이 가시나무 비녀에 베치마[布裙]만 입었던 데서 온 말로 부인의 검소한 복장을 뜻한다.

912 백저(白苧) : 모시를 노래한 〈백저사(白苧詞)〉를 가리킨다. 이는 고악부(古樂府)에 들어 있는 곡조 이름이다. 당(唐)나라 대숙륜(戴叔倫)의 백저사에 "흰 모시옷 새로 지으니 붉은 비단보다 낫나니, 패옥이며 구슬 갓끈 금노리개 흔들린다.[新裁白苧勝紅綃 玉佩珠纓金步搖]" 하였다.

백성들은 감히 입을 수가 없지	齊民不敢紆
뉘 알리오 면포로 옷 지으면	誰知綿布用
도리어 갈관박[913]보다 나은 것을	還勝褐寬襦
시골 아낙네 싫증 안 내고 입나니	村婦衣無斁
초동의 옷을 지어도 좋아라	樵童服可俱
화폐와 같이 두루 통용되니	流行通大貨
금옥처럼 귀한 것을 남에게 주랴	金玉豈曾頒

비단 繭

사람들은 털과 깃털이 없으니	人無毛羽蔽
세상 살려면 반드시 옷을 입어야지	居世必絲身
하늘이 낸 종자[914]를 길러서	養得天生種
마침내 보배 같은 누에 거두네	終收簇上珍
노란 색 펼치니 금빛이 움직이는 듯	鋪黃金色動
흰 색을 펼치니 흰 눈빛이 산뜻해라	陳白雪輝新
이르노니 화롯가의 여인네여	寄語爐中女
고치를 켜느라 밤낮으로 바쁘구려	繰成日夜勤

비단실 繭絲

섬섬옥수 여인이 화롯가에서	玉手當爐火
고치 켜느라 날마다 쉬지 않네	繰絲日不休
길고 길어 마치 비가 내리듯	長長如雨下
뽑고 뽑으니 마치 샘이 흐르는 듯	繹繹似泉流

913 갈관박(褐寬博) : 주 758 참조.

914 하늘이 낸 종자 : 누에 중에 천잠(天蠶)이란 것이 있기 때문에 누에를 이렇게 부른 것이다.

뜰 가에는 누런 구름 움직이는 듯　庭畔黃雲擾
섬돌 아래는 흰 눈이 모인 듯　階前白雪稠
낭군은 변방에 수자리 서러 갔으니　良人方遠戍
부지런히 일하는 게 어찌 이유 없으랴　勤作豈無由

목화 木綿花

척박한 땅에는 뽕과 삼 드물어　瘦地桑麻少
양지바른 비탈에 목화를 심었어라　陽坡種木綿
옥 같은 꽃송이 잎 아래 드리웠고　玉花垂葉底
구름 같은 솜은 상 앞에 쌓였구나　雲絮峙床前
백 식구 겨울옷 짓기에 충분하니　百口寒衣足
삼동에도 추위에 떨지 않겠어라　三冬冷瘼痊
하늘이 이 식물을 내었으니　皇天生此物
능라 비단만이 귀한 것은 아닐세　綾段貴難專

뽕 桑

기름진 뽕잎이 우거진 뽕나무　沃若繁桑樹
푸릇푸릇 몇 줄로 서 있어라　青青立數行
가인이 푸른 옷소매를 걷고서　佳人捲翠袖
섬섬옥수로 새 잎을 따누나　纖手摘新揚
고치 되니 금빛이 항아리에 보이고　繭作金看甕
고치 켜니 눈빛이 광주리에 가득해라　繰成雪滿筐
모란은 꽃잎만 커다래서　牧丹如許大
하는 일 없이 왕이라 일컬어지네[915]　無事但稱王

삼 麻

푸른 삼을 몇 이랑 심었더니　青麻種數畝
잘도 자라서 사립문을 에워싸네　蔚蔚擁柴門
그늘이 짙으니 모기가 늘 숨고　陰厚蚊常托
숲이 깊으니 범이 쭈그리고 앉는다　林深虎入蹲
비가 적시니 천 올의 실이 곧은 듯　雨浥千絲直
바람이 차니 만 개 잎이 펄럭이네　風凄萬飜葉
주나라 왕비는 삼을 못 만나서　周妃逢未早
어지러운 칡덩굴을 손질하였어라[916]　覃葛理紛紜

가축류
畜物類

말 馬

방성[917]이 준마의 종자를 내리니　房星下駿骨
예로부터 타고 달리는 것이지　從古備騎騰

915 모란은 … 일컬어지네 : 모란을 꽃의 왕이란 뜻에서 화왕(花王)이라 부르므로 이렇게 말한 것이다. 즉 모란꽃은 크기만 할 뿐 사람에게 도움이 되는 것은 없으면서 화왕이라 불리는데 뽕잎은 사람에게 이익을 준다는 뜻이다.

916 주(周)나라 … 손질하였어라 : 《시경》 〈주남(周南) 갈담(葛覃)〉에 "칡덩굴이 뻗어감이여! 골짜기 가운데에 널리 퍼졌네. 잎이 무성하거늘, 이에 베며 이에 삶노라. 고운 갈포를 만들고 거친 갈포를 만드니, 입음에 싫음이 없도다.[葛之覃兮 施于中谷 維葉莫莫 是刈是濩 爲絺爲綌 服之無斁]" 하였다. 이 시는 주나라 문왕(文王)의 후비(后妃)가 직접 지은 것으로, 몸소 근검절약을 실천하여 손수 빤 옷을 입고 근친(覲親) 가고자 하는 뜻을 말한 것이라 한다. 여기서는 후비의 시대에는 아직 삼이 없어서 갈포로 옷을 지어 입었다는 뜻으로 말한 것이다.

917 방성(房星) : 거마(車馬)를 관장하는 별이다. 그래서 말을 방성의 정기(精氣)라 하고 옛날에 방성으로 천마(天馬)를 상징했다. 당(唐)나라 이하(李賀)의 시 〈마(馬)〉에 "이 말은 보통 말이 아니지, 방성이 본래 이 말의 별이라네.[此馬非凡馬 房星本是星]" 하였다.

백토[918]는 진시황이 탄 말이요　白兔秦皇駕
화류[919]는 목왕(穆王)이 탄 말이지　驊騮穆帝乘
도읍 지나기를 흙덩이 지나는 듯[920]　過都如歷塊
높은 산 넘기를 구릉 밟는 듯하네　踰嶺若蹂陵
백락을 지금 만나지 못해　伯樂今難遇
소금 수레 끄느라 고생하누나[921]　鹽車服不勝

소 牛

형상은 붉고 뿔이 반듯하니[922]　其形騂且角
타고난 성질이 뛰지 못하네　爲物性難騰
무거운 수레를 힘으로 끌고　力服車箱重
논밭을 갈아 농사를 짓는다　勞耕稼穡登
제왕은 벌벌 떤다 불쌍히 여겼고[923]　齊王矜觳觫

918 백토(白兔) : 진시황(秦始皇)이 타는 일곱 말 중 하나이다. 일곱 말은 추풍(追風)·백토·섭영(躡影)·분전(奔電)·비핵(飛翮)·동작(銅爵)·신부(晨鳧)이다.

919 화류(驊騮) : 화류는 주(周)나라 목왕(穆王)의 팔준마(八駿馬) 중 하나로 천리마를 뜻한다. 목왕이 팔준마를 타고 천하를 주유하다가 곤륜산(崑崙山)에 있다고 하는 선경(仙境)인 요지(瑤池)에서 서왕모(西王母)를 만났다고 한다.

920 도읍 … 듯 : 한(漢)나라 왕포(王褒)의 〈성주득현신송(聖主得賢臣頌)〉에서 명마를 형용하여 "도읍을 지나고 국경을 넘는데도 빠르기가 마치 흙덩이를 지나가는 것 같다.[過都越國 蹶如歷塊]" 하였다.

921 소금 … 고생하누나 : 《전국책(戰國策)》 초책(楚策)에 "대저 늙은 준마가 소금 수레를 끌고 태항산을 올라가자면 발굽은 무력하고 무릎은 꺾이며, 꼬리는 처지고 살갗은 문드러지며, 몸의 진액은 땅에 뿌려지고, 흰 땀은 줄줄 흐른다. 산비탈 중턱에서 쩔쩔매며 끌채를 등에 진 채 올라가지 못하고 있기가 일쑤다. 이때 마침 백락(伯樂)이 그 준마를 만나거든, 대번 수레에서 내려 부여잡고 통곡을 하고, 모시옷을 벗어서 준마를 덮어줄 것이다." 하였다. 현자(賢者)가 불우하여 곤액(困厄)을 당하는 것을 비유한다.

922 붉고 뿔이 반듯하니 : 좋은 소의 모습이다. 공자의 제자 중궁(仲弓)은 부친의 출신이 미천하고 행실이 좋지 않았는데, 공자가 중궁을 두고 "얼룩소의 새끼가 털이 붉고 뿔이 반듯하면 비록 제사 희생으로 쓰지 않고자 하더라도 산천의 신이 버려두겠는가.[犁牛之子 騂且角 雖欲勿用 山川其舍諸]" 하였다. 《論語 雍也》

노자는 타기를 좋아하였어라[924] 老子好騎乘
스스로 시냇가에서 풀 뜯는 놈을 自牧溪邊意
누가 종이 위에다 그려놓았는가 誰模紙上陞

돼지 猪

그 형상 어리석고 둔하지만 其形頑且鈍
희생으로 사용할 수 있는 동물 爲物可犧牲
진흙탕에 늘 빠져서 뒹굴고 淤泥長汨沒
저습한 곳에서 잘도 살아가누나 卑濕喜全生
먹는 것은 더러운 음식 좋아하고 所食貪汚穢
주린 배 채움에 맑은 것은 싫어하네 充飢惡淡淸
배를 끌며 사는 게 아무리 고생이라지만 曳腹雖云苦
어찌 솥에 삶아지는 것을 원하리오 寧求九鼎烹

양 羊

성품이 대체로 오래 살고 稟性多綿壽
언덕 위에 한 떼로 움직인다 阡頭動一群
흰 수염은 천 올 눈과 같고 髯白千莖雪
구불구불한 털은 만 더미 구름 毛盤萬疊雲

923 제왕(齊王)은 … 여겼고 : 전국시대 제(齊)나라 선왕(宣王)이 새로 주조한 종에 소의 피를 칠하기 위해 소를 끌고가는 자를 보고 말하기를 "놓아주어라. 나는 그놈이 벌벌 떨면서 죄 없이 죽을 곳에 나아가는 것 같은 모습을 차마 보지 못하겠노라.[舍之 吾不忍其觳觫 若無罪而就死地]"라고 했던 데서 온 말이다. 《孟子 梁惠王上》

924 노자(老子)는 타기를 좋아하였어라 : 《열선전(列仙傳)》에 의하면 노자가 일찍이 서쪽으로 떠날 때에 함곡관령(函谷關令) 윤희(尹喜)가 함곡관 위에 자기(紫氣)가 서려 있는 것을 관측했는데, 이윽고 과연 노자가 푸른 소[靑牛]를 타고 그곳을 지나가므로 윤희가 그에게 부탁하여 《도덕경》 오천언(五千言)을 받았다는 고사가 있다.

둥근 눈동자는 황금 탄알이요 圓眸金彈露
한 쌍의 뿔은 옥 갈고리이어라 雙角玉鉤分
동이술 마실 때 늘 잡아먹나니[925] 朋酒宜常饗
희생으로 쓰이는 건 말할 게 없어라 犧牲不必論

거위 鵝

형상은 말통만큼이나 크고 爲形如斗大
몸 무거워 걸음은 뒤뚱뒤뚱 行步重難頻
높은 이마는 금빛이 찬란하고 隆額金光燦
기이한 털은 흰 눈빛이어라 奇毛雪色珍
도둑을 지키며 소리를 지르고 伺偸能作警
손님이 오면 반드시 꽥꽥 운다 看客必迎嗔
금강경 베끼길 기다리지 않고 不待金剛寫
늘 수십 마리 길들인 놈을 키우네[926] 常存十隊馴

오리 鴨

채색 오리를 무수히 키우니 彩鴨蓄無數
암수컷이 서로 어울려 다니누나 雄雌胥逐行

---

925 동이술 … 잡아먹나니 : 《시경(詩經)》 〈빈풍(豳風) 칠월(七月)〉 "9월에 서리가 내리면 10월에 추수를 마치네. 두 동이의 술로 연향을 베풀어 양을 잡아 저 공당(公堂)에 올라가서 저 뿔잔을 드니 만수무강하리로다.[九月肅霜 十月滌場 朋酒斯饗 曰殺羔羊 躋彼公堂 稱彼兕觥 萬壽無疆]" 하였다.

926 금강경 … 키우네 : 진나라 왕희지는 본래 거위를 매우 좋아했다. 산음현(山陰縣)의 한 도사(道士)가 거위를 많이 기르고 있었으므로, 왕희지가 한 번 가서 구경을 하고는 매우 좋아하여 거위를 사려고 하였다. 도사가 "《도덕경》을 써주면 거위를 많이 주겠다." 하니, 왕희지가 흔연히 써주고 그 거위를 가지고 왔다고 한다. 왕희지가 직접 《금강경》을 쓴 적은 없고, 당(唐)나라 장승화(張承和)가 왕희지의 글씨를 집자한 《금강경》을 흥당사(興唐寺)에 세운 일이 있다. 이 두 고사를 합하여 말한 것이다.

숫자가 많아서 큰 거리를 메우고	紛紜盈大巷
꽥꽥 울면서 봄날 물에 떠 있어라	唼喋泛春汀
옥 같은 알은 거두어 모을 수 있고	玉觳收能積
알록달록한 새끼는 날로 자라 기쁘네	斑雛喜日成
닭과 돼지는 나를 위해 기르는데	鷄豚爲我畜
너를 기르느라 몹시 수고하는구나	養汝亦勞精

닭 鷄

타고난 성품이 새벽을 살펴서	稟性司晨物
맑은 소리로 시각을 알리누나	淸音報刻長
한 번 울어 도척을 경계하고	一鳴驚盜跖
세 번 울어 순임금 반성케 하네[927]	三叫惕虞皇
막부에서는 충분을 품었었고[928]	幕府懷忠憤
진나라 관문에서는 죽음을 벗어났지	秦關脫死亡
소리 들은 것은 비록 다 같지만	聞聲雖一的
마음 속 생각은 각기 달랐어라	爲抱各殊方

927 한 … 하네 : 《맹자》 〈진심 상(盡心上)〉에 "닭이 울면 일어나서 부지런히 선행을 닦는 자는 순 임금의 무리이고 닭이 울면 일어나서 부지런히 이익을 위한 행위를 하는 자는 도척(盜跖)의 무리이다.[鷄鳴而起 孶孶爲善者 舜之徒也 雞鳴而起 孶孶爲利者 跖之徒也]" 하였기 때문에 이렇게 말한 것이다.

928 막부에서는 충분을 품었었고 : 진(晉)나라 조적(祖逖)이 친구 유곤(劉琨)과 함께 사주 주부(司州主簿)로 있을 때의 일이다. 두 사람이 한 이불을 덮고 자다가 한밤중에 때 아닌 닭 울음소리가 들리자 유곤을 발로 차 깨우면서 말하기를 "이는 상서롭지 못한 소리가 아니다." 하였다. 그리고 일어나 춤을 추면서 "천하가 들끓어 호걸들이 다투어 일어나게 되면 나와 그대는 마땅히 중원(中原)으로 가야 할 것이다." 하였다. 《晉書 卷62 祖逖列傳》

개 犬

가축이라 미천한 동물이지만　　畜物雖微賤
능히 두성의 정기를 품었어라[929]　　能含星斗精
도둑을 지키니 네 성품 어여쁘고　　司偸憐厥性
주인을 연모하니 그 정성 사랑스럽다　　戀主愛其誠
손님을 맞이함은 공부가 읊었고[930]　　迎客吟工部
서신을 전하니 육경이 기뻐했지[931]　　傳書喜陸卿
여러 해 동안 정성 들여 길렀으니　　多年勤豢養
차마 목숨을 죽이지 못하겠어라　　不忍喪其生

고양이 猫

모습은 산군[932]과 닮았는데　　狀貌山君似
인가에서 기른 지 오래이지　　人家久畜留
날쌔어 병아리를 잘 잡아먹고　　捷疾鷄雛盡
사나워서 쥐새끼들이 근심하네　　驍雄鼠子愁
침 모양을 묘시의 눈에서 보고　　針形看卯眼
대추씨 모양을 신시의 눈에서 본다[933]　　棗核見申眸

929 두성(斗星)의 정기를 품었어라 : 《광박물지(廣博物志)》 권46에 "두성이 흩어져서 개와 돼지가 된다.[斗星散爲犬彘]" 하였다. 두성은 북두성이다.

930 손님을 … 읊었고 : 당(唐)나라 두보(杜甫)의 〈중과하씨(重過何氏)〉에 "개는 예전에 묵었던 손님 맞이하고 갈까마귀는 둥지에서 떨어지는 새끼 보호한다.[犬迎曾宿客 鴉護落巢兒]" 하였다.

931 서신을 … 기뻐했지 : 육경(陸卿)은 진(晉)나라 육기(陸機)를 가리킨다. 그가 기르던 황이(黃耳)라는 애견(愛犬)이 있었다. 육기가 경사(京師)로 올라와 있던 중에 오랫동안 고향 집의 소식을 몰라 답답해하면서 개에게 장난 삼아 "고향 집에서 소식이 없는데, 네가 편지를 가지고 가서 답장을 받아 올 수 있겠느냐?" 하니, 개가 꼬리를 흔들면서 짖었다. 이에 육기가 편지를 써서 대통에 넣은 다음 개의 목에 달아 주자, 개가 길을 찾아 남쪽으로 달려가서 고향 집에 도착해 회답을 받아 가지고 돌아왔다. 《晉書 卷54 陸機傳》

932 산군(山君) : 산의 임금이란 뜻으로 범의 이칭이다.

해물이면서 유순한 태도 보이니 害物能柔順
응당 의부의 짝인 줄을 알겠구나[934] 知應義府儔

금조류
禽鳥類

까마귀 烏

저 현의자[935]를 보건대 瞻彼玄衣子
늘 반포의 마음[936]을 품고 있구나 常含反哺心
암수컷을 비록 구분할 수 없지만 雄雌雖未辨
효성스런 뜻은 모두 깊어라 誠孝意具深
한밤중 추운 나무에서 울고 半夜啼寒樹
석양에 보금자리로 돌아간다 斜陽返故林
청컨대 그대 나라가 혼란할 때 請君當亂日
지붕 위에 올라가 울지 말라[937] 臨屋莫遺音

933 침 … 본다 : 묘시(卯時)는 오전 5시에서 7시 사이이고 신시(申時)는 오후 3시에서 5시 사이이다. 즉 오전에는 고양이가 졸기 때문에 눈을 침처럼 가늘게 뜨고 오후에는 깨어서 눈을 대추씨처럼 둥글게 뜬다는 뜻이다.

934 해물(害物)이면서 … 알겠구나 : 당(唐)나라 초기의 문신 이의부(李義府)가 용모는 온공(溫恭)한 표정을 지녀서 남들과 얘기할 때는 반드시 미소를 짓곤 하였다. 그러나 속으로는 남을 음해하여 자기의 뜻에 거슬린 사람은 반드시 죄에 빠뜨리곤 하였다. 그래서 당시 사람들이 그를 일러 "의부는 웃음 속에 칼이 있다.[義府笑中有刀]" 하였고, 또 그를 인묘(人貓), 즉 사람 고양이라 하였다.《舊唐書 卷82 李義府傳》

935 현의자(玄衣子) : 검은 옷을 입은 사람이란 말로 까마귀를 높여 부른 것이다.

936 반포(反哺)의 마음 : 까마귀 새끼가 장성하면 도로 먹이를 물어다가 늙은 어미를 먹여 주는 것을 반포라 한다. 그래서 까마귀를 반포조(反哺鳥)라 하고, 효성스런 새라 하여 효조(孝鳥)라고도 한다.

937 그대 … 말라 : 까마귀가 지붕 위에서 울면 사람이 죽는다는 말이 있으므로 이렇게 말한 것이다.

까치 鵲

집 뒤에 까치 한 쌍이 있어 屋後雄雌鵲
펄펄 날면서 날마다 노니누나 翩翩日戲遊
기쁜 소식 있으면 먼저 알려주고[938] 有喜能先報
은혜를 알아서 반드시 보답하지[939] 知恩必自酬
남쪽 둥지에서 경사를 불러들이고 南巢招吉慶
저녁에 울어서 허물을 깨우쳐 주네 夕噪喩愆尤
사람을 친압해도 해 끼치지 않기에 狎近無相害
늘 탄환을 맞는 근심을 잊고 있누나 常忘被彈憂

부엉이 鵂鶹

시월이라 풍상이 매우 차니 十月風霜重
부엉이 우는 소리 끊이지 않네 鵂鶹聽不禁
깃털은 다른 새들과 다르고 毛羽殊群鳥
소리도 다른 새들과 달라라 聲音異衆禽
밝은 대낮에는 깊이 숨고 深藏當皎日
날이 어두워야 날아다니지 飛動必昏陰
어서 깊은 산으로 가거라 速向深山去
사람들이 모두 너를 잡으려 한다 人皆欲汝擒

---

938 기쁜 … 알려주고 : 예로부터 '까치는 기쁜 소식을 전한다.[靈鵲報喜]'고 알려져 왔다. 《서경잡기(西京雜記)》 권3에 "까치가 울면 길 떠난 사람이 돌아오고, 거미가 집을 지으면 모든 일이 잘 풀린다.[乾鵲噪而行人至 蜘蛛集而百事喜]" 하였다.

939 은혜를 … 보답하지 : 당(唐)나라 때 여경일(黎景逸)이 공청산(空青山)에 살면서 까치 한 마리를 길들였다. 뒤에 경일이 무함을 당하여 옥에 갇혔다. 하루는 이 까치가 감옥의 지붕으로 날아와 경일을 내려다보며 반갑게 지저귀었는데 조금 뒤에 사면하는 조서가 왔다 한다. 《事文類聚 後集 卷44 鵲》

올빼미 梟

깃털은 검은색 흰색 섞였고	羽毛交黑白
귀는 길고 눈은 눈동자 없어라	長耳目無精
밤중에는 터럭도 잘 보지만	宵分毫末細
아침에는 태산도 보지 못하지	朝暗泰山形
다른 새들은 해를 따르거늘	衆鳥欲隨日
그대는 어이 홀로 어둠을 좋아하나	何君獨喜冥
사람과 새 성품이 각각 다르니	人禽偏厥性
하늘의 뜻이 균평하지 않구나	天意未均平

박쥐 蝙蝠

날개는 있지만 깃털은 없으니	有翼終無羽
형상이 괴이해 알 수가 없어라	形容怪莫知
아침엔 들보에 매달려 뵈지 않고	朝樑攀不見
밤에는 온 집안 맘껏 날아다니지	昏閣恣騰馳
시를 읊는 밤에 난잡하게 날고	雜亂長吟夜
잠 못 이루는 때 어지럽게 난다	紛紜不寐時
고대광실엘랑 가서 살지 말라	高門須勿托
가는 곳마다 그물이 쳐졌으리니	隨處網羅弛

수류
獸類

기린 麟

신령한 기린은 인자의 부류 神麟仁者類
반드시 성인이 나와야 나타나지 必待聖人遊
고라니 같은가 하면 도리어 사슴 같고 似麋還似鹿
말도 아니지만 또한 소도 아닐세 非馬亦非牛
교외의 풀도 밟지 않거늘 不踏郊中草
들판의 더러운 풀 어이 밟으랴 寧過野外蕕
사로잡힌 건 좋은 조짐 아니니 見擒非吉瑞
한갓 춘추를 쓰는 붓만 멈췄어라[940] 徒絶筆春秋

범 虎

범은 길짐승 중 우두머리이니 虎是毛群長
산군이란 호칭 까닭이 있어라 山君號有因
위엄은 백수를 놀라게 하고 威稜驚百獸
신무는 천인을 떨게 하누나 神武慴千人
북쪽으로 물을 건너간 건 유의 덕을 생각해서요[941] 北渡懷劉德

---

940 사로잡힌 … 멈췄어라 : 노(魯)나라 애공(哀公) 때 서쪽 땅으로 사냥을 나갔다가 이상한 짐승을 잡았다. 공자가 이것을 보고 "이는 기린(麒麟)인데 좋은 세상에 태어나지 못하여 이렇게 잡혔다." 하고 눈물을 흘렸다. 그런 다음 《춘추》를 지었으며, 애공이 서쪽으로 사냥 갔다가 기린을 잡았다는 대목, 즉 '서수획린(西狩獲麟)'에서 끝맺었다. 그래서 《춘추》를 《인경(麟經)》이라고도 부른다.

941 북쪽으로 … 생각해서요 : 유(劉)는 후한(後漢) 때 유곤(劉昆)을 가리킨다. 유곤이 홍농 태수(弘農太守)로 있을 때, 홍농 지방에는 효산(崤山)을 지나는 도로가 험난한 데다 역로(驛路)에 호환(虎患)이 많아서 사람이 다닐 수가 없을 정도였다. 유곤이 3년간 선정(善政)을 베풀어서 어진 덕화(德化)가 크게 퍼지니, 범들이 모두 새끼를 등에 업고 강을 건너 북쪽으로 가 버렸다고 한다. 《後漢書

동쪽으로 물을 건넌 건 송의 어짊에 감동해서지[942] 東浮感宋仁
삼해[943]의 반열에 들지 말라 毋居三害列
한갓 자신을 죽이게 될 뿐이니 徒自殒其身

사슴 鹿

고라니 사슴은 길짐승이라 麋鹿毛群類
깊은 산에서 새끼를 많이 기르지 深山育子稠
노래는 군신의 향연에 들어가고[944] 詠入君臣饗
그 몸은 은사의 벗이 되도다[945] 身爲隱士儔
소대에는 가까이 가 노닐지 말고[946] 蘇臺遊莫近
영유에 오래도록 머물러 있거라[947] 靈囿合長留

卷79 儒林列傳》

942 동쪽으로 … 감동해서지 : 송(宋)은 후한(後漢) 광무제(光武帝) 때 송균(宋均)을 가리킨다. 송균이 구강 태수(九江太守)로 있을 때 구강 지방에 범이 많은 것을 보고 "범이 산에 있는 것은 자라가 물에 있는 것과 같다. 지금 백성을 해치는 것은 잔혹한 관리이다." 하고는 간리(奸吏)를 물리치기에 힘썼더니, 범이 모두 동쪽으로 강을 건너가 버렸다 한다.《後漢書 卷41 宋均傳》

943 삼해(三害) : 진(晉)나라 주처(周處)가 젊은 시절 향리에 위해(危害)를 많이 끼쳤다. 그래서 사람들이 남산(南山)의 범, 장교(長橋)의 교룡(蛟龍)과 주처를 합쳐서 세 가지 해를 끼치는 것이란 뜻으로 삼해(三害)라 불렀다.《晉書 卷 58 周處傳》

944 노래는 … 들어가고 : 노래는《시경(詩經)》〈소아(小雅) 녹명(鹿鳴)〉을 가리킨다. 그 시에 "평화로이 우는 저 사슴이여, 들판의 쑥을 뜯네. 나에게 반가운 손들이 모여서, 비파 타고 피리도 부네.[呦呦鹿鳴 食野之苹 我有嘉賓 鼓瑟吹笙]" 하였다. 이 시는 곧 임금이 어진 신하들을 불러 주연(酒宴)을 베풀면서 군신(君臣)의 화락한 정을 노래한 것이다.

945 그 … 되도다 : 산 속에 은거함을 뜻할 때 사슴을 벗한다는 표현을 많이 쓴다. 당(唐)나라 백거이(白居易)의 〈숙서림사 … (宿西林寺 …)〉에 "귀양 가며 대궐 떠나매 봉황새가 멀어지고, 늙어서 여산에 들어가니 고라니 사슴이 따른다.[謫辭魏闕鵷鸞隔 老入廬山麋鹿隨]" 하였다.

946 소대(蘇臺)에는 … 말고 : 소대는 춘추 시대 오왕(吳王) 부차(夫差)가 미인 서시(西施)를 위해 지은 고소대(姑蘇臺)를 가리킨다. 부차가 날마다 서시와 함께 고소대에서 황음(荒淫)만을 일삼고 오자서(伍子胥)의 간언을 듣지 않았다. 이에 오자서가 부차에게 말하기를 "지금 곧 오나라가 망하여 고소대 아래에서 사슴이 노는 것을 보게 될 것입니다." 했다는 고사가 있기 때문에 이렇게 말한 것이다.

947 영유(靈囿)에 … 있거라 : 영유는 주(周)나라 문왕(文王)의 원유(苑囿)이다.《시경(詩經)》〈대아

주공의 동네에 이름 걸렸으니[948] 揭號朱公洞
천추에 길이 잊혀지지 않으리 千秋憶未休

원숭이 猿

거처할 보금자리도 굴도 없이 寄托無巢穴
나무 위에 이리저리 다니며 사네 遊居在樹頭
맑은 소리는 바람 속에서 들리고 淸音風裏聞
구슬픈 음향은 달빛 속에 많아라 哀響月中稠
초가집 속에 사람 꿈을 불러 깨우고 喚起篷間夢
수국의 시름을 울어서 일으키누나 啼生水國愁
밤에 잘 때 늘 목을 나무에 거니 宵眠長掛頸
아마도 섭생하는 부류[949]가 아닐까 疑是攝生流

여우 狐

붉은 여우 길이가 몇 척인데 赤狐長數尺
바위굴 속에 늘 들어가 산다 巖窟永相依
물소리 들으면 유예와 같고[950] 聽水同猶豫

(大雅) 영대(靈臺)〉에 "왕이 영유에 계시니, 암사슴과 사슴이 엎드려 있도다. 암사슴과 사슴이 번드르 살쪘거늘, 백조는 깨끗하고도 희도다.[王在靈囿 麀鹿攸伏 麀鹿濯濯 白鳥翯翯]" 한 것을 차용하였다. 이는 백성들이 문왕의 덕을 흠모하여 노래한 것이므로 이렇게 말한 것이다.

948 주공(朱公)의 … 걸렸으니 : 주공은 송(宋)나라 주희(朱熹)를 가리킨다. 그가 남강군지사(南康軍知事)로 부임하여 강학(講學)한 백록동서원(白鹿洞書院)을 말한다. 백록동은 본래 당(唐)나라 이발(李渤)이 그의 형 이섭(李涉)과 함께 여산(廬山)에 은거하여 독서했던 곳이다. 그가 흰 사슴 한 마리를 길들여 항상 데리고 다녔으므로 사람들이 그를 '백록선생'이라 하고 그의 거처를 '백록동'이라 한 데서 유래하였다. 《宋史 卷429 朱熹傳》

949 섭생(攝生)하는 부류 : 나무 위에 올라가 자는 것을 생명을 잘 지켜서 양생하는 사람에 비겼다.

950 물소리 … 같고 : 유(猶)와 예(豫)는 두 짐승 이름인데 의심이 많아 머뭇거리기를 잘한다고 한다. 여우는 꼬리가 물에 젖으면 물을 건너지 못하기 때문에 물소리를 들으면서 머뭇거린다고 한다. 《주역

앞서 갈 때는 범의 위세를 빌린다[951]	先行藉虎威
사람을 만나면 화장을 해 홀리고	逢人爲粉黛
길손을 만류하며 갖은 아양을 떤다	留客事脂韋
관중 근처에는 가지를 말라	莫向關中近
진나라 왕이 옛날 가죽 잃었으니[952]	秦王失故皮

살쾡이 狸

여우와 살쾡이 함께 불리지만	狐狸名旣竝
교활하기는 네가 더욱 심하지	奸猾汝尤長
집에 들어와 닭을 다 잡아먹고	入戶鷄群絶
숲속에 있으면 꿩의 씨가 마른다	栖林翟子亡
가죽이 거칠어 갖옷은 못 만들고	皮麤裘未合
털은 촘촘해 부채 만들기 좋아라	毛密扇宜張
우인[953]의 집에 가까이 가지 말라	莫向虞人宅
탄환이 전대에 가득 차 있으니	彈丸滿一囊

(周易)》〈미제괘(未濟卦)〉 정전(程傳)에 "여우는 물을 건너갈 수 있으나 꼬리를 적시면 건너가지 못한다. 늙은 여우는 의심과 두려움이 많기 때문에 얼음을 밟으면서 물소리를 들으니 빠질까 두려워해서이다.[狐能度水 濡尾則不能濟 其老者多疑畏 故履氷而聽 懼其陷也]" 하였다.

951 앞서 … 빌린다 : 호가호위(狐假虎威)에서 온 말로, 그 내용은 대략 다음과 같다. 전국 시대 초(楚)나라 강을(江乙)이 초 선왕(楚宣王)의 물음에 대하여 "호랑이가 백수(百獸)를 다 잡아먹고 또 여우를 잡아먹으려 하였습니다. 그러자 여우가 '그대가 나는 감히 잡아먹지 못한다. 천제(天帝)가 나로 하여금 백수의 어른 노릇을 하게 했으니, 그대가 나를 잡아먹는다면 이는 천제의 명을 거스르는 것이다. 내 말을 못 믿겠으면 내가 그대를 위하여 앞서 갈 테니, 그대가 내 뒤를 따르면서 보거라. 짐승들이 나를 보고 감히 달아나지 않겠는가.' 하였습니다. 호랑이가 그 말을 믿고 마침내 따라가 보니, 과연 짐승들이 바라보고 모두 달아났습니다. 호랑이는 짐승들이 자기를 두려워해서 달아난 줄은 모르고 여우를 두려워한 것으로 잘못 알았답니다."라고 대답하였다. 《全國策 楚策》

952 관중(關中) … 잃었으니 : 관중은 진(秦)나라의 도성인 함양(咸陽) 일대의 분지이다. 주 761 참조.

953 우인(虞人) : 고대에 산림(山林)과 천택(川澤)을 관리하고, 임금의 사냥터인 원유(苑囿)를 지키는 벼슬아치이다.

다람쥐 鼯

다람쥐란 놈 무척 날래어서　　狙公能捷疾
산촌에 마음대로 뛰어다닌다　　山郭恣騰馳
훌쩍 뛰어서 시냇물 건너고　　騫越行溪澗
부여잡고서 나뭇가지에 오른다　　攀援上樹枝
겨울 양식으로 도토리 밤 모으고　　經冬收橡栗
종일토록 팥배를 주워 모았건만　　終日拾棠梨
한 번 새장 속에 갇힌 뒤로는　　一閉鷴籠裏
늙은 시인 구경거리가 되었어라　　詩翁玩不疲

쥐 鼠

너를 알고 지낸 지가 삼년[954]　　慣汝成三歲
지금은 네 족류가 많아졌구나　　於今族類稠
벽 틈에 떼 지어 출몰하고　　壁間群出沒
들보 위에서 맘대로 찍찍거린다　　樑上恣啾啾
장롱을 뚫어서 옷을 갉아버리고　　穴篋衣專破
담을 뚫어 곡식을 죄다 훔쳐가네　　穿墉粟盡輸
오원[955]을 장차 기르고자 하노니　　烏圓將欲畜
신발 벗어 던지길 기다리기 어렵네　　難可待靴投

---

954 너를 … 삼년 : 《시경(詩經)》 〈위풍(魏風) 석서(碩鼠)〉에 "큰 쥐야 큰 쥐야, 우리 기장을 먹지 말지어다. 삼 년 동안 나와 알고 지냈건만 그래도 나를 봐주지 않는구나.[碩鼠碩鼠 無食我黍 三歲貫女 莫我肯顧]" 하였기 때문에 이렇게 말한 것이다. 이 시는 위(魏)나라 사람이 과중한 세금을 거두는 임금의 학정(虐政)에 못 견디어 멀리 타국으로 떠나려 하면서 부른 노래라 한다.

955 오원(烏圓) : 고양이의 이칭이다.

행충류
行蟲類

용 龍

신룡은 길이가 백 길이 되고	神龍經百丈
비늘이 곤륜산에 찬란하여라	鱗甲耀崑山
어찌 작은 못 속에 살리오	豈是潢池物
끝내 작은 물속엔 서리지 않네	終非尺澤蟠
깊이 푸른 바다 속에 살고	深居滄海底
높이 흰 구름 사이로 나간다	高出白雲間
좋다고 양과 돼지 던져 주지 말라	莫戀投羊豕
위험을 스스로 자초하는 것이니	危機自犯干

거북 龜

신령한 거북이 낙수에서 나와	神龜出洛水
구주의 상서로운 형상 등에 졌어라[956]	能負九疇祥
우임금은 그 법을 진열하였고	大禹陳其法
기왕은 상세한 내용을 알려주네[957]	箕王誦厥詳

956 신령한 … 졌어라 : 우(禹)임금이 치수(治水)에 성공했을 때 낙수(洛水)에서 신령한 거북이 나왔는데, 그 등에 이상한 무늬가 배열되어 있었다. 이 무늬를 낙서(洛書)라고 하는데, 북쪽에 1, 남쪽에 9, 동쪽에 3, 서쪽에 7, 동북쪽에 8, 서북쪽에 6, 동남쪽에 4, 서남쪽에 2가 배열되어 있었다. 우임금이 이를 보고 차례로 진열해서 구류(九類)를 이루었으니, 《서경(書經)》 홍범구주(洪範九疇)가 이것이라 한다.

957 기왕(箕王)은 … 알려주네 : 기왕은 기자(箕子)를 가리킨다. 《서경》 〈홍범〉에 "무왕(武王)이 기자를 방문하여 치국(治國)의 대도(大道)를 묻자, 기자는 대답하기를 '하늘이 우왕(禹王)에게 홍범구주(洪範九疇)를 내려주었다.' 하고 아홉 가지를 말하였다." 하였다. 홍범은 나라를 다스리는 큰 법인데, 구주는 그 아홉 가지 종류이다. 오행(五行), 오사(五事), 팔정(八政), 오기(五紀), 황극(皇極), 삼덕(三德), 계의(稽疑), 서징(庶徵)의 여덟 가지에 오복(五福)과 육극(六極)을 합한 것이다.

희주는 천년토록 왕업을 이었고[958] 姬周千載業
동토는 백번이나 흥망을 거듭했네[959] 東土百興亡
지금에 모든 이치 밝은 것은 至今明萬理
홍범이 그 강령이 되었던 것이지 洪範得其綱

뱀 蛇

독물이 숲 속에 번식하니 毒物蕃林藪
몸 길이가 몇 척이 넘어라 其身數尺強
사람 물면 사람이 절로 죽고 螫人人自斃
짐승 물면 짐승이 지레 쓰러진다 鍼獸獸先僵
영야에는 많이 생산된다고 하고[960] 永野聞多產
상산은 형세가 더욱 길어라[961] 常山勢更長
약으로 혹 이용할 수 있다면 圭刀或利用
낫지 않는 종기를 치유할 수 있지 能已未醫瘡

---

958 희주(姬周)는 … 이었고 : 희주는 주(周)를 가리킨다. 주나라 왕실이 희성(姬姓)이므로 이렇게 부른 것이다. 무왕(武王)이 기자로부터 홍범구주를 듣고 나라를 다스려 천년토록 나라가 이어졌다는 뜻이다.

959 동토는 … 거듭했네 : 기자(箕子)가 평양에 도읍하여 팔조법금(八條法禁)을 만들어 다스린 뒤로 왕조가 많이 바뀌며 이어졌다는 뜻이다.

960 영야(永野)에는 … 하고 : 백성들이 가혹한 수탈을 당하지 않을 것이라는 뜻이다. 영야는 영천(永川)의 들이다. 영천 지방에 흑질백장(黑質白章)이란 뱀이 난다. 이 뱀은 맹독이 있어 닿기만 하면 초목이 죽을 정도이다. 왕명(王命)으로 그 뱀을 1년에 2마리씩 바치게 하고, 그것을 잡는 자는 세납(稅納)을 면제해 주었다. 장씨(蔣氏)라는 사람이 삼대(三代)째 그 일을 하다가 할아비와 아버지가 모두 뱀에 물려 죽었고, 자신도 여러 차례 죽을 뻔했다. 그러나 가혹한 세납과 부역을 면제받을 수 있기 때문에 그 일을 버리지 못했다는 이야기가 유종원(柳宗元)의 〈포사자설〉에 나온다. 《古文眞寶 後集 捕蛇者說》

961 상산(常山)은 … 길어라 : 회계군(會稽郡)의 상산에는 상산사(常山蛇)라는 뱀이 있다. 이 뱀은 머리를 때리면 꼬리가 따라오고, 꼬리를 때리면 머리가 따라오며, 허리를 때리면 머리와 꼬리가 함께 따라온다.

두꺼비 蟾蜍

두꺼비가 달 궁전에서 내려와[962] 蟾蜍下月殿
세상에 머문 지 얼마나 되었는고 留世幾多時
몸에는 황금 좁쌀이 뒤덮였고 身遍黃金粟
가슴엔 백옥 가죽을 둘렀구나[963] 胸縈白玉皮
혀가 기니 파리가 절로 잡히고 舌長蠅自沒
소변이 독하니 독사도 피한다 溺毒蝮難追
사람이 너처럼 복이 많다면 人能猶汝福
용맹이 없은들 무슨 걱정이랴 無勇亦何悲

개구리 鳴蛙

꼬리 끊어지고 몸은 올챙이 斷尾身蟹蚪
겨울잠에서 가장 먼저 깨지 能先衆蟄驚
수놈은 달빛 아래 시내에서 울고 雄鳴月下浦
암놈은 비오는 물가에서 운다 雌唱雨中汀
밤이 깊도록 울음소리 안 그치고 夜闌喧不輟
아침에는 내내 소리 없이 고요해라 朝竟寂無聲
용렬한 임금이 공과 사 물었으니[964] 庸辟公私問
천추에 어리석다는 비웃음을 사네 千秋笑不明

---

962 두꺼비가 … 내려와 : 달에는 두꺼비가 산다는 전설이 있기 때문에 이렇게 말한 것이다. 주 803 참조.

963 몸에는 … 둘렀구나 : 두꺼비의 모습을 형용한 것이다.

964 용렬한 … 물었으니 : 진(晉)나라 혜제(惠帝)가 천성이 혼암(昏暗)하였다. 태자(太子)로 있을 때 밖에 나갔다가 개구리 우는 소리를 듣고는 옆사람에게 "저것이 관가[官]의 개구리냐, 사가[私]의 개구리냐?"라고 묻자, 시신(侍臣) 가윤(賈胤)이 "관가의 땅에 있는 놈은 관의 개구리이고, 사가의 땅에 있는 놈은 사가의 개구리입니다." 하였다. 그러자 "관가의 개구리에게는 늠료(廩料)를 지급하라." 하였다. 즉위한 뒤에 또 일찍이 화림원(華林園)에서 놀다가 개구리 우는 소리를 듣고 좌우 신하들에게 "저 개구리가 관가를 위해서 우느냐, 사가를 위해서 우느냐?" 하자, 혹자가 대답하기를

지네 蜈蚣

딱딱한 껍질 하나에 발은 천 개　一殼張千足
제 마음껏 아무 데나 잡고 오른다　登攀恣厥心
벽 사이엔 푸른 검을 감추었고　壁間藏翠劍
처마 밑에는 검은 거문고 걸었네[965]　簷底掛玄琴
지렁이는 원래 그의 적이요　蚯蚓爲元敵
두꺼비와는 서로 침탈하는 사이　蟾蜍互有侵
황강에 지네가 많이 설쳐대니　黃岡多雜亂
소자가 잠을 깊이 잘 수 없었지[966]　蘇子睡難沈

지렁이 蚯蚓

나체에 아무것도 걸치지 않고　裸身無所着
긴긴 여름 진흙 속에서 나온다　長夏出淤泥
마른 흙은 배고플 때 먹고　槁壤飢餐物
누른 물은 목마를 때 먹는다　黃泉渴飮資
삶은 즙은 종기 독을 치료하고　爛汁醫瘡毒
기름은 이질 치료에 효험 있지　眞膏聖痢治
세상에 이렇게 하찮은 것도　世間微細物
끼치는 혜택은 절로 기이하구나　流澤自玄奇

"관가의 땅에 있는 놈은 관가를 위해서 울고, 사가의 땅에 있는 놈은 사가를 위해서 우는 것입니다." 했다는 고사가 있다. 《晉書 卷4 惠帝本紀》

965 벽 … 걸었네 : 지네의 모습을 형용한 것이다. 지네가 벽 틈에 숨거나 처마 밑에 붙어 있는 모양을 그렇게 형용한 것이다.

966 황강(黃岡)에 … 없었지 : 소자(蘇子)는 송(宋)나라 소식(蘇軾)을 가리킨다. 황강현(黃岡縣) 성밖에 있는 강으로 소식이 신종(神宗) 원풍(元豐) 5년(1082)에 당쟁으로 혁신당에게 몰려 조정에서 쫓겨나 황강현(黃岡縣)에서 유배생활을 했던 곳이다.

개미 螻蟻

굴 속에 살며 비 올 조짐 알아 穴處先知雨
날씨 흐리면 반드시 옮겨가누나 天陰必有移
떼 지어 나오는 것은 출진하는 듯 馳驅如出陣
무리 지어 가는 것은 행군하는 듯 逐隊等行師
일찍부터 군신의 의리를 지키니[967] 早守君臣義
응당 장수와 졸개 속임이 없으리 應無將卒欺
떠내려가는 개미 떼 건져줬으니 臨流態見濟
기이한 상모에서 사람을 알아봤네[968] 奇貌相知人

거미 蜘蛛

모습은 마치 검수와 같아 狀貌如黔叟
처마 끝에 늘 매달려 있구나 簷頭掛有恒
깊이 숨었다 드물게 나오고 深居能簡出
천명을 알아 날뛰지 않는다 知命不飛騰
그물에 들어오는 나비들 많고 入網饒群蝶

967 군신(君臣)의 의리를 지키니 : 남당(南唐) 담초(譚峭)의 《화서(化書)》에 "개미[蟻]에게는 임금이 있어, 주먹만한 집에서 뭇 개미와 함께 거처하고, 한 톨의 먹을 것도 뭇개미와 함께 에워싼다."고 하여, 이를 군신유의(君臣有義)에 비유하였다.

968 떠내려가는 … 알아봤네 : 송(宋)나라 송상(宋庠)과 송기(宋祁) 형제는 문학이 뛰어나 세상에서 대송(大宋)과 소송(小宋)으로 일컬어진다. 이들이 어릴 때 한 호승(胡僧)이 예언하기를 "소송은 천하에 으뜸이 될 것이요 대송도 그보다 못하지는 않을 것이다." 하였다. 그리고 십여 년 뒤에 호승이 대송을 보고 말하기를 "공의 풍신(風神)이 몰라보게 달라져 흡사 백만 명의 목숨을 구제해준 사람 같구려." 하였다. 이에 대송이 말하기를 "가난한 선비가 무슨 힘이 있어 많은 생명을 구해줄 수 있겠소." 하고 말하기를 "내가 사는 집 섬돌 아래 개미굴이 있소. 폭우가 내릴 때 떠내려가지 않으려고 개미들이 굴 주위에 모여 있기에, 내가 장난 삼아 대나무를 엮어 다리를 만들어 물을 건널 수 있게 해 주었소." 하였다. 이에 호승이 "바로 이것이오. 이번 과거에서 소송은 장원할 것이고 공도 그보다 못지않을 것이오." 하였다. 과연 과거에서 소송이 장원했으나 장헌후(章憲后)가 "아우가 형보다 앞설 수 없다." 하여 대송을 제일(第一), 소송을 제십(第十)으로 급제시켰다. 《類說》

그물에 걸리는 파리 떼 많아라　懸羅厭衆蠅
새들아 함부로 쪼려 하지 말라　諸禽無犯啄
이놈은 괴이해 이기기 어려우니　爲物怪難勝

귀뚜라미 蟋蟀

이 벌레 풀숲에서 번식하여　爲蟲蕃草底
산촌 집 뜰에 가득 늘렸어라　布列滿山庭
달빛 아래서 높이 울어대고　月下高吟壯
바람 속에서 가늘게 우는구나　風頭細響淸
매양 시인의 꿈 흔들어 깨우고　每擺騷人夢
늘 묵객의 마음을 흔들어 놓누나　常搖墨客情
맨몸뚱이라 의탁할 곳 없으니　裸身無所托
어느 곳에 몸을 숨길 수 있으랴　何處可藏形

베짱이 促織

베짱이가 높은 벽에 올라가서　促織攀高壁
맑은 소리 밤낮으로 우누나　淸音日夜忙
철걱철걱 베틀 북 소리 들리고　札札聞機杼
찌륵찌륵 방안에서 울어댄다　喓喓亂室房
게으른 아낙은 흰 고치를 켜고　懶婦繰霜繭
가난한 아내는 흰 명주실 짜네　貧妻理雪紡
산골 늙은이 걸칠 옷 없는데　山翁無所着
네 덕분에 따스한 옷 입는구나　賴爾暖衣裳

당랑[969] 螳螂

사마귀가 말똥을 둥글게 모아 螳螂聚馬穢
길거리에서 잘도 굴려 가는데 街上轉如流
암놈은 앞에서 부지런히 끌고 雌引勤無輟
수놈은 뒤에서 힘껏 미는구나 雄推苦不休
구덩이 파서 단단히 숨기는 뜻은 掘坎堅藏意
겨울을 날 양식을 장만하는 게지 經冬免死謀
수레바퀴 막은 건[970] 참으로 어리석구나 拒轍誠愚計
바위에 눌리는 계란 신세 되고 말지 應逢壓卵憂

비충류
飛蟲類

나비 蝴蝶

장주가 나비로 화하여서[971] 莊周化蝴蝶
봄날 꽃 핀 숲을 날아다닌다 春日繞芳林
노란 옥 나는 것이 보기에 좋고 喜見飛黃玉

---

969 당랑(螳螂) : 원래 사마귀인데 여기서는 말똥구리와 혼동한 듯하다.

970 수레바퀴 막은 건 : 《장자》 〈인간세(人間世)〉에 거백옥(蘧伯玉)이 "너는 저 사마귀란 놈을 알지 못하느냐. 제 팔뚝을 뽐내어 수레바퀴를 막으려 하니, 제 힘으로 감당할 수 없음을 알지 못해서 그런 것이다.[汝不知夫螳蜋乎 怒其臂以當車轍 不知其不勝任也]" 한 데서 온 말로, 성어로는 당랑거철(螳螂拒轍)이라 한다.

971 장주(莊周)가 나비로 화하여서 : 장자(莊子)의 호접몽(胡蝶夢)을 가지고 나비를 표현한 것이다. 장자의 이름이 주(周)이다. 《장자》 〈제물론(齊物論)〉에 "옛날 장주가 꿈에 나비가 되었다. 훨훨 나는 나비인지라 스스로 즐거워하며 유쾌할 뿐 자신이 장주인 줄 몰랐다. 갑자기 꿈을 깨고 보니, 자신이 분명 장주였다. 장주의 꿈속에서 나비가 된 것인지, 나비의 꿈속에서 장주가 된 것인지 알지 못하였다.[昔者 莊周夢爲蝴蝶 栩栩然蝴蝶也 自喩適志與 不知周也 俄然覺 則蘧蘧然周也 不知周之夢爲胡蝶與 胡蝶之夢爲周與]" 하였다.

끝내 어지러운 자금빛이 보이누나	終看亂紫金
흰 옷은 두 명의 사자가 되고[972]	白衣爲二使
검은 옷은 한 쌍의 비녀 꽂았어라[973]	玄褐戴雙簪
숲 아래엔 거미줄이 많으니	樹下多蛛網
꽃 찾더라도 방심하지 말거라	探花莫放心

잠자리 蜻蜓

물속에 들어가서 알을 낳고	潛蟲蓄水底
흙탕물을 나와서 허물을 벗네	蛻脫出泥濘
푸른 껍질은 푸른 옥과 같고	青殼騰蒼玉
붉은 머리는 붉은 옥 같아라	紅頭散紫瓊
집 주위에서 오르락내리락 날고	屋邊齊上下
두건 위에 혹 날아와 앉는다	綸首或來停
가장 사랑스러운 건 무수히 날아	最愛飛無數
석양에 부평초 위에 내려앉는 것	斜陽點綠萍

매미 蟬

굼벵이 허물을 벗고 나와서	蛻拆蝤蠐背
푸른 옥 같은 모양 이루었어라	能成碧玉形
맑은 소리는 이슬과 섞이고	淸音和露激
가는 음향은 산들바람 속에 들린다	纖響受風輕

---

972 흰 … 되고 : 흰 나비를 소식을 전하는 사자(使者)에 비긴 것이다. 송(宋)나라 주숙진(朱淑眞)의 〈한춘(恨春)〉에 “나비 사자 봉 중매쟁이는 나그네 한을 전하고, 베틀 북 같은 꾀꼬리 실 같은 버들은 봄 시름을 아누나[蝶使蜂媒傳客恨 鶯梭柳線識春愁]” 하였다.

973 검은 … 꽂았어라 : 검은 나비의 머리 부분에 난 두 개의 더듬이 같은 것을 비녀에 비긴 것이다.

변방 생각하는 꿈[974] 불러 깨우고 喚起思邊夢
임금 연모하는 마음 유독 놀라게 하네 偏驚戀主情
안개만 먹고 아무것도 안 먹으니 餐霞無所食
아마도 적송자[975]의 혼령이 아닌가 하노라 疑是赤松靈

왕벌 王蜂

왕벌 지름이 한 치 크기라 王蜂經一寸
용맹하기 벌레 중 으뜸일세 雄猛冠蟲流
그 위세에 사람들은 겁내고 積威人所怯
만나면 결국 원수가 되고 말지 相値竟爲讐
꿀을 훔치면 날아와서 쏘고 寇蜜衝能猝
벌집 건드리면 반드시 섬멸하네 侵衙必盡劉
단지 술을 좋아하기 때문에 秖緣貪麴蘖
때때로 술동이에 빠지고 말지 時或沒其頭

꿀벌 蜜蜂

노란 벌 한량없이 많은 무리 黃蜂類不億
맡은 일이 제각각 다르구나 所幹殊群生
군신의 의리는 무겁게 지키지만 守義君臣重
부자의 정은 가벼워 따로 사누나 分居父子輕
제 몸을 죽여 적의 침입을 막고 殺身能禦侮
한 몸을 다 바쳐서 힘껏 일하네 委質力經營

---

974 변방 생각하는 꿈 : 변방으로 수자리 서러 간 남편을 그리워하여 꾼 꿈이다. 이백(李白)의 〈사변(思邊)〉이란 시가 있다.

975 적송자(赤松子) : 고대 전설상의 선인(仙人)이다. 주 338 참조.

멸망하는 건 그 죄가 아니니 覆滅非其罪
꽃의 정기 꿀을 모아뒀기 때문[976] 由藏百卉精

반딧불 螢火

저 반딧불을 좋아하노니 愛彼秋螢火
밤새도록 밝게 비춰주누나 通宵映不迷
잎사귀 밑에 빛이 반짝반짝 葉間光熠燿
숲가에 불빛이 오르락내리락 林畔影高低
달빛 아래선 늘 드물게 보이고 月下看常罕
바람 불면 잘 보이지 않아라 風頭見未齊
비단 창가엘랑 다가가지 말라 紗窓飛莫近
외로운 과부가 독수공방하니[977] 孤妾守空閨

모기 蚊

물속의 알에서 허물을 벗어 蛻出洿池物
형체는 미미하나 기운은 씩씩해라 形微氣甚魁
우레 같은 소리 바람결에 들려오고 雷聲風裏送
종소리 같은 음향 달빛 아래 울린다 鍾響月中廻
예리한 부리는 사람 피부를 꿰뚫고 利觜鍼肌骨
긴 발은 사람의 얼굴을 치누나 長肢撲面腮
사람들마다 죽이고 싶어하지만 人人皆欲殺
뉘라서 모기장을 걷고 나서리오 誰獨撤帷開

976 멸망하는 … 때문 : 사람들이 꿀벌의 집을 꺼내어 꿀을 따므로 이렇게 말한 것이다.
977 비단 … 독수공방하니 : 독수공방하는 여인네를 잠 못 들게 하지 말라는 뜻인 듯하다.

등에 蝱

집이 큰 숲 아래에 있어　家住長林下
등에가 사방에서 날아드네　飛蝱集四方
예리한 주둥이로 피부를 물고　侵肌張利觜
피를 빨아서 창자를 채우누나　餐血飽飢腸
손으로 잡으려면 잽싸게 도망치고　手掩逃能速
채찍으로 치면 서둘러 달아난다　鞭撾去忽忙
너를 죽이지 이를 잡지는 않을 테니　撲傷非破虱
조심해 모쪼록 소 가까이 가지 말라[978]　愼勿近牛傍

파리 蒼蠅

파리란 놈을 몹시 미워하노니　苦惡蒼蠅子
집에 가득하고 기둥에도 가득해라　盈堂復滿楹
발을 열고 몰아내도 안 나가고　開簾驅不出
손을 휘저어도 사라졌다 나타난다　揮□滅還生
어지러이 와서 얼굴에도 붙고　雜沓侵顏面
분분히 날아 밥과 국에 들어오네　紛紜入飯羹
사람이 이놈을 보고 반성한다면　人能徵此物
세상살이 지나친 욕심 안 부리겠지[979]　身世必無營

---

978 너를 … 말라 : 진(秦)나라 군사가 조(趙)나라를 포위하니, 항우(項羽)가 "속히 군사를 이끌고 하수(河水)를 건너가 초나라 군사를 밖에서 공격하고 조나라 군사는 안에서 호응하면 진나라 군사를 반드시 격파할 수 있을 것입니다." 하였다. 그러자 송의(宋義)가 "소에 붙어 있는 등에를 쳐야지 이를 잡아서는 안 된다.[搏牛之蝱 不可以破虱]" 하였기 때문에 이렇게 말한 것이다. 《史記 卷7 項羽本紀》 등에는 진나라 수도를 가리키고, 이는 조나라를 포위하고 있는 진나라 군사를 가리킨다.

979 사람이 … 부리겠지 : 송(宋)나라 구양수(歐陽脩)의 〈증창승부(憎蒼蠅賦)〉에 "파리야, 파리야, 나는 너의 살아감을 슬퍼하노라. … 네 형체는 지극히 작고 네 욕심은 채우기 쉬우니, 술잔에 남은 찌꺼기나 도마 위에 남은 비린 것 정도로 바라는 바가 아주 적고, 이보다 지나치면 감당하기가 어렵

하루살이 蜉蝣

형체가 작고도 매우 약한데 形微體甚弱
수천 마리 떼지어 몰려다닌다 爲物動千軀
햇빛을 가리며 무수히 날고 蔽日飛無數
석양에 춤추며 즐거워하네 斜陽舞自娛
뜰에서 무리지어 오르락내리락 盈庭齊上下
밖에 나가 잠깐 만에 들판을 뒤덮네 出野遍斯須
한밤중에 큰비가 쏟아지니 半夜長霖作
때를 안다는 말 틀리지 않구나[980] 知時理不誣

음식류
飮食類

밥 飯

저 향긋한 쌀알을 보건대 相彼香粳米
그 모습이 너무도 곱구나 能專粹美姿
밥을 지으면 옥설을 모은 듯 炊成凝玉雪
밥을 먹으면 옥죽을 씹는다 餤破嚼瓊糜
입에 넣으면 목숨을 연장하고 飫口延軀命
창자 채우면 굶주림을 달래지 充腸助乏飢
안연이 훔쳐 먹지 않았음을 顔淵無竊食
성인이 아니면 어찌 알았으라[981] 非聖豈能知

다. 그런데도 괴로이 무엇을 구하기에 부족해서 종일토록 윙윙거리며 다니느냐. 냄새를 좇고 향기를 찾아서 이르지 않는 곳이 없어 잠깐 사이에 모여들곤 하니, 누가 서로 일러준단 말이냐.[蒼蠅蒼蠅 吾嗟爾之爲生 … 形至眇 爾欲易盈 盃盂殘瀝 砧几餘腥 所希秒忽 過則難勝 苦何求而不足 乃終日而營營 逐氣尋香 無處不到 頃刻而集 誰相告報]" 하였다.《古文眞寶 後集》

980 한밤중에 … 않구나 : 하루살이가 많이 날면 비가 온다는 말이 있다.

국 羹

국을 만든 데 뜻 있음을 아노니 設羹知有意
이보다 향기롭고 먹기 좋은 게 없네 香滑物無如
부잣집에선 생선을 곁들여 넣고 富宅兼魚鱉
가난한 집에선 푸성귀를 넣는다 貧家取藿藜
그릇 나눠 달라 한 한조가 슬프고[982] 分杯哀漢祖
손을 비튼다고 한 창려를 탄식하노라[983] 捩手歎昌黎
원컨대 염매의 솜씨[984]를 얻어서 願得鹽梅手
나라 다스리는 일 서두르시길 調元莫自徐

981 안연(顔淵)이 … 알았으랴 : 안연은 공자 제자로 이름은 회(回)이다. 공자가 진(陳)・채(蔡) 지역에서 곤액을 당할 때 양식이 떨어져서 7일 동안이나 밥을 먹지 못하다가 자공(子貢)의 주선으로 쌀 한 섬을 구해 왔다. 안연과 자로(子路)가 무너진 집 아래서 밥을 지을 적에 마침 재가 밥솥으로 떨어지자 안회가 그 재 묻은 밥을 걷어내서 먹었다. 자공이 멀리서 그 광경을 보고는 안회가 몰래 밥을 훔쳐 먹었다고 여겨 공자에게 묻기를 "인인 염사(仁人廉士)도 곤궁하면 절개를 바꿀 수 있는 것입니까?" 하면서 그 사실을 말하였다. 그 말을 듣고 공자가 "나는 안회의 인(仁)함을 믿은 지 오래이기에 네가 그런 말을 하여도 의심하지 않는다. 필시 무슨 까닭이 있을 것이니, 내가 물어보겠다." 하였다. 그리고 안회를 불러서 "네가 밥을 지어 올리거든 내가 제사(祭祀)를 드려야겠다." 하였다. 그러자 안회가 "조금 전에 재가 밥 속으로 떨어졌는데, 그대로 두면 불결하고 버리자니 아깝고 해서 제가 즉시 주워 먹었습니다. 그러니 제사는 지낼 수 없습니다." 하였다. 이에 공자가 "그런 경우라면 나도 먹었을 것이다." 하고, 안회의 결백함을 인정해 주었다. 《孔子家語 在厄》

982 그릇 … 슬프고 : 한조(漢祖)는 한 고조(漢高祖) 유방(劉邦)을 가리킨다. 항우(項羽)가 유방의 아버지인 태공(太公)을 높은 도마 위에 올려놓고 "지금 급히 항복하지 않으면 내가 태공을 삶아 죽이겠다." 하니, 유방이 "나와 너는 함께 북면(北面)하고 회왕(懷王)을 섬기어 형제가 되기로 맹약했으니, 나의 아버지가 바로 너의 아버지다. 기어이 네 아버지를 삶고 싶다면 내게도 그 국을 한 그릇 주면 고맙겠다." 하였다. 《史記 卷7 項羽本紀》

983 손을 … 탄식하노라 : 창려(昌黎)는 당(唐)나라 한유(韓愈)를 가리킨다. 한유가 창려백(昌黎伯)에 봉해졌기 때문에 이렇게 부르는 것이다. 한유의 〈송궁문(送窮文)〉에 지궁(智窮)・학궁(學窮)・문궁(文窮)・명궁(命窮)・교궁(交窮)의 다섯 궁귀(窮鬼)가 자신을 괴롭히는 행위를 지적하며 "다섯이 각기 주장한 바가 있고 사사로이 이름자를 세워서, 내 손을 비틀어 뜨거운 국을 엎지르게 하고 목청을 돋우었다 하면 남의 기휘를 저촉하게 하였다. 그리하여 나로 하여금 면목을 가증스럽게 하고 언어를 무미건조하게 한 것은 모두 그대들의 뜻이다.[各有主張 私立名字 捩手覆羹 轉喉觸諱 凡所以使吾面目可憎 語言無味者 皆子之志也]" 하였다. 《古文眞寶 後集 卷3》

984 염매(鹽梅)의 솜씨 : 염매는 소금과 매실로 옛날에 쓰던 조미료인데, 이는 국을 조리하는 일로 훌륭한 재상의 일에 비긴 것이다. 주 675 참조.

불고기 炙

밥상에 음식이 널려 있지만	食前羅衆具
불고기보다 더 좋은 건 없어라	珍勝炙莫加
부잣집에선 가축 고기를 굽고	甲第燔芻豢
농가에선 나물로 전을 굽는다	田廬用菜瓜
슬프고 서럽다는 건 공부의 시구[985]요	悲辛工部句
돼지고기만 놓은 건 안영의 집[986]일세	單設晏嬰家
입이 좋아함은 천하가 다 같은데[987]	悅口同天下
이 늙은이는 유독 많이 좋아한다	衰翁嗜獨多

탕 湯

씹어먹는 고기맛 좋다지만	齒決雖云美
탕으로 끓여도 맛이 좋아라	湯煎味亦滋
염소와 돼지는 물론 매우 맛있고	羔豚元絶勝
물고기나 게도 또한 별미이지	魚蟹亦新奇
입맛 맞추려 소금으로 간 맞추고	適口調鹹淡
창자 채우려 떠서 배불리 먹는다	充腸酌飽飢

985 슬프고 … 시구 : 공부(工部)는 당나라 때 공부원외랑(工部員外郎)을 지낸 두보(杜甫)를 가리킨다. 두보의 〈증위좌승(贈韋左丞)〉에 "나귀 타고 삼십 년 동안, 장안의 봄을 나그네 신세로 살아왔네. 아침이면 부잣집 문을 찾아가고, 저녁이면 살진 말의 뒤를 따랐는데, 남은 술과 식은 불고기에, 가는 곳마다 남몰래 몹시 서러웠네.[騎驢三十載 旅食京華春 朝扣富兒門 暮隨肥馬塵 殘盃與冷炙 到處潛悲辛]" 한 데서 온 말이다.

986 돼지고기만 … 집 : 안영(晏嬰)은 춘추 시대 제 경공(齊景公)의 현상(賢相)이다. 그는 대국(大國)의 재상이었지만 성품이 워낙 검약(儉約)하여 선인(先人)의 제사(祭祀) 때도 돼지 어깨가 제기를 채우지 못했다 한다. 《春秋左氏傳》

987 입이 … 같은데 : 맹자가 "진(秦)나라 사람의 불고기를 좋아함이 나의 불고기를 좋아함과 다를 것이 없다.[耆秦人之炙無以異於耆吾炙]" 하였고, "회와 불고기는 사람들이 다 같이 좋아한다.[膾炙所同也]" 하였다. 《孟子 告子上・盡心下》

단지 은나라 왕 이름을 꺼려	只嫌殷帝號
먹을 때마다 천천히 떠서 먹노라[988]	當食每遲遲

국수 麵

어느 누가 국수를 만들었나	何人作麵食
그 맛이 무엇보다 매우 좋네	佳味最深長
반죽을 눌러 천 가락을 뽑고	按罷千絲細
식칼로 썰어 만 가닥을 만든다	刀成萬縷香
손님 대접해 배를 실컷 채우니	剩飽佳賓腹
능히 군자의 배를 헤아릴 수 있어라[989]	能爲君子腸
세 사람이 먹기를 기다리지 않는다는	不待三人食
그 말이 참으로 무방하다 하겠네	其言信不妨

떡 餠

진귀한 음식이 수없이 많지만	珍羞有萬品
떡이 그 중에서도 가장 좋네	餠食最爲良
옥조각 같은 건 송화를 삶았고	片玉松烝爛
금덩이 같은 건 진달래 구웠지	團金杜煎香
희게 썬 것은 먹기가 좋고	切白餤能滑
노랗게 뭉친 건 씹을수록 맛있네	搥黃嚼更粱
승려들이 좋아서 웃을 뿐 아니라[990]	不獨群僧笑

---

988 단지 … 먹노라 : 은(殷)나라를 세운 탕(湯)임금과 이름이 같기 때문에 공경하는 뜻에서 천천히 먹는다는 뜻이다. 탕이 뜨거워서 천천히 먹는 것을 이렇게 표현한 것이다.

989 손님 … 있어라 : 《춘추좌씨전(春秋左氏傳)》 소공(召公) 28년에 "소인의 배로 군자의 마음을 헤아려 보건대 배가 부르실 듯합니다.[願以小人之腹爲爲君子之心 屬厭而已]" 하였기 때문에 이렇게 말한 것이다. 즉 손님의 배가 부를 것임을 알겠다는 뜻이다.

모든 사람이 다 맛보고 좋아하지　　端宜萬客嘗

만두 饅頭

우리 집 며느리 솜씨가 좋아　　吾家巧媳婦
맛있는 물만두를 잘 빚누나　　能作水饅嘉
옥가루로 노란 알갱이 소를 만들어　　玉屑韜金粟
하얀 껍질로 싸서 솥에다 삶는다　　銀包泛鐵鍋
쓴맛은 생강을 많이 넣어서요　　苦添薑味勝
짠맛은 간장을 많이 넣어서지　　鹹助豆漿多
한 사발을 새벽에 먹고 나면　　一椀呑淸曉
아침 내내 밥이 안 먹히네　　崇朝飯不加

회 膾

누가 회를 잘 만들었는가　　誰能設膾食
그 맛이 가장 신선하여라　　氣味最鮮新
병혈에서는 은빛 물고기 찾고[991]　　丙穴探銀口
남계에서는 옥빛 물고기 잡는다　　南溪掣玉鱗

---

990 승려들이 … 아니라 : 불가에서는 국수, 두부, 떡을 승소(僧笑)라 한다. 승려들은 계율을 지켜 고기를 먹지 못하기 때문에 이런 음식들을 보면 좋아서 웃음이 절로 나온다고 하여 이렇게 부른 것이다.

991 병혈(丙穴)에서는 … 찾고 : 병혈은 맛 좋은 물고기가 있는 곳을 뜻한다. 병혈은 구멍의 입구가 병(丙) 방향을 향해 뚫렸다 하여 붙여진 이름인데, 《방여승람(方輿勝覽)》 권59 〈달주(達州)〉에 "명통현(明通縣) 정협(井峽) 속에 있다. 구멍이 모두 10개인데 모두 맛이 좋은 고기가 생산된다. 봄여름 전에 구멍에서 나왔다가 가을에 들어간다." 하였다. 진(晉)나라 좌사(左思)의 〈촉도부(蜀都賦)〉에 "좋은 물고기는 병혈에서 나오고 좋은 나무는 부곡(褒谷)에서 나온다." 하였다. 당(唐)나라 두보(杜甫)의 시 〈장부성도초당…(將赴成都草堂…)〉에 "병혈의 고기가 원래 맛 좋은 줄 아네.[魚知丙穴由來美]" 하였다. 은빛 물고기[銀口]는 은빛 입을 가진 물고기를 뜻하는 말로, 은어(銀魚)를 가리킨다.

식칼로 가늘게 살점을 썰어서　鑾刀紛縷切
흰 눈처럼 쟁반에 수북이 담는다　盤雪喜高陳
사람들마다 맛있다고 칭찬하니　萬口同聲譽
마침내 팔진미 속에 들 수 있으리　終能入八珍

식해 食醢

부엌에서 온갖 음식 만들지만　廚人供萬膳
그 중에서도 식해가 매우 맛있지　惟醢品中超
옥 같은 밥알은 매우 정갈하고　玉粒交能潔
은어가 들었어도 탁하지 않아라　銀脣間不淆
향기는 좋은 불고기보다 낫고　薰香凌美炙
부드러운 맛은 음식 중에 으뜸일세　甘脆擅佳肴
공갑은 식해를 매우 밝혔으니[992]　孔甲求無厭
이 음식이 맛 좋은 줄을 알았으리　應知此味饒

소금 鹽

바닷물 끓여서 흰 소금 만드니　煮海爲鹽雪
사람들이 잘 이용한 지 오래일세　蒼生利用長
옥처럼 흰 소금 몇 길 쌓였고　玉華堆數仞
은빛으로 흰 소금 수천 말일세　銀雪斗千箱
콩으로 장 담그면 달고 붉은색　浸豆甘成赤

992 공갑(孔甲)은…밝혔으니 : 공갑은 하(夏)나라 14대 임금이다. 유루(劉累)라는 사람이 환룡(豢龍)에게 용 기르는 법을 배워 공갑을 섬겼다. 이에 공갑이 그에게 어룡씨(御龍氏)를 하사하였다. 기르던 용이 죽자 유루는 몰래 용을 소금에 절여 공갑에게 먹였다. 공갑이 절인 용의 고기를 먹고는 좋아하여 더 달라고 요구하자, 유루는 겁이 나 노현(魯縣)으로 달아났다고 한다. 식해에 고기를 넣어 삭히기도 하므로 이 고사를 인용한 것이다.《春秋左傳 昭公 29年》

오이지를 담그면 노란 빛을 띤다	沈瓜色有黃
사람들이 온갖 음식을 조리할 때	人家調百味
어느 음식이건 다 소금이 들어가지	無處不相當

간장 醬

콩을 삶아서 가루로 만들고	煮豆爲甘末
소금을 넣어서 독에다 채우면	鹹藏滿甕中
유리 보석인 양 붉은 빛 띠고	爛色琉璃赤
빨간 호박인 양 맑은 빛 띤다	澄光琥珀紅
바닥을 파서 금알갱이 뒤지고	掘底探金粟
속을 뚫어서 옥봉함을 연다	穿心發玉封
국이나 회와 불고기 만들 때	烹羹與膾炙
어느 곳이건 간장이 필요하지	無處不宣功

차 茶

요산[993]에서 생산된 좋은 차가	了山生寶荈
천리 멀리 우리나라에 왔구나	千里遠來傳
물이 끓으면 작은 거품 일고	鼎裏浮食粟
찻잔엔 자줏빛 안개 어리는 듯	杯中羃紫烟
한 모금 마시면 몸이 가벼워지고	一呑如羽化
세 모금 삼키면 신선이 된 듯	三吸若登仙
어찌 사봉[994] 받는 것 부러워하랴	豈羨斜封贈
은근히 옥천[995]의 경지에 이른다	慇懃到玉川

993 요산(了山) : 중국 선성현(宣城縣)에 있는 산 이름이다. 이 산에 매우 품질이 좋은 차가 생산되는데, 이름이 요산양파횡문다(了山陽坡橫文多)이다.

술 酒

소강이 좋은 비법 전하였고[996] 少康傳美法
의적은 뛰어난 공로를 세웠네[997] 儀狄闡奇功
옥빛 액채는 현인과 닮았고 玉液賢人似
금빛 물결은 성인과 같구나[998] 金波聖者同
고래처럼 삼키니 온갖 잡념 흩어지고 鯨呑千慮散
소처럼 들이켜니 모든 근심 없어지네 牛吸百憂空
무엇보다 좋은 건 금란[999]에 올라가 最喜上金鑾
군신이 함께 얼근히 취하는 게지 君臣醉氣濃

---

994 사봉(斜封) : 반듯하지 않고 기울게 붙인 봉함이란 말로, 왕비나 공주 등이 사사로이 관직을 제수함을 뜻한다. 당 중종(唐中宗) 때에 위후(韋后)와 안락공주(安樂公主) 등이 정권을 잡고 사봉을 내려 관직을 제수한 것에서 유래한 말이다.《新唐書 卷45 選擧志下》

995 옥천(玉川) : 당(唐)나라 때 차를 좋아하였던 노동(盧同)의 호자 옥천자이다. 그가 지은 〈다가(茶歌)〉가 유명하다.

996 소강(少康)이 … 전하였고 : 소강은 하(夏)나라를 중홍한 임금인데 그가 차조[秫]로 술을 빚는 법을 처음 개발했다 한다.

997 의적(儀狄)은 … 세웠네 : 의적은 우(禹)임금 때 사람인데, 처음으로 술을 만들었다고 한다. 우임금이 술을 마셔보고는 맛이 너무도 좋으니 "후세에 반드시 이 술 때문에 나라를 망칠 자가 있을 것이다." 하고는, 술을 마시지 않고 의적을 멀리하였다 한다.

998 옥빛 … 같구나 : 주객(酒客)들이 청주(淸酒)를 성인(聖人)에 비유하고 탁주(濁酒)를 현인(賢人)에 비유하곤 하기 때문에 이렇게 말한 것이다. 삼국시대 위(魏)나라 서막(徐邈)이 금주령을 어기고 술을 마시다 적발되자 "성인에게 취했다.[中聖人]"고 하였다는 고사에서 온 말이다.《三國志 卷27 魏書 徐邈傳》

999 금란(金鑾) : 옛날 황궁의 정전(正殿)을 금란전(金鑾殿)이라 하는데, 그 곁에 있는 언덕을 금란파(金鑾坡)라 한다. 이 금란파가 한림원(翰林院)과 잇닿아 있기 때문에 한림원을 금파(金坡)라고도 한다. 조선에서는 홍문관을 가리킨다. 당 현종(唐顯宗)이 이백(李白)을 금란전(金鑾殿)에 불러들여 당시의 일을 논하였다. 그때 이백이 시 한 편을 지어 바치니 현종이 그에게 음식을 하사하고 친히 국맛을 보고 간을 맞췄다고 한다.

약초류
藥草類

인삼 蔘

인포는 마고가 먹는 음식[1000]　　麟脯麻姑饌
경장은 왕모가 떠서 마셨지[1001]　　瓊漿王母斟
교송[1002]이 천년토록 먹나니　　喬松千歲服
방장산에 만년 묵은 산삼 있어라　　方丈萬年蔘
갈증을 그치고 진액을 생산하며　　止渴能生液
병을 다스리고 기운을 돕는다　　調痾善補陰
매양 약롱(藥籠) 속 물건으로 삼았으니　　每作籠中物
늘 적로의 마음을 공경하노라[1003]　　常欽狄老心

이출[1004] 二朮

일찍이 듣건대 불사약은　　曾聞不死藥

1000 인포(麟脯)는 … 음식 : 한(漢)나라 때 신선인 왕원(王遠)의 자가 방평(方平)인데 선녀인 마고(麻姑)와 함께 채경(蔡經)의 집에 와서 인포를 먹었다고 한다. 《事文類聚 續集》

1001 경장(瓊漿)은 … 마셨지 : 경장은 신선이 마신다는 음료이다. 왕모(王母)는 신선인 서왕모(西王母)이다. 명(明)나라 호엄(胡儼)의 〈천주강(天柱岡)〉에 "홀연 왕모가 온다고 알리니, 웃으며 경장을 북두로 떴다.[忽報王母來 笑把瓊漿斟北斗]" 하였다. 《江西通志》

1002 교송(喬松) : 옛날의 두 선인(仙人)인 왕자교(王子喬)와 적송자(赤松子)를 합칭한 말이다. 일반적으로 신선을 뜻하는 말로 쓰인다.

1003 매양 … 공경하노라 : 적로(狄老)는 당(唐)나라 적인걸(狄仁傑)을 가리킨다. 원행충(元行沖)이 적인걸에게 "아랫사람의 일은, 비유하자면 부유한 집에 온갖 먹을 것을 비축하여 음식을 공급하고 온갖 약초를 마련하여 질병에 대비하는 것과 같습니다. 문하(門下)에게는 맛있는 음식이 가득하니, 소인은 하나의 약석(藥石)이나 되고자 합니다. 그래도 되겠습니까?" 하니, 적인걸이 "자네는 바로 나의 약롱 안의 물건이니, 하루도 없어서는 안 된다." 하였다. 《舊唐書 卷89 狄仁傑傳》

1004 이출(二朮) : 약초인 창출(蒼朮)과 백출(白朮)의 병칭이다.

뛰어난 효험이 산강[1005]에 있다지 奇效在山薑
아홉 마디는 큰 구슬 이은 듯 九節珠連碩
외로운 뿌리는 옥을 깎아놓은 듯 孤根玉絶剛
뱃속을 편하게 하는 덴 창출이 좋고 寬中蒼不讓
습증(濕症)을 없애는 덴 백출을 써야지 除濕白能當
이 늙은이 이것을 먹은 지 오래이니 老夫啗此久
사람들이 산마루처럼 장수하리라[1006] 하네 人道壽如崗

복령 茯苓

열 길 높이 늙은 소나무는 喬松十丈老
죽을 때 정기를 땅 속에 남기지 臨死必淪精
백년이 지나면 반토가 되고 百歲爲盤兔
천년이 지나면 복령이 된다네 千秋化茯苓
비록 적복령 백복령 구분하지만 雖云分赤白
쓰임새는 둘 다 신령하여라 爲用互神靈
체증을 내리고 심기를 통하니 去滯通心氣
만고에 그 명성 전할 수 있어라 能傳萬古名

황정[1007] 黃精

저 높은 산기슭에 오르면 陟彼高山麓

1005 산강(山薑) : 이출의 별칭이다.

1006 산마루처럼 장수하리라 : 《시경(詩經)》 〈소아(小雅) 천보(天保)〉에서 만수무강을 기원하여 "산마루와 같고 산등성이와 같으리.[如岡如陵]" 한 데서 온 말이다.

1007 황정(黃精) : 선가(仙家)에서 복용하는 약초의 이름인데, 이것을 복용하면 장수를 누린다고 한다. 두보(杜甫)의 시 〈장인산(丈人山)〉에 "백발을 물리칠 수 있는 황정이 있으니, 그대 후일 내 신선 같은 용모를 보게 될 걸세[掃除白髮黃精在 君看他時氷雪容]"라고 하였다.

황정이 비탈에 가득 자라지　黃精簇滿陂
옥 같은 꽃은 이슬 머금어 피었고　玉花含露發
푸른 잎은 바람을 맞아 흔들린다　青葉受風欹
붉은 머리털 겹겹이 얽혔고　紫髮重重結
구슬 같은 뿌리 마디마디 기이해라　珠根節節奇
혹 이것을 오래 복용한다면　倘能長服食
굳이 자지[1008]를 캘 필요가 있으랴　何必採玄芝

산약 山藥

서여[1009]가 산골짜기서 자라니　薯蕷生山谷
긴 뿌리가 정말 기이하여라　長根異且奇
땅을 파서 금빛 줄기 뽑고　掘地抽金柱
쟁반에 올릴 땐 흰 살을 깎지　登盤削玉肌
삶아서 늙은이 배를 채우고　融烝充老腹
죽을 끓여 허약한 기운 돕는다　乾粥補虛羸
장복하면 몸이 가볍고 건강하다니　久服身輕健
신선이 어찌 나를 속였으랴　癯仙豈我欺

천초[1010] 川椒

촉 땅 시냇가에 자라는 특이한 열매가　異實生川蜀
동쪽으로 건너와 우리 집에 심겼어라　東來樹我家

1008 자지(紫芝) : 자줏빛 영지(靈芝)로 신선이나 은자(隱者)들이 먹는다는 약초이다. 주 741 참조.

1009 서여(薯蕷) : 마이다. 일명 왕연(王延)이라고도 한다.

1010 천초(川椒) : 초수(椒樹)라고도 하는데 촉군(蜀郡)의 산골짜기나 시냇가에 자란다고 한다. 키는 4, 5척 정도이고 줄기와 가지에는 가시가 있고 잎은 장미와 같다고 한다.

이슬 젖은 가지엔 푸른 옥이 달렸고 露枝懸碧玉
바람 맞는 가지에는 붉은 단사 빛난다 風葉映丹砂
음식에 넣으면 향기가 좋고 入饌薰甘足
국에 넣으면 맛이 더 좋아지지 和羹美味加
후추가 이것과 비길 만할 뿐 枬椒能比目
다른 것은 이보다 나은 게 없네 他物莫能加

후추 枬椒 응당 천초 위에 있어야 한다. 當在川椒上

남쪽 지방에서 자라는 후추가 枬椒南面產
천리 먼 우리 동방에 들어왔네 千里入東方
매운 맛은 파 마늘보다 낫고 郁烈凌葱蒜
향기는 겨자 생강보다 나아라 薰芳蔑芥薑
음료로 마시면 가슴이 후련하고 呑漿胸滯豁
가루를 섞으면 국이 향기롭지 和屑鼎湯香
한 섬을 쌓아두기도 어렵거늘 一斛難爲貯
누가 팔백 섬이나 창고에 뒀던고[1011] 誰能八百藏

1011 누가 … 뒀던고 : 당(唐)나라 때 중서시랑(中書侍郎) 원재(元載)는 탐관(貪官)으로서 뇌물을 받은 것이 하도 많아 그가 사사(賜死)된 뒤 가산(家產)을 적몰(籍沒)하니 호초가 무려 800섬이나 나왔다고 한다.《新唐書 卷145 元載列傳》

기축년(1649) 12월 15일에 아내가 세상을 떠났기에 슬퍼서 읊다
己丑十二月十五日室人亡逝悲悼有吟

오십삼 년이란 오랜 세월 동안	五十三年久
부부의 정 잠시도 나쁜 적 없지	歡情不暫孤
일곱 아들은 모두 장가들었고	七男皆有室
두 딸도 이미 시집을 갔지	二女已從夫
열정의 봉양은 받지 못했지만[1012]	列鼎雖無養
색동옷 봉양[1013]에 날로 기뻤지	斑衣喜日趨
이제 갑자기 세상을 떠나니	遽然棄世去
밤중에 홀로 슬퍼 부르짖노라	中夜獨悲號

단천에 부임하는 심술지 인시를 보내며
送沈述之姻侍之任端川

성상이 분우[1014]를 중히 여겨	聖上分憂重
어진 수령이 북변을 지키게 됐네	賢良守北邊
백성은 편안하여 뱀을 안 잡고[1015]	民安蛇不捕
동물도 감동해 범이 옮겨가리라[1016]	物感虎爭遷
효성으로 삼생[1017]의 봉양을 하고	誠孝三牲養

1012 열정(列鼎)의 … 못했지만 : 열정은 높은 벼슬아치가 정(鼎)이라는 보기(寶器)를 벌여놓고 성찬(盛饌)을 먹는 것이다. 자식들이 고관에 올라 봉양하는 것은 누리지 못했다는 말이다.

1013 색동옷 봉양 : 자식들이 부모를 잘 봉양함을 뜻한다. 춘추시대 초(楚)나라에 노래자(老萊子)라는 은사(隱士)가 있었는데, 어버이를 모시는 효성이 지극하여 나이 일흔에 색동옷을 입고 재롱을 피워 어버이를 즐겁게 해드렸다고 한 데서 온 말이다. 《小學 稽古》

1014 분우(分憂) : 지방관으로 부임하는 것을 임금의 근심을 나누는 것으로 표현하여 이렇게 말한 것이다.

1015 백성은 … 잡고 : 주 960 참조

1016 동물도 … 옮겨가리라 : 선정(善政)을 베풂을 뜻한다. 주 942 참조.

영광스럽게 오마[1018]를 타고 가리 榮光五馬聯
남쪽으로 가는 기러기[1019]가 있거든 南來倘有鴈
금옥을 아끼지 말고 전해 주시길[1020] 金玉莫慳傳

새끼 키우는 제비
乳燕

새끼 친 제비둥지 들보에 있는데 乳燕巢樑角
어미가 천 번을 돌고 만 번을 도네 千廻復萬廻
만약 자식 기르는 도리가 없다면 如無孳息道
이처럼 고생해 가며 새끼 보살피랴 勤苦若斯哉

병들어 누워서 죽은 아내를 생각하며
病臥思亡室

이별한 지 이제 겨우 여섯 달 睽離經六朔
여름 넘기고 모습을 영영 못 보았지 踰夏斷容音
한 무덤에 묻힐 날 멀지 않지만 同穴雖無遠

1017 삼생(三牲) : 세 가지 희생, 곧 소・양・돼지를 말한다. 옛날에는 이 세 가축의 고기를 가장 맛있는 것이라 여겼다. 성찬(盛饌)의 뜻으로 쓰인다.

1018 오마(五馬) : 한(漢)나라 때 태수(太守)가 타는 수레를 다섯 필의 말이 끌었던 데서 온 말로, 고을 수령으로 부임하는 행차를 뜻한다.

1019 기러기 : 편지를 전할 인편을 뜻한다. 한(漢)나라 소무(蘇武)가 흉노(匈奴)에 사신으로 갔는데 흉노가 소무를 구금하여 돌려보내지 않았다. 그래서 한나라 조정에서는 소무가 흉노족에 잡혀 죽은 줄 알았다. 하루는 천자가 상림원(上林苑)에서 활을 쏘아 흰 기러기를 잡으니, 기러기의 다리에 '소무가 어느 못가에 있다.'라는 내용이 적혀 있었다. 이로 인해 무제가 흉노에 손을 써서 소무가 19년 만에 본국으로 귀환할 수 있었다. 《漢書 卷54 蘇建傳 蘇武》

1020 금옥을 … 주시길 : 서신을 자주 보내달라는 뜻이다. 금옥은 《시경(詩經)》 〈소아(小雅) 백구(白駒)〉에 "너의 음성을 금옥처럼 아껴서 나를 멀리하는 마음을 두지 말라.[毋金玉爾音 而有遐心]" 한 데서 온 말이다.

그리운 마음 견디지 못하겠네 尋思苦不任
꿈속의 만남은 친밀하기 어렵고 夢連難自昵
넋이 와도 마음 편안치 못하리 魂格未敷心
일곱 아들이 늘 몹시 슬퍼하니 七經長哀痛
이를 보면 더욱 슬픔이 깊어지네 看來感益深

회를 먹으며
膾食

근래에 오래 음식을 못 먹었는데 年來久癈食
그래도 회는 내 입맛에 맞아라 唯膾口相宜
황금빛 겨자를 잘 찧어놓고 爛擣黃金屑
백설 같은 고기를 장에 찍는다 交漿白雪肌
맛을 보니 창자가 촉촉해지고 嘗來知潤涸
먹고 나니 뱃속이 든든하여라 餤罷識充飢
내 목숨은 이 음식에 달렸으니 軀命關斯膳
아이들이 늘 장만해 올리누나 兒童進莫遲

쌍청[1021]
雙淸

펼쳐진 만 가지 경치 다 좋지만 萬景森羅好
그 중에도 쌍청의 색은 출중해라 雙淸色不群
매미는 이슬 먹으며 줄곧 울고 蟬餐來未歇

1021 쌍청(雙淸) : 당(唐)나라 두보(杜甫)의 〈병적(屛迹)〉에 "청려장 짚은 채 흰머리를 아랑곳 않노니, 마음과 자취 둘 다 맑은 것이 기뻐라.[杖藜從白首 心迹喜雙淸]" 한 데서 온 말이다. 마음과 자취가 둘 다 맑음을 뜻하는데, 여기서는 매미소리와 달빛을 가리키는 듯하다.

옥토끼는 약 찧어도 흔적 없구나 兎擣影無痕
금빛 달빛 비치는 밤 가장 좋고 最愛流金夕
이슬 맺힌 저녁에도 몹시 좋아라 偏宜滴露昏
광휘가 만고에 길이 비치니 光輝亘萬古
몇 집의 헌함을 시원하게 하는고 能爽幾家軒

가곡을 풀이하다
解歌曲

산촌이라 달력이 없으니 山城無曆日
계절이 변하는 걸 알기 어렵네 節序難記識
꽃이 피면 봄이 온 줄을 알고 花開知春敷
잎이 다 지면 가을이 온 줄 알지 葉盡爲秋落
꽃이 피고 잎이 다 진 뒤에는 花開葉盡後
겨울이 왔다는 것을 알 뿐일세 認是玄冬索

빙장을 뵈러 해서 절도사 진영으로 가는 심수재를 보내며
送沈秀才歸見聘岳于海西節鎭之營

부월이 조정으로부터 내려와[1022] 鈇鉞下靑冥
간성의 장수가 바닷가를 지키네 干城守海陬
용을 탔고[1023] 재주가 뛰어난데 乘龍才且俊

1022 부월(鈇鉞)이 조정으로부터 내려와 : 부월은 관찰사가 가지고 다니는 도끼로 생살여탈권(生殺與奪權)을 상징한다. 당(唐)나라 두보(杜甫)의 〈형주송이대부칠장면부광주(衡州送李大夫七丈勉赴廣州)〉 시에 "부월이 조정으로부터 내려와, 누선은 동정호를 지나가리.[斧鉞下靑冥 樓船過洞庭]" 하였다.

1023 용을 탔고 : 사위를 뜻한다. 두보(杜甫)의 시 〈이감댁(李監宅)〉에 "가문에는 희색이 많으니, 사위는 용을 탄 사람에 가까워라.[門闌多喜色 女婿近乘龍]" 하였다. 후한(後漢)의 손준(孫雋)과 이응(李膺)이 함께 태위(太尉) 환현(桓玄)의 딸을 아내로 맞으니, 당시 사람들이 "환숙원(桓叔

필마를 타고 먼 길을 가누나　匹馬遠于遊
동쪽 침상에서 배를 드러낸[1024] 날　坦腹東床日
북쪽 변새에서 시를 읊는 때　高吟北塞秋
빈흥[1025]이 가까운 시일에 있으니　賓興知在邇
화관[1026]에 오래 머물러 있지 말라　花館莫淹留

외진 시골에 살며
僻居

사립문은 바위산을 마주하고　衡門對巖岫
작은 집 주위엔 뽕나무와 삼　斗屋繞桑麻
좋은 시구는 요동의 돼지[1027]요　佳句遼東豕
평상시 거처는 우물 안의 개구리　端居井底蛙
세상살이에선 졸렬함을 지키고[1028]　營生長拙守

元)의 두 따님이 모두 용을 탔다." 하였다. 이는 용과 같은 사위를 얻었다는 뜻이다.《杜詩澤風堂批解・楚國先賢傳》

1024 동쪽… 드러낸 : 사위를 뜻한다. 동쪽에 있는 침상이다. 진(晉)나라 때 치감(郗鑒)이 왕도(王導)의 집안에서 사윗감을 고르려고 자신의 문생(門生)을 왕도의 집에 보냈다. 다른 신랑감들은 모두 잘 보이려고 점잔을 빼고 몸가짐을 조심하였으나 왕희지(王羲之)만은 동상(東床), 즉 동쪽 침상에서 배를 드러낸 채 태연히 누워 있었다. 그래서 왕희지를 사윗감으로 골랐다는 고사에서 온 말이다.《晉書 卷80 王羲之列傳》

1025 빈흥(賓興) : 주(周)나라 때 인재를 선발하던 법으로, 향대부(鄕大夫)가 그 고을의 소학(小學)에서 어질고 유능한 인재를 천거하여 국학(國學)에 들어가게 하였는데, 이들을 전송할 때에 빈객(賓客)으로 예우한 데서 유래한 말이다.《周禮 地官 司徒》 여기서는 과거를 뜻한다.

1026 화관(花館) : 기원(妓院)의 이칭이다.

1027 요동(遼東)의 돼지 : 지식이 천박하여 본 것이 적음을 뜻한다. 옛날 요동(遼東)에서 돼지가 흰 머리 새끼를 낳았다. 이를 특이한 것이라 여겨 임금에게 바치려고 가지고 가는 길에 하동(河東) 지방에 이르렀다. 한데 하동 지방의 돼지들은 머리가 모두 희기에 그 사람이 부끄러워 되돌아왔다는 고사에서 온 말이다.《後漢書 卷63 朱浮傳》

1028 졸렬함을 지키고 : 자신의 분수를 지키고 재주를 부리지 않아서, 벼슬길에 나아가지 않음을 뜻한다. 진(晉)나라 도연명(陶淵明)의 〈귀원전거(歸園田居)〉에 "남쪽 들판에서 황폐한 밭 일구며, 졸렬함을 지켜 전원으로 돌아왔다.[開荒南野際 守拙歸園田]" 하였다.

마음은 진실하고 다른 재주 없어라[1029]	心計斷無他
고맙게도 동쪽 울 밑에 국화가 있어	賴有東籬菊
아름다운 자태로 나를 향해 피었네[1030]	芳姿向我開

아들 두광의 죽음을 슬퍼하며
悲悼斗光喪逝

기질은 자못 침중하였고	氣質頗沈默
지은 문장은 자연스러웠지	爲文出自然
사람들은 장차 계수를 꺾으리라[1031] 했고	人稱將折桂
나는 일찍 연꽃을 잡음[1032]을 기뻐했지	我喜早攀蓮
청사의 해[1033]에 병을 얻었고	得疾青蛇歲
백호의 해[1034]에 세상을 떠났네	捐身白虎年
통곡 속에 선영에 묻혔으니	先塋埋痛哭
하늘에 하소연할 길이 없구나	無路訴皇天

1029 마음은 … 없어라 : 주 529 참조.

1030 동쪽 … 피었네 : 진(晉)나라 도연명(陶淵明)의 시 〈음주(飮酒)〉에 "동쪽 울타리 밑에서 국화를 따다가 유연히 남쪽 산을 바라보네.[採菊東籬下 悠然見南山]" 한 것을 차용하였다.

1031 계수를 꺾으리라 : 진(晉)나라 극선(郤詵)이 과거에 장원 급제한 뒤에 월계수(月桂樹) 가지를 꺾었다고 자칭했던 '월궁절계(月宮折桂)'의 고사에서 온 말로 대과(大科)에 급제함을 뜻한다. 《晉書 卷52 郤詵列傳》 대과를 계방(桂榜)이라 한다.

1032 연꽃을 잡음 : 향시(鄕試)에 급제함을 뜻한다. 향시를 연방(蓮榜)이라 한다.

1033 청사(青蛇)의 해 : 을사년(乙巳年)을 뜻한다. 을(乙)이 오행에서는 목(木)에 해당하고 색채로는 청색에 해당하며, 사(巳)는 뱀을 뜻하는 글자이다. 고인의 생몰연대와 맞지 않으니, 오자가 있는 듯하다. 청(青) 자가 황(黃) 자가 되면 1629년 기사년(己巳年)이 되어 고인의 생몰연대에 맞다.

1034 백호(白虎)의 해 : 경인년(庚寅年 : 1650)을 뜻한다. 경(庚)이 오행에서는 금(金)에 해당하고 색채로는 흰색에 해당하며, 인(寅)은 범을 뜻하는 글자이다.

개가 짖다
犬吠

한 마리 개가 짖으니 다른 개들 따라 짖어　一犬呶呶群犬吠
외로운 마을 달도 져서 밤은 삼경이로세　孤村月落夜三更
문 앞에 혹 늑대가 지나가는 건 아닐까　門前或恐豺狼過
아니면 거리에 도적이 설치는 건 아닐까　閭巷還疑盜賊行
아이 종을 불러 깨워 몰래 살피게 하고　喚起家僮潛看察
이어 하인을 불러서 자세히 엿보게 한다　旋呼直宿細窺聽
백성을 사랑하는 어진 수령이 없으니　仁民愛物無賢倅
교화가 막혀 사람들이 짐승처럼 사나워졌네　梗化人多獸有獰

노병으로 음식을 먹지 못하자 아들과 손자들이 작은 물고기를 삶아서 올리기에
老病不能飮食兒孫將小魚煮進

칠십년 광음이 꿈속에서 지나간 듯　七十年光夢裏廻
씩씩하고 큰 뜻은 이미 재가 됐어라　雄心壯志已成灰
동이에 좋은 술 없어 친구가 드물고　樽無美酒親朋罕
책상에 좋은 시편 있어 묵객이 오누나　案有佳篇墨客來
근력이 쇠약해져서 옷도 못 이길 정도　筋衰力弱衣難勝
치아가 다 빠져서 음식 생각도 없구나　齒落牙隳食思頹
고맙게도 아손들이 작은 물고기 잡아　賴得兒孫探小白
국 끓여 날마다 바치니 마음이 흐뭇해라　調羹日進病心開

마을 할미
村媼

마을에 한 할미가 있는데	村中有一媼
자식도 없고 남편도 없어라	無子且無夫
생업이라곤 할 줄을 모르고	不識治生產
한갓 무당 노릇을 배웠네	徒能學小巫
마을 사람이 굿을 하는 날에	鄉隣神祀日
전대에 곡식을 가득 담아 오지	囊槖稻粱輸
집안에 먹을 양식이 늘 넉넉해	甁粟儲常足
먹고 살 걱정 없어 스스로 즐겁네	資身反自娛

병석에 누웠노라니 문득 소년 시절의 일이 생각나기에 장난 삼아 적다
病中枕上忽憶少年事仍戲題

추억하노니 내 나이 서른 살	憶昔年三十
무료하여 밤에 잠 못 이룰 때	無聊不寐辰
몰래 비녀들 잠자는 곳 엿보고	潛覘婢宿處
혹 몰래 비녀를 덮치기도 했지	或作鷺窺身
자주 아내로부터 노여움을 받았고	數被賢妻怒
아랫것들도 성나 자주 날 미워했지	頻逢衆下嗔
지금은 늙고 병든 몸이 됐으니	如今成老病
그 행적이 이미 옛일이 되었구나	行跡已成陳

심 단천 인시[1035]에 대한 만사 2수

挽哭沈端川姻侍 二首

과분하게 인척의 관계가 되어	忝居姻婭後
진실한 마음에 늘 감복하였지	常服素心眞
아름다운 문장은 천인의 입에 전하고	麗藻傳千口
과거에 장원하여 만인의 으뜸이 됐었지	魁科擢萬人
흡주에 가서 다스림 마치지 못했는데[1036]	歙州治未竟
회읍에서 부고가 먼저 이르렀구나[1037]	淮邑訃先臻
한 폭에 몇 줄의 짧은 만사로는	一幅三行挽
깊은 정을 다 펴지 못하겠구려	深情莫盡陳

또 한 수 읊다

又

악수하고 남북으로 헤어진 뒤	握手分南北
그 얼마나 서로 그리워하였던가	相思有幾時
변방 고을도 외려 멀다고 했거늘	塞城猶謂遠
황천에서 문득 이별할 줄이야	泉下忽成離

1035 심 단천(沈端川) 인시(姻侍) : 단천 군수(端川郡守)를 지낸 심술지(沈述之)를 가리킨다. 인시는 인척을 뜻하는 말이다.

1036 흡주(歙州)에 … 못했는데 : 고을 수령으로만 있었을 뿐 조정의 높은 자리에 올라 온 나라에 다스림을 펴지 못했다는 뜻이다. 한유(韓愈)가 흡주 자사(歙州刺史)로 나가는 육수(陸修)를 전송하며 지은 〈송육흡주(送陸歙州)〉에 "이 큰 은택을 거두어 한 고을에만 베풀도다.[斂此大惠兮施于一州]" 하였다. 즉 뛰어난 재능으로 조정의 높은 자리에 있으면 은택을 천하에 두루 펼 수 있을 텐데 거두어 한 고을에만 펴는 데 그쳤다는 뜻이다.

1037 회읍(淮邑)에서 … 이르렀구나 : 고을 수령으로 있다가 죽었음을 뜻한다. 회읍은 회양(淮陽)을 가리킨다. 한(漢)나라 무제(武帝) 때 직신(直臣)인 급암(汲黯)이 회양 태수(淮陽太守)로 있다가 죽었기 때문에 이렇게 말한 것이다. 《史記 卷120 汲黯列傳》

들판 저편에 붉은 명정 지나가고 野外丹旐過
창 앞에서 백발로 슬픔에 잠긴다 窓前白首悲
장지에 가서 곡할 수가 없으니 無由臨穴哭
침통하여 만사를 부쳐 보낸다오 沈痛寄荒詞

홀아비 신세
鰥居

홀아비 신세 2년이 지났으니 鰥居經二載
백발의 몸 슬픔을 실컷 겪노라 白首任悲辛
차가운 등잔불 외로이 마주하고 獨對寒燈夕
싸늘한 이부자리에 홀로 자노라 孤眠冷榻辰
장롱은 비어 옷가지 없건만 箱籠空揮架
명주 옷을 지을 사람 없구나 絲繭管無人
살림 살 부인을 얻고 싶지만 欲得治中饋
다 늙은 이 몸을 어이하리오 其如老死身

조삼산의 시에 차운하고 아울러 두 가지 산 물고기를 보내준 데 사례하다
次趙三山韻兼謝兩種生魚

친구의 정든 선물이 삼산에서 오니 故人情贐自三山
나의 늙은 홀아비 신세 불쌍히 여겨서지 憐我窮廬作老鰥
펄펄 뛰는 은어는 도마에 오르고 撥刺銀脣登俎頂
뒤척이는 옥척[1038]은 부엌에서 빛나누나 翻身玉尺映廚間
식칼로 회를 쳐서 장에 막 찍고 鑾刀縷切漿初合

1038 옥척(玉尺) : 월척이 되는 흰 물고기를 뜻하는 말이다.

옥젓가락 자주 놀려 바삐 먹노라 玉筯頻將食未閑
후의에 응당 가서 인사해야겠지만 厚意則當躬一謝
병이 깊어 그대 집에 갈 수가 없네 沈綿無計叩雲關

또 두 수를 차운하고 아울러 한가한 회포를 기술하다
又次二首兼述閑懷

협견첨소[1039] 따위는 본래 하지 못하니 脅肩諂笑本無能
말은 부드럽지 않고 얼굴은 밉상이지 言語非甘面目憎
무릎이 겨우 들어갈[1040] 작은 집 편안해라 衡廬斗屋便容膝
대나무 소나무 침상 팔베개 벨 만하여라[1041] 竹榻松床可曲肱
날마다 향기로운 술 놓고 벗들을 부르고 日對芳樽招勝友
때때로 좋은 시구 가지고 산승에게 부친다 時將佳句寄山僧
형설의 공부[1042]도 눈이 흐릿해 못 하고 囊螢映雪妨昏眼
그물 엮는 아이들 등잔 불빛에 책을 보노라 分照兒童結網燈

치택[1043]의 큰일을 하는 건 이미 늦었지만 致澤君民已後遲
마음 달랠 즐거운 일이야 어찌 없을쏘냐 銷中樂事可無期

1039 협견첨소(脅肩諂笑) : 증자(曾子)가 "어깨를 웅크리고 아첨하며 웃는 것은 여름에 밭일하는 것보다도 고된 일이다.[脅肩諂笑 病于夏畦]" 한 데서 온 말이다.《孟子 滕文公下》

1040 무릎이 겨우 들어갈 : 집이 좁음을 뜻한다. 도연명(陶淵明)의 〈귀거래사(歸去來辭)〉에 "남창에 기대어 오연(傲然)히 즐거워하니 무릎이나 들어갈 작은 집이 편안하기 쉬움을 알겠노라.[倚南窓以寄傲 審容膝之易安]" 하였다.

1041 팔베개 벨 만하여라 : 안빈낙도의 삶을 뜻한다. 공자가 "거친 밥을 먹고 물을 마시며 팔을 굽혀 베더라도 즐거움이 그 가운데 있으니, 의롭지 않으면서 누리는 부귀는 나에게 뜬구름과 같다.[飯疏食飮水 曲肱而枕之 樂亦在其中矣 不義而富且貴 於我如浮雲]" 한 데서 온 말이다.《論語 述而》

1042 형설(螢雪)의 공부 : 성어로 형설지공(螢雪之功)이라 한다. 진(晉)나라 때 차윤(車胤)은 기름을 살 돈이 없어 여름에 반딧불을 주머니에 넣어서 그 빛으로 책을 보았다. 역시 진나라 사람인 손강(孫康)은 학문에 힘썼는데 집이 가난하여 기름을 살 수 없는 형편이라 겨울에 눈에 비추어 책을 보았다《蒙求》

반묘의 연못을 파니[1044] 속세 번뇌 맑아지고 開塘半畝塵心淨
천 그루 대를 심으니 속된 생각 치료되네[1045] 種竹千竿俗慮醫
변방을 맡은 대장군 이름을 모르겠고 玉塞專征名不省
재상 자리에 오른 이는 성이 무엇인고 黃扉爰立姓爲誰
국가의 치란을 도무지 상관하지 않노니 邦家理亂都無管
때로 한가한 회포 달래러 시나 읊조린다 時遣閑懷賦一詩

신묘년(1651) 3월 11일에 큰비가 내리다
辛卯三月十一日大雨

봄이라 삼월 열하루에 春三十一日
큰비가 촌락 숲을 덮었네 大雨冪村林
처마에는 폭포가 떨어지는 소리 懸瀑簷間響
골짜기 어귀엔 우레가 치달리는 듯 奔雷谷口音
밭에는 백옥을 남겨 놓고 田中留白玉
들 저편에는 황금이 덮으라고 野外遍黃金
묵객은 한가히 아무런 일 없어 墨客閑無事
창가에서 송축하는 시를 읊노라 臨窓作頌吟

1043 치택(致澤) : 치군택민(致君澤民)의 준말로 임금을 요순(堯舜) 같은 성군(聖君)으로 만들고 백성에게 은택(恩澤)을 끼치는 것을 말한다.

1044 반묘(半畝)의 연못을 파니 : 주자(朱子)의 〈관서유감(觀書有感)〉에 "반묘의 네모난 연못 한 거울처럼 열리니, 하늘빛과 구름 그림자가 함께 배회하네.[半畝方塘一鑑開 天光雲影共徘徊]" 하였다.

1045 속된 생각 치료되네 : 대나무를 보면 속된 생각이 없어진다는 뜻이다. 주 734 참조.

조삼산의 시에 차운하다 2수
次趙三山 二首

산야의 소탈한 용모 평소 만나기 어려우나	山容野態素難期
그대의 진솔한 정은 내가 홀로 아노라	眞率高情我獨知
농사는 배우지 않고 부지런히 대를 심고	不學種田勤種竹
병 치료에는 무심한 채 시만 공부하누나	無心攻病但攻詩
문 앞에 흰 물은 천 구비 감돌아 흐르고	門前白水千回轉
집 뒤에 금빛 산은 만 겹으로 기이해라	屋後金岡萬疊奇
일생을 은거하여 늘 초야에 묻혀 사니	嘉遯一生長秘跡
어느 때나 대궐에 가서 국사를 토론할꼬	龍墀幾日細論思

도남[1046]의 큰 뜻 품고 속세를 멀리하여	離群絶世學圖南
깊은 산골 그윽한 마을 앞에는 푸른 연못	邃谷幽村面碧潭
만 권의 장서는 석실[1047]에 쌓아두었고	萬軸藏書鞏石室
세 칸 크기 작은 초가집을 지었네	三間容膝築茅菴
노년의 먹을거리는 동산의 과일	衰年養口園中實
만년의 입성은 지붕 아래 누에고치	晩歲絲身屋底蠶
무리 지어 남 따라 다니는 세속 사람들은	逐隊隨行流俗子
백곡[1048] 마을 돌아보면 몹시 부끄러우리라	回瞻柏谷面多慚

1046 도남(圖南) : 붕새가 남쪽 바다로 가기를 도모한다는 뜻인데, 《장자》 〈소요유(逍遙遊)〉에 "붕새가 남쪽 바다로 옮겨 갈 때에는 물결을 치는 것이 삼천 리이고, 회오리바람을 타고 구만 리를 올라가 여섯 달을 가서야 쉰다.[鵬之徙於南冥也 水擊三千里 摶扶搖而上者九萬里 去以六月息者也]" 한 데서 온 말로, 영걸(英傑)의 웅대한 포부를 의미한다.

1047 석실(石室) : 돌로 지은 집이라는 뜻으로 원래는 한(漢)나라 대궐의 장서각(藏書閣)을 뜻하는 말이었다. 사마천(司馬遷)의 《사기(史記)》 〈자서(自序)〉에 "역사서인 석실금궤의 책을 뽑아 서술하고 편집했다.[紬史記石室金匱之書]" 하였다.

1048 백곡(柏谷) : 백곡(柏谷)은 원래 백씨(柏氏)가 사는 골짜기란 뜻으로, 두보가 학사(學士) 백씨(栢氏)의 집에 찾아가서 지은 〈제백학사모옥(題柏學士茅屋)〉이란 시가 있다.

신묘년(1651) 3월 11일에 쓰기를 마치다.*

辛卯三月十一日畢書

* 원본에는 "기축년(1649) 2월 12일에 쓰기를 마치다"로 되어 있으나 앞쪽에 〈신묘년(1651) 3월 11일에 큰비가 내리다〉라는 제목으로 집필한 것이 있어 '己丑二月十二日畢書'는 잘못된 것이며, 옥담공의 졸일(卒日)이 신묘년 5월 9일이므로 날짜를 정정하였다.

옮긴이의 말

조선의 풍속도를 진솔한 문체로 그려낸 시

옥담공의 시는 우리가 잊고 있던 조선의 체취를 물씬 풍긴다. 나는 그 동안 한문고전 번역에 종사하면서 용재(容齋) 이행(李荇), 읍취헌(挹翠軒) 박은(朴誾), 월사(月沙) 이정귀(李廷龜), 석주(石洲) 권필(權韠) 등의 문집을 번역하였다. 그들의 시를 번역할 때에는 그 대단한 천재(天才)와 섬부(贍富)한 문사(文史)에 위압당하며 난해한 전거(典據)를 찾느라 겨를이 없었다. 문학의 대가라 일컬어지는 그들의 시를 읽노라면 조선의 체취를 맡기보다 광활한 중국 고전의 세계가 먼저 눈앞에 펼쳐지곤 하였다.

옥담공의 시도 향촌의 선비로는 보기 드물게 문사(文史)가 매우 풍부하다. 어려운 전고도 많아 독해하기가 결코 만만한 것은 아니었다. 그렇지만 그의 시편들에서는 진솔한 감정, 소박한 향촌 생활의 모습들이 잘 드러나 있어 그것이 영락없는 조선의 시임을 쉽게 느낄 수 있다. 이 책을 번역하면서 늘 내 머릿속에 그려지는 옥담공의 모습은 풍류를 즐기며 유유자적하는 소탈한 시인이었다. 기실 옥담공은 성리학의 시대에 살면서도 성리학의 딱딱한 예교(禮敎)에 속박되지 않은, 참으로 시를 좋아하는 천생 시인이었다. 그래서 그의 시는 당대의 일류 문사(文士)들과 시를 주고받으며 늘 시의 칼날을 다듬느라 여념이 없었던 이름난 문호들의 시보다 오히려 우리에게 더욱 친근한 세계를 펼쳐 보여준다. 한편 그는 〈만물편〉이라고 하는 우리 문학사에서 특기할 만한 대작을 남기기도 하였으니, 그의 시인으로서의 면모는 앞으로 새롭게 조명될 것으로 믿는다.

《옥담시집》의 번역을 의뢰받은 지도 벌써 여러 해가 지났다. 그 동안 나의 신상에도 큰 변화가 있었으니, 조선대학교 한문학과에 재직한 지 2년 만에 한

국고전번역원으로 자리를 옮긴 것이다. 서울에서 광주로 광주에서 서울로, 처소를 옮기며 새 직장에 적응하느라 늘 심신을 안돈(安頓)하지 못하였고 이 일 저 일이 겹쳐서 핍박해 오는 통에 정중한 부탁을 받아 놓고도 실상 일에 전념할 겨를이 많지 않았다. 그래서 늘 마음 한쪽이 무거웠다. 이제 책이 나온다니 큰 짐을 벗은 듯이 홀가분하지만 천학비재(淺學非才)가 잘못 번역하여 옥담공의 옥고에 누를 끼치지나 않았을까 두려울 뿐이다.

이 자리를 빌려《옥담유고》와《옥담사집》두 책을 묶어서 옥담시집이라 명명하게 된 까닭을 말하지 않을 수 없다. 해제에서 밝혔듯이 대개《옥담유고》에는 40대 중반까지 지은 시가 실려 있고,《옥담사집》에는 그 이후에 지은 시들이 실려 있어《옥담시집》1, 2로 다시 묶어도 무방하다. 그런데 책의 제목을 보면, 유고(遺稿)란 사후에 남들이 수습한 것임을 뜻하고, 사고(私稿)란 작자 자신이 손수 모은 것임을 뜻한다. 이 책에 실린 시편들을 보더라도《옥담유고》에 실린 시들은 완성도가 높지 못한 것들이 많고 오탈자도 많다(탈자는 □로 표시하였다).《옥담사집》은 우선《옥담유고》보다 작품의 수준이 높고 오탈자도 많지 않아 작자 자신의 손을 거쳐 정리된 것임을 쉽게 알 수 있다. 그래서 유고와 사집이란 이름을 버리지 않고 그대로 두기로 하였다. 창작 시기에 따라《옥담유고》,《옥담사집》순서로 책을 엮었지만 옥담공 시문학의 정수는 오히려《옥담사집》에 실려 있다.

이 책에서 조선의 풍속도를 보고 조선의 한아(閒雅)한 멋을 느끼며, 잊혀진 우리 문화에 대한 향수에 젖어보기를 권한다.

2009년 가을날 이상하

옥담시집을 펴내며

고서 속에 묻혀서 영구히 사장될 뻔한 14대조 옥담(玉潭) 할아버지의 시집인 《옥담사집(玉潭私集)》과 《옥담유고(玉潭遺稿)》 필사본을 찾아내어 상세한 주석을 달아서 번역 출판하게 된 것은 매우 뜻 깊은 일이 아닐 수 없습니다. 실로 우리 종중의 경사요 자랑이라 생각합니다.

옥담 할아버지는 당쟁(黨爭)으로 혼란하던 광해조(光海朝) 때 현재 안양군(安陽君) 묘소가 있는 경기도 군포시 수리산(修理山) 아래 은거하시며 집 동쪽에 있는 연못을 단장하여 '옥담(玉潭)'이라 명명하고 이를 아호로 삼으셨습니다.

종가의 독자로서 슬하에 9남매를 두셨으며, 아들 7형제를 모두 훌륭히 키워 장남 두흥(斗興), 차남 두성(斗成), 3남 두양(斗揚), 4남 두여(斗輿), 7남 두광(斗光)은 모두 진사(進士)였고, 5남 두환(斗換)은 생원을 거쳐 사옹원 봉사(司饔院奉事)와 형조 정랑(刑曹正郎)을 지내셨습니다.

옥담 할아버지는 거처하는 서재를 모재(茅齋)라 명명하고 인근의 선비들과 시주(詩酒)를 즐기셨습니다. 이러한 생활 속에서 자연스럽게 나온 것이 바로 여기 실린 시편들입니다. 옥담 할아버지는 이 시편들을 문집으로 엮어 자손들에게 전하시면서 "나의 품은 뜻과 지난 자취를 적은 것이니 잘 간직하라." 하셨습니다.

이 번역본 출간으로 실로 350여 년 만에 할아버지께서 남기신 뜻을 오늘날의 후손들에게 다시 전하게 되었습니다. 후손으로서 그나마 책임을 다한 듯하여 가슴이 뿌듯합니다. 더욱이 우리나라의 한문고전 번역을 주도하는 기관인 한국고전번역원의 이상하(李相夏) 교수가 번역을 맡아주셨으니, 옥담 할아버지의 문학과 삶의 자취가 유감없이 생생히 드러날 것으로 믿습니다. 깊이 감사드립니다.

이 책이 우리 문중의 후손들뿐 아니라 많은 독자들에게 읽혀서 옥담 할아버지의 생애와 문학이 세상에 널리 알려지기를 바랍니다.

2009년 10월

全州李氏安陽君派宗司會

宗孫/理事長 李宗成